医学大体形态实验学

◆主编　李有秋 邓春雷

◆编者（以姓氏笔画为序）

邓春雷　刘向光　任铁良
李有秋　周建林　袁立明
聂团文　彭耀金　简晓红

湖南师范大学出版社

序

序或跋，本非我所能为，一是才学疏浅，名不见经传；二是多年未具体带教本科生实验课，故此次被邀为这套基础医学实验教材做序时，使我十分为难，恐有不知天高地厚之嫌，但三四十年来在医学教育领域执教的感悟，又使我不禁释怀，提笔写几句拙词。

1973 年大学毕业后，我曾先后在原湖南医科大学、湖南医学高等专科学校和湖南师范大学生理学专业任教，每每授课之余，与同仁或学生交谈时，我都在思考这样的问题：作为基础医学，在实验教学改革中，究竟要承载着怎样的重荷、责任？在我接近花甲之时，从最初的助教、讲师、副教授、教授，到现在的博士生导师，上述问题时常萦绕着我，思考从未停止过，时至今日，答案越来越清晰、明确！那就是具有先进的教育理念和实验教学观念，以符合教育规律和高素质为目标，以实验教学改革为核心，从根本上改变实验教学依附于理论教学的传统观念。

教学改革效果的好坏取决于多方面的因素，除教师、教学对象和其他条件外，教材显得格外重要。教材在内容的选择、组织和撰写时，应不拘泥于各学科之间的界限划分，体现相关学科实验内容的有机融合，突出实验课程的知识性、科学性、系统性和实用性，形成理论教学和实验教学统筹协调的观念和氛围。具有特点的教材，辅以教学方法的改革，将有效提高实验教学质量，有利于推进学生自主学习、合作学习和研究性学习。

此套教材是将原来按 10 门课程设置编写的 10 种本科实验指导，改为按机能学、形态学类别编写成三本实验教材，即：《医学大体形态实验学》、《医学显微形态实验学》和《医学机能实验学》。细读此套教材的策划书及部分章节后，感到在内容、形式上有许多新颖之处：1. 着眼于 21 世纪医药卫生人才培养的需要，从“知识、能力、素质”培养着手，将分散在原有的不同实验课程中的内容进行优化、重组与新设。加强了不同学科之间、不同课程之间的交叉、渗透和融合。其中以器官和系统为中心，将正常机能活动、疾病的发生发展规律和药物的干预作用三者有机结合，编写了《医学机能实验学》；将原系统解剖学、局部解剖学和断层解剖学实验内容融合起来，编写了《医学大体形态实验学》；将原细胞生物学、组织胚胎学、病理学实验内容整合在一起，编写了《医学显微形态实验学》。2. 在保留一些基础性实验的基础上，较大幅度地新增了综合性、设计性和探索性实验，着力于培养学生的探索精神、科学思维、创新能力和综合素质。3. 增加了近年来被公认、较成熟的实验方法和一些难度较大的实验技术，用简洁优美的实验事实揭示被隐藏的客观规律，把历史上许多科学巨匠能在一般研究条件下做出不一般的研究成就的思想灌输于实验中，而且难易兼有，可根据不同层次学生教学的需要加以选择。4. 本套教材的作者队伍年轻化，主编平均年龄50岁左右，而且为活跃一线的骨干，曾多次参加过各种理论和实验学教材的编写。

值得一提的是，由于湖南师范大学出版社参与了本套教材的策划，在丰富了教材内容、提高了印刷出版质量的同时，却未增加篇幅、提高书价，减轻了学生的经济负担。全套书，特别是《医学显微形态实验学》彩色印刷较多，策划时仔细考虑了如何编排和控制篇幅，既要满足学生扩大知识面的需求，又要使定价不致增加。作为教材，图文并茂，注重印刷出版质量和合理定价，实属不易。

谨作此文，权当为序，不知当否之处颇多，还请同行指正。

瞿树林

2008年12月10日于长沙

前　言

系统解剖学、局部解剖学、断层解剖学同属医学大体形态学范畴，共同的教学特点是实验课时多、形象直观，实验课教学效果对教学质量具有举足轻重的作用；知识结构既相互渗透，又各有侧重；教学手段既相通又各具特色；在医学教育中有承前启后的作用，对后续课程的学习乃至整个教学质量的提高影响巨大。这一阶段的教学对于启迪学生思维、转变学习观念、改变学习方法、运用辩证唯物主义的思想和方法认识生命过程具有重要意义。然而，长期以来受实验课从属于理论课的惯性思维影响，过分强调学科知识的系统性，学科间的内在联系被淡化，学生掌握的知识结构缺乏有机的内在联系；实验内容简单重复，多为验证性；教学资源没有得到充分利用；学生被动学习，不利于智力开发和创新能力的培养。这种旧的教学模式和知识结构已成为影响教学质量的瓶颈之一，改革势在必行。构筑科学的实验教学新体系，实行实验独立设课、实验教学与理论教学平行的运行模式已是大势所趋。

医学大体形态学实验课的知识结构和能力结构有其独特性，因此我们尝试编写了这本《医学大体形态实验学》，目的在于规范和指导学生进行医学大体形态学实验，帮助医学生更好地掌握标本观察和实验操作的方法和技能，加深其对人体各系统器官正常形态结构的理解和掌握，提高实验教学效果，同时培养学生的操作技能、科研能力和动手能力，培养学生观察问题、分析问题和解决实际问题的能力与创新精神，全面提高医学生的综合素质。

本书突出了实验教材的特点，从“知识、能力、素质”并重着手，以基本理论、基本知识和基本技能为重点，注重学科间知识的相互渗透、融会贯通，按人才培养目标优化知识结构，根据“相近、相关”原则优化、合并、重组实验项目，构筑新的实验课程体系。实验方法注重应用性与可操作性，尽可能体现学生能力提高的阶梯性、开放性。教学内容的选择既体现时代性、先进性又兼顾传统、经典，并注意与理论课教材有机结合、互相呼应、互为补充。全书共分五章：第一章　绪言；第二章　人体结构的基本知识；第三章　解剖学技术简介；第四章　解剖学论文的书写；第五章实验项目，共编写四十个实验项目，按开出实验的先后顺序排列。为配合教育部实施的“高等学校本科教学质量与教学改革工程”，我们在启迪智慧、引领探究、使学生学会学习方面也做了一些有益的探索，如在实验中适时地穿插了一些与临床应用相结合的思考题，适当增加了科研标本制作方法、创新性实验提示、解剖学科研论文书写和设计性实验项目提纲等内容供学有余力的学生参考，鼓励和引导学生大胆开展探索性、创新性实验，从而为学生拓宽探索和自主创新的空间，提高他们独立自主进行科学研究的兴趣，使他们在本科阶段即能得到创新性科学研究的锻炼。

本书根据部颁五年制临床医学专业教学大纲及教学计划，结合作者多年的教学实践与研究编写。在编写过程中，得到了学校各级领导、湖南师范大学出版社及各相关学科老师的大力支持和帮助；为博采众长，参考了国内多种人体解剖学教材和参考书，凝聚着前人智慧的结晶，在此一并表示最诚挚的谢意！

尽管编者已十分尽心，但受到学识、能力、资讯等方面的限制，加之时间匆促，疏漏和不妥甚至错误之处恐难避免，恳请读者多提建设性的意见和建议，以便修正，使之更趋完善。

编者

2009 年 2 月

目　录

第一章 绪 言

一、医学大体形态实验学概述

医学大体形态实验学（General Morphology of Medicine）整合了系统解剖学、局部解剖学、断层解剖学三门课程的实验教学内容，指导学生主要以肉眼观察的方法研究人体形态结构，具有很强的实践性、专业性和基础性，在医学教育中起着承前启后的作用，是所有医学生必修的重要医学基础课。

医学大体形态实验学的教学内容与理论教学内容是相辅相成、不可分割的两部分，既相呼应，又有区别，如实验教学过程主要由学生在实验室完成，学生将以自主学习为主，通过亲自动手解剖尸体，观察实物标本、模型，观看多媒体课件等学习手段，既动手又动脑，从而获得人体正常形态结构的感性认识。只有在熟悉和掌握人体正常形态结构的基础上，才能正确理解和分析人体的生理功能和病理变化，对疾病进行正确的诊断、治疗和预防。基于这一观点，本书充分考虑了基础理论与临床应用的紧密结合。因此，学好大体形态学，能为学习其他基础医学和临床医学课程奠定良好的基础，进而为今后的临床工作打下坚实的基础，同时也有助于培养学生的动手能力及分析问题和解决问题的能力，有利于启迪学生思维，培养其创新意识和创新能力。

二、医学大体形态学科发展简史

纵观大体形态学科的发展史，这一领域是随着研究手段和方法的不断创新而发展起来的，大约经历了大体解剖学、显微解剖学、超微结构解剖学等阶段，其中几个具有代表性意义的时期是：1543 年，Andreas Vesalius 在进行了大量人体解剖的基础上，写出了划时代的七卷解剖学巨著《人体的构造》，奠定了现代解剖学的基础；1665 年，英国的物理学家 Robert Hooke 用 Leeuwenhoek 发明的显微镜观察一小片软木切片时，第一次发现了细胞（他将其称之为“cella”），由此创立了组织学时代，促进了显微解剖学的发展；1932 年，电子显微镜问世，形态科学研究从此进入到分子生物学水平。20 世纪 70

年代以来，由于光学成像、超声成像（USG）、X线计算机断层成像技术（CT）、磁共振成像技术（MRI）及SPECT、PET等断层影像技术的临床应用，一个断层影像解剖学的全新体系逐步形成，并得到迅速发展。1994年，运用计算机技术将人体断层标本图像进行数字重建，美国Colorado大学建立了世界上第一个“数字虚拟人”，标志着数字技术必将对解剖学起到更大的推动作用。在我国，由著名解剖学家钟世镇院士领衔的“数字虚拟人”研究也已取得丰硕的成果，一些院校建起了数字化人体实验室。

三、医学大体形态实验学的学习方法

人体形态结构都是客观存在、真实可见的，但因其极其复杂，要做到正确理解、牢固记忆、从感性认识提高到理性认识，必须遵循其内在规律，讲究学习方法。

在目前条件下，大体形态实验学的主要学习方法包括：人体实物标本观察、模型观察、尸体解剖操作、观看多媒体教学课件、问题讨论以及课题设计等，其中最主要的是实物标本观察和尸体解剖操作。学习过程中要特别注意以下几点：

（一）课前预习和复习

预习能加强目的性，是保证实验顺利进行、提高学习效率的必要前提。本书为实验课指导性教材，着重于操作性，与理论课既相呼应又有不同，部分内容更是课堂理论没有讲授的。因此，每次实验前学生应认真阅读本教材，熟悉该次实验的实验内容、目的要求、实验步骤和方法等，预习或复习相关理论内容，在动手前即做到心中有数，实验时方能有的放矢，取得满意的学习效果。

（二）尸体解剖操作

观察是理解的基础，建立在理解基础上的记忆才会更牢固。学生亲自动手解剖尸体、观察标本，是学习大体形态实验学必不可少、无法替代的最有效、最基本的重要方法。“解剖”一词最早出现于我国古医书《黄帝内经》（公元前221～前200年）中，“剖”，意为“用刀切开”；“解剖”即用特制的刀、剪把人体或动植物体剖开，而Anatomia（Anatomy）一词是源自希腊语的“Anatomno”，含意也是“切开”。可见，借助于器械剖开人体或器官，用肉眼观察来研究人体的形态结构是由来已久的最基本的方法。俗话说：“百闻不如一见”。人体形态结构都看得见、摸得着，只有通过认真解剖尸体，细心辨识各器官的形态、构造、毗邻关系等，再结合对活体的观察和辨认进行细致的比较和系统的整理，才能够加深理解、强化记忆，使掌握的知识更加牢固。

（三）实物标本观察

供实验观察用的人体标本分为整体标本和游离标本，均已按观察需要进行了解剖，有的作了不同的切面。学习时应注意先整体后游离：首先在整尸标本上观察器官的位置、外形、毗邻，后取游离标本识别器官的形态、结构，再取切面标本观察其切面结构和内部结构。

（四）观看多媒体课件

利用现代化技术手段制作的大体形态学实验课多媒体教学课件，主要是实物标本观察和解剖操作过程的真实再现，其次对一些复杂、抽象的教学难点作了生动、形象的艺术处理，化难为易。认真观看课件，对指导标本观察和解剖操作过程、帮助理解很有帮助。教学中一般安排在实验开始前播放 1 ~ 2 次，然后隐去声音反复循环播放，同学可根据自己的学习进度对照课件同步学习。

（五）做到五个结合

1. 实物标本观察与模型、图谱观察相结合：因受到各种条件限制，不是所有的人体形态结构均有实物标本或均能在标本上显示出来，这就需要借助于模型、教学挂图/图谱来形象地加以强化。所以，模型、教学挂图/图谱是实物标本的补充，可帮助我们更完整地认识和理解结构。在观察模型时，需注意模型与实物标本相结合，首先应明确模型代表的局部、器官、结构、切面、放大倍数等，再与实物标本相比较，以加深理解。

2. 实验观察与理论相结合：理论是指教材中的理论知识和老师在课堂讲述的理论课程，一般比较系统、抽象，而实验观察则形象、具体，两者相互呼应、互为补充，能使获得的知识更为完整。

3. 活体观察与标本、模型、图谱的观察相结合：对照标本、模型或图谱，借助肉眼观察和以手直接触知活体，对学习、掌握和实际运用解剖学知识有更重要的意义。

4. 平面与立体相结合：人体的形态结构是多维的、立体的，而某些标本、图谱显示的只是某个切面或断面的平面结构，同一结构由于切面不同可呈现不同的形态，因此，在学习过程中，应注意通过对平面结构的观察，充分发挥自己的抽象思维和分析综合能力，还原事物的本来面貌，理解并建立起立体的整体形态结构概念。

5. 现代教育技术与解剖学传统学习方法相结合：在当今信息时代，基于校园网、Internet 等平台构建的学习资源相当丰富（如网络课程、数字化实验室、课件、素材库等），是对传统学习方法的极好补充，是学好大体形态学的又一有效途径。因此，要不断提高自己运用信息技术获取知识的能力。如不少医学院校的网站上挂有“网络课堂”、“精品课程”等可供学习选择，也可根据自身需要通过以下网站搜索相关内容，如：http：//www. google. com；http：//www. baidu. com；http：//www. yisou. com；http：//www. zhongsou. com（中搜）；http：//www. china_ anatomy. com（中国解剖网）等。

（六）适当联系生理功能

形态结构与生理功能是相互联系的。形态结构是功能活动的物质基础，一定的形态结构具有一定的生理功能，形态结构的变化必然导致功能的改变，功能的改变也会反过来影响形态结构。适当联系功能活动，可加深对形态结构的理解，更好地认识与掌握人体器官的结构特征。如观察关节的结构特点时，就应与关节的运动方式相联系，并在活体上进行体会。

（七）适当结合临床应用

在实验过程中，我们适当安排了一些与临床应用相结合的讨论以及少量由学生自行选做的设计性实验，其目的是为了增加学习人体解剖学知识的趣味性，提高大家的学习兴趣，调动同学们的学习积极性，有利于明确学习目的，开阔视野，启迪思维，提高其对基础知识的运用能力，培养分析问题和解决问题的实际工作能力与创新精神。但应注意不要过分追求临床知识的具体内容。

形态科学的发展是随着研究手段和方法的不断革新而发展的，如电子显微镜的问世，使形态科学研究进入到分子生物学水平；计算机技术的发展，推动了“数字虚拟人”和数字化人体实验室的建立，与之相适应，一些新的教学手段和学习方法还会不断涌现。但万变不离其宗，掌握以上几种最基本的学习方法能为将来的学习提高打下坚实的基础。

四、医学大体形态实验学实验报告的书写

实验报告是学生对所完成实验的文字总结，将作为实验成绩评定的重要依据之一，必须按要求如期完成。

（一）实验报告的基本内容

1. 一般情况：记录实验者姓名、年级、班组、实验日期、实验小组成员各自的分工等。

2. 实验名称。

3. 实验目的与要求。

4. 实验步骤与过程：简要叙述观察/操作的方法、步骤及观察所见。

5. 实验小结：主要总结本次实验的完成情况，有何收获，应吸取的教训或应改进的地方。真实记录变异、畸形等。

（二）实验报告的基本要求

1. 要实事求是：必须要以实事求是的科学态度认真书写，不可敷衍了事，更不能相互抄袭或照抄书本，切忌主观臆造。

2. 语言要精练：应简明扼要描述操作过程及观察所见。

3. 层次要清楚：如一般可按从整体到局部、由外到里、由上到下的顺序或按解剖操作的顺序依次描述，重点记录实验过程和实验结果与体会。

五、实验注意事项

（一）尊重生命，尊重人体标本

尊重解剖对象，严肃认真地对待解剖操作，这既是对死者的尊重，也是我们行医者的基本道德。在开始尸体解剖之前，应向遗体捐献者默哀致敬。必须十分珍惜每次动手解剖尸体的机会。

（二）爱护教学标本、模型和实验室设施

不管是尸体还是教学标本和模型，都来之不易，需倍加珍惜和爱护。游离标本、模型要轻拿轻放，严禁摔打或损害其结构。解剖操作必须严格按照操作程序和教材提出的

解剖步骤依次进行，做到胆大心细、认真细致。需要剖查的结构应解剖清楚、充分显露，切忌草率行事、盲目切割，随意切断或切除重要的血管、神经、肌等。观察标本及解剖操作过程中应注意保湿，除暴露所要解剖的局部外，其余部分用湿布或塑料布盖严，防止标本干燥。每次实验结束时应检点标本，浸入防腐固定液中保存。

（三）要有团结协作的团队精神

在实验观察和解剖操作过程中，每个小组就是一个学习团队，同学间应明确分工（如主刀、助手、记录）、相互配合并轮流互换角色，要有良好的协作精神，不得只强调个人兴趣而影响统一安排。遇到标本较少时，更应相互关照。同学间应互相取长补短，加强交流。

（四）遵守实验室的各项规章制度

实验室是学生在校进行实践性学习的重要场所。进入实验室必须服从实验室工作人员的统一安排和管理，严格遵守实验室各项规章制度。如：必须保持实验室安静；未经允许，不得乱动实验室仪器设备和教具；不得在实验室内做其他工作或随意改变实验内容；坚持卫生值日制，保持实验室整洁。学校鼓励同学们结合自己的个性特长和兴趣爱好，利用现有条件开展小课题研究，进行创新性实验，但必须获得相关部门的批准，在老师的指导下有序进行。

（李有秋）

第二章　人体结构的基本知识

一、人体结构概况

组成人体的结构和功能单位是细胞，细胞和细胞间质组合在一起构成四种基本组织，由几种不同的组织有机结合构成了具有一定形态结构的器官，人体的诸多器官按完成的功能分成9个系统，9大系统组成了完整的有机整体。如按部位分，人体可分为头、颈、躯干（又分为胸部、腹部、盆部与会阴）和四肢（又分为上肢、下肢）等若干局部。头、颈、躯干的基本结构大致相同，由皮肤、浅筋膜、深筋膜、肌、骨骼等按层次共同构成腔壁，围成腔或管，容纳并保护中枢神经、感觉器官、内脏器官等。四肢以骨骼为支架，肌肉跨越关节附着于骨骼，深筋膜形成肌间隔、肌鞘和血管神经鞘包裹着肌肉和神经、血管，浅筋膜位于皮下。全身各局部、各器官均有血管、神经分布。现按层次介绍与尸体解剖操作有关的人体结构基本特点。

（一）皮肤

分为浅层的表皮和深层的真皮，覆于体表，在口、鼻、肛门、尿道口、阴道口等处与体内管腔的粘膜相移行。成人皮肤的总面积有1.2～2.0平方米，但各处厚薄不一，可由0.5毫米至4毫米，以眼睑、阴茎、小阴唇的皮肤最薄，手掌、足底及项、背、肩部皮肤最厚。在四肢，通常肢体屈侧、内侧皮肤较薄，伸侧、外侧较厚，但手、足的皮肤厚度则相反。

手掌、足底、指掌面和趾跖面的皮肤表面形成特殊的掌（跖）纹和指（趾）纹。指纹与遗传因素有关。身体其他各部皮肤表面也有形状、大小不同的线状皱纹网，称为张力线或裂开线。四肢皮肤的张力线一般纵行排列，而在躯干和颈部则横行排列，作外科切口时应平行于张力线。

皮肤有丰富的神经和淋巴管。表皮无血管，真皮血管丰富。

（二）浅筋膜

又称皮下筋膜或皮下组织，由纤维交织且富有脂肪的疏松结缔组织网构成，紧贴于全身皮肤深面。浅筋膜内纤维束的强弱、松紧与皮肤的移动性以及解剖时剥离皮肤的难易有关。头皮、项、背、臀部、手掌和足底等处的浅筋膜内结缔组织致密，皮肤紧密连接于深部结构；其他部位的浅筋膜则较疏松且富有弹性，连于深部的深筋膜或骨，使皮肤具有一定的活动性。

浅筋膜的厚薄因年龄、性别和体质的不同而有所不同，幼儿、女性及丰腴者浅筋膜厚；老年、男性、瘦弱者则相反。同一个体的不同部位也不一致，眼睑、乳头、乳晕及男性外生殖器等处浅筋膜内无脂肪，故薄；腹壁下部、臀部、手掌和足底等处则如一厚垫。在身体的某些部位，浅筋膜可分为浅、深两层，如腹前壁下部、股前部和会阴部浅筋膜此两层较清楚。

浅筋膜内有浅血管、浅淋巴管及皮神经，某些部位还有浅淋巴结。浅动脉一般细小，不明显。浅静脉较显著，有的相当粗大，一般不与动脉伴行，行程中相互吻合。浅静脉与深静脉之间常有交通，最后穿深筋膜注入深静脉。浅淋巴管丰富，但很细小，管壁薄而透明，难以辨认。浅淋巴管行程中的某些部位（如头、颈、腋窝、腹股沟等处）可见到淋巴结。皮神经先在深筋膜深侧，然后穿出深筋膜，在浅筋膜内经行，以细支分布于皮肤。

（三）深筋膜

又称固有筋膜，位于浅筋膜深面，是以胶原纤维为主的纤维组织膜，分隔浅筋膜与其深层结构，包被于体壁及四肢肌表面。在某些部位，特别是四肢，深筋膜深入肌群之间，并附着于骨骼，构成肌间隔。肌间隔、深筋膜、骨和骨膜共同构成骨筋膜鞘。深筋膜与肌、骨等器官之间有疏松结缔组织充填，是潜在的间隙，称筋膜间隙。病理情况下脓液可在某些部位的间隙中蓄积或蔓延。

身体各部的深筋膜厚薄强弱有所不同，躯干部较弱，四肢较强，上肢较弱，下肢较强。腕、踝部深筋膜特别增厚并附着于骨面，形成支持带或韧带。某些部位的深筋膜增强成腱样结构，如胸腰筋膜、髂胫束等，成为肌的附着点。深筋膜（或有骨参加）还可形成包绕血管神经束或包被某些器官的囊鞘。在解剖操作过程中，应注意各处深筋膜的厚薄、纤维走向及与肌的关系，还要注意其形成的结构，如肌间隔、血管神经鞘等。

（四）肌

肌主要由骨骼肌纤维束构成，呈带状、阔片状等形态，包括肌腹和肌腱两部分。肌的可收缩部分称肌腹，决定肌的形状，由骨骼肌纤维构成，其外面包有结缔组织的肌外膜。位于肌腹两端的腱性部分称肌腱，主要由平行致密的胶原纤维束组成，色白而强韧。四肢某些长肌的止端腱常呈细长扁圆柱状，躯干部阔肌的腱常呈薄膜状，称腱膜。

每肌至少有起点和止点两个附着点，绝大多数附着于骨骼，部分可附着于筋膜、关节囊、韧带或软骨等处，少数肌附着于皮肤、粘膜或构成脏器壁（ 脏器横纹肌）。每块肌均有特定的血管、神经分布，其动脉与支配该肌的神经伴行成束，循肌间到肌，经该肌的血管神经门进入肌内。

某些肌或腱在与骨、关节囊、韧带的接触处，往往有滑膜囊形成。囊壁菲薄，囊内有滑液，有减少摩擦的作用。关节附近的滑膜囊有的与关节腔相通。在手、足一些贴邻骨面的长腱上，深筋膜与滑膜囊共同形成双层筒状的腱鞘。鞘的外层称腱纤维鞘，内层称腱滑膜鞘。腱滑膜鞘分脏、壁两层，此两层在两端相互移行，构成一密闭的腔，内含少量滑液，起润滑作用，以减少肌腱运动时的摩擦。在某些部位，脏、壁两层相互延续成腱系膜，供应肌腱的血管经此出入。

（五）血管

包括动脉、静脉及两者间的毛细血管。动脉、静脉常与神经伴行，由结缔组织包绕成血管神经束。

1. 动脉：反复分支，越分越细，最后终于毛细血管。动脉外观呈圆柱状，管径较伴行静脉小，壁厚、腔圆而有弹性。没有灌注固定液的尸体，动脉颜色发白，管腔内空虚，不含血液。动脉与周围结缔组织结合的紧密程度因部位而不同，如头皮和手掌的动脉外膜与周围的结缔组织结合紧密。支配动脉的神经只在某些部位（如主动脉弓、颈动脉窦）可解剖出来，大多数肉眼不易辨认。

2. 静脉：续于毛细血管，逐渐合成小、中、大静脉。与动脉相比，静脉管径较粗，管壁较薄，弹性较差。尸体的静脉管腔内常含有凝固的血块，呈紫蓝色。静脉的属支多，吻合多。静脉以所在部位分为浅静脉和深静脉。浅静脉位于深筋膜浅面皮下组织内，常吻合成网；多数深静脉与动脉伴行，与中、小型动脉伴行的静脉常为两条，位于动脉的两侧。中等静脉有较多的静脉瓣，尤以四肢静脉为多；小静脉、腹盆部脏器的静脉一般无瓣；头部及颈部静脉多数无瓣（但颈外静脉全长有瓣）；大静脉内很少有瓣。

为了便于辨认和增加韧性，常在动脉内填充红色天然乳胶，静脉则填充蓝色乳胶。

3. 毛细血管：只能在显微镜下看到。

（六）淋巴系

1. 淋巴管道：除淋巴干和淋巴导管或淋巴管因病理原因变粗、壁变厚而在解剖时可见外，一般都细小，壁薄而透明，不经染色一般不易剖出。

2. 淋巴结：常呈扁椭圆形，灰红色，实质性，中等硬度。尸体所见的淋巴结如黄豆大小者，常为正常；如有蚕豆大小或更大，则为病态。淋巴结数目多，且多群聚，沿血管配布，多位于较隐蔽安全之处，如腋窝、器官的门等。

3. 淋巴组织和淋巴器官：淋巴组织广泛分布于消化管、呼吸道的粘膜等处。淋巴器官有脾、胸腺、扁桃体等。

（七）神经

脑和脊髓属中枢神经，分别位于颅腔和椎管之中，有脑膜、脊髓膜封裹。

解剖躯干、头颈和四肢所见的神经，是连系于脑和脊髓的周围神经。周围神经是由结缔组织包绕许多神经纤维而成，多呈白色条索状，有的吻合形成丛，在一定部位有膨大的神经节。周围神经往往与血管伴行，形成血管神经束，有的还被结缔组织鞘包裹，只有剖开鞘后才能观察到其内的血管和神经。

（八）内脏器官

指消化、呼吸、泌尿和生殖系统的器官，分布于头、颈、胸、腹、盆各部。各个器官形态不一，按基本构造概括为两类：

1. 中空性管道器官：内含管腔，管壁由三至四层构成，如消化道、呼吸道、泌尿生殖道的器官。

2. 实质性器官：多为分叶性结构，器官内无特有的空腔，表面包有结缔组织的被膜，并向器官内伸入，将构成该器官的组织分隔成叶或小叶，如肝、胰、脾、肾、睾丸等。也有的实质性器官不是分叶性结构，例如卵巢。某些器官在一定部位稍凹入，有该器官的导管、血管、神经和淋巴管出入，称为该脏器的“门”。

管道性器官有多个营养血管，于管道的一侧或两侧进入器官的壁内，其壁内分支与管道长轴垂直横向分布或平行纵向分布。实质性器官的营养血管一般经器官的“门”进入，随器官的分叶而分布，也有少数是从器官的周围向器官内部伸入。内脏器官的淋巴多随血管伴行。分布至内脏的神经常成丛状包绕血管，随血管到达器官内，细心解剖可观察到。

二、变异和畸形

在尸体解剖过程中，往往会遇到一些器官结构出现变异或畸形。变异系指出现率较低（在统计学上占50%以下），对外观或功能影响不大的个体差异。有些变异有临床意义，如阑尾的位置等；有些变异则无临床价值。畸形则指出现率极低，对外观或功能影响严重的异常形成结构，是由于发育中的某些障碍所致。畸形（如先天性心脏畸形）与某些变异（如动脉起点、行径的类型）在临床上有重要意义，尸体解剖时如有发现，应报告带教老师，并作好详细观察记录或拍照，作为资料保存。

三、尸体解剖的道德要求

（一）为什么要进行尸体解剖

医学发展史证明，科学地认识人体结构离不开尸体解剖的实践。尸体解剖是医学发展的重要条件和基础，其重要价值主要体现在以下方面：

1. 临床价值：有利于验证临床诊断，总结医疗经验，提高诊疗水平。在医学史上，通过尸体解剖获得重要医学科学发展的事例屡见不鲜。

2. 科研价值：了解疾病谱，认清其动态变化规律，从而为疾病防治提供依据。

3. 法学价值：尸体解剖可以确认死亡原因、判定致死方式、推定死亡时间、认定致伤物体、进行个人识别等，从而为案件的侦破创造条件，为法律处置提供科学依据。

4. 教学价值：尸体解剖是搞清人体结构的唯一可靠的方法。通过对解剖材料进行全面、系统的观察和分析，可以不断提高医学生的实践知识和经验。尸解所获得的病变标本则是进行病理教学的重要教材。

因此，尸体解剖是认识人体、研究疾病的重要手段，是实现人类战胜疾病的重要途径，因而是医学生的必修课之一。在一些医学较发达国家，尸检率一般达到40%～50%，有的高达85%，我国却只有10%左右。因此，必须十分珍惜每次动手解剖尸体的机会。

（二）尸体解剖是否道德

围绕尸体解剖是否道德的争论已延续了两千多年，在我国至今尚未完全解决。中国儒家思想主张，发肤受之于父母，生要全肤，死要厚葬，无论生死，都不可毁伤。中世纪的欧洲，在教会的统治下，尸体解剖也是被严格禁止的。他们认为，人死后是有灵魂的，身体是灵魂的寄居之处，解剖尸体有违圣经律条，亵渎神灵。这些思想都不同程度地阻碍了医学的发展。由于传统道德观念的根深蒂固，至今仍有人觉得尸体解剖是对死者的不尊、不敬、不礼。其实，与水葬、火葬、土葬、天葬等处理尸体的方式相比，尸体解剖是一种更科学的处理尸体的方式，它同患者有疾病要做手术一样，是完全符合道德标准的。

（三）尸体解剖要严格遵守道德规范

在解剖过程中，必须严格遵守卫生部颁布的《尸体解剖规则》，遵守尸体解剖的道德要求，做到尊重尸体，态度庄重而严肃，操作严谨而规范，认真做好解剖后尸体及器官、组织的处理，绝不允许有任何不尊重尸体、亵渎甚至侮辱尸体的言行，这是医学生必须具备的基本素质。

附：听故事，学精神

安德烈·韦萨利（Andreas Vesalius，1514—1564）是16世纪一位伟大的生物科学家和医学家。他出生于比利时布鲁塞尔一个医学世家，年幼时便立志成为一个名医，为世人解除病痛，18岁时前往法国巴黎大学医学院求学。

古代的解剖学家解剖过许多动物，限于条件就是没有解剖过人体，以致造成很多错误。韦萨利在巴黎大学求学时，一心想要窥视人体构造的奥秘。他常和两三名同学在严冬深夜悄悄溜到郊外无主的坟地，发掘荒冢，盗取残骨；或在夜深人静之时，独自到绞刑架下盗取罪犯遗骸。虽尸体已腐烂不堪，臭气冲天，韦萨利仍选择其有用部分包裹起来藏在大衣底下带回住所，在烛光下彻夜工作，直到获得结果。由于他长期坚持寻找第一手资料，终于掌握了精湛熟练的解剖技术。但韦萨利的科学的治学方法，激起了宗教界及医学界守旧派的仇恨和攻击，迫使他离开了巴黎来到威尼斯共和国帕多瓦大学。在那里，新兴的解剖学受到政府保护，这正是韦萨利梦寐以求的乐土。经过五年如一日的奋战，他按人体的骨骼、神经等9个系统进行了全面而详细的解剖，然后加以描述，写成了一部巨著《人体的构造》，为近代人体解剖学奠定了基础，解剖学自此步入科学的正轨。时年他仅28岁。

（李有秋）

第三章 解剖学技术简介

一、常用解剖器材及其使用方法

解剖操作时所用器材，可分为经常用的和偶尔用的两类：前者是每次解剖必须用到的，如解剖刀、解剖剪、解剖镊（图3-1）；后者有血管钳、拉钩、弓锯、板锯、凿子、锤子、骨钳、骨剪、开颅器、注射器、绳、线等。

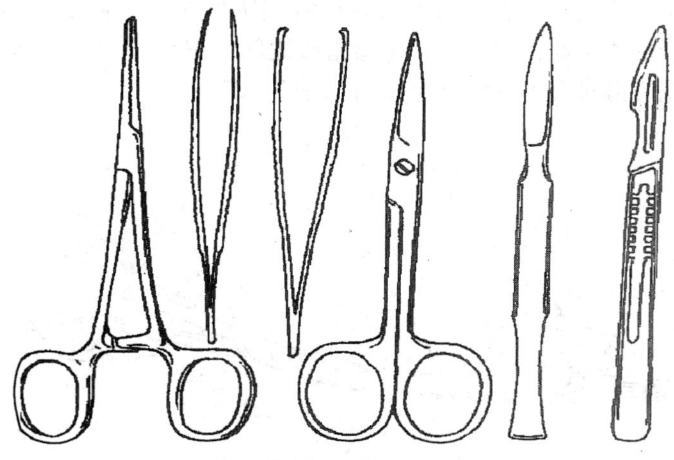

图3-1 常用解剖器械

（一）手术刀

主要用于切剥皮肤、分离神经、清理血管、解剖肌肉、剖割脏器等。常以刀刃切开皮肤，切断肌肉等组织；以刀尖修洁血管和神经；以刀柄钝性分离组织等。一般右手持刀，其执刀方式视需要而定。切皮时一般采用抓持法（指压式），即用拇指与中、环、小指夹持刀柄，食指伸直指腹按于刀背，如持提琴弓状。刀刃与皮肤垂直，均衡用力切开皮肤，靠肩关节与肘关节的运动延长切口，靠食指的压力调节切口的深浅。解剖、修洁一般结构时，执刀用执笔法或反挑法，即用拇、食指尖和中指末节的桡侧缘捏持刀柄前部，犹如执钢笔，运用指骨间关节和掌指关节，使刀作小幅度的往返，沿血管、神经干修洁（图3-2）。

图3－2　刀的使用

（二）血管钳

可分为直钳、弯钳、全齿钳、半齿钳，通常用于分离血管、神经及其他组织，也可用于钳夹肌腱、韧带、皮肤等组织结构作牵引或固定用。正确的持钳方法，是将右手拇指和无名指各伸入钳柄的一个环内，中指放在钳环的前方，食指压在钳轴处，起稳定和定向作用。

（三）解剖镊

分有齿与无齿两种。前者用于夹持皮肤或较坚韧的结构；后者用以夹持神经、血管和肌肉等。切忌用有齿镊夹持神经、血管和肌肉，以防损坏结构。解剖操作时，一般右手操解剖刀，左手持解剖镊，也可两手同时持解剖镊作血管、神经的追踪和组织分离。持镊方法是：将镊柄夹于拇指与食指、中指指腹之间，用手指力量夹紧。镊子使用时不可用力旋扭，以免镊齿对合不良，甚至折断（图3－3）。

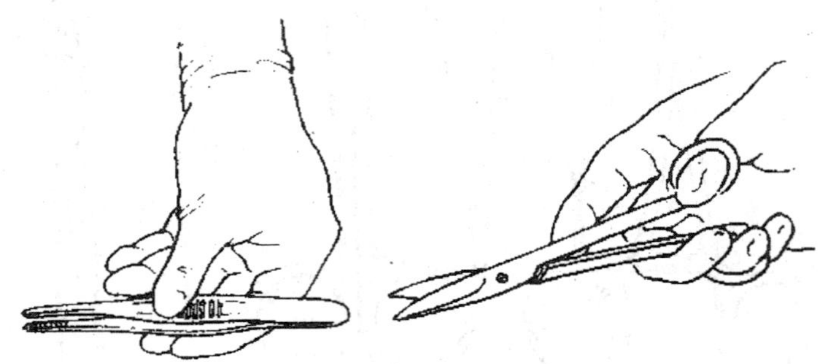

图3－3　镊子和剪的使用

（四）解剖剪

有直、弯两种并有长、短之分。剪刀尖有尖头和圆头，也有双圆或一钝一尖的，可视需要选用。一般圆头剪用作剪开组织，有时也用于分离组织、血管、神经等。一钝一尖或尖头直剪刀常用作剪线、绳、肌腱、韧带等。正确的持剪方法：将右手拇指和无名指各伸入剪柄环内，中指放在剪环的前方，食指压在剪刀轴处，起稳定和定向作用（图3－3）。

用剪或血管钳分离组织，损伤少，速度快，但分离的血管、神经不够光洁美观。用剪刀分离新鲜组织，往往既快又好，但分离已经防腐处理的组织则效果不及前者。

（五）拉钩

类型较多，主要区别为宽窄、深浅和弯曲的角度不同，一般用于牵拉、暴露或固定结构，以利于操作进行。

（六）其他器械

包括剪断肋骨的肋骨剪、解剖椎管用的椎管锯、锯开颅骨的弓形锯、修整骨断端的咬骨钳等。需要时可向技术组借用，用后立即返还。

常用器械包可于第一次实验课前向技术组借用，待实验全部结束时再如数归还。每次实习课结束时，必须将所有器械擦拭干净，并妥为保管，对有尖或有刃的器械要分别放置，以防受损。应始终保持刀、剪的锋利。

二、各种结构的解剖要领

进行解剖操作时，最常采用的是局部分层剖查法，由浅入深，逐层解剖。一般先观察摸认体表标志（可结合活体进行），然后切开并掀起皮肤，清除结缔组织，修去中、小静脉、淋巴管，显露肌、动脉、神经和脏器等。操作过程中除注意观察各层的结构特点外，还要掌握结构间的相互关系。为查清深层结构，有时可切断浅层结构，但通常只切断而不切除，待剖查结束后仍将各层结构复位，以保持结构的完整性。

（一）切剥皮肤法

首先在尸体皮肤表面按拟作切口用刀尖背划一线痕，沿此线将刀尖垂直于皮肤表面刺入，当刀尖有失去抵抗力的感觉时，表示刀尖已抵浅筋膜，以此为切口的起始点，随即将刀刃倾斜，与皮面呈 45 度角切开皮肤，然后均匀用力向拟定的刀口末端割划。切口完成之后，于两条切线相交处用有齿镊牵起皮肤的一角，用刀沿致密的真皮与疏松的皮下组织之间切断皮肤支持带，剥离皮片，掀起皮肤。剥离时应将皮肤拉紧，于皮肤与浅筋膜牵拉张力最大处，用刀尖对向皮肤（近于垂直）作长距离割划。待剥离出较大范围的皮肤且能用拇指与食指持住时，可弃镊而用手或借助器械钳夹而拉紧皮肤。注意用力须均匀，不可过深或过浅；真皮面应刮干净，尽量少带脂肪，以免破坏位于脂肪内的血管和神经。如果不需仔细解剖皮下结构时，也可将皮肤连同皮下组织一并掀起，直接暴露深筋膜。翻起的皮片应彼此联结而不完全脱离，以便于解剖之后可以恢复原位包裹深面结构。

人体解剖常用皮肤切口见图 3 –4。

（二）皮下结构解剖法

解剖皮下结构主要是暴露浅动、静脉和皮神经，清除结缔组织。浅静脉位于浅筋膜之中，常充有血液，色较深，沿其经过切开纤维脂肪组织即可暴露，较大的浅静脉应循其走向开槽，刮去周围脂肪，于原位暴露主干及其属支。皮神经呈索状，有光泽，初在浅筋膜深处潜行，逐渐分支浅出。可由皮神经穿出深筋膜处开始，沿其走向向神经末梢端剖查。浅筋膜内某些部位有淋巴结分布，用刀尖轻轻分开脂肪组织即可见，待初步分离出淋巴结的轮廓后，用镊子将其轻轻提起，以刀尖背面沿淋巴结的边缘作放射状向周围轻轻推开，可见有些细丝与淋巴结相连，此即淋巴结的输入与输出淋巴管。如影响继续解剖，观察之后可将淋巴结摘除。主要浅血管与神经剖出后予以保留，脂肪、纤维组织、小静脉可修去。

（三）筋膜解剖法

除某些特定部位（如腹壁）需仔细解剖外，身体大部分浅筋膜一般可边观察边剖除。对各部深筋膜则须先观察其附着情况，再解剖其所形成的特殊结构及其与肌的关系，观察后成片剥除。剖除时用镊子提起筋膜，使刀刃平贴肌表，顺肌纤维方向于紧贴肌纤维处用刀划割，将筋膜从肌表切除。深筋膜在头颈和四肢的某些部位形成血管神经鞘、筋膜隔和支持带等重要结构，解剖时须特别留意。四肢及腰背部的深筋膜厚而致密，可成层地剖除或切开翻起；躯干大部分深筋膜与肌层结合较牢，因此只能小片切除；某些部位的深筋膜是肌的附着点或形成了腱纤维鞘，则无需除去。

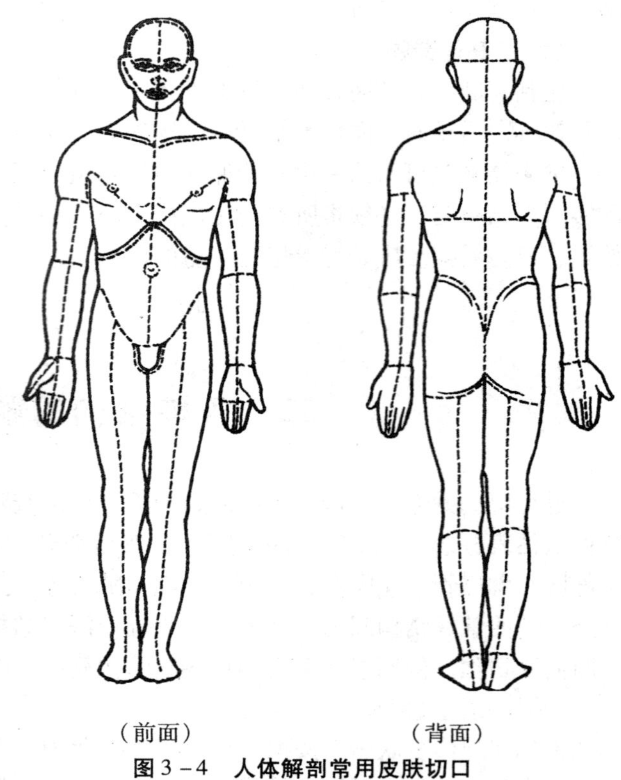

图3－4 人体解剖常用皮肤切口

（四）肌解剖法

最好先使肌处于紧张状态，看清肌的边缘，再清除筋膜及脂肪，观察肌的位置、层次、形态、起止，肌质与腱质的配布，肌纤维的方向以及肌的血管、神经的分布，进而结合活体领会该肌的作用。有的肌起止点位置较深，可不必追究。肌的血管、神经多从其深面或侧缘入肌，掀起肌时应加注意，重要肌的血管、神经应剖出。有时为了观察深层结构，需将肌在其近起点处切断（也可在肌腹或止端切断），注意刀刃应朝向肌侧，切口与肌纤维垂直，切端应整齐，尽量保持肌及其血管、神经的完整性。四肢肌尽可能不切断。

（五）深部血管神经解剖法

深部血管神经的周围多被结缔组织或脂肪所包裹，故须先清理这些结构。清理之前，须暴露血管、神经的主干，以刀尖沿血管、神经表面纵行划开包绕它们的结缔组织（最好直达血管、神经的外膜），然后用无齿镊提起主干，沿其两侧用刀尖背面或剪刀仔细作钝性分离，分离中要注意它们的分支或属支。当解剖的血管、神经几乎全部暴露后，即可观察并清除其周围的中、小静脉、淋巴结和结缔组织，剖查认明血管、神经的起始、行程、分支和分布。剖查应从粗的一端开始，沿血管、神经经过，直到进入器官为止。清除结缔组织或去除静脉、淋巴结时，要先用镊尖夹起要清除的组织（结构），确认其中无动脉或神经后，方可在直视下逐渐清除。解剖深部的动脉和神经时常受到繁多而粗大的静脉影响，不仅妨碍动脉和神经的显露，也降低效率，此时可在静脉的两端分别作双重结扎，在结扎线之间切断，将血管去除。对血管的肌支，除有重要意义的肌之外，一般只需观察其来源即可，如影响操作，也可除去。

（六）脏器解剖法

首先需原位暴露脏器，观察其所在位置、体表投影、毗邻关系、浆膜配布及表面形态等，进而剖查其血管、神经支配，必要时可切断血管、神经及其他固定装置，完整地卸下脏器，进行观察辨认，或根据需要作不同处理。中空性器官可用手触摸其壁，或在游离后剖开，观察管壁层次及内腔结构；实质性器官多在游离后观察其内、外结构或切面结构，也可结合另行补充的示教标本观察其分叶、分段、器官内管道分支等。解剖中须注意这些器官是否有变异或畸形，并做好记录。

（七）浆膜腔探查法

用镊子提起浆膜壁层，切开壁层后将手伸入浆膜腔，按一定的顺序探查浆膜腔各壁及脏、壁层的延续返折处，仔细体会其境界、毗邻及其与脏器的关系等。如浆膜腔内液体较多，影响探查，应先吸除液体。浆膜有明显粘连的，则用手指小心钝性分离后再进行探查。

（八）骨性结构解剖法

骨性结构坚硬，常需使用特制骨科器械，如用骨凿打开腔洞，用肋骨剪剪断肋骨，用椎管锯打开椎管，用咬骨钳咬断骨和修剪骨的断端，用弓锯锯开颅骨等。

（九）巨微解剖操作法

它是介于肉眼（巨视）解剖与显微镜（微视）解剖之间的解剖方法，常借助于放大镜、解剖显微镜和手术显微镜，把组织结构放大数倍至数十倍，进行解剖观察，使人们对人体某些结构的观察更广、更深、更细，应用于观察研究肉眼难于看清、又不需要显微镜高倍放大的结构，为显微外科奠定形态学基础。目前仅限于科研或制作特殊的展览、示教标本。

三、解剖操作的基本要求

（一）端正学习态度，掌握正确的学习方法

尸体解剖操作是大体形态学最基本、最重要也是最有效的学习方法，应特别珍惜每次操作机会，做到不怕脏、不怕累、不怕异味刺激。操作过程中注意边解剖，边观察，边联系实际进行思考和讨论，做到勤动手、善观察、多动脑。进行设计性、创新性实验课题研究，应事先在老师的指导下做好设计方案及各项准备，尽量争取利用实验室现有条件完成。

（二）做好实验前准备

每次动手解剖之前，应认真阅读操作指导和图谱，熟悉本次实验的操作步骤及方法，对所解剖的部位及结构有清楚的认识，与同组同学一起设计好操作方案。为保证操作的效果和效率，应提前准备好必需的解剖器材，如需特殊器械应提前与技术组联系。

（三）操作应按要求有序进行

每次操作应严格按照指导教师和教材规定的步骤、方法和要求依次进行，既要暴露充分，解剖清楚，又不可随意超出规定范围。在切开或移除某些组织或结构前，必须确认其为何物，不能确定者不可盲目切割、任意行事，应先请教指导老师。

（四）正确使用器械

应按正确的方法使用器械，以养成良好的习惯，如不能用有齿镊夹持血管、神经和肌等软组织，剪开组织或剪断血管神经多用圆头解剖剪等。不可随意持握器械，应坚持按正确姿势操作。

（五）团结协作

受标本及场地限制，各小组的每个成员不可能同时操作，应由小组长统筹安排，做到阅读实验指导、查阅教材和图谱、记录、主刀解剖操作等各司其职，分工协作，相互配合。小组之间也应互相交流。在尸体解剖过程中发现的变异、畸形是可遇不可求的珍贵的第一手资料，应作好详细记录并报告老师，尽可能让更多的同学一起观察、学习和讨论。

（六）保持整洁

操作过程中，注意器械摆放整齐有序，防止刀、剪等锐器伤人。操作结束后，应将所用器械清洗干净，妥善保管；清洁好实验桌面，剔除的组织碎片放入专备污物桶中统一处理；尸体标本妥善包扎，浸入保存液中。每次实验后均应轮流值日打扫实验室卫生。

四、大体形态学科研标本的设计和制作

鼓励和引导大学生大胆开展探索性、创新性实验，使学生在本科阶段即能得到创新性科学研究的锻炼，是教育部实施的“高等学校本科教学质量与教学改革工程”的重要组成部分。开展大体形态学科学研究离不开标本的处理、保存、制作，为此扼要介绍一些相关知识。

（一）尸体/标本的防腐、固定和保存

在对人体形态结构深入研究的同时，不管是整尸还是局部标本，为避免发生组织自溶、腐败和解体，必然要求有良好的防腐保存。组织腐败和自溶需酶的参与，而酶是由蛋白质构成的，破坏细胞结构的细菌也是由蛋白质构成的，因此，凡能使蛋白质变性的物理、化学因素，均可使酶失去活性，抑制或杀灭细菌，从而阻止组织溶解，达到防腐固定的目的。常用的防腐固定剂有酒精、甘油、苯酚、甲醛等，它们通过使蛋白质变性凝固，干扰微生物的酶系统，使细胞膜变性受损以改变其通透性等机理达到防腐固定的目的。这些防腐固定剂各有优缺点，既可单独使用也可混合使用，但最常用的还是10%的福尔马林（即4%的甲醛）。

选定标本后，先进行登记、编号，清洗消毒，然后进行防腐注射，再保存于防腐固定液中。小件离体器官或局部的防腐保存可直接用浸泡法，整尸宜用加压灌注法，即任选股动脉、颈总动脉、肱动脉或直接经心腔高压灌注防腐固定液。固定液配方：根据被

固定标本的使用目的、容器、用量等选择合适的固定液、防腐剂和抗霉剂及其比例，可参考《解剖学技术》等专业书籍。固定液用量：约为体重的20%。尸体经防腐固定处理后，常浸泡于5%的福尔马林液或混合防腐固定液中进行湿保存。目前，我院使用的是新型环保防腐保存液。

（二）科研标本的设计

大体形态学科研工作中，不少研究项目涉及人体形态结构的观察、测量或追踪，需要科学设计，才能充分显露其主要方面，观察其主要形态结构，从而有所发现。科学、新颖的标本设计，有时甚至是研究工作中的决定性环节。下列几个方面，在科研标本设计时应加以注意：

1. 要有开拓性思维，根据研究方案大胆创新。对大体形态学科研项目，首先应根据科研选题和科研实施方案，从研究主题的实际出发，确定好观察的内容、步骤和标本制作方法，先进行试作，再根据制作情况作适当调整，然后专心致志地制作标本，依据实际观察结果提出实事求是的研究结论。制作方法上要勇于创新，不被旧的技术方法所束缚，敢于排除困难，想方设法运用新技术，找出新方法，提出新问题和新见解。有时候，通过更新仪器设备，改进操作技术，采用新的方法，改变观察目标，或许就能“柳暗花明又一村”，从而有新的发现。一件设计得当的标本，往往能导出所要观察的主要内容，找到新的突破点。

2. 注意保持标本的本来面目。对原位或离体的人体器官结构科研标本进行的观察与测量，必须严格保持它的原有形态，才能客观地反映其真实存在。不能附加任何事物本身所没有的东西，也不可遗漏或忽略任何微小的或自认为“不重要”的部分，更不能轻易切除或人为改变其原来状态，这样才能发现相似事物中的微小差异，或不同事物间的微小共同点，观察到各个结构间真实的相互关系，保证观察的客观性、系统性和精确性，为科研提供接近自然状态的事实数据。例如：若研究脑底动脉与诊断治疗脑血管疾患的关系，通常需观察测量脑血管的起源、行程、数目、管径、分支、分布、对称性及其与周围结构的关系位置等，而这些血管细小、密集、质脆，深居脑底，与脑膜紧密相邻，制作这类研究标本时，就应注意保护好脑底部，取脑时不可拉扯，并尽量保持脑膜的完整性，如若清理或移除某些血管，宜在观察测量的过程中进行。

3. 要留有余地。在科研进程中，开始时人们对研究对象的认识往往还不够清晰，但在随后的不断接触中却可能会有一些出乎意料的新发现，而有些“偶然”的新发现甚至可能发展成为另一研究的新起点。在科学发展史上这样的例子数不胜数，如染色体的发现、青霉素的发现、天花疫苗的发现，等等。因此，设计科研标本时，要为“偶然”的出现留有余地，暴露面适当宽一些、深一些，周围关系要尽可能完整地保持下来，以便在必要时有条件向周围延伸和深入。例如：研究人体皮区的血液供应来源及分布范围，许多实验者的注意力总是局限在皮下层，尽管对血管发生和形态位置等都作了详尽的研究，却错过了有所发现、有所创新的机会。但当人们把观察范围向深面引申时，就发现了肢体的皮肤肌间隔血管源和肌间隙血管源，为临床应用提供了一些新的可供选择的带蒂游离移植的供皮区。

4. 紧扣课题目的要求，突出主题，多角度显示。科研标本的设计，必须适应研究的目的要求。为了攻克科研主题，既要突出重点，显示主要结构（尤其是主要结构的主要方面），也要注意课题的相关方面，以不同方法，从不同层次、不同角度围绕研究主题进行标本设计和制作，以便更好地反映事物本质。例如：在皮瓣皮血管研究中，要点是血供来源和分布、轴心动脉供养范围，如单纯用剥制皮瓣血管干的标本是不够的，通常需要设计一组标本才能配合显示，如可同时设计制作下列多种标本：皮瓣轴心血管标本；皮瓣轴心动脉供养范围标本；皮瓣血管铸型标本；带有皮神经的标本等，将它们配合成组，就可取得更好的研究成果。

（三）几种特殊的标本制作技术

在科研标本制作中，除了本章第二节介绍的基本技术和方法外，根据课题特点，还可应用其他解剖学技术，现扼要介绍常用的几种供参考。

1. 铸型标本制作方法：

为了研究管腔脏器，特别是血管系统的复杂的立体构筑，往管腔内注入某种物质作为填充剂，待硬化后将组织腐蚀清除，仅留下填充物的方法称铸型标本制作法，它是研究人体器官的腔隙和管道形态的一种重要方法。铸型标本三维立体感强、构型美观、色泽鲜艳，能完整地显示腔隙管道的形态特点，尤其是对细小管道的立体构筑可以用不同颜色显示其相互关系等，因而在科研工作中应用较多。

制作铸型标本的材料一般要求新鲜完整，管道通畅。如果是从局部取下的材料，取材时要将管道部分尽量保留长一些，以便于插管和保证管道的完整性，如实质性器官应在远离脏器的“门”处切断管道；动脉要考虑到其切断后会自然回缩；血管多源性器官（如腺体）最好先在原位灌注好后，再作离体处理。为防止血液凝固，一般应从较粗的动脉注入5%的枸橼酸钠生理盐水冲洗管道，直至流出的液体清澈或拟铸型的器官或组织呈苍白色为止，再灌注填充剂。

可用于制作铸型标本的填充剂很多，选择原则是：能按器官组织的形态特点满足研究观察的目的；能预先制备储存、灌注后在常温下可于不长的时间内自行凝固；化学物理性能稳定，耐酸耐碱性强，可均匀地拌入各种色料；凝固后收缩少，支撑力量、韧性和弹性较强；刺激性和毒性小，操作简便易行。目前最常选用的填充剂有：聚苯乙烯或改性聚苯乙烯、ABS、MABS、聚氯乙烯、过氯乙烯、自凝牙托材料、环氧树脂及某些低熔点合金等。

在将灌注用的导管插入需要灌注的管道并结扎牢固后，灌注是关系到铸型成败的关键步骤和技术。填充剂不同，灌注方法不同：化学反应型填充剂如环氧树脂等可一次成型，不需补注；溶剂挥发凝固成型的填充剂，则在首次灌注后还需多次补充灌注。

标本灌注填充成型后，需进行腐蚀以去除不必要的组织，使管道的铸型充分显示出来。常用的基本方法有四种：自然腐蚀法、酸腐蚀法、碱腐蚀法和碳化法，可根据研究目的和观察的需要选择。也可选用由这四种基本方法衍生而来的局部腐蚀法和混合腐蚀法等。

铸型标本腐蚀后需要彻底冲洗，再进行适当修整，以充分、清晰地显示各个部分。

为突出显示标本上的主体部分，或区别显示各组成部分的形态结构，在管道铸型时可根据需要作不同的处理：

（1）多管道综合显示法。一个局部、一个器官、一个系统的管道需要同时显示时，可将这些管道分别灌注不同颜色填充物，然后腐蚀。如肺内有支气管动脉、肺动脉、肺静脉和支气管树等四种管道，肝内有肝静脉、肝门静脉、肝动脉和肝内胆管四套管道系统，若将这四种管道用不同颜色的填充剂同时灌注，可非常清晰地显示整体管道的全貌和它们之间的相互关系。

（2）重点管道显示法。观察研究某一指定管道时，可以重点显示。在显示时注意保持其原有的形态结构和位置关系。

（3）管道局部分色显示法。为观察研究某一管道分支的分布区域，可分色灌注。如支气管树按肺段的分布逐一用不同的颜色灌注，以示区别。

2. 生物塑化技术：

生物塑化是一种利用高分子化合物对生物标本进行渗透塑化，以适应生物标本的保存和研究的一项新技术。生物标本经塑化技术处理后，组织内的水和脂质被硬聚酯（polymer）替换，使之达到近似塑料的性能，标本干燥、无毒、无味，容易搬运，可长期保存且经久耐用。这是目前形态学研究中一种具有较好性能和广泛用途的新方法，已广泛应用于解剖学、病理学、动物学、法医学、考古学等领域。此外，当代外科已朝着有限化（缩小手术范围）、显微化（显微镜下操作）和取代化（用生物或非生物材料取代病变组织/器官）方向发展，临床影像诊断已能早期发现微小病灶，断面解剖学的研究已从宏观走向微观，采用生物塑化的方法，可以把切片做得很薄，进行巨视－微观研究。因此，生物塑化技术还可在这些领域大有所为，使大体形态学的研究向更加细微的方向深入，为临床提供更加精细的解剖学资料。

生物塑化的基本原理是选用液态高分子多聚化合物单体作为生物塑化剂，替代组织内的水分，进行聚合固化，达到组织塑化的目的。含有水分的组织经脱水剂脱水，组织内水分被脱水剂置换，脱水剂再经中间剂置换。由于中间剂具有高蒸发压、低沸点性质，而塑化剂具有低蒸发压、高沸点的特性，在低压或真空状态下，中间剂气化，自细胞和组织内移出，形成气泡被真空泵抽掉排出，而在原组织细胞内中间剂占据的空间则由塑化剂来填充。因脱水过程是脱水剂（如丙酮）置换组织细胞中的水分，而塑化过程是用塑化剂置换组织细胞内的脱水剂，脱水、塑化过程都是“取代”方式，因而在制作含水量高的组织标本时，具有皱缩率低的特点，组织细胞仍保持原态，这是其他方法难以做到的。在生物塑化过程中，还可配合使用血管灌注、漂白、染色等辅助技术，使做出的标本更接近活体颜色。

生物塑化技术大致可归纳为硅橡胶浸渍技术、多聚乳胶包埋技术、环氧树脂透明技术以及聚酯树脂组织切片技术等四类。硅橡胶塑化标本具有弹性和柔韧性，主要用于教学；聚酯乳胶塑化标本与硅橡胶塑化标本不透明，很硬且易碎，用于厚的人体断面，对脂肪组织与其他组织可极好地作对比显示，其中脂肪组织为白色，其他组织颜色较深；环氧树脂透明技术可制作人体和器官断面的塑化标本，用于对所有人体结构的形态进行研究；聚酯树脂组织切片技术用于制作不透明的脑片，对纤维及核团具有很强的区别力。所有的塑化标本都可用于教学。塑化后的解剖标本可放在教室里、课堂上，甚至装在书包里，不会弄脏书和手，用作考试更是方便。

生物塑化标本的制作包括固定、脱水、真空浸渍、硬化处理四个基本步骤。用作薄层断面的标本经硬化处理后，应进行切割和断面抛光，经抛光后的标本根据需要也可进行组织染色，更便于观察。薄层断面上的结构可用肉眼、放大镜或显微镜进行观察和测量。

3. 断面标本的制作：

采用锯切方法制作断面标本，是研究器官的位置、器官与器官之间或局部与整体之间位置关系的有效方法之一。这种方法能在保持机体结构于原位状态下，准确地展示和表述诸结构的断面形态、位置及其毗邻，还可利用连续断面进行追踪观察，或借助微机进行定量分析以及三维重建，重塑人体外形和内部结构的空间配布，因而在大体形态学研究领域发挥着越来越重要的作用。特别是近几十年来新影像技术（如 CT、B 超、MRI、SPECT 等）的迅猛发展，为断层解剖学的应用开拓了新的前景，结合临床需要开展断层解剖学研究正方兴未艾。断层解剖学已成为分析和识别多种现代医学影像的重要基础科学，因而断层标本的制作技术也得到了较快发展。

断层标本的制作分为选材、灌注固定、划线、冰冻、锯切、冲洗、整形、保存等环节。正常断层解剖学研究应尽可能选取新鲜尸体，排除病变与畸形，年龄则应根据研究课题的目的和需要而定。将选好的尸体按正常解剖学姿势放置，进行灌注固定后（常用灌注液配方：酒精 10% ~30%、福尔马林 10%、甘油 10% ~20% 的水溶液，也可根据需要作管道填充、造影等灌注），移入 5% 福尔马林保存液中保存2 ~3 个月，再取出进行超低温冰冻。冰冻的目的是使不同硬度的组织通过冰冻达到均匀的硬度，以便于锯切。锯切应按预先划好的锯切线平稳地推进，注意断片的厚度和对称性。初锯下的断面仍处于冰冻状态，需用流水解冻，冲去表面碎屑，洗净血管内凝块及胃肠道内容物等，再根据断面情况进行修整、摄影并保存断面资料，以玻片或有机玻璃片夹持固定断层标本，按顺序保存于装有保存液的容器中。

4. 透明标本的制作：

透明标本是利用药品或物理的方法将组织或器官处理后，使其折光指数与透明剂的折光指数相接近，以显示器官内结构，是大体形态学科研工作中常用的标本形式之一，它可在保持器官外形完整的情况下，显示其内部的某些结构。透明方法主要用于难以解剖的较小的材料和胚胎，如显示胚胎的骨化点、肢体或器官内血管和神经的分支、分布及骨内腔和窦的形态、位置等。透明标本的制作包括选材、冲洗、排血、灌注填充剂、固定、脱钙、漂白、脱水、透明、保存等步骤。不同的材料需选用不同的透明方法。

5. 大体标本摄影技术：

在大体形态学科研中，为保存珍贵的第一手资料和对外交流的需要，常需借助摄影技术手段，用感光胶片记录人或动物大体标本。通过摄影者丰富的想象力和审美情趣，对画面的结构布局、背景、光线运用和色彩配置等进行巧妙安排和艺术处理，可真实、客观、直接、准确地表现出标本的形态特征、表面结构、病理变化、病灶特点等，并能把普普通通的标本拍得引人入胜，在医学教学、科研、医疗诊治中发挥其重要的参考、应用价值。

（1）一般解剖标本摄影方法：拍摄一般的解剖标本可用灯光，也可用自然光，但不宜用闪光灯。用灯光布光的优点是可以随意设计、调整，一旦调试好了就比较恒定，一次测光准确，以后的曝光条件相同。但标本经炽热的灯光烤照后，易造成保存液蒸发，标本也容易烤干，标本在强光下易形成反光斑。如用自然光拍摄，不宜直接在阳光下进行，用散射光较好，用黑衬底。光线不足部分，用反光板补光，特别是靠近摄影者的一面，应补光消除阴影。有实验者介绍用透明水箱法拍摄解剖标本，效果较好，方法如下：用无色透明的有机玻璃制成无盖水箱，水箱底及四壁应无划痕、污迹、变形及渗漏。水面以刚刚淹没标本为佳，背景离水箱底足够远。布光以侧光为主，避免垂直水面用光，背景可加辅助灯光使其照明度均匀，水箱四壁加透明硫酸纸使光线柔和以利于质感的表现。一般应在位于标本正上方或测光点上方距水面 2 ~ 3 cm 处测光，也可通过镜头测光相机进行“机位测光”。在使用过程中应保持水箱的清洁及水的透明和洁净，不应有漂尘、沉积物和水面的波动。

（2）透明标本摄影技巧：拍摄透明标本一定要用透射光，即光源从标本的背后与相机镜头相对的方向透射，不能从正面或侧面与相机镜头一致的方向投射。标本必须浸泡在透明剂（如冬青油）中摄影。具体方法是：取一盛有冬青油的较大的玻璃标本缸，将标本平放于缸中，用 X 线观片灯箱作光源。拍摄小件透明标本（如皮瓣，手、足血管标本等）时，灯箱放在翻拍架台座上，标本缸放在灯箱上，光源自标本下面向上透射，翻拍架固定相机，从上向下拍摄；拍摄大件透明标本时，应将灯箱竖立于标本后面，光从后面透射，用三角架固定相机拍摄。

（3）铸型标本摄影技巧：拍摄管道铸型标本，除了正面光以外，还应有底光和侧光，各层次的管道铸型构筑才能显示清楚。可在室外用自然光拍摄，最好是斜射的阳光。方法：将一大块玻璃板架高腾空 30 ~ 50 cm，用空有机玻璃盒当立柱，架住玻璃板的 4 个角，将标本放在玻璃板上，玻璃板下的地面上放衬底，光线斜射，用三角架固定相机拍摄。

根据需要，还有许多其他标本处理方法。如需动态显示制作过程的，可借助数码摄像机拍摄等。研究者可根据需要学习和探索，或请专业工作者协助和指导。

（李有秋）

第四章　解剖学论文的书写

解剖学论文的书写是在应用解剖学技术与方法，对人体或动物结构进行研究探索的基础上，对解剖学科研与实践工作中所得到的资料进行科学的归纳、分析、推理和总结，以文字形式记录解剖学科研与实践工作中所取得的成果，用以进行学术交流并指导临床实践。作为科学论文，它不同于一般的工作报告或工作总结，而是研究探索的结晶。进行解剖学论文书写必须明确解剖学论文写作的目的、撰写的要求、基本结构与格式和撰写的步骤等几个方面。

一、解剖学论文写作的目的

（一）贮存科研信息

写作论文是总结科学发现的重要手段，学术论文是贮存科研信息的重要载体。解剖学研究完成之后，需对研究结果加以总结，并以论文或报告的形式阐明其发现。解剖学论文的写作就是贮存这些科研信息 ，使它成为以后新的发现的基础，以利于解剖学事业的延续和发展，不断地丰富人类知识宝库。

（二）传播科研成果

个人的解剖学科研与实践活动的结晶要转变成全人类的共同财富，这就需要相互交流、相互利用，才能使解剖学不断地发展进步。解剖学论文是传播解剖学科研与实践信息的重要载体。

（三）交流实践经验

个人在解剖学科研与实践活动中常会积累许多成功的经验和失败的教训，而这些经验与教训是十分宝贵的，将它们进行科学的分析和总结，并以论文形式发表交流，就能发挥巨大的指导与借鉴作用。

（四）启迪学术思想

大量的解剖学科研成果和实践经验是形成并发展学术思想的重要基础，这些学术思想通过论文的形式不断地探索与交流，可相互启迪，以促进解剖学事业的发展。

（五）提高研究水平

解剖学论文写作是一种创造性的脑力劳动，在写作的过程中，随着思维的深化，可提高分析问题与解决问题的能力，促进解剖学科研水平的提高。

（六）提高临床诊治水平

解剖学探索的目的是为临床诊治技术的改进提供理论依据，记载解剖学研究成果的解剖学论文对提高临床诊治水平发挥着巨大作用。

二、解剖学论文撰写的要求

（一）思想性

撰写一篇好的解剖学学术论文，首先必须遵守医学科学的道德，其次要有自己鲜明的论点。

（二）科学性

解剖学论文的写作是为了揭示人体结构的客观规律，为临床诊治提供结构基础和指南，因而，从论文的选题、设计、观察研究、归纳分析，直到结论，每一步都必须遵循严肃的科学态度、严谨的科学学风和严密的科学方法。具体而言：

1. 选题：选题要有足够的科学依据，否则将劳而无功。

2. 设计：设计要真实反映客观结果，排除一切可能影响结果的主观因素和偶然因素，因而选择的方法与采用的材料要有充分的可比性和随机性。

3. 观察研究：进行研究和观察必须遵循全面、准确、真实的原则。全面性：全面完整地收集资料；准确性：准确地观察和记录；真实性：真实地反映客观事物及其发展过程。

4. 推理和结论：推理要有逻辑性，结论要有严谨性。

（三）创新性

创新性是科学研究的灵魂和不懈动力。解剖学研究选题应新颖，有新发现、新观点或新方法。解剖学论文是解剖学研究和技术创新成果的科学记录，它不同于一般的工作总结。论文应体现新的结构发现或技术发明，而不是一味地重复过去的资料和结论。

（四）实用性

解剖学探索的目的是为临床诊治技术的改进提供理论依据，力求解决临床实际问题。论文的实用价值越大，其指导作用也就越大，越具重要性。

（五）规范性

解剖学论文书写要规范化、标准化。论文的文字要应用规范化的语体文、包括科技语体。要求表达准确、简练、通顺，层次分明，论据严谨，图表清晰，切忌华丽的修饰与脱离实际的夸张。

三、解剖学论文的基本结构与格式

（一）标题

论文题目是作者表达论文的特定思想内容，反映研究范围和深度的最鲜明、最精练的概括，是读者认识全文的窗口，需要起到画龙点睛、一语道破的作用。因而，题目一定要确切扼要。一般中文文题不超过20个字，英文文题不超过10个词。题目既可以目的和对象为主，也可以方法、结果或论点为主，但以文题和内容相符合为基本原则。文题有两忌：一忌空泛，二忌烦琐。

（二）作者署名

作者署名的作用是对论文内容负有责任，也便于进行文献检索、查阅及读者与作者联系交流，而且还体现对作者的尊重。作者的署名以及署名的顺序一定要慎重，在投稿时即应确定，并取得本人同意，以避免论文发表后引起纠纷。

（三）摘要

一般要排列在正文开始之前，具有相对独立性，可单独引用。摘要的作用一则可以使读者确切地了解全文的主要内容；二则为文献检索工作提供方便。摘要的内容要求高度浓缩，要准确、简练、完整地介绍论文研究的目的、方法、结果和结论。摘要应以第三人称撰写，不用“本文”、“作者”等主语。

（四）关键词

一般每篇论文要求2～5个关键词，每个关键词都可以作为检索论文的信息。它可以来自于题目，也可以从论文中挑选；可以是主题词，也可以为自由词。主题词参考中国医学科学院情报研究所翻译的英汉对照《医学主题词注释字顺表》。自由词只有必要时才用，可排列于主题词后。

（五）正文

1. 前言：为论文的开头部分，要求以简洁的文字叙述该研究的背景与现状、主要研究工作或论点、要求解决的问题、欲达到的目的和研究的价值与意义。

2. 材料与方法：是论文关键部分，事关研究的质量。须交代被考察的对象与特征，以及实验及测定的方法和过程。包括：实验对象：包括人和动物的选择标准（如年龄）与特征（如性别）；实验方法：主要是仪器设备、试剂的规格与来源、操作方法等；分组方法：如对照组、实验组等，是否随机；观察方法；观察指标及记录方法；实验程序；数据的获得过程，等等。

3. 结果：将调查及观察所得的全部原始资料集中，进行综合分析，即可获得科研结果。在处理这些原始资料时，应全面、客观、随机地加以分析，不应有意无意地加以挑选，并对研究结果注明统计学的差别与意义分析。一系列的结果分析必然会得出研究的有关结论，它是论文的精华。作结论时一定要实事求是，有科学依据。

4. 讨论：该部分的主要任务是探讨“研究结果”的意义，把研究结果从感性认识提升到理性认识。讨论中要以结果为依据，合理分析，找出内在的联系，必须持之有据，言之有理。若涉及对自身研究的评价，宜取谦虚谨慎和实事求是的态度。

5. 参考文献：在整个研究和论文撰写过程中，必然要参考有关文献，因此必须以严肃科学的态度列出重要的参考文献。论文引用的参考文献必须是作者直接阅读的原著，切忌从他人引用的文献中不加分析地转引，避免人云亦云的差错。列出参考文献的目的是：①为了说明本文所借鉴内容的科学依据的出处；②减少对前人文献的复述以缩减篇幅；③对前人成果及著作的认同与尊重。参考文献在正文中引用处按顺序以上角码标注，然后在文末按规定格式逐条列出；而且编号应该一致。参考文献的格式应按期刊要求规范化。

6. 致谢：对本文研究及论文撰写过程有过贡献或帮助但又不足以列为作者的组织或个人，应在文末予以致谢。原则是所有致谢必须征得被致谢者的同意。

7. 脚注：是对正文的补充。脚注目前为多数期刊采用，位于首页的下方，以小字列出。脚注主要包括作者简介、所在城市、邮编、注明研究基金来源等。

四、解剖学论文撰写的步骤

解剖学研究探索的最后环节就是撰写解剖学论文。在写作之前，应将实验数据逐项进行归纳、整理与分析，并查阅收集有关文献，尤其是初学写作的作者，更应阅读、借鉴好的解剖学论文。

（一）构思

构思是撰写论文的准备，是作者对文章整体布局、要说明的论点以及依据进行阐明、安排和设计的过程。

（二）拟提纲

在反复思考、理清思路并形成条目后，写出写作提纲。提纲是论文的基本框架，有了提纲，作者写起来就会目标明确，思路开通。

（三）写作

在提纲拟定后，根据自己的思路，妥当安排内容的先后次序，然后将自己的观点充分表达。在写作初稿时，不妨将内容写得全面一些，避免有重要内容遗漏。

（四）修改

在文章的初稿完成后，应征求各方面的意见，尤其是合作者与指导者的意见，然后加以反复推敲并作细致的修改。写好初稿后最好放置一段时间后进行再修改，使论文结构严谨、观点明确、语言准确、层次清晰、论据充分、重点突出并有逻辑性。

总之，解剖学科研工作、资料处理以及论文的撰写是一项复杂的工作，需要我们不断地实践、不断地总结，以积累经验。

（邓春雷）

第五章　实验项目

一、躯干骨及其连结

【目的要求】

1. 掌握人体骨骼的分类、分布、数目和名称。
2. 掌握骨的基本构造，说出它们在各类骨上的分布特点。
3. 观察煅烧骨和脱钙骨并比较其物理特性，说出骨的化学成分与物理特性的关系。
4. 了解骨连结的分类。
5. 掌握关节的基本结构、辅助结构、运动方式和分类。
6. 掌握躯干骨的组成，以及各骨的名称和数目。
7. 掌握椎骨的一般形态及各部椎骨的特点，能准确辨认第 1、2、7 颈椎，胸椎，腰椎，骶骨，尾骨及它们的重要结构。
8. 掌握椎间盘的构造和功能以及黄韧带、前纵韧带、后纵韧带、棘上韧带、棘间韧带的位置和作用。
9. 掌握脊柱的生理弯曲及其意义。
10. 掌握胸骨和肋骨的一般形态结构。
11. 能对照标本说出胸廓的组成及其形态学特征。
12. 在活体上摸认躯干骨的重要骨性标志，说出其意义。

【实验材料】

1. 标本：完整骨架；新鲜猪股骨（沿纵轴锯开，保留骨膜和骨髓）；儿童股骨或胫骨纵剖面；股骨上端、跟骨、顶骨、椎骨剖面盒装标本；煅烧骨（椎骨）；脱钙骨（肋骨）；前臂骨间膜、小腿骨间膜标本；肩关节整体及冠状切面标本；髋、膝关节整体及矢状切面标本；矢状切开的颞下颌关节标本；椎骨间连结矢状切面标本；成套游离颈椎、胸椎、腰椎、骶骨、尾骨；完整骨性脊柱；椎骨及其连结整体观标本；脊柱胸段矢状切面、冠状切面；寰枢关节；骨盆；成套肋骨；胸骨；肋椎关节；胸锁关节；胸肋关节；儿童胸廓。

2. 其他教学资源：骨学及关节学挂图；多媒体实验教学课件；骨学与关节学 X 光片。

【实验时数】3 学时。

【注意事项】

1. 观察标本前应先按“解剖学姿势”确定标本的上、下、前、后、内、外方位，区分左、右侧，再依次观察。

2. 爱护标本：观察已切开的标本时切勿用力牵拉。标本观察完毕后应放入保存液中浸好或用浸有保存液的盖尸布盖好。

3. 观察全身骨架时，切勿在骨与骨的连接处暴力扭转，以免造成断裂。

4. 观察骨连结标本时应随时对照骨标本，结合活体体会其组成特点及运动方式。

5. 应在活体上摸认骨性标志。

6. 实验前认真观看本次课的多媒体实验教学课件。

【实验内容及方法】

（一）骨的分类（Classification of Bones）

在完整骨架上识别长骨、短骨、扁骨、不规则骨，说出全身骨的分布、名称和数目。

（二）骨的构造（Structure of Bones）

取新鲜猪股骨，用解剖器械剥开骨表面的骨外膜，观察其特点以及骨膜与骨面、骨膜与关节面的关系。在锯开的骨髓腔处观察黄骨髓及贴于腔内菲薄的骨内膜，于干骺端的松质内观察红骨髓，于干骺相接处可见骺软骨或骺线。取儿童股骨或胫骨的纵剖面观察骨髓及骺软骨。取股骨、跟骨、顶骨、椎骨的剖面标本，比较骨密质、骨松质分布的不同：在股骨骨干处坚硬、致密的部分为骨密质，多围成骨髓腔；骨骺处呈海绵状的部分为骨松质，由骨小梁按一定方向排列且相互交织而成；顶骨断面上可见内、外两层密质，即较厚的外板和较薄的内板，两层之间的松质是板障；跟骨及椎骨表层为薄层的密质，深层为松质。取 X 光片辨认骨质，密质密度高、发亮，松质呈蜂窝状；在长骨干与骺的结合处寻找骺软骨或骺线。

（三）骨的化学成分与物理特性（Chemical Components and Properties of Bones）

取经稀盐酸浸泡脱钙的肋骨，因已除去无机质，虽仍具肋骨原形，但柔软（可弯曲、扭转，甚至“打结”）、有弹性（改变形态后可立即复原）。取经煅烧除去有机质的椎骨，虽仍保持原形，但已呈灰黑色，脆而易碎，轻捏即呈粉末状。

想一想：

①临床若穿刺抽取骨髓，常在何处进行？为什么？

②颅骨骨折时，为什么有时内板已有骨折而外板完整？

③手术中如将骨膜剥离过多，可产生什么后果？

（四）直接骨连结（Synarthroses）

1. 纤维连结：有韧带连结和缝两种方式。取矢状切椎骨间连结标本，观察相邻椎骨棘突间的棘间韧带及连结相邻椎弓板的黄韧带，此为韧带连结；取成人整颅观察相邻顶骨间及顶骨与额骨间的骨缝。

2. 软骨连结：取胸肋关节标本及椎体之间的椎间盘标本观察。

3. 骨性结合：取骶骨、髋骨观察。骶骨由 5 个骶椎融合而成，髋骨由髂、坐、耻骨融合而成。

（五）关节的基本结构（Essential Structure of Synovial Joint）

取肩关节整体及冠状切面标本，辨认关节面、关节软骨和关节囊，体会关节的基本结构：

1. 关节面（Articular Surface）：即构成关节各骨的邻接面，多为一凹一凸，表面光滑，覆有关节软骨。

2. 关节囊（Articular Capsule）：为连结组成关节各骨的纤维结缔组织，外层致密称纤维膜，内层光滑称滑膜，附于关节软骨周缘。

3. 关节腔（Articular Cavity）：关节面与关节囊滑膜层围成的密闭腔隙。注意以后供观察的多数关节标本的关节腔已打开。

想一想：关节的基本结构对关节的运动方式有何影响?

（六）关节的辅助结构（Assistant Structure of Articulation）

取髋、膝关节整体及矢状切面标本，重点观察关节的辅助结构：囊内韧带、囊外韧带、半月板、滑膜囊（如髌上囊）等。

1. 韧带：在膝关节标本上找到起自股骨外上髁，止于腓骨头的腓侧副韧带，与囊不相贴，为独立韧带；髋关节的髂股韧带则为关节囊纤维层局部增厚而成，此两种均为囊外韧带。取打开关节腔的髋、膝关节标本，可见到位于膝关节囊内的前、后交叉韧带，髋关节囊内的股骨头韧带等，均属囊内韧带。

2. 关节盘和关节唇：取矢状切开的颞下颌关节标本观察，见其内在两关节面间有一盘状结构，将关节腔分为上、下两部分，此即关节盘。膝关节内也有一半月形的纤维软骨板，特称半月板，是关节盘的另一种形式。关节唇是附于关节窝周缘的纤维软骨环，取切开的髋关节标本观察，见髋臼周缘所附的一窄带即是；取已切开关节囊的肩关节观察，则为附于肩胛骨关节盂周缘的纤维软骨环。

3. 滑膜襞和滑膜囊：取打开关节腔的膝关节标本，可见到位于髌骨上缘以上、股四头肌腱深面及髌韧带后的滑膜囊（髌上囊）；位于髌骨下方由滑膜层部分突向关节腔所形成的滑膜襞（翼状襞）。

4. 取椎骨间连结矢状切面标本观察各韧带及椎间盘。

想一想：影响关节运动方式的因素有哪些？各举例说明。

根据观察结果填写下表：

结构		特点
基本结构	关节面	
	关节囊	
	关节腔	
辅助结构	韧带	
	关节盘	
	半月板	

（七）躯干骨（Bones of Trunk）

先在完整骨架上观察躯干骨的组成以及脊柱和胸廓的组成，再依次观察游离各骨。

1. 椎骨（Vertebrae）：圆锥形的椎体在前，下部较上部稍宽大；单一的较长突起为棘突，伸向后方或后下。

取胸椎或腰椎辨认椎骨的一般形态：呈短圆柱形的部分为椎体，朝前。连于椎体后方的半环形结构为椎弓。椎体后方稍凹，与椎弓合成椎孔，全部椎骨的椎孔重叠成椎管。椎弓又由左右椎弓根和椎弓板合成，椎弓根连于椎体后外侧，其上、下缘的凹陷即椎骨上、下切迹，相邻两椎骨的上、下切迹围成椎间孔。椎弓根向后内侧延伸的部分称椎弓板，上有七个突起：向后伸出一个棘突，向两侧伸出一对横突，向上方伸出一对上关节突，向下伸出一对下关节突。上、下关节突上有关节面。依次观察各部椎骨的形态特点：

（1）颈椎（Cervical Vertebrae）：取成套颈椎观察。主要特点：椎体小，横断面呈横椭圆形，第3~7颈椎的椎体上面侧缘有向上突起的椎体钩，下面侧缘有唇缘，将两个颈椎叠加起来可观察到侧方的钩椎关节（又称Luschka关节）；椎孔大，呈三角形；横突基部有孔，称横突孔；横突末端有前、后结节，两结节之间有脊神经沟；棘突短，末端稍向下且有分叉；上、下关节突的关节面呈水平位。1、2、7颈椎又各有特点：第1颈椎（寰椎）呈环状，无椎体、棘突和关节突，由前弓、后弓和左、右侧块组成。前弓后面正中有齿状凹，与枢椎的齿突相关联。后弓比前弓长，上面有椎动脉沟。两侧块上面有椭圆形的上关节凹与枕骨髁相关联，下面有圆形的关节面与第2颈椎相关联。前、后弓及侧块围成椎孔，其前半容纳第2颈椎齿突。第2颈椎（枢椎）的椎体向上伸出齿突，齿突的前关节面与寰椎齿状凹相关联，后关节面与寰椎十字韧带相接。第7颈椎（隆椎）棘突长，其末端较厚且不分叉，活体易触及，同学间可相互在颈后摸到。

（2）胸椎（Thoracic Vertebrae）：椎体横断面呈心形，其两侧面和横突前面有与肋相连接的关节面（肋凹）。大多数胸椎椎体的上、下缘各为半个肋凹，与其邻近胸椎的半个肋凹合成一完整肋凹，与肋头相关节。横突肋凹与肋结节相关节。椎孔呈圆形。关节突的关节面呈冠状位。棘突长，斜向后下方，在完整骨架或完整骨性脊柱后面观见棘突呈叠瓦状排列。

（3）腰椎（Lumbar Vertebrae）：椎体最大，横断面呈扁圆形。椎孔呈卵圆形或三角形。上、下关节突粗大，关节面几呈矢状位。棘突宽而短，呈纵位宽板状，水平伸向后方。横突呈水平位。

在完整骨架上观察各部椎骨形态的变化规律。

（4）骶骨（Sacral Bone）：成人骶骨由5个骶椎融合而成，略呈三角形，底向上，尖朝下，前面（盆面）微凹而光滑，后面隆凸而粗糙，由5块骶椎的椎孔连接而成的骶管纵行贯穿骶骨。底的上面与第5腰椎体相连成腰骶连结，上缘中份向前的隆凸称岬。尖向下与尾骨相接。前面中部有4条横线（椎体融合的痕迹），横线两端有4对骶前孔。后面正中线上有骶正中嵴，其外侧有4对骶后孔。骶前、后孔通骶管。骶管上通椎管，下端有骶管裂孔，裂孔的两侧各有一向下突出的骶角，活体可触及。骶骨两侧面的上部有一耳状面，与髋骨的同名关节面构成骶髂关节。耳状面后方凹凸不平的骨面即骶粗隆。

（5）尾骨（Coccyx）：成人由4～5个发育不全的尾椎融合而成，呈三角形，上为底，接骶骨；尖朝下，游离。

2. 胸骨（Sternum）：胸骨为一上端大、下端小、前凸后凹的扁骨，由上而下分为胸骨柄、胸骨体和剑突3部分。胸骨柄上缘有3个切迹：正中的称颈静脉切迹，活体可摸到；两侧为与锁骨相接的锁切迹。胸骨柄的外侧缘上部接第一肋。胸骨柄与体相连处有一微向前凸的横嵴，称胸骨角，查看其两侧是否为第二肋切迹，在活体触摸胸骨角。胸骨体前面有三条粗糙横线，侧缘有与2～7肋软骨相连的肋切迹。剑突扁而薄，悬于胸骨体，形状不一。

3. 肋（Ribs）：肋包括肋骨和肋软骨，共12对，除第1肋和第11、12肋外，其他各肋结构大致相同。

（1）肋骨的共同形态结构：取一典型的肋骨观察。肋骨属扁骨，为狭长弓形，可分前、后两端和一体。后端膨大称肋头，有与胸椎肋凹相接的关节面。紧接小头之细小部分称肋颈，颈、体之间有肋结节，上有与胸椎横突肋凹相接的关节面。肋骨体有内、外两面和上、下两缘，其内面近下缘处有肋沟。肋骨体后份急转弯处称肋角。肋的前端有一粗糙的凹面与肋软骨相连。

（2）特殊肋骨：第一肋骨扁宽而短，分上、下两面及内侧、外侧两缘。肋头只有一个关节面与第1胸椎相接，无肋角、肋沟。肋骨体内侧缘上面中份有前斜角肌结节，该结节的前方有锁骨下静脉压迹（沟），后方有锁骨下动脉压迹（沟）。第11、12肋无明显的肋结节、肋颈和肋角。

（3）肋软骨：位于各肋骨前端，由透明软骨构成。供观察用的枯骨标本上肋软骨已不存在。

（4）在完整骨架上观察：第1～7对肋前端与胸骨连接，称真肋；第8～10对肋前端借肋软骨与上位肋软骨连接，形成肋弓，称假肋；第11～12对肋前端游离，称浮肋。

（八）躯干骨的连结（Joints of Bones of Trunk）

1. 脊柱（Vertebralis Column）：

（1）椎骨间连结：各椎骨间借韧带、软骨和滑膜关节相连，可分为椎体间连结和椎弓间连结。

1）椎体间连结：椎体间以椎间盘及前、后纵韧带相连。取脊柱整体标本观察，于椎体与椎体间稍显膨大而凸出的部位即为椎间盘所在，共23个，以腰部最厚。取从椎间盘处横断脊柱的标本观察，在断面上可见椎间盘中央稍后方处有一团白色胶状物质，此即髓核，其周围有多层呈同心圆排列的纤维环，坚实而有弹性。紧贴椎体和椎间盘前方和后方，分别可见坚韧的纵行扁平纤维束前纵韧带和后纵韧带。后纵韧带在除去椎弓的标本上观察得更清楚。

想一想：为什么椎间盘脱出症时髓核常向后外脱出？

2）椎弓间的连结：从脊柱背面观，棘上韧带是将棘突尖端连结起来的纵行纤维束，其前方与棘间韧带融合，不易分离。注意棘上韧带在脊柱各段的特点。棘间韧带是上、下棘突间的薄层纤维组织，附于棘突根部至棘突尖。相邻横突间的结缔组织膜称横突间韧带。相邻两椎骨的上、下关节突连结而成的关节称关节突关节，可将镊子伸入关节腔探查。在除去椎体的脊柱标本上从前方观察可见到上、下两椎弓板间的黄韧带，其纤维呈垂直方向，厚而坚韧。注意黄韧带由黄色弹力纤维构成，在外观上并非黄色。在保留颈椎椎弓的标本上，可见一三角形板状的弹性膜层，向上附于枕骨，向下达第7颈椎棘突并续于棘上韧带，此即项韧带。

3）寰椎与枕骨及枢椎的关节：包括寰枕关节及寰枢关节。

寰枕关节：取枯骨标本观察，可见该关节的关节面为椭圆形，由两侧枕髁与寰椎侧块的上关节凹构成。再取湿标本观察，见关节周围包有关节囊，在囊的前、后方各有寰枕前膜（前纵韧带的最上部分）和寰枕后膜增强。

寰枢关节：包括三个独立的关节，即两个由寰椎侧块的下关节面与枢椎上关节面构成的寰枢外侧关节，一个由齿突与寰椎前弓后方的齿突凹所构成的寰枢正中关节。先取枯骨标本观察关节的组成，再取湿标本查看关节囊及齿突尖韧带、翼状韧带、寰椎横韧带、寰椎十字韧带、覆膜，在寰枢关节上验证其运动。

在已除去寰椎后弓和枢椎椎弓的标本上观察，见寰椎横韧带从齿突后方横过寰椎椎孔，两端附于寰椎侧块内侧面。从寰椎横韧带中部发出两束纵行纤维束，一束向上止于枕骨大孔前缘，一束向下止于枢椎椎体下面，此两纤维束与寰椎横韧带共同构成寰椎十字韧带。由齿突尖至枕骨大孔前缘的纤维束即齿突尖韧带，从齿状尖外缘向外上有附于枕髁内侧的纤维束为翼状韧带。覆膜覆盖于上述韧带后面，从枕骨斜坡下降，移行于后纵韧带。

（2）脊柱整体观：在完整骨架或剥制的完整脊柱标本上观察。

1）前面观：椎体宽度自第2颈椎至第2骶椎高度自上而下逐渐加宽，至第2骶椎处最宽，自骶骨耳状面以下体积逐渐缩小。

2）后面观：所有椎骨棘突连贯成纵嵴，位于背部正中线上。颈椎棘突短而分叉，近水平位。胸椎棘突细而长，斜向后下方，呈叠瓦状。腰椎呈板状，水平伸向后方，棘突间隙宽。

3）侧面观：呈“S”形，有4个生理性弯曲，其中颈曲、腰曲凸向前，胸曲、骶曲凸向后。

讨论：

①脊柱的功能和运动。

②为什么临床常在3、4腰椎间进行椎管穿刺？要依次穿经哪些结构？

2. 胸廓（Thoracic Cage）：胸廓由12块胸椎、12对肋和1块胸骨构成，主要关节有肋椎关节和胸肋关节。

（1）肋椎关节：包括肋头关节和肋横突关节，取特制肋椎关节标本观察。肋头关节由胸椎椎体两侧的肋凹与肋头的关节面构成，有肋头幅状韧带和关节内韧带加强。肋横突关节由肋结节的关节面与相应椎骨的横突肋凹构成，亦有肋横突韧带等加强。

（2）胸肋关节：上7对肋前端与胸骨、后端与胸椎相连结。取胸肋关节的冠状切面标本观察，见第1肋与胸骨柄之间的结合是不动的软骨连结；2～7肋的肋软骨与胸骨相应的肋切迹构成胸肋关节，肋软骨与胸骨交接处的空隙即其关节腔；第8、9、10三对肋骨后端连结胸椎，前端不与胸骨直接相连，而是借肋软骨依次连于其上位肋软骨，形成肋弓；11、12 肋前端游离。

在完整骨架上或取特制完整胸廓标本观察胸廓全貌：胸廓略呈圆锥形，后正中线上有 12 个胸椎依次排列，前正中线上有胸骨。胸廓可分上、下两口及前、后、外侧壁，上口较小，向前下方倾斜，由第 1 胸椎体、第 1 对肋及胸骨柄上缘围成；下口宽而不整，由第 12 胸椎，第 11、12 对肋前端，肋弓和剑突围成，膈肌封闭胸廓底。两侧肋弓在中线构成向下开放的胸骨下角，角的尖部有剑突，又将下角分为左、右剑肋角。胸廓前壁较短，由胸骨、肋软骨、肋骨前端构成；后壁较长，由胸椎和部分肋骨构成；外侧壁最长，由肋骨体构成。相邻两肋之间为肋间隙。

【作业及思考题】

1. 同学间相互在活体上触摸以下骨性标志：隆椎棘突，胸椎棘突，腰椎棘突，第 6 颈椎横突前结节，颈静脉切迹，胸骨角，剑突，肋弓，骶角，说出其意义。

2. 列表比较颈椎、胸椎、腰椎的形态特征。

3. 列表归纳脊椎的连结（椎间盘、韧带、关节）的位置、特点。

4. 预习下次实验课内容：“颅骨及其连结”。

【创新性实验提示】

脊柱微创外科目前在临床上为发展较快的领域之一，同学们可以“脊柱的构造特点”为题开展相关应用解剖学研究。

（彭耀金）

二、颅骨及其连结

【目的要求】

1. 掌握颅骨的名称、组成和功能，能在标本上指认各骨的位置。

2. 掌握蝶骨、筛骨、颞骨、上颌骨、下颌骨和舌骨的分部、形态特点和主要结构。

3. 掌握颅各面观的基本结构和重要血管、神经出入颅腔的裂孔和管道。

4. 掌握眶、骨性鼻腔的组成和重要结构；鼻旁窦的位置、开口。

5. 熟悉新生儿颅的特点。

6. 熟悉颞下颌关节的构成、特点、运动形式。

7. 在活体摸认颅的重要骨性标志。

【实验材料】

1. 标本及模型：成套分离颅骨标本；整颅标本；分色整颅标本；分离颅骨立体复位标本；分离颅骨放大模型；去颅顶水平切颅骨标本；颅矢状切标本；颅冠状切标本；鼻旁窦及其开口标本；胎儿或婴儿颅标本；探针；颞下颌关节剖面标本；颅与脊椎间连结标本。

2. 其他教学资源：教学挂图；多媒体实验教学课件。

【实验时数】3 学时。

【注意事项】

1. 颅骨的某些部位骨质薄脆易碎，应轻拿轻放。观察时应将颅骨托于掌心，切忌将手指插入眼眶或鼻腔内，或勾起颧弓提起颅骨。

2. 观察颅骨上神经血管出入的孔裂、管道时，可用探针探查其走向和连通情况。

3. 观察分离颅骨时，应随时对照整颅观察，以了解各分离颅骨及其重要结构在整颅上的位置。

4. 部分结构需观察多个切面方能获得完整的认识，应注意取不同切面的标本观察。

5. 颅正中矢状切面标本在鼻腔外侧壁处薄而脆，注意防止损坏。

6. 泪骨、下鼻甲骨、犁骨、舌骨等小而脆，应小心抓捏，防止丢失。

7. 实验前认真观看本次课的多媒体实验教学课件。

【实验内容及方法】

（一）颅的整体观

1. 取分色整颅及去颅盖分色颅骨，观察颅的组成：脑颅包括额骨 1 块、顶骨 2 块、枕骨 1 块、颞骨 2 块、筛骨 1 块和蝶骨 1 块，共同围成颅腔。颅腔的顶（颅盖）由额、顶、枕骨构成，颅底由蝶、枕、颞、额、筛骨构成。面颅由成对的泪骨、鼻骨、颧骨、下鼻甲骨、上颌骨、腭骨和不成对的下颌骨、犁骨、舌骨构成，共同围成骨性口腔、骨性鼻腔、眶等结构。上述 23 块颅骨除下颌骨和舌骨外，其余各骨均紧密连成一体，形成一完整的颅。

记住歌诀：额枕蝶筛单打一，成对有顶还有颞。（脑颅）
鼻泪颧腭甲上颌，犁舌下颌各一个。（面颅）

2. 取分离颅骨立体复位的标本或模型观察，体会颅的组成。

3. 颅的顶面观：在整颅标本上寻认左、右顶骨之间的矢状缝；额骨与两顶骨之间的冠状缝；两侧顶骨与枕骨之间的人字缝；顶骨中央的顶结节。

4. 颅的后面观：在整颅标本上寻认枕外隆凸、上项线、下项线、枕鳞。在活体上摸到枕外隆凸。

5. 颅的侧面观：由额、蝶、顶、颞、枕骨构成。取整颅观察，先找到乳突。乳突前方有外耳门。外耳门前方有颧弓。乳突和颧弓均可在体表摸到。颧弓平面以上的内上方向内凹入的部分称颞窝，其上界为颞线。颞窝内侧壁前下部有由额、顶、颞、蝶骨相会合的 H 形区域，即翼点，此处骨质最薄弱，其内面有脑膜中动脉经过的压迹。颧弓平面以下为颞下窝，与颞窝相通。将下颌骨套入原位，见颞下窝位于下颌支内面及上颌骨体和颧骨的后面，内壁为翼突外侧板，外壁为下颌支。用探针探之，颞下窝向前经眶下裂通眶，向上可借卵圆孔和棘孔通颅中窝，向内经上颌骨与蝶骨翼突之间的翼上颌裂通翼腭窝。翼腭窝系上颌骨体、蝶骨翼突和腭骨之间的窄隙，深藏于颞下窝内侧。此窝联通广泛，试用探针一一探查其六处交通：向外通颞下窝，向前经眶下裂通眶，向内经蝶腭孔通鼻腔，向后经圆孔通颅中窝，向外经翼管通颅底外面，向下移行于腭大管，继经腭大孔通口腔。

想一想：翼点处受撞击后为何易致人死亡？

6. 颅的前面观：由前面观察整颅，可见前部有一对眶，眶以上为额区，眶的内下方有一梨形大孔——梨状孔（鼻前孔），向后通骨性鼻腔，鼻腔下方为骨性口腔。

（1）额区：由额鳞组成。两侧可见隆起的额结节。眶的上缘称眶上缘，其上方与之平行的弓形隆起即眉弓。左右眉弓间的平坦部分称眉间。

（2）眶：左右各一，为四面锥体形深腔，底朝前下外，尖向后内上，分上、下、内侧、外侧四壁。眶的底略呈四边形，为眶口。眶上缘中、内 1/3 交界处有眶上孔（眶上切迹），眶下缘中份下方约 1cm 处有眶下孔。眶的尖端有一圆形的视神经管，通入颅中窝。视神经管外侧有一斜向上外、通入颅中窝的较宽裂隙，称眶上裂。眶的上壁邻颅前窝，前外侧份有一较深的泪腺窝。眶的内侧壁前下份有一纵行的凹窝，称泪囊窝，向下延为鼻泪管通向鼻腔，用探针探查。眶的外侧壁较厚，由颧骨和蝶骨大翼构成。在眶的下壁和外侧壁交界处后份辨认裂隙状的眶下裂，用探针探查，可向后通入颞下窝和翼腭窝，裂中部有前行的眶下沟，沟向前导入眶下管，开口于眶下孔。

（3）骨性鼻腔：位于面颅中央，介于两眶和上颌骨之间，前为梨状孔，后为鼻后孔，通咽腔。由骨性鼻中隔（犁骨和筛骨垂直板构成）分为左、右两半。

取颅的正中矢状面标本观察鼻腔的各壁：顶主要由筛骨的筛板构成，有筛孔通颅前窝。底平坦，由骨腭（上颌骨腭突和腭骨水平板的合称）构成，前端有切牙管通口腔。内侧壁即鼻中隔。外侧壁上份主要由筛骨迷路组成，有三个卷曲的骨片，即上、中、下鼻甲，其中上、中鼻甲为筛骨迷路内侧壁上的突起，下鼻甲为独立的骨片。每一鼻甲下方相应的间隙，依次称上、中、下鼻道。上鼻甲后上方与蝶骨之间的间隙，称蝶筛隐窝。中鼻甲后方有蝶骨与腭骨形成的蝶腭孔，通向翼腭窝。

取整颅从前面观察骨性鼻中隔及下鼻甲、下鼻道的位置。

（4）鼻旁窦：取颅矢状切、冠状切标本及骨性鼻旁窦及其开口标本，观察与鼻腔相通的鼻旁窦及其开口部位：额窦居眉弓深面，左右各一，窦口向后下，开口于中鼻道前部。蝶窦在蝶骨体内，多被内板隔成不对称的两个腔，向前开口于蝶筛隐窝。上颌窦最大，位于上颌骨体内，其顶为眶下壁；底为上颌骨牙槽突，与第 1、2 磨牙牙根及第 2 前磨牙牙根紧邻；前壁的凹陷处称尖牙窝，骨质最薄；内侧壁即鼻腔外侧壁，有窦的开口通入中鼻道（注意其特点：窦口高于窦底）。筛窦为许多不规则的小空泡，分为前、中、后三群，前、中群开口于中鼻道，后群开口于上鼻道。

想一想：为什么上颌窦炎较难根治？

（5）骨性口腔：由上、下颌骨和腭骨围成，顶即骨腭，前壁及外侧壁由上、下颌骨牙槽及牙围成，向后通咽，底缺如，由软组织封闭。

7. 颅盖内面观：颅盖内面凹陷，有许多与脑沟回对应的压迹与骨嵴。两侧有脑膜中动脉及其分支的压迹，正中线上有一条上矢状窦沟，沟两侧有许多颗粒小凹。

8. 颅底内面观：取除去颅盖的颅水平切标本观察，可见颅底内面由前向后、由高至低有三个大凹陷，依次称颅前窝、颅中窝、颅后窝。重点观察窝的构成及窝与颅底外面相通的孔、裂。

（1）颅前窝：位置较高，由额骨眶部、筛骨筛板和蝶骨小翼围成，以蝶骨小翼后缘与颅中窝为界。首先辨认组成各骨。颅前窝中央耸起之骨片叫鸡冠，其基部两侧下陷的多孔部分即筛板，上有许多筛孔通鼻腔。鸡冠前方依次有盲孔、额嵴。

（2）颅中窝：高低不平，由蝶骨体及大翼、颞骨岩部前面等围成，前以蝶骨小翼后缘与颅前窝为界，后以颞骨岩部上缘与颅后窝为界。先辨认组成颅中窝的各骨。

颅中窝中央为蝶骨体，其高起部分形如马鞍，称蝶鞍，其上面正中部的凹陷称垂体窝，其前方有横置的圆形骨隆起，称鞍结节；窝的前外侧有通向眶腔的视神经管，管口外侧有突向后方的前床突，管的外侧、蝶骨小翼下方有眶上裂通眶腔。视神经管内侧有一横行浅沟，称交叉沟。垂体窝两旁的纵行浅沟称颈动脉沟，沟后端是边缘不规则的破裂孔，该孔的后外侧壁上可见颈动脉管内口。垂体窝后方横位的骨隆起称鞍背，其两侧角向上突起为后床突。蝶鞍两侧由前内向后外的弧线上，依次有圆孔、卵圆孔和棘孔。自棘孔向外延续的呈树枝状分支的浅沟称脑膜中动脉沟，其前支上升至翼点处常形成骨管。颅中窝外侧部与颅后窝之间的长形隆起是颞骨的岩部，岩部尖端前面的骨面有一微凹，称三叉神经压迹。压迹之后外，约相当于岩部前上面中部有一隆起，称弓状隆起。隆起之外侧为中耳鼓室上壁，故称鼓室盖，此处骨质较薄。

（3）颅后窝：窝中央最低处有枕骨大孔，孔前上方的平坦斜面称斜坡，孔前外缘上方有舌下神经管内口，孔后上方呈十字形隆起的交会处即枕内隆凸，由此向上延续为上矢状窦沟，向下续于枕内嵴，向两侧续于横窦沟，续转向前下内改称乙状窦沟，终于颈静脉孔。颞骨岩部后面中部稍内侧有向前内开口的内耳门，向前外侧通入内耳道。

想一想：颅顶钝性外伤时为何易引起颅底骨折？可引起哪些结构破裂？

9. 颅底外面观：将颅骨翻转，由后向前依次观察。注意此时上、下方向已与解剖位置相反。先找到枕骨大孔，自孔后缘正向后上的骨嵴为枕外嵴，终于枕外隆凸。枕骨大孔前外侧的一对椭圆形关节面即枕髁，髁前外侧稍上有舌下神经管外口，以探针自孔插入可通入颅腔。枕髁后方有不确定的髁管开口。枕髁外侧，枕骨与颞骨岩部交界处有不规则的颈静脉孔，其前方的圆形孔为颈动脉管外口，用探针经此孔可通入颈动脉管，再经颈动脉管内口通入颅腔。颈静脉孔后外侧有细长的茎突，茎突根部后方有茎乳孔。颧弓根部后方有下颌窝，与下颌头相关节，窝前缘的隆起称关节结节。关节结节前内侧的小孔即棘孔。棘孔前内侧较大的孔是卵圆孔。卵圆孔的内侧有破裂孔，为蝶骨、枕骨基底部和颞骨岩部汇合处。破裂孔前外侧下垂的骨性突起即翼突内侧板和翼突外侧板，其基部连于蝶骨体。蝶骨体下面正中处有犁骨与之相连，其两侧为鼻后孔。颅底前方可见由两侧牙槽突合成的蹄铁形牙槽弓，此弓所围部分即骨腭，前 2/3 由上颌骨腭突、后 1/3 由腭骨水平部构成。骨腭正中有腭中缝，其前端有切牙孔，通入切牙管；近后缘两侧有腭大孔。

（二）分离颅骨观察

分别取蝶骨、颞骨、筛骨、下颌骨、上颌骨、舌骨等骨的游离标本或模型，参照教材和图谱观察各骨的形态结构。取分离颅骨立体复位的标本或模型作对照观察。

1. 蝶骨（Sphenoid Bone）：形似蝴蝶，分四部。

（1）体：中间部，呈立方形，内含蝶窦。体上面呈马鞍状，即蝶鞍，其中央凹陷为垂体窝。

（2）大翼：由体两侧向外上方伸展，分三面（大脑面、眶面、颞面），参与构成颅中窝侧份、眶外侧壁以及颞窝和颞下窝。大翼根部由前内向后外依次有圆孔、卵圆孔、棘孔。

（3）小翼：三角形骨片，外端尖细，内端分为上、下两根连于蝶骨体前上部，两根围成视神经孔。小翼与大翼之间的裂隙为眶上裂。

（4）翼突：左右各一，从体与大翼连接处下垂，向后敞开形成翼突内、外侧板，两板之间为翼突窝，内侧板下端弯曲成翼突钩。翼突根部有呈矢状方向贯通的细管，称翼管，向前通向翼腭窝。翼突前面有沿其下行的翼突沟，与上颌骨与腭骨的同名沟围成翼腭管。

2. 颞骨（Temporal Bone）：以外耳门为中心分为三部。

（1）鳞部：位于外耳门前上方，直立，呈鳞片状。内面有脑回的压迹和脑膜中动脉沟，外面有伸向前的颧突，与颧骨颞突构成颧弓。颧突根部下方有下颌窝及关节结节。

（2）鼓部：围成外耳道前、下、后的卷曲形骨片。

（3）岩部：为尖指向前内的三棱锥形，内藏位听器。尖端与枕骨和蝶骨围成破裂孔，对着蝶骨体的前面有光滑的三叉神经压迹。岩部可分前、后、下三面和前、后、上三缘。前面近中央部有弓状隆起，其前外方有鼓室盖。后面中部有内耳门，通入内耳道。下部近中部有颈动脉管外口，向前内通入颈动脉管。颈动脉管外口后方的深窝为颈静脉窝，它与枕骨围成颈静脉孔。颈动脉管外口的后外侧有一细长骨突，称茎突，外耳门后方肥厚的突起称乳突，此两突起的根部之间有茎乳孔。取剖开的颞骨观察，可见乳突内有许多乳突小房，借乳突窦与中耳鼓室相通。

3. 筛骨（Ethmoid Bone）：极薄，由围绕许多小含气腔的密质薄骨板构成，注意轻拿轻放。在额状面上呈巾字形，分为三部分。

（1）筛板：水平骨板，上有筛孔，板前份的正中线上有向上高耸的骨嵴，称鸡冠。

（2）垂直板：自筛板正中下垂的矢状位骨板，构成鼻中隔上部。

（3）筛骨迷路：位于垂直板两侧，由极薄的骨板围成的许多含气小腔，称筛窦，分前、中、后三群，三群间无明显界限。迷路内侧壁有两个卷曲的小骨片，即上鼻甲和中鼻甲。迷路外侧壁薄而光滑，呈方形，称眶板。

4. 下颌骨（Mandible）：呈两端向上翘起的马蹄状，分一体两支。

（1）下颌体：位于下颌骨中间部，呈弓状，有上、下两缘和内、外两面。上缘构成牙槽弓，有容纳下颌牙牙根的牙槽；下缘为下颌底，圆钝。体外面正中有凸向前的颏隆凸，前外侧面有颏孔；体内面正中的小棘称颏棘，其下外方左右各有一椭圆形的二腹肌窝。

（2）下颌支：由体后份伸向后上方的方形骨板，其上缘有两个突起：位于前方的冠突和位于后方的髁突，两突起之间的凹陷处称下颌切迹。髁突上端膨大成下颌头，其下方较细处为下颌颈。下颌支内面中央有一下颌孔，此孔经下颌管通向颏孔。下颌支的后缘与下颌底相交处称下颌角，可在活体上摸认。

5. 上颌骨（Maxilla）：构成颜面中央部，与全部面颅骨相接。分一体四突。

（1）上颌体：呈三棱锥形，分前面、颞下面、眶面和鼻面 4 个面，内含上颌窦。前面上份有眶下孔，孔下方的凹陷称尖牙窝。颞下面向后外，有数个牙槽孔。鼻面后上部的三角形大孔即上颌窦裂孔，孔的前方与上颌骨额突根部之间有一深沟，称泪沟，与下鼻甲相结合成鼻泪管。眶面构成眶的下壁，有近矢状位的眶下沟，向前下连通眶下管。

（2）额突：由体的前面向上突出，上接额骨，前接鼻骨和泪骨。

（3）颧突：粗短，由体伸向外侧接颧骨。

（4）牙槽突：由体向下伸出的弓形突起，与对侧者合成蹄铁形的牙槽弓，后端终于上颌结节。

（5）腭突：由体向内侧伸出的水平板状突起，在正中线上与对侧腭突结合，构成骨腭的前2/3。

6. 舌骨：呈马蹄形，中间部分较宽，称舌骨体，由体向后外伸出的长突为舌骨大角，向后上伸出的短小突起为舌骨小角。在活体上触摸舌骨大角和舌骨体。

（三）颅骨的连结

1. 直接连结：颅骨间大多借缝、软骨和骨相连结，彼此间结合牢固。从顶面观察颅骨，可见前已观察到的矢状缝、冠状缝、人字缝等。在湿标本上可见构成这些缝的各骨间由纤维结缔组织相连结。

2. 颞下颌关节：颅骨间的唯一关节。在颞下颌关节整体标本上观察，见该关节由下颌骨的下颌头与颞骨的下颌窝及关节结节构成，其关节囊松弛宽大，上方附于下颌窝周缘，前方达关节结节前缘，下方附于下颌颈，关节结节完全在关节腔内，囊外有从颧弓根部至下颌颈的外侧韧带加强。在矢状切的颞下颌关节标本上，关节囊内可见到一块夹在下颌头与下颌窝之间的椭圆形纤维软骨板，此即关节盘，其周缘与关节囊胶合，将关节腔分为上、下两部分。关节盘呈“S”形，前部凹向上，后部凹向下，有翼外肌的部分肌腱穿过关节囊附着于关节盘。

（四）新生儿颅的特征

取新生儿颅观察，见脑颅比面颅大，颅顶宽阔，颅盖各骨尚未完全骨化，各颅骨间的间隙较大，由结缔组织连结，称为颅囟，其中最大的是位于冠状缝和矢状缝之间的前囟，呈菱形，其次是位于矢状缝与人字缝之间的后囟，呈三角形。顶骨后下角与枕鳞及颞骨相接处有乳突囟，顶骨前下角与蝶骨大翼及颞鳞、额鳞相接处有蝶囟。用手触摸颅囟，体会囟的形成和临床意义。

【作业及思考题】

1. 在活体上摸认以下骨性标志：枕外隆凸、乳突、颧弓、翼点、眶上缘、眶下缘、下颌角、下颌体、下颌骨髁突、外耳门、舌骨大角和舌骨体。

2. 填写下表：

	沟	管	孔	裂	突起
颅前窝					
颅中窝					
颅后窝					

3. 想一想：

（1）什么是颅囟？它有什么临床意义？

（2）翼点位于何处？它有什么临床意义？

4. 预习下次实验内容："上肢骨及其连结"。

（彭耀金）

三、上肢骨及其连结

【目的要求】

1. 掌握上肢各骨的名称、位置排列。

2. 掌握肩胛骨、锁骨、肱骨、桡骨、尺骨、髋骨、股骨、胫骨、腓骨的形态和主要结构，说出其意义。

3. 熟悉腕骨的形态、排列和掌骨、指骨的形态及邻接关系。

4. 熟悉上肢骨连结概况。

5. 掌握肩、肘、桡腕关节及拇指腕掌关节的组成、结构特点及其运动方式。

6. 在活体上摸认上肢骨的重要骨性标志。

【实验材料】

1. 标本：完整骨架；全套上肢游离骨；串制的手骨；肩、肘、腕关节的完整标本和剖面标本；胸锁关节（整体观、冠状切）；手关节冠状切。

2. 其他教学资源：教学挂图；多媒体课件。

【实验时数】3 学时。

【注意事项】

1. 观察游离骨前，应先在完整骨架上辨认各骨的名称、位置、排列。

2. 辨认游离上肢骨各结构时，应将各骨放在解剖位置，先确认其前、后、左、右。注意教材中插图和图谱所示多为右侧。

3. 实验前认真观看本次课的多媒体实验教学课件。

【实验内容及方法】

（一）上肢骨（Bones of Upper Limb）

观察方法：先参照教材和图谱，在完整骨架上辨认上肢各骨，说出其名称和数目，然后对照骨架按解剖学姿势确认被观察骨的方位，再依次观察各骨结构。

1. 上肢带骨（Shoulder Girdle）：

（1）锁骨（Clavicle）：取锁骨一对左右对照观察。锁骨略呈"～"形，横架于胸廓前上方，上面光滑，下面粗糙，分一体两端。粗大的一端称胸骨端，有关节面与胸骨相接。外侧端即肩峰端，扁平，有一小关节面与肩峰相关节。锁骨体内侧 2/3 呈三棱柱形，弓凸向前，外侧 1/3 上下扁，弓凸向后。全长可在皮下摸到。于整体骨架上观察锁骨与胸骨柄及肩峰的关系。

想一想：锁骨的骨折为什么容易发生在其中、外 1/3 交界处?

（2）肩胛骨（Scapula）：为尖端向下的三角形扁骨，有两个面、三个窝、三缘和三个角。

两面和三窝：前面有一浅窝，称肩胛下窝。后面有一斜向外上的高嵴，称肩胛冈，其上、下的浅窝分别称冈上窝和冈下窝。肩胛冈向外侧延伸的扁平突起，称肩峰，其内侧缘有一小的椭圆形关节面与锁骨肩峰端构成肩锁关节。在活体上摸到肩胛冈和肩峰。

三缘：上缘短而薄，其外侧端有一缺口称肩胛切迹，切迹的更外侧有一屈指状的骨突，称为喙突，在活体上可触及。内侧缘薄而锐利，对向脊柱，也称脊柱缘。外侧缘肥厚，邻近腋窝，也称腋缘。

三个角：上角（内侧角）即内侧缘与上缘相交之角，约平对第 2 肋。外侧角肥厚，呈椭圆形，有朝向外侧的梨形浅窝，称关节盂，与肱骨头相关节。关节盂的上、下方各有一供肌附着的粗糙隆起，分别称盂上结节和盂下结节。下角为脊柱缘与腋缘附着处，平对第 7 肋或第 7 肋间隙。相互在背部触摸下角。在完整骨架上观察肩胛骨与肱骨的关系。

2. 自由上肢骨（Bones of Free Upper Limb）：

（1）肱骨（Humerus）：为典型的长骨，可分一体两端。

上端：有朝向后内方、呈半球形的肱骨头，与肩胛骨的关节盂相关节。头周围的环形浅沟，称解剖颈。上端的前面和外侧各有一突起，前面较小的一个称小结节，外侧较大的称大结节，大、小结节间的纵沟称结节间沟，由大、小结节向下各延伸一粗嵴，分别称大结节嵴和小结节嵴。上端与体交界处稍细，称外科颈。

肱骨体：上段呈圆柱形，下段呈三棱形。在中 1/3 外侧面处有一“V”形的粗糙隆起，称三角肌粗隆。后面中份有一由内上绕向外下的斜行浅沟，称桡神经沟。内侧缘近中点处有开口向上的滋养孔。

下端：前后较扁，且向两侧扩大的隆起，称内、外上髁。外侧部前面有半球状的肱骨小头，与桡骨小头相关节。内侧部较大且低，有肱骨滑车与尺骨滑车切迹相关节。下端前面，在滑车上方有一较浅的冠状窝，在肱骨小头上方有一桡窝。下端的后面上方有一稍深的鹰嘴窝。内上髁后方有一浅沟，称尺神经沟。

在自己身上摸到肱骨大结节及肱骨内、外上髁。

想一想：肱骨骨折为何容易发生在外科颈？如肱骨干发生骨折，有可能损伤什么神经?

（2）桡骨（Radius）：位于前臂外侧，上小下大，分一体两端。

上端：有呈圆盘状的桡骨头，头上面的关节凹与肱骨小头相关节。头周围有环状关节面与尺骨桡切迹相关节。头下方缩小，称桡骨颈。颈下方朝向前内侧的椭圆形突起，称桡骨粗隆。

桡骨体：呈三棱柱形，其内侧缘锐薄，称骨间缘。

下端：较大，前凹后凸，内侧有一弧形凹面称尺切迹，与尺骨头相关节。外侧向下伸出一突起，称桡骨茎突。下面有凹陷的腕关节面与腕骨相关节。

在自己身上触摸桡骨头及桡骨茎突。

（3）尺骨（Ulna）：位于前臂内侧，上大下小，分一体两端。

上端：粗大，有两个突起，前下方较小的一个称冠突，后上方较大的一个称鹰嘴，两突间的半月形关节面称滑车切迹，与肱骨滑车相关节。冠突外侧面有一凹陷，称桡切迹，与桡骨头相关节。冠突前下方的粗糙隆起，称尺骨粗隆。

尺骨体：上段粗，下段细；外缘锐利，称骨间缘，与桡骨相对。

下端：有圆形的尺骨头，其前、外、后面有环状关节面与桡骨的尺切迹相关节。头的后内侧有突向下方的尺骨茎突。下面光滑，借三角形的关节盘与腕骨隔开。试在自己身上摸到尺骨鹰嘴、尺骨后缘全长、尺骨头、尺骨茎突。

（4）手骨：取串制的手骨标本观察。手骨包括腕骨8块、掌骨5块和指骨14块。

1）腕骨（Carpal Bones）：排成远近两列，每列4块，由外侧向内侧，近侧列依次为手舟骨、月骨、三角骨、豌豆骨，远侧列依次为大多角骨、小多角骨、头状骨、钩骨。记住口诀："舟月三角豆，大小头状钩。"近侧列除豌豆骨外，其余三骨共同形成一椭圆形关节面与桡骨腕关节面及尺骨下端的关节盘构成桡腕关节。远侧列4块腕骨的上面与近侧列腕骨间相关节，大、小多角骨和头状骨分别与第1、2、3掌骨相关节，钩骨的下面则与第4、5掌骨相关节。各骨相邻的关节面构成腕骨间关节。8块腕骨并不排列在同一平面上，其内、外侧缘向前突出，中间凹陷成腕沟。

2）掌骨（Metacarpal Bones）：由外向内依次为第1、2、3、4、5掌骨。每一掌骨分底、体、头三部分。近端为底，接腕骨；远端为头，接指骨；中间部为体。第1掌骨最短而粗，其底有鞍状关节面与大多角骨的鞍状关节面相关节。

3）指骨（Phalanx of Fingers）：除拇指为2节外，其余各指均为3节，由近侧至远侧分别称为近节指骨、中节指骨和远侧指骨。每节指骨的近端为底、中间为体、远端为滑车，远侧指骨远端掌面粗糙，称远节指骨粗隆。

在整体骨架上观察上肢各骨的连结关系。

（二）上肢骨的连结（Joints of Upper Limb）

分别取游离上肢骨及上肢各关节的整体观、剖面观标本相互对照观察。

1. 上肢带骨的连结（Joints of Shoulder Girdle）：

（1）胸锁关节（Sternoclavicular Joint）：由锁骨的胸骨端和胸骨的锁切迹及第1肋软骨的上面构成。在未打开关节囊的标本上观察，见关节囊的前、后方有胸锁前、后韧带（纤维由锁骨内侧端连至胸骨柄）及锁间韧带、肋锁韧带加强。观察已打开关节囊的标本，见关节囊内有关节盘介于两骨关节面之间，将关节腔分为外上和内下两部分。

（2）肩锁关节（Acromioclavicular Joint）：由锁骨肩峰端与肩峰的关节面构成的平面关节。关节的上方有肩锁韧带加强，关节囊和锁骨下方有坚韧的喙锁韧带连于喙突。囊内有时可见有关节盘出现于关节上部，部分分隔关节。

（3）喙肩韧带（Coracoacromial Ligament）：三角形的扁韧带，连于肩胛骨喙突与肩峰之间，与喙突、肩峰共同构成喙肩弓，架于肩关节上方。

2. 自由上肢骨的连结（Joints of Free Upper Limb）：先在完整骨架上观察各自由上肢骨之间的连接关系，然后分别取各关节湿标本观察。

（1）肩关节：在冠状切的标本上观察，见肩关节由肱骨头及肩胛骨关节盂构成。注意关节头与关节窝的比例关系。

取未切开的肩关节观察。关节囊内侧端附于肩胛骨关节盂周缘，外侧端附于肱骨解剖颈，但其内下方附于肱骨外科颈。关节囊上部较紧，下部松弛。关节囊上壁的喙肱韧带起自喙突基部，纤维外行跨过肩关节上部，与冈上肌腱交织在一起并融入关节囊的纤维层，最后止于肱骨大结节前部。在肱骨结节间沟内可见自关节囊内走出的肱二头肌长头腱。在关节上方可见到喙肩韧带。囊的前后壁也有许多肌腱加入。

取打开关节囊的标本观察，首先可见呈半球面的肱骨头和呈凹面的关节盂，表面光滑，注意关节头大关节盂浅。关节盂周围可见到一圈颜色较深的纤维软骨环，即关节唇。对光自关节囊内表面观察其前壁，可见其从上内向下外的增厚部分，称盂肱韧带。肱二头肌长头腱在肱骨头上方向内横跨，附于盂上结节。注意不要将关节囊内的肱二头肌长头腱与囊内韧带混淆。在关节囊的上部、后部和前部有许多肌腱编入关节囊，但在囊的前下方却无类似的韧带和腱纤维加强，为囊的薄弱部分。

在活体上体会肩关节的运动。

想一想：为何肩关节易向前下方脱位？

（2）肘关节（Elbow Joint）：在矢状切标本上观察，见肘关节由肱尺、肱桡、桡尺近侧关节等三个关节组成，共同包裹于一个关节囊内。肱尺关节由肱骨滑车和尺骨滑车切迹构成，肱桡关节由肱骨小头和桡骨头关节凹构成；桡尺近侧关节则由桡骨环状关节面和尺骨桡切迹构成。

观察关节囊完整的肘关节标本，见关节囊前、后壁薄弱，两侧有韧带加强。置肘关节于屈位，见尺侧副韧带起于肱骨内上髁，纤维向下呈扇形扩展，分散止于尺骨滑车切迹的边缘，韧带深面与关节囊连合而不能分开；桡侧副韧带起自肱骨外上髁，纤维向下行分散止于桡骨环状韧带。在桡骨头周缘用镊子仔细辨认桡骨环状韧带，见其位于桡骨环状关节面的周围，其前、后端分别附于尺骨桡切迹的前、后缘，与尺骨桡切迹共同构成一上口大、下口小的骨纤维环，容纳桡骨头，转动桡骨可见桡骨可在此环中沿纵轴旋转。用手旋转桡骨，观察桡尺近侧关节。

想一想：桡骨头半脱位时应如何复位？

取打开关节囊的标本再次观察桡侧副韧带、尺侧副韧带、桡骨环状韧带的走行及附着点以及肱骨与桡尺骨的连结情况，并体会其运动方式。在肱尺关节矢状切的标本上观察其构造特点，体会其运动方式。

在活体上摸认肱骨内、外上髁和尺骨鹰嘴，观察此三点在伸、屈肘关节时的位置变化特征。伸前臂，观察提携角。

（3）前臂的连结：桡、尺骨间借桡尺近侧关节、桡尺远侧关节和前臂骨间膜相连。

1）桡尺近侧关节（Proximal Radio-ulnar Joint）：在肘关节内已观察。

2）桡尺远侧关节（Distal Radio-ulnar Joint）：由尺骨头环状关节面与桡骨尺切迹及自其下缘至尺骨茎突根部的关节盘构成。先取桡、尺骨观察关节面的形状，再取桡尺远侧关节标本观察，可见关节囊松弛，包围在关节周围。从已打开的桡腕关节观察，见尺骨小头下方的三角形关节盘将尺骨头与月骨、三角骨分隔开。关节盘前后侧附于关节囊上，将桡尺远侧关节腔与桡腕关节腔分隔开来。

3）前臂骨间膜（Interosseous Membrane of Forearm）：连于尺、桡骨的骨间缘之间的坚韧纤维膜，从桡骨斜向下内达尺骨。

桡尺近、远侧关节属联合关节，能作旋转运动。运动时，仅桡骨头在原位自转，其下端则连同关节盘围绕尺骨头旋转，尺骨并无转动。在标本和活体上观察其运动。

想一想：为什么肘关节只能作屈、伸运动？

（4）手关节（Joints of Hand）：手骨间连结包括桡腕关节、腕骨间关节、腕掌关节、掌骨间关节、掌指关节和指骨间关节。

1）桡腕关节：在冠状切开的桡腕关节标本上观察，见其关节窝由桡骨腕关节面和尺骨头下方的关节盘下面构成（注意不包括尺骨），关节头则由舟骨、月骨、三角骨近侧面构成，为椭圆形。关节盘为一三角形纤维软骨板，其尖端附于尺骨茎突根部，底附于桡骨的尺切迹下缘。关节周围包有关节囊，其掌、背、桡、尺侧均有韧带加强，但这些韧带均不能与关节囊分离。在活体体会腕关节的运动。

2）腕骨间关节：在手部关节冠状切面标本上观察。分为近侧列腕骨间关节、远侧列腕骨间关节和两列腕骨之间的腕中关节。

3）腕掌关节：由远侧列腕骨的下面和5个掌骨底构成，除拇指及小指腕掌关节外，其余各腕掌关节结合紧密，活动范围小。

4）拇指腕掌关节：由大多角骨的下面和第一掌骨底构成的鞍状关节。先取骨标本观察，见两关节面均呈马鞍形，第一掌骨底对向内侧，不与其他掌骨处于同一平面。再取湿标本观察，见关节囊周围包有关节囊，厚而松弛。在活体验证该关节的运动：屈、伸是通过掌骨基底冠状轴上的运动（拇指靠近小指掌面根部是屈，远离是伸）；收、展是通过掌骨基底矢状轴上的运动（拇指靠近食指桡侧根部为收，远离是展）。特别注意人类及若干灵长类所特有的对掌运动（拇指接触其余4指末端）。

5）掌骨间关节：为2～5掌骨底相互之间的平面关节。关节腔与腕掌关节腔相通。

6）掌指关节：近节指骨的底以卵圆形凹状关节面与掌骨头构成掌指关节，共5个。关节囊薄而松弛，前、后有韧带加强，两侧有侧副韧带（此韧带在屈指时紧张，伸指时松弛）。

7）指骨间关节：共9个，由各指相邻的两节指骨的底和滑车构成，属滑车关节。关节囊松弛，两侧有韧带加强。

【作业及思考题】

1. 在活体摸认以下骨性标志：锁骨，肩胛骨下角，肩胛冈，肩峰，喙突，肱骨内、外上髁，鹰嘴，尺骨头，桡骨头，尺骨茎突，手舟骨，豌豆骨，肱骨大结节。
2. 试述肩胛骨和肱骨的主要形态结构名称。
3. 试述肩关节的结构特点及运动方式。
4. 体会拇指腕掌关节的运动。
5. 预习下次实验内容：“下肢骨及其连结”。

（彭耀金）

四、下肢骨及其连结

【目的要求】

1. 掌握下肢各骨的名称、位置和排列。

2. 掌握足部骨的名称、形态和排列，观察跗骨的位置、排列和跖骨、趾骨的形态，查看其邻接关系。

3. 熟悉髌骨的位置和形态。

4. 熟悉下肢骨连结概况。

5. 掌握骨盆的组成及男、女骨盆的比较，辨认骶髂韧带、骶结节韧带、骶棘韧带、坐骨大孔、坐骨小孔、耻骨联合，确认界线的构成。

6. 掌握髋、膝、踝关节的组成、结构特点及其运动方式。

7. 熟悉足弓的组成、意义及维持足弓的主要结构。

8. 在活体上摸认下肢骨的重要骨性标志。

【实验材料】

1. 标本：完整骨架；全套下肢游离骨；串制的足骨；髋、膝、踝关节的完整标本和剖面标本；男、女骨盆骨标本和剥制标本；耻骨联合冠状切；足弓；足关节斜切面（示踝关节及足骨间关节）。

2. 模型：男、女骨盆。

3. 其他教学资源：教学挂图；多媒体课件。

【实验时数】3 学时。

【注意事项】

1. 观察游离骨前，应先在完整骨架上辨认各骨的名称、位置、排列。

2. 辨认下肢游离骨上各结构时，应将各骨放在解剖位置，先确认其前、后、左、右。注意教材中插图和图谱所示多为右侧。

3. 实验前认真观看本次课的多媒体实验教学课件。

【实验内容及方法】

（一）下肢骨（Bones of Lower Limb）

参照教材和图谱观察下肢各骨。观察前先对照完整骨架确认被观察各骨的解剖位置。

1. 下肢带骨（Pelvic Girdle）：

髋骨（Hip Bone）：为不规则骨，在 16 岁左右由髂、坐、耻三骨于髋臼处会合而成，其外侧面中部有一圆形深窝，称髋臼。髋臼前下方有一大孔，称闭孔。观察时手持髋骨，使髋臼朝外，闭孔在下方，耳状面居后方，即可区分左、右侧别。

髂骨最大，形成髋骨的后上部，主要由肥厚的髂骨体和扁阔的髂骨翼组成。体构成髋臼的上 2/5。翼由体向上延伸，中部较薄，上缘肥厚形成弓形的髂嵴，嵴前端称髂前上棘，该棘下方的另一突起称髂前下棘，嵴后端称髂后上棘，其后方有髂后下棘。髂前上棘后方5~7cm处，髂嵴外唇向外突起为髂结节。髂后下棘下方有深陷的坐骨大切迹。髂骨翼前内面大部平滑而稍凹陷，称髂窝，其下界的圆钝骨嵴即弓状线。髂骨翼的后外面稍凸，供臀肌附着，称臀面。髂骨翼后下方有粗糙的耳状面与骶骨的耳状面构成骶髂关节。

坐骨分为体和支。体构成髋臼的后下2/5，后缘有尖形的坐骨棘，棘的下方有坐骨小切迹，棘的上方是坐骨大切迹。坐骨体下后部向前、上、内延伸为较细的坐骨支，其末端与耻骨下支结合。坐骨体和支会合处的肥厚骨块称坐骨结节，为坐骨最低部。坐骨与耻骨围成闭孔。

耻骨分为体和上、下支。体构成髋臼的前下1/5。在耻骨与髂骨相连处，有骨面粗糙的髂耻隆起，由此向前内伸出耻骨上支，其末端急转向下称耻骨下支。耻骨上支的上缘有一锐嵴，称耻骨梳，它向前终于距正中平面约2 cm的耻骨结节，由此至中线的粗钝上缘称耻骨嵴。耻骨上、下支相互移行处内侧的椭圆形粗糙面即耻骨联合面，两侧联合面借耻骨间盘相接。

再观察髋臼：髋臼是由髂、坐、耻三骨的体会合而成的深窝。窝内有半月形的关节面，称月状面。窝中央未形成关节面的部分称髋臼窝。髋臼边缘下部的缺口称髋臼切迹。

在整体骨架上观察髋骨与骶骨的关系。

在活体触摸髂嵴、髂前上棘、坐骨结节、耻骨结节、髂结节等骨性标志。

2. 自由下肢骨（Bones of Free Lower Limb）：

（1）股骨（Femur）：人体最长最结实的长骨，分一体两端。

上端：球形的股骨头指向内上方，与髋臼相关节。头表面光滑，中央稍下有粗糙的小凹陷，称股骨头凹。头外下的狭细部分称股骨颈，颈与体构成一个约130°的钝角，称干颈角。颈与体交界处的上外侧有一粗糙的方形大隆凸，称大转子；后内下方的小隆起称小转子。大小转子之间，前面以粗糙线相连，称转子间线，后面以一嵴相连，称转子间嵴。

在体表摸到大转子。摸认股骨大转子的方法：以手掌紧贴髂嵴下方约一掌远的股上部外侧，然后作髋关节旋转运动，此时在掌心中来回运动的骨性突起即大转子。

体：表面光滑略向前拱，上段呈圆柱形，中段呈三棱柱形，下段前后稍扁。后面有纵行的粗糙骨嵴，称粗线，此线上端分叉，向上外延续为粗糙的臀肌粗隆，向上内侧延续为耻骨肌线。粗线下端也分内、外两线，两线间的骨面称腘面。粗线中点附近，有口朝下的滋养孔。

下端：向两侧膨大并向后方突出的膨大，分别称内侧髁和外侧髁。外侧髁的前、后、下面都是光滑的关节面。两髁前面的关节面相连处有浅凹，表面光滑，称为髌面，与髌骨相接。两髁后面之间的深窝称髁间窝。两髁侧面最突起处分别称为内上髁和外上髁。内上髁上方的小突起，称收肌结节。

在整体骨架上观察股骨头与髋臼的连接关系。

想一想：股骨骨折为什么容易发生在股骨颈?

（2）髌骨（Patella）：略似三角形，上宽下尖，前面粗糙，后面光滑，为关节面，由一纵嵴分为内、外两部。外侧面宽阔，内侧面狭窄，与股骨下端的髌面相关节。可在体表摸到。

（3）胫骨（Tibia）：位于小腿内侧，分一体两端。

上端：粗大并向两侧突出，形成内侧髁和外侧髁。两髁上面各有与股骨相接的稍凹的关节面。两个关节面之间隔有粗糙的小突起，称髁间隆起。外侧髁后下方有一小而光滑的腓关节面与腓骨头相关节。上端前面的粗糙隆起，称胫骨粗隆。在体表摸到内、外侧髁和胫骨粗隆。

体：呈三棱柱形，有后、内、外三面。较锐的前缘和内侧面直接位于皮下，外侧缘朝向腓骨，称骨间缘。后面上份有斜向下内的比目鱼肌线。体上、中1/3交界处附有向上开口的滋养孔。

下端：稍膨大，其内侧有伸向内下的突起，称内踝；外侧面有腓切迹与腓骨相接。胫骨下面和内踝外面均有关节面与距骨滑车相关节。在体表摸到内踝。

（4）腓骨（Fibula）：细长，位于胫骨外后方，分一体两端。

上端：膨大成腓骨头，有一向上内侧微凹的腓骨头关节面与胫骨相关节。头下方缩窄，称腓骨颈。

体：内侧缘锐利，称骨间缘。内侧近中点处有向上开口的滋养孔。

下端：膨大，向外后下方突出，称外踝，其内侧有与距骨相关节的外踝关节面。

在体表摸到腓骨头和外踝。摸认腓骨头的方法：先摸认胫骨粗隆，其外侧的圆形隆起为胫骨外侧髁，在其外下方摸到的圆形骨性隆起即腓骨头。

（5）足骨：包括跗骨7块、跖骨5块和趾骨14块。取串制的足骨标本进行观察。

1）跗骨：属短骨，分前、中、后三列。后列为上方的距骨和下方的跟骨，中列为位于距骨前方的足舟骨，前列为并列的内侧、中间、外侧3块楔骨及跟骨前方的骰骨。距骨分头、颈、体三部，体上面有前宽后窄的关节面，称距骨滑车，与内、外踝及胫骨下端的相应关节面相关节。距骨下方与跟骨相关节。跟骨最大，近似长方形，在距骨的后下方，前2/3承托距骨，后1/3形成足跟，其后端的粗糙隆起称跟骨结节。跟骨的内侧面上部有伸向内侧的载距突，承托距骨。距骨前接足舟骨，其内下方有隆起的舟骨粗隆。骰骨为不规则的立方体，位于跟骨前方，足舟骨及楔骨的外侧，嵌在第4、5跖骨之间。足舟骨前方与3块楔骨相关节。楔骨呈楔形，上宽下窄，嵌在舟骨与第1、2距骨之间。跗骨记忆口诀：距在上，跟在下，跟前骰，距前舟，一二三楔外伴骰，楔骨又在舟前头。

2）跖骨：由内向外依次为第1、2、3、4、5跖骨，每一跖骨近端为底，与跗骨相接；中间为体；远端称头，与近节趾骨相接。第5跖骨底的外侧份特别膨大，向后突出，称第5跖骨粗隆，体表可扪及。

3）趾骨：踇趾为2节，其余各趾为3节。

在整体骨架上观察下肢各骨之间的连接关系。在活体摸认下列骨性标志：髂嵴、髂结节、髂前上棘、髂后上棘、坐骨结节、耻骨结节、股骨大转子、股骨内侧髁、股骨外侧髁、股骨内上髁、股骨外上髁、髌骨、腓骨头、胫骨粗隆、胫骨前缘、内踝、外踝、跟骨结节。

（二）下肢骨的连结（Joints of Lower Limb）

下肢骨观察完毕后，再在整体骨架上观察各自由下肢骨之间的连结关系；在完整骨架或骨盆标本上观察髋骨与骶骨的连接关系。取全套下肢游离骨及下肢骨连结整体观及剖面观标本相互对照观察，于活体体会其运动。

1. 下肢带骨的连结（Joints of Pelvic Girdle）：

（1）骶髂关节（Sacroiliac Joint）：由骶、髂骨的耳状面构成。关节面凹凸不平，彼此结合紧密。关节囊紧张，有骶髂前、后韧带加强。关节后上方有骶髂骨间韧带充填和连结。理解重力的传递及保护装置。

（2）髋骨与脊柱间的韧带连结：自骨盆湿标本后面观察，可见一强大的纤维束起自骶、尾骨的侧缘，呈扇形集中附于坐骨结节内侧缘，此即骶结节韧带。该韧带前方另有一横行三角形韧带骶棘韧带，它起自骶、尾骨侧缘（为骶结节韧带所遮掩），止于坐骨棘。骶棘韧带与坐骨大切迹围成坐骨大孔，骶棘韧带、骶结节韧带与坐骨小切迹围成坐骨小孔。此外，还可见到强韧肥厚的髂腰韧带由第5腰椎横突横行分散至髂嵴的后上部。

（3）耻骨联合（Pubic Symphysis）：由两侧耻骨联合面借纤维软骨构成的耻骨间盘连结而成。从表面看，耻骨联合的上、下均有许多横行纤维连结两耻骨，分别称耻骨上韧带和耻骨下韧带。取耻骨联合冠状切面标本观察，可见位于耻骨联合中央部分的耻骨间盘，其中央往往出现一矢状位的裂隙（其内无滑膜），称耻骨联合腔，女性较男性厚，裂隙也大。

（4）髋骨的固有韧带：即封闭闭孔并为盆内外肌提供附着点的闭孔膜，其上部与闭孔沟围成闭膜管。

（5）骨盆：由左、右髋骨与骶、尾骨以及其间的骨连结构成的完全骨环。观察前应将骨盆置于正常解剖位置：骨盆向前倾斜，两侧髂前上棘与耻骨结节位于同一冠状面上，尾骨尖与耻骨联合上缘处于同一水平切面上。骨盆由界线（骶骨岬向两侧经弓状线、耻骨梳、耻骨结节、耻骨嵴至耻骨联合上缘）分为上方的大骨盆（假骨盆）和下方的小骨盆（真骨盆）。

1）大骨盆：由界线上方的髂骨翼和骶骨构成，几乎无前壁。

2）小骨盆：可分为骨盆上口、骨盆下口和骨盆腔。骨盆上口由界线围成，呈圆形或卵圆形。骨盆下口由尾骨尖、骶结节韧带、坐骨结节、坐骨支、耻骨下支及耻骨联合下缘（附有弓状韧带）围成，呈菱形。两侧坐骨支与耻骨下支连成耻骨弓，它们之间的夹角称耻骨下角。骨盆上、下口之间的腔称为骨盆腔，是一前壁短、侧壁和后壁较长的弯曲通道，其后界是骶骨和尾骨的前面，前界为左、右耻骨及耻骨联合，两侧为上口以下的髋骨内面、闭孔膜、骶结节韧带和骶棘韧带，侧壁上还有坐骨大孔和坐骨小孔。分别取男、女骨盆对比，其形态有明显的性别差异（见男、女骨盆的性别差异比较表）。

男、女骨盆的性别差异比较表

比较项目	男性	女性
小骨盆上口	心形	近似圆形
小骨盆下口	较窄小	较宽大
骨盆腔	高而窄，呈漏斗形	短而宽，呈圆桶形
耻骨下角	70°~75°	90°~100°
骨盆外形	窄而长	宽而短

注意骨盆腔为一弯曲的管道。理解分娩时测定骨盆上、下口径线的意义。观察直立位和坐位时重力传导的方向及保护弓的形成。

2. 自由下肢骨的连结（Joints of Free Lower Limb）：

（1）髋关节（Hip Joint）：由髋臼和股骨头构成。取关节囊完整的髋关节标本观察，见关节囊坚韧（后部相对薄弱），内侧附于髋臼周围及髋臼横韧带，外侧前方附于转子间线，后方附于股骨颈后方中部，包罩股骨颈的内侧2/3。因此，股骨颈前面全部在关节囊内，后面只有内侧2/3在关节囊内。关节囊周围有多条韧带加强，其中以髂股韧带最为强韧，它起自髂前下棘，呈人字形跨过关节囊前方附于转子间线，深面与关节囊紧密结合。其他韧带还有：由耻骨上支向外下于关节囊前下壁与髂股韧带深部融合的耻股韧带；起自坐骨体，斜向外上与关节囊融合，附于大转子根部的坐股韧带。关节囊的深层纤维围绕股骨颈的环形增厚，称为轮匝带。打开关节囊，见髋臼为一较深的窝，股骨头的大部分纳入髋臼内。髋臼窝内充填有脂肪组织，髋臼周缘附有一颜色较深的纤维软骨环，即髋臼唇。髋臼切迹上架有髋臼横韧带。在关节囊内，可见起于髋臼横韧带，止于股骨头凹的股骨头韧带，为滑膜所包被，内含营养股骨头的血管。模拟髋关节屈曲并内收状态，观察股骨头所处位置。

比较髋关节与肩关节的构成特点与运动，在活体演示髋关节的屈、伸、收、展、内旋、外旋和环转运动。

想一想：为什么髋关节不易脱位而较易发生股骨颈骨折？髋关节易向哪个方向发生脱位？为什么？

（2）膝关节（Knee Joint）：由股骨下端、胫骨上端和髌骨构成。

先取膝关节整体观标本观察。关节囊附于各关节面的周缘，薄而松弛，周围有韧带加强：前方有髌韧带，为股四头肌腱中央部纤维索，扁平而强韧，自髌骨下端向下止于胫骨粗隆；内侧后份有胫侧副韧带，呈宽扁束状，起自股骨内上髁内侧面，向下附于胫骨内侧髁及相邻骨体，与关节囊和内侧半月板紧密结合；外侧有独立的呈条索状的腓侧副韧带，起自股骨外上髁，向下止于腓骨头，韧带表面大部分被股二头肌腱所遮盖，与外侧半月板不直接相连，与关节囊之间隔有空隙。关节囊的后部较薄，但得到腘斜韧带等的增强。腘斜韧带由半膜肌腱延伸而来，起自胫骨内侧髁，斜向外上方，止于股骨外上髁，部分纤维与关节囊融合。

取打开关节囊的膝关节标本观察，见髌骨埋于股四头肌腱内，有关节面与股骨髌面相接，股骨的内、外侧髁则分别与胫骨的内、外侧髁相对应。屈膝关节，寻找垫于股骨内、外侧髁与胫骨内、外侧髁之间的半月形纤维软骨板，称半月板。半月板上面凹陷，下面平坦，外缘厚、内缘薄，从其上方观察，内侧半月板较大，呈“C”形，前窄后宽，外缘与关节囊及胫侧副韧带相连；外侧半月板较小，近似“O”形，外缘仅与关节囊相连。在关节内的中央部可见到连接胫、股二骨，互相交叉的两条膝交叉韧带，其中前交叉韧带起自胫骨髁间隆起的前方内侧，斜向后上方外侧，呈扇形附着于股骨外侧髁的内侧面；后交叉韧带较前交叉韧带短而强韧，起自髁间隆起后方，斜向前上方内侧，跨过前交叉韧带的内侧附着于股骨内侧髁的外侧面。

在髌骨上缘的上方，可探查到深达 5 cm 左右的髌上囊，向上突出于股四头肌肌腱深面与股骨体下部之间，与关节腔相通。髌韧带与胫骨上端之间有髌下深囊。在关节腔内，可见到一对由滑膜层突向关节腔的翼状襞，襞内含有脂肪组织。

将打开关节囊的膝关节置于半屈曲位，移动胫骨作屈、伸运动，观察交叉韧带的变化：胫骨前移（伸）时，前交叉韧带起、止点间距离加大，韧带紧张，限制胫骨向前移位；胫骨后移（屈）时，后交叉韧带紧张。半月板在伸膝时前移，屈膝时后移，旋转时则一侧前移而另一侧后移。

讨论：

①膝关节为什么不易发生脱位而常发生韧带撕裂和半月板破裂？

②什么情况下易发生半月板破裂？常发生在哪一侧？

（3）胫腓骨间的连结：上端为微动的胫腓关节，由胫骨外侧髁后下方的腓关节面与腓骨头关节面构成，周围有关节囊及韧带紧密相连。胫、腓二骨干之间有坚韧的小腿骨间膜相连。胫、腓两骨远侧端借胫腓前、后韧带构成坚强的韧带连结。

（4）足关节：包括距小腿关节、跗骨间关节、跗跖关节、跖骨间关节、跖趾关节和趾骨间关节。

1）距小腿关节（踝关节）：由胫、腓骨的下端关节面与距骨滑车构成。关节囊前、后薄而松弛，两侧有韧带加强。内侧的内侧韧带（三角韧带）为一尖端向上的坚韧的三角形纤维索，起自内踝尖，向下呈扇形展开，止于足舟骨、距骨和跟骨。外侧有外侧韧带，由不连续的 3 条独立的韧带组成：前为距腓前韧带、中为跟腓韧带、后为距腓后韧带，均起于外踝，分别向前下、向下、向后内止于距骨及跟骨，其中以跟腓韧带最长。注意距骨上关节面的形态及前宽后窄的特点，理解踝关节扭伤的姿势及原因。

2）跗骨间关节：为各跗骨之间的关节，数量较多。取足斜切面标本主要观察距跟关节（距下关节）、距跟舟关节和跟骰关节。距跟舟关节由距、跟、舟三骨的关节面构成。跟、骰两骨的关节面构成跟骰关节。距跟舟关节和跟骰关节合称跗横关节（chopart 关节），呈横位的“S”形，内侧部凸向前，外侧部凸向后，但两关节的关节腔互不相通。距跟关节和距跟舟关节共同完成内翻和外翻运动。试对照活体的运动进行体会。

3）距跖关节：由 3 块楔骨和骰骨的前端与第 1 ~ 5 跖骨底构成。

4）跖骨间关节：由 2 ~ 5 跖骨底的毗邻面借韧带连结而成，活动甚微。

5）跖趾关节：由跖骨头与近节趾骨底构成。

6）趾骨间关节：由各趾相邻的两节趾骨的底与滑车构成。

（5）足弓：指由7块跗骨和5块跖骨借坚强的韧带连结及肌腱的牵引而形成的足底向上凸的弓形。弓的两端着地，中间部悬空，可分为2个纵弓和1个横弓。取足部骨标本及骨连结完整标本观察。

1）内侧纵弓：从前往后由内侧3块跖骨、3块楔骨、足舟骨、距骨及跟骨构成。弓的最高点为距骨头，其承重点前端为第1跖骨头、后端是跟骨的跟结节，中部相当于距骨、楔骨处悬空成为明显的弓状。

2）外侧纵弓：由外侧两个跖骨、骰骨及跟骨构成，弓的最高点在骰骨。前端以第5跖骨头、后端以跟骨着地，中间部有不明显的悬空。

3）横弓：由5块跖骨近侧份、3个楔骨及骰骨构成，弓的最高点在中间楔骨。横弓呈半穹隆形，其足底的凹陷朝内。

将足骨整体标本放于桌上，观察足弓的3个着地点：第1跖骨头、第5跖骨头、跟骨结节。

取足骨连结标本，还可见到维持足部关节和足弓的几条重要韧带：跟舟足底韧带（跳跃韧带）位于足底内侧，起自跟骨载距突下面，向前止于足舟骨跖面，其上方承载距骨头，其下侧有胫骨的肌腱末端经过；足底长韧带起自跟骨跖面，纤维向前行附于骰骨及第2、3、4跖骨的跖面；跟骰足底韧带在足底长韧带深面外侧，起自跟骨跖面，纤维向前内行止于骰骨跖面；分岐韧带呈“Y”形，起自跟骨前部背面，向前分为两股，分别止于足舟骨和骰骨。

【作业及思考题】

1. 列表总结上、下肢主要关节的组成、结构特点及运动方式。

关节名称	组成	结构特点	运动形式

2. 预习下次实习课内容：“头肌、颈肌、躯干肌”。

【创新性实验提示】

“股骨头坏死”为目前临床难题之一，同学们可以围绕这一问题开展相关应用解剖学研究。

（袁立明）

五、头肌、颈肌、躯干肌

【目的要求】

1. 肌总论：观察肌的形态，区分肌腹、肌束、肌腱和腱膜；辨认浅、深筋膜的结构及分布上的差别，观察滑膜囊和腱鞘的位置、形态和构成。

2. 头肌：了解面肌的分布特点及功能意义；掌握枕额肌的位置及构造；熟悉咀嚼肌

的形态、位置。

3. 颈肌：掌握胸锁乳突肌的位置、起止和主要功能，在活体上摸认其轮廓；观察舌骨上、下肌群的位置、分群及排列；观察前、中、后斜角肌的位置，掌握斜角肌间隙的组成、穿经结构及临床意义。

4. 背肌：掌握斜方肌、背阔肌的起止、形态、位置和作用，掌握竖脊肌的位置和作用。

5. 胸肌：掌握胸大肌、胸小肌、前锯肌的形态、起止和作用；辨认肋间内、外肌，查看其肌纤维走向。

6. 膈：掌握膈的位置、形态、附着部位及运动，查看三个裂孔的位置及经过的结构，辨认腰肋三角和胸肋三角。

7. 腹肌：掌握腹前外侧群肌的层次，各肌的起止、纤维走向、形成的结构；了解腹后群肌的名称和位置，查看腹直肌鞘、腹白线、弓状线、腹股沟管，掌握腹股沟三角（海氏三角）的构成、位置，说明其意义。

【实验材料】

1. 标本：腱鞘和滑液囊的示教标本；臂部中段横断面；整尸肌标本（浅、深层对照）；躯干肌；示腹股沟韧带、腹股沟镰、腔隙韧带的特制标本；显示腹股沟管、海氏三角、斜角肌间隙的局解标本；游离肋间隙；膈的形态和位置特制标本；面肌、咀嚼肌、头颈肌特制标本；腹直肌鞘特制标本；完整骨架。

2. 模型：头颈肌；面肌；咀嚼肌；腹壁层次及腹股沟管。

3. 其他教学资源：教学挂图；多媒体实验教学课件。

【实验时数】3 学时。

【注意事项】

1. 实习前，先摸认头、颈、躯干部的重要骨性标志。

2. 按一定区域，依次观察肌的层次和排列，在理解的基础上有条理地记忆，重点寻认应掌握的肌。注意肌肉跨越关节的关系，学会分析重要肌的作用。

3. 不易观察的肌应对照图谱和模型观察和理解。

4. 观察特制标本时注意动作轻巧，切勿破坏其原有结构。

5. 课后参考教材相互在活体上观察各部的体表肌性标志。

6. 实验前认真观看本次课的多媒体实验教学课件。

【实验内容及方法】

（一）肌的形态及构造（Shape and Structure of Muscles）

在整尸上观察。长肌细长，见于四肢；短肌居于躯干深层；扁肌围成胸、腹腔；轮匝肌位于裂孔周围。肌由红色的肌腹和白色的肌腱构成。长肌肌腱细而长，扁肌的腱膜薄而宽。提起肌观察其在骨上的附着点（起、止点）。观察肌在关节周围的配布，牵拉关节周围的肌，演示其与关节运动的关系，理解原动肌、拮抗肌、协同肌、固定肌的概念。

（二）肌的辅助结构（Supplementary Structure of Muscles）

取臂部横断面结合整尸标本观察。浅筋膜为黄色脂肪组织，深筋膜为脂肪深方的白色膜性结缔组织，见其形成肌间隔附着于骨。取滑液囊及腱鞘特制标本观察腱纤维鞘和腱滑膜鞘，理解其作用。

（三）头肌（Muscles of Head）

1. 面肌（Facial Muscles）：取模型及特制头面肌标本对照观察。面肌大多起于骨，止于皮肤深面，分布于面部孔裂周围，收缩时牵引皮肤改变面部外形。了解其部位即可。主要的有：

眼轮匝肌：绕于睑裂与眶周围，呈扁椭圆形，其肌束呈同心圆排列环绕眼裂。牵拉眼轮匝肌，观察泪囊是否有变化。

口轮匝肌：环绕口裂的周围。

颊肌：口角两侧，面颊深部，一对，紧贴口腔侧壁。

枕额肌：阔而薄，在颅顶部，由位于额部皮下的额腹、位于枕部皮下的枕腹和中间的帽状腱膜构成。枕腹起自枕骨，额腹止于眉部皮肤。

2. 咀嚼肌（Masticatory Muscles）：配布于下颌关节周围，参加咀嚼运动。取咀嚼肌特制标本观察，理解其怎样通过颞下颌关节牵拉下颌骨产生张口、闭口和研磨动作。

咬肌：呈方形，起自颧弓的下缘和内面，纤维斜向后下止于下颌骨的咬肌粗隆和下颌支的外侧面。

颞肌：呈扇形，起自颞窝，肌束如扇形向下会聚，经颧弓的深面止于下颌骨的冠突。

翼外肌：在颞下颌窝内，起自蝶骨大翼的下面和翼突的外侧面，向后外止于下颌颈和颞下颌关节的关节盘等处。

翼内肌：起自翼突窝，肌纤维包绕翼外肌下部肌纤维，向下后外行，止于下颌支和下颌角内面的翼肌粗隆。

（四）颈肌（Muscles of Neck）

1. 颈浅肌和颈外侧肌：取颈浅层肌模型和标本对照观察。

颈阔肌：薄而宽阔，位于颈部浅筋膜中的皮肌。起自胸大肌和三角肌表面的筋膜，向上止于口角。

胸锁乳突肌：位于颈部两侧皮下，大部被颈阔肌覆盖。起自胸骨柄前面和锁骨的胸骨端，二头会合斜向后上方，止于颞骨乳突。为重要肌性标志。在活体触摸该肌并分析其运动。

2. 颈前肌：在颈前肌标本上观察舌骨上、下肌群。共 8 块，除二腹肌以形态命名外，其余均以起止点命名。

（1）舌骨上肌群：每侧 4 块，即二腹肌、下颌舌骨肌、茎突舌骨肌和颏舌骨肌。二腹肌有前后两个肌腹，前腹起自下颌骨二腹肌窝，斜向后下方；后腹起自乳突内侧，斜向前下，两肌腹以中间腱相连，中间腱借筋膜形成的滑车系于舌骨。下颌舌骨肌位于二腹肌前腹深部，为三角形扁肌，起于下颌骨，止于舌骨，与对侧同名肌会合于正中线，组成口底。茎突舌骨肌位于二腹肌后腹之前上并与之伴行，起自茎突，止于舌骨。颏舌骨肌位于下颌舌骨肌深面，起自颏棘，止于舌骨。

（2）舌骨下肌群：每侧 4 块，由浅入深分两层排列。胸骨舌骨肌为薄片带状肌，在颈部正中线两侧。肩胛舌骨肌为细长带状肌，在胸骨舌骨肌的外侧，分为上、下两个肌腹，两者间以恰位于胸锁乳突肌下部深面的圆索状中间腱相连。胸骨甲状肌位于胸骨舌骨肌深面。甲状舌骨肌在胸骨甲状肌的上方，被胸骨舌骨肌遮盖。

3. 颈深肌：在颈深层肌标本上观察。可分为外侧群的前、中、后斜角肌和内侧群的椎前肌。前、中、后斜角肌均起自颈椎横突，其中前、中斜角肌止于第1肋，后斜角肌止于第2肋。前、中斜角肌与第1肋之间为斜角肌间隙（Scalene Fissure），有锁骨下动脉和臂丛通过。

（五）背肌（Muscles of Back）

多为扁肌，以层分布，自棘突止于肢带骨或肱骨。在躯干肌标本上逐层观察下列诸肌：

1. 背浅层肌：又分为浅层的斜方肌和背阔肌，浅层深面的肩胛提肌和菱形肌。

（1）斜方肌（Trapezius）：三角形阔肌，其基部在背正中线，尖端趋向肩峰，左右两侧合在一起呈斜方形。起自上项线、枕外隆凸、项韧带、第7颈椎和全部胸椎的棘突和棘上韧带，三部肌束向肩部聚拢，其上部肌束斜向前外下方，止于锁骨外侧1/3上缘；中部肌束平行向外，止于肩峰内侧缘和肩胛冈上缘；下部肌束斜向外上方，止于肩胛冈内侧面及下缘。分析其作用。

（2）背阔肌（Latissimus Dorsi）：位于背下半部及胸后外侧浅层的全身最大的扁肌，三角形，其基部在背正中线，尖端指向肱骨上部。将臂极度外展观察，见该肌以腱膜起自下6个胸椎的棘突、全部腰椎棘突、骶正中嵴及髂嵴后部等处，并参与胸腰筋膜的构成，肌束向外上方集中，经肱骨的内侧至其前方，以扁腱与大圆肌肌腱共同止于肱骨小结节嵴。分析其作用。在活体，固定上肢后作引体向上的动作，理解该肌的作用。

（3）肩胛提肌：项部两侧，斜方肌深面，起自上4个颈椎的横突，止于肩胛骨的上角内侧面。

（4）菱形肌：斜方肌深面的菱形扁肌，起自第6、7颈椎和第1～4胸椎的棘突，纤维向外下止于肩胛骨的内侧缘。

2. 背深层肌：纵列于脊柱两侧的沟内，位置较浅的是长肌，主要有竖脊肌和夹肌，深部为短肌。

（1）竖脊肌（骶棘肌）（Erector Spinae）：背肌中最长、最大的肌，为背部强大的伸肌，纵列于躯干背面、脊柱两侧的沟内，起自骶骨背面、腰椎棘突和髂嵴的后部，向上分出三群肌束，沿途止于椎骨和肋骨，向上达颞骨乳突、上项线和下项线等处。根据肌束的起止不同由外侧向内侧依次为髂肋肌、最长肌和棘肌。分析其作用。

（2）夹肌：位于斜方肌、菱形肌的深面，起自项韧带下部、第7颈椎棘突和上部胸椎，向上外止于颞骨乳突和1～3颈椎横突。分析其作用。

3. 胸腰筋膜（Thoracolumbar Fascia）：宽阔而强韧，包裹在竖脊肌和腰方肌的周围，为白色的致密结缔组织，在整尸标本上其浅层呈四边形。各部分厚薄不一，在腰部明显增厚，可分浅、中、深三层，在腰方肌外侧缘三层汇合，成为腹内斜肌和腹横肌的起点。取胸腹后壁横断标本查看其分层情况。

（六）胸肌（Muscles of Thorax）

分为胸上肢肌和胸固有肌。在胸肌标本上依次观察。

1. 胸上肢肌（Muscles of Pectoralis Girdle）：包括胸大肌、胸小肌、前锯肌、锁骨下肌。

（1）胸大肌（Pectoralis Major）：位于胸上部浅层，宽而厚，呈扇形覆盖胸前壁的大部。其起点附近肌纤维已被切断，仔细寻认其起点位于锁骨内侧半下缘、胸骨及第 1 ~6 肋软骨前面及腹直肌鞘前壁，各部肌束聚合向外，呈扇形以扁腱止于肱骨大结节嵴。分析其作用。

（2）胸小肌（Pectoralis Minor）：翻开已切断之胸大肌，即可见呈三角形的胸小肌，起于第 3 ~5 肋外面，向外上行止于肩胛骨喙突。

（3）前锯肌（Serratus Anterior）：将上肢极度外展，见到由胸廓外侧壁连至肩胛骨内侧缘的宽大扁肌即为前锯肌，以数个肌齿起自上 8 个或 9 个肋骨的外面，肌束斜向后上内，环绕胸廓侧后壁，经肩胛骨前方，止于肩胛骨内侧缘和下角。分析其作用。

想一想：前锯肌瘫痪后对肩关节的运动有何影响?

2. 胸固有肌（Thoracic Proper Muscles）：包括肋间外肌、肋间内肌、肋间最内肌、胸横肌。在整尸/游离肋间隙标本上观察，重点观察前二肌，理解其作用。

（1）肋间外肌：位于肋间隙后 5/6 的浅层，共 11 对。起自上一肋骨的下缘，肌纤维自外上斜向前下（但在后部则向外下），止于下一肋骨的上缘。注意前部肌束仅达肋骨与肋软骨的结合处，在肋软骨间隙处移行为肋间外膜。

（2）肋间内肌：位于肋间外肌深面，翻起肋间外肌即可见到。起自下位肋骨的上缘，止于上位肋骨的下缘，其纤维方向恰与肋间外肌相反。前部肌束可达胸骨外侧缘，后部肌束只达肋角，自此以后由肋间内膜所代替。

（七）膈（Diaphragm）

取特制膈标本及胸腹后壁标本观察。膈为位于胸腹腔之间并向上膨隆呈穹隆形的扁薄阔肌，起于胸廓下口周缘及腰椎前面，注意其起始部分为三部分：胸骨部起自剑突后面，肋部起自下 6 对肋骨和肋软骨的内面，腰部以左、右膈脚起自上2 ~3 个腰椎以及腰大肌和腰方肌表面的深筋膜所形成的内、外侧弓状韧带，各部纤维均自起点向中心形成一白色腱膜，称中心腱。膈四周低，中部向上隆起，略呈伞状，称圆顶或穹隆。

膈上有 3 个裂孔：主动脉裂孔因与脊柱共同围成而不完整，位于 12 胸椎前方、左右两膈脚及脊柱之间，有主动脉和胸导管通过；在主动脉裂孔右前方的中心腱内有腔静脉裂孔，约平第 8 胸椎水平，有下腔静脉通过；在主动脉裂孔左前上方，约平第 10 胸椎水平，有食管裂孔，有食管和迷走神经通过。

在三部起点之间的移行区域通常留有 4 个三角形的薄弱区，其中胸骨部与肋部起点之间称胸肋三角，较小；肋部与腰部之间的称腰肋三角，较大，呈膜状，缺乏肌纤维。分析并熟记膈的作用。

（八）腹肌（Muscles of Abdomen）

腹肌多为扁肌，位于胸廓下部与骨盆之间，分为前外侧群、后群两部分。重点观察前外侧群肌。

1. 前外侧群：构成腹腔的前外侧壁，包括带形的腹直肌和 3 块宽阔的扁肌。

（1）腹外斜肌（Obliquus Externus Abdominis）：位于腹前外侧部浅层，以 8 个肌齿

起自下 8 个肋骨的外面（肌齿与前锯肌、背阔肌的肌齿交错），肌纤维斜向前内下方，后部肌束向下止于髂嵴前部，前上部肌束向内移行于腱膜，经腹直肌的前面，参与构成腹直肌鞘前层，至前正中线与对侧同名腱纤维交织于腹白线。腱膜在髂前上棘与耻骨结节之间的部分边缘向后上翻转增厚成强韧的腹股沟韧带，此韧带的内侧端有一小束腱纤维向下后方返折至耻骨梳，返折处成为腔隙韧带（陷窝韧带）。腔隙韧带延伸并附于耻骨梳的部分称耻骨梳韧带。在耻骨结节外上方，可见到由腹外斜肌腱膜裂开而现出的一尖端向外上的三角形裂隙，称腹股沟管浅（皮下）环，男性有精索，女性有子宫圆韧带通过。此环内侧的腱膜称内侧脚，外侧的腱膜称外侧脚，环的外上部有跨越两脚的脚间纤维。腹股沟韧带有部分腱纤维由耻骨结节附着处折转向内上止于腹白线，这部分腱纤维称反转韧带。

（2）腹内斜肌（Obliquus Internus Abdominis）：翻开腹外斜肌，可见到纤维方向与腹外斜肌垂直的腹内斜肌，起自胸腰筋膜、髂嵴和腹股沟韧带的外侧 2/3 或 1/2，肌纤维呈扇形，后部肌束几乎垂直上升止于第 10 ~ 12 肋骨中部的下缘，大部肌束向前上方延为腱膜，在腹直肌外侧缘分为前、后两层包裹腹直肌，参与构成腹直肌鞘的前层和后层，在前正中线终于腹白线。起于腹股沟的肌束向前下呈弓形越过精索或子宫圆韧带前面，延为腱膜，与深面的腹横肌腱膜共同构成腹股沟镰（联合腱），在精索或子宫圆韧带后方止于耻骨梳内侧端及耻骨结节附近。细心观察腹股沟镰与精索的关系。腹内斜肌最下部还发出一些细的肌纤维包绕精索和睾丸，称提睾肌。

（3）腹横肌（Transversus Abdominis）：翻开腹内斜肌，即可见到肌纤维横行的腹横肌。该肌起自下 6 个肋软骨的内面、胸腰筋膜、髂嵴和腹股沟韧带的外侧 1/3，肌束横行向前延为腱膜，越过腹直肌后面并参与组成腹直肌鞘后层，止于腹白线。最下部亦参与构成提睾肌和腹股沟镰，但被腹内斜肌起始部掩盖了一部分。

（4）腹直肌（Rectus Abdominis）：位于腹前正中线两侧的腹直肌鞘内，起自耻骨联合上缘和耻骨嵴，止于剑突和第 5 ~ 7 肋软骨的前面。翻开腹直肌鞘前层，见纵行的此肌上宽下窄，全长被 3 ~ 4 条横行的腱性腱划分隔为几个肌腹。腱划与腹直肌鞘前层紧密结合，不易剥离。腹直肌后面腱划不明显，与鞘后层完全游离，故向内推开腹直肌，即可见到鞘的后层。

分析腹前外侧群肌的作用。

（5）腹直肌鞘（Sheath of Rectus Abdominis）：结合特制标本和模型观察。取腹直肌鞘横断面标本观察，见鞘分前、后两层，前层由腹外斜肌腱膜和腹内斜肌腱膜的前层愈合而成，后层由腹内斜肌的腱膜的后层与腹横肌腱膜愈合而成。在整尸标本上观察，于脐下 4 ~ 5 cm 处见鞘的后层缺如，形成一凸向上方的弧形游离缘，称弓状线（半环线）。用镊子分离弓状下缘，注意观察弓状线上、下层次结构的区别（此线以下的腹直肌后面与腹横筋膜相贴）。

（6）腹白线（Linea Alba）：取腹前壁断面标本观察，腹白线为位于腹前壁正中线上，自剑突延至耻骨联合的白色腱性结构，由两侧三层扁肌腱膜的纤维交织而成，为左右腹直肌鞘之间的膈。上部宽约 1 cm，自脐以下变窄成线状。约在腹白线的中点有一脐环。

想一想：腹部手术正中切口时为什么常选脐下部而较少切开脐上部的白线。

2. 后群：有腰大肌和腰方肌。腰大肌于下肢肌中观察。腰方肌为长方形，位于腹后壁脊柱两侧、腰大肌外侧，起自髂嵴后部，纤维向上行止于第12肋及第1～4腰椎横突。

3. 腹股沟管（Inguinal Canal）：在特制标本上和模型上观察。腹股沟管位于腹前外侧壁下部，腹股沟韧带内侧半上方，为腹肌与腱膜之间的潜在性裂隙，全长约4～5 cm，由外上斜贯向内下，男性有精索，女性有子宫圆韧带通过。有两口四壁：内口称腹股沟管深环（腹环），在腹股沟韧带中点上方约1.5 cm处，为腹横筋膜向外的突口；外口即腹股沟管浅环（皮下环）。注意以精索或子宫圆韧带为中心标志体会四壁：以镊子逐层翻开腹外斜肌腱膜和腹内斜肌下部肌束起始部，二者覆盖精索或子宫圆韧带为前壁；用镊子将精索或子宫圆韧带拉出，观察其后面位于弓状缘下方的腹横筋膜及内侧的腹股沟镰，是为后壁，将精索或子宫圆韧带复回原位则被掩盖；上壁为腹内斜肌和腹横肌的弓状下缘；下壁为腹股沟韧带的内侧半。

4. 腹股沟（海氏）三角（Inguinal（Hesselbach）Triangle）：将腹前壁下部翻向下方，从内面辨认腹直肌外侧缘、腹股沟韧带内侧半和腹壁下动脉围成的三角形区域即腹股沟（海氏）三角。注意此三角与腹股沟管腹环的关系，理解腹股沟斜疝与直疝的突出部位、鉴别标志、临床表现及修补方法的差异。

【作业及思考题】

1. 参考教材在活体上寻认体表肌性标志。
2. 根据关节的运动，说明其肌肉的配布及其协调关系。
3. 深吸气时有哪些肌肉收缩？膈顶处于什么情况？
4. 可使头后仰的肌有哪些？
5. 腹直肌鞘是如何构成的？鞘内有何主要结构？
6. 腹白线是如何形成的？
7. 课后预习下次实习课内容：“四肢肌”。

【创新性实验提示】

腹壁常作为腹腔脏器手术的入口。选择不同部位观察腹壁的层次结构特点，筛选出可供手术切口的部位并阐明其优缺点。

（聂团文）

六、四肢肌

【目的要求】

1. 掌握上肢带肌的位置、组成和主要作用。重点掌握三角肌、大圆肌的位置、起止和作用。

2. 掌握臂肌的分群和各肌群的组成及主要作用。重点掌握肱二头肌、肱三头肌的位置、起止和作用。

3. 掌握前臂肌的分群、分层、排列、起止概况和主要作用。重点掌握肱桡肌、旋前圆肌、桡侧腕屈肌，尺侧腕屈肌、指浅屈肌、指深屈肌、拇长屈肌、旋前方肌、指伸肌的位置、起止概况与作用。

4. 观察手肌的分群及各肌的位置、形态与作用。

5. 观察腋窝、三边孔、四边孔、肘窝和腕管的组成与境界。

6. 掌握髋肌的位置、组成和主要作用，重点掌握臀大肌和髂腰肌的位置、起止和作用。查看臀中肌、臀小肌、梨状肌和闭孔外肌、闭孔内肌的形态和走行。

7. 掌握大腿肌的分群及各群肌的组成和主要作用及其与髋关节的位置关系，重点掌握股四头肌、缝匠肌、长收肌、大收肌、股二头肌、半腱肌和半膜肌的位置、形态特点、起止概况和作用。观察股薄肌、短收肌的位置、形态。

8. 掌握小腿肌的分群及各肌群的组成和主要作用，重点掌握胫骨前肌、趾长伸肌、踇长伸肌、腓骨长肌、腓骨短肌及小腿三头肌的位置、形态、排列、起止和作用，熟悉小腿后群深层各肌的位置与作用。观察各肌腱走行方向及其与踝关节的位置关系。查看跟腱的形成、起止部位及其与踝关节的位置关系。观察胫骨后肌、踇长屈肌和趾长屈肌的位置及其与踝关节的关系。

9. 了解足肌及足底肌的分群及其位置与作用。

10. 熟悉上、下肢的体表肌性标志，并在活体上摸认。

11. 掌握股三角，腘窝，踝管，梨状肌上、下孔的位置、形态和境界，了解收肌管、血管腔隙、肌腔隙和股管的组成和内容。

【实验材料】

1. 标本：整尸肌标本（浅、深层对照）；上肢肌深层；上肢肌浅层；手部肌分层；手部腱鞘；下肢肌深层；下肢肌浅层；足部肌分层；附有长肌腱的足部标本；显示闭孔内、外肌特制标本；股三角、收肌管、腋窝、肘窝、腕管、踝管局解标本；完整骨架；四肢游离骨。

2. 模型：手部肌分层（放大）；足部肌分层（放大）。

3. 其他教学资源：教学挂图；多媒体课件。

【实验时数】3 学时。

【注意事项】

1. 四肢肌中长肌多，观察起止点时最好取骨标本对照观察（重点辨认、体会肌的起止点）。

2. 分析肌的作用时应从肌的起止点、肌纤维方向、跨过关节的方位等方面并结合该关节的运动轴及运动方式理解和分析，同学们相互间在活体上观察运动方式。

3. 除要求掌握的肌以外，其余可按肌群理解和记忆。

4. 实验前认真观看多媒体课件。

（一）上肢肌（Muscles of Upper Limb）

1. 上肢带肌（Muscles of Shoulder Girdle）：先复习与上肢有关的胸、背肌，在标本上找到：胸大肌、胸小肌、前锯肌、斜方肌、背阔肌。将臂极度外展，依次观察以下各肌：

（1）三角肌（Deltoid）：呈三角形，覆盖肩关节的前、后、外三面，使肩部形成圆隆的外形。起于锁骨的外侧端前面、肩峰外侧缘及肩胛冈下缘，与斜方肌的止点对应；肌束向外下方集中，止于肱骨体外侧面的三角肌粗隆。分析其作用。

（2）冈上肌（Supraspinatus）：翻开已从近止点处切断的斜方肌，可见到在冈上窝处的冈上肌。该肌起自冈上窝，肌束向外经肩峰和喙肩韧带的深面跨越肩关节，止于肱骨大结节上部，腱纤维编入肩关节囊上壁。分析其作用。、

（3）冈下肌（Infraspinatus）：翻开三角肌附于肩胛冈的部分，在冈下窝处最上面的一块便是冈下肌。该肌起自冈下窝，略呈三角形，肌束向外经肩关节囊后部，止于肱骨大结节中部，腱纤维编入肩关节囊后壁上部。试分析其作用。

（4）小圆肌（Teres Minor）：在冈下肌下方起于冈下窝，止于肱骨大结节的下部，腱纤维编入肩关节囊后壁下部。分析其作用。

（5）大圆肌（Teres Major）：在小圆肌的下方起自肩胛骨下角背面，肌束向上外方，同背阔肌肌腱一起止于肱骨小结节嵴。其下缘被背阔肌包绕。分析其作用。

（6）肩胛下肌（Subscapularis）：使臂外展，见此肌起于肩胛下窝，肌束向上外经肩关节的前方，止于肱骨小结节。腱纤维编入肩关节囊前壁。分析其作用。

2. 臂肌（Muscles of Arm）：覆盖肱骨，以内侧和外侧两个肌间隔分隔成前、后两群。

（1）臂肌前群：包括浅层的肱二头肌和深层的喙肱肌和肱肌。

1）肱二头肌（Biceps Brachii）：取上肢肌浅层标本观察，该肌位于最浅层，肌腹呈梭形，近侧端有两个头，靠内侧的为短头，以扁腱起于肩胛肩喙突；靠外侧的是长头，以长腱起自肩胛骨盂上结节，通过肩关节囊，经结节间沟下降，两头在臂中部会合成一个肌腹，下行经肘关节前方，以肌腱止于桡骨粗隆，并分出腱膜向内下编入前臂深筋膜，称肱二头肌腱膜。如用力屈肘成直角，并使前臂成旋后姿势，则肱二头肌在臂前面特别隆起，此时如用手摸肘窝中线，可触及一强韧的索状结构，此即肱二头肌肌腱。分析其作用。

2）喙肱肌（Coracobrachialis）：在肱二头肌短头的后内方，起自肩胛骨喙突，止于肱骨中部的内侧面。

3）肱肌（Brachialis）：位于肱二头肌下半部深面，起于肱骨下半部的前面，纤维行向内下，经肱二头肌腱的内侧越过肘关节，止于尺骨粗隆。

（2）臂肌后群：将臂极度外展，从臂的背面观察，见到占整个臂背侧的肱三头肌（Triceps Brachii）。肱三头肌的近侧端有三个头，长头以长腱起自肩胛骨盂下结节，向下行经大、小圆肌之间；外侧头起于肱骨桡神经沟外上方的骨面；内侧头在外侧头的深面，起于桡神经沟内下方的骨面。三头向下以一坚韧的肌腱止于尺骨鹰嘴。分析其作用。

3. 前臂肌（Muscles of Forearm）：位于尺、桡骨周围，分为前（屈肌）、后（伸肌）两群。

（1）前臂肌前群：共9块，分四层排列。

1）第一层：5块肌，除肱桡肌外，其余四肌均以屈肌总腱起自肱骨内上髁及前臂深筋膜。对照挂图或图谱，由桡侧向尺侧依次辨认下列各肌：

肱桡肌（Brachioradialis）：在前臂前面最靠桡侧。单独起自肱骨外上髁的上方，向内下止于桡骨茎突。

旋前圆肌（Pronator Teres）：在肘关节前方，肱肌浅面，从内上髁斜向外下，在肱桡肌深面向外止于桡骨体中部外侧面。该肌有正中神经从中穿过，是寻找正中神经的重要标志。

桡侧腕屈肌（Flexor Carpi Radialis）：在旋前圆肌尺侧，纤维斜向下外侧下行，在臂中部附近形成腱条，以长腱跨腕关节前方止于第 2 掌骨底。

掌长肌（Palmaris Longus）：肌腹很小而腱细长，在桡侧腕屈肌尺侧，从近侧纵走向远侧，很快成为一细长的腱，跨过腕关节前方止于掌腱膜。

尺侧腕屈肌（Flexor Carpi Ulnaris）：在前臂前面最靠尺侧，向下止于豌豆骨。

2）第二层：只有一块指浅屈肌（Flexor Digitorum Superficialis）。

指浅屈肌上端为浅层肌所覆盖。起自肱骨内上髁、尺骨和桡骨的前面中部，下行至前臂远侧端分为四条肌腱，通过腕管至手掌，分别经第 2 ~5 指的屈肌腱鞘，每一个腱在近节指骨中部分为两脚，止于中节指骨体的两侧。有的标本上肌腱已被切断，可以牵拉断腱或将屈曲的手指拉直的方法以证明至该指的肌腱。分析其作用。

3）第三层：有拇长屈肌和指深屈肌 2 块。

拇长屈肌（Flexor Pollicis Longus）位于外侧半，起自桡骨中部和前臂骨间膜的前面，以长腱通过腕管和手掌，止于拇指远节指骨底。指深屈肌（Flexor Digitorum Profundus）位于内侧半，起自尺骨上 3/4 和骨间膜的前面，向下至前臂远侧端分成 4 腱，经腕管入手掌，在指浅屈肌腱的深面分别经第2 ~5指的掌骨头进入相应的屈指腱鞘，在中节指骨前面穿经指浅屈肌腱两脚之间，止于远侧指骨底。

注意：指深屈肌腱从指浅屈肌腱的分叉中穿出止于末节指骨底前面。

想一想：指浅、深屈肌在运动指间关节中各有何作用？

4）第四层：为 1 块旋前方肌。取上肢肌深层标本观察。

在前臂远侧端将屈指肌腱向一侧拉开，见到的方形扁肌即旋前方肌（Pronator Quadratus），起自尺骨下端的掌面，止于桡骨下端的前外侧面。

（2）前臂肌后群：共 10 块肌，分浅、深两层排列。

1）浅层：5 块，以一个共同的伸肌总腱起自肱骨外上髁以及邻近的深筋膜。对照挂图或图谱自桡侧向尺侧依次找出以下各肌：

桡侧腕长伸肌（Extensor Carpi Radialis Longus）：最靠桡侧，沿桡侧走向远端，向内下移行于长腱，斜行穿过拇长展肌腱、拇短伸肌腱和拇长伸肌腱的深面至手背，止于第 2 掌骨底的背面。

桡侧腕短伸肌（Extensor Carpi Radialis Brevis）：部分起于前臂骨间膜背面，肌束向内下移行为长腱于桡侧腕长伸肌的深面稍内侧，止于第 3 掌骨底的背面。

指伸肌（Extensor Digitorum）：在桡侧腕长、短伸肌的尺侧，肌腹向下至前臂远侧端移行为 4 腱，分别止于第 2 ~5 指的背部。在手背远侧部，掌骨头附近，4 腱之间有腱间结合相连，各腱越过掌骨头后，到达指背时向两侧扩展，包绕掌骨头和近节指骨的背面，形成指背腱膜。指背腱膜向远侧分散成三条纤维束，止于中节指骨底背面和远侧指骨背面。

小指伸肌（Extensor Digiti Minimi）：由指伸肌远侧端的内侧所分出的一细小肌束，其长肌腱经手背至手指移行为指背腱膜，与指伸肌至小指之腱会合止于小指中节和末节指骨底。

尺侧腕伸肌（Extensor Carpi Ulnaris）：位于指伸肌近侧端尺侧，穿过伸肌支持带深面下行，止于第5掌骨底的背面。

2）深层：5块。翻开浅层肌，见深层肌从上外向内下依次排列：旋后肌起自尺骨近侧端外侧面和肱骨外上髁背面，肌纤维从内上斜向外下，包绕桡骨，止于桡骨上1/3的前面和外侧面，有桡神经深支穿过。翻起指伸肌，在前臂近侧端见到的一扁平肌即是旋后肌。其余4肌均起自桡、尺骨和骨间膜的背面。拇长展肌紧靠旋后肌，向外下斜行，绕贴桡骨外缘，止于第1掌骨底桡侧。紧靠拇长展肌内下方的一细小肌为拇短伸肌，止于拇指近侧指骨底。在拇短伸肌尺侧向下外行走的为拇长伸肌，在接近腕关节处成为肌腱并斜向桡侧，跨过桡侧腕长、短伸肌，止于拇指远节指骨底。食指伸肌位于拇长伸肌尺侧，下行跨过腕关节，止于食指指背腱膜。

4. 手肌（Muscles of Hand）：全为短小的肌肉，起运动手指的作用。分为外侧、中间和内侧三群。

取分层制作的手肌标本及手肌模型观察手部各肌。

（1）外侧群：在手掌拇指侧形成一隆起，称鱼际，由四块肌组成，分浅、深两层排列，主要运动拇指。

拇短展肌：位于浅层外侧。

拇短屈肌：位于浅层内侧。

拇对掌肌：位于拇短展肌深面。

拇收肌：位于拇对掌肌的内侧。

（2）内侧群：在手掌小指侧形成的隆起称小鱼际，由浅层的小指展肌、小指短屈肌和深层的小指对掌肌构成，使小指产生展、屈和对掌运动。

（3）中间群：位于掌心，包括蚓状肌及骨间肌。

蚓状肌：在手掌面找出指深屈肌腱，可见每一肌腱旁均附一蚯蚓状的小肌，此即蚓状肌，共四块。起自指深屈肌腱桡侧，绕过2~5指桡侧转向指背，止于指背腱膜。牵引蚓状肌，观察其作用，理解其损伤后的表现。

骨间肌：取特制标本或模型观察。第2~5掌骨间隙内有3块骨间掌侧肌，起自掌骨，分别经第2指的尺侧、第4~5指的桡侧，止于指背腱膜。在4个骨间隙的背侧有4块骨间背侧肌，各有两头起自相邻骨面，止于第2指的桡侧、第3指的两侧、第4指尺侧的指背腱膜。

5. 上肢的局部结构：参考教材、对照图谱查看腋窝、三角胸肌间沟、三边孔、四边孔、肘窝、腕管的组成和内容物。这些局部结构在局部解剖操作时将作仔细解剖，现在只了解其概况。

（1）腋窝（Axillary Fossa）：位于臂上部内侧和胸外侧壁之间的锥形间隙，有一顶一底和四壁。顶由锁骨、肩胛骨的上缘和第1肋围成，有腋动脉、静脉和臂丛等经过；

底由腋筋膜和皮肤构成；前壁为胸大、小肌；后壁由肩胛下肌、大圆肌、背阔肌和肩胛骨构成；内侧壁为前锯肌及上部胸壁；外侧壁为喙肱肌、肱二头肌短头、肱三头肌外侧头和肱骨上段。

（2）三角胸肌间沟（Deltopectoral Groove）：位于胸大肌和三角肌的锁骨起端之间，有头静脉穿过。

（3）三边孔和四边孔（Trilateral Foramen and Quadrilateral Foramen）：位于肩胛下肌、小圆肌、大圆肌、肱三头肌长头和肱骨上端之间的两个间隙，其中位于肱三头肌长头内侧的间隙称三边孔，有旋肩胛血管通过；位于肱三头肌长头外侧的间隙称四边孔，有旋肱后血管及腋神经通过。

（4）肘窝（Cubital Fossa）：位于肘关节前面尖端向下的三角形凹窝，其下外侧界为肱桡肌，下内侧界为旋前圆肌，上界为肱骨内、外上髁之间的连线。窝内主要结构有肱二头肌腱、肱动脉及其分支和正中神经。

（5）腕管（Carpal Canal）：从手掌处用镊子伸入至屈肌支持带深面探查，见腕管由屈肌支持带和腕骨沟围成，内有 1 条神经和 9 条肌腱通过：指浅屈肌肌腱（4 条）、指深屈肌肌腱（4 条）、拇长屈肌肌腱（1 条）和 1 条正中神经。

想一想：如腕管发生狭窄，有可能出现什么症状？

（二）下肢肌（Muscles of Lower Limb）

在整尸及游离的盆部及下肢的肌学标本上观察下肢各肌。下肢肌又分为髋肌、大腿肌、小腿肌和足肌。

1. 髋肌（盆带肌）：主要起自骨盆的内面和外面，跨过髋关节，止于股骨股音上部，分前、后两群。

（1）前群：包括髂腰肌、阔筋膜张肌和腰小肌。主要观察前 2 块。

髂腰肌（Iliopsoas）：包括腰大肌与髂肌。腰大肌起自腰椎椎体侧面和横突前面。髂肌位于腰大肌的外侧，呈扇形起自髂窝，两肌向下会合，经腹股沟韧带深面，止于股骨小转子。分析其作用。

阔筋膜张肌（Tensor Fasciae Latae）：位于大腿上部前外侧，起自髂前上棘，梭形扁薄的肌腹包于阔筋膜两层之间，约在股部上、中 1/3 交界处，此肌向下移行为髂胫束（即阔筋膜外侧份的加厚部分），止于胫骨外侧髁。

（2）后群（臀肌）：共 7 块。

臀大肌（Gluteus Maximus）：大而肥厚，位于臀部浅层的四方形扁肌，标本上多已自其起点附近切断。起自髂骨翼外面和骶骨背面，肌束由上斜向外下，覆盖臀中肌下半部及其他小肌，止于髂胫束及股骨的臀肌粗隆。分析其作用。

臀中肌和臀小肌：翻开臀大肌，见其深面略呈扇形的肌即为臀中肌。翻开臀中肌，其深面呈扇形的肌即臀小肌。它们均起于髂骨翼外面，以短腱止于股骨大转子。

想一想：臀部肌肉注射为什么要选择在其外上 1/4 处？人体还有哪些部位适合作肌肉注射？说明其理由。

梨状肌（Piriformis）：在臀小肌的下内方。自盆腔内观察，见其起于骶骨前面的外侧部，纤维向外穿过坐骨大孔，止于股骨大转子上缘，将坐骨大孔分为梨状肌上孔和梨状肌下孔。分析其作用。

闭孔内肌（Obturator Internus）：取特制标本观察。起自盆腔侧壁闭孔膜内面及其周围骨面，纤维向后下方集中，由坐骨小孔出盆腔延为肌腱，转而向外，止于股骨大转子窝。此肌腱上、下各有一块小肌，分别称上孖肌和下孖肌。

闭孔外肌（Obturator Externus）：取特制标本观察。起自闭孔膜外面及其周围骨面，经股骨颈的后方，止于转子窝。

股方肌（Quadratus Femoris）：呈方形，起自坐骨结节，向外止于转子间嵴。

2. 大腿肌：分为前、后、内侧三群。

（1）前群：包括缝匠肌和股四头肌。

缝匠肌（Sartorius）：全身最长的肌，呈扁带状。起于髂前上棘，经大腿前面由外上斜向内下，止于胫骨上端的内侧面和小腿筋膜。分析其作用。

股四头肌（Quadriceps Femoris）：全身最大的肌，包括股直肌、股中间肌、股内侧肌和股外侧肌。股直肌在大腿正前方，起自髂前下棘，下行至接近髌骨处延为一强大的腱附于髌骨。股内侧肌在股直肌内侧，起自股骨粗线内侧唇；股外侧肌在股直肌外侧，起自股粗线外侧唇；股中间肌在股直肌深面，起自股骨体前面。四个头向下形成一腱，包绕髌骨的前面和两侧跨越膝关节的前方，止于胫骨粗隆。肌腱在髌骨以下的部分称髌韧带。分析其作用。

想一想：股四头肌瘫痪有何临床表现？

（2）内侧群：5 块，位于大腿的内侧。首先由内而外可见到股薄肌、长收肌、耻骨肌。股薄肌薄而长，在大腿的最内侧，向下经膝关节内侧止于胫骨上端的内侧面。长收肌略呈三角形，紧靠股薄肌外侧。耻骨肌呈长方形，位于长收肌的外上方及髂腰肌内侧。翻起长收肌，在其深面可见一纤维方向相似的三角形扁肌，是为短收肌。在上述各肌深面，大而厚，亦呈三角形的肌即大收肌。

现在检查以上 5 肌的起止点。各肌均起于坐骨下支、耻骨下支、坐骨结节等骨面的前面，除股薄肌外均止于股骨粗线内侧唇全长。大收肌另有一腱止于收肌结节，此腱与股骨之间夹成一孔，称收肌腱裂孔，有股血管等通过。

分析内侧群肌的作用。

（3）后群：3 块，均起自坐骨结节，跨越髋、膝两个关节。

股二头肌（Biceps Femoris）：在股后部的外侧，其长头起自坐骨结节，短头起自股骨粗线外侧唇，两头会合后以长腱起于腓骨头。

半腱肌（Semitendinosus）：位于股后部的内侧，肌腱细长，约占肌的一半，止于胫骨上端的内侧面。

半膜肌（Semimembranosus）：在半腱肌深面，上部为扁薄的腱膜，约占肌的一半，下行以腱止于胫骨内侧髁的后面。

分析三肌的作用。

3. 小腿肌：分前、后、外侧三群。前群在小腿骨间膜前面，后群在小腿骨间膜后面，外侧群在腓骨的外侧面。

（1）前群：从小腿前面观察，自内而外为胫骨前肌、趾长伸肌和踇长伸肌。

胫骨前肌（Tibialis Anterior）：起自胫骨前外侧面、骨间膜前面和小腿筋膜，肌腱向下穿经踝关节前方及伸肌上、下支持带内侧份的深面，止于内侧楔骨内侧面和第1跖骨底。牵拉胫骨前肌，观察足内翻表现，分析其作用。

趾长伸肌（Extensor Digitorum Longus）：将胫骨前肌拉向胫侧观察。起自腓骨前嵴上2/3前面、胫骨上端和小腿骨间膜，向下经伸肌上、下支持带深面至足背分为4腱至2～5趾，成为趾背腱膜，止于中节、远节趾骨底。此肌有时可见另外分出1腱止于第5跖骨粗隆，称为第3腓骨肌。分析其作用。

踇长伸肌（Extensor Hallucis Longus）：在上述二肌之间，起自腓骨内侧面下2/3和骨间膜下部，上部被上述二肌遮盖，下部向下移行为肌腱，在小腿下部位于皮下深面，经伸肌支持带深面至足背，止于踇趾远节趾骨底。分析其作用。

想一想：上述前群肌瘫痪可能的临床表现有哪些？

（2）外侧群：2块，即腓骨长肌（Peroneus Longus）和腓骨短肌（Peroneus Brevis）。两肌均起自腓骨外侧面，长肌起点高，并掩盖短肌。腓骨长肌在接近外踝处成为一腱，绕过外踝的后方与伸肌支持带深面，转而绕足的外侧缘，从跖骨外侧入足底，止于内侧楔骨及第一跖骨底的足底面。其足底情况取保留此肌腱的足关节标本观察。在外踝后方将长肌腱拉向后外，可见腓骨短肌腱经此后向前止于第5跖骨粗隆。牵拉此二肌，观察踝关节的运动，分析其作用。

（3）后群：分2层。

1）浅层：为强大的小腿三头肌，由腓肠肌和比目鱼肌合成。腓肠肌（Gastrocnemius）位于小腿后部最表面，以内、外侧两个头分别起于股骨内、外侧髁的后面，向下二头合二为一，约在小腿中点移行为腱性结构；腓肠肌深面的比目鱼肌（Soleus）只一个头，起自腓骨后面的上部和胫骨的比目鱼肌线，肌束向下移行为肌腱，与腓肠肌的腱合成全身最粗大的肌腱——跟腱，止于跟骨结节。分析其作用。

想一想：如跟腱被切断，可能出现什么表现？

2）深层：有4块，即上方的腘肌和下方的趾长屈肌、踇长屈肌和胫骨后肌。腘肌斜位于腘窝底，起自股骨外侧髁的外侧部分，止于胫骨的比目鱼肌线以上的骨面。翻起比目鱼肌，在其深面有3块肌，最内侧的是趾长屈肌，起于胫骨后面，其长腱经内踝后方、屈肌支持带深面至足底，分成4腱止于2～5趾的远侧趾骨底；最外侧的是踇长屈肌，起自腓骨后嵴下2/3和骨间膜后面，长腱经踝管后外侧部至足底，与趾长屈肌腱交叉，穿过踇短屈肌两头之间，止于踇趾远侧趾骨底的足底面。将上述两肌向两边拉开，在两肌中间深面上部便见到胫骨后肌。该肌起自胫、腓骨及小腿骨间膜后面，其细长的肌腱在内踝后方行于趾长屈肌腱深面，经踝管前内侧部进入足底内侧缘，止于足舟骨粗隆和内侧、中间、外侧3个楔骨、骰骨的足底面及第1～3跖骨底。牵拉各肌，观察踝关节的运动，重点观察胫骨后肌引起的足内翻情况。

4. 足部肌：可分为足背肌与足底肌。足背肌薄弱，为伸踇趾的踇短伸肌和伸第2～4趾的趾短伸肌。足底肌的配布与手部肌相似，亦分内侧、中间、外侧三群，但内、外侧群薄弱，中间群较手掌多较大的趾短屈肌和足底方肌两块肌肉，没有与拇指与食指相当的对掌肌。不必一一观察。

5. 维持足弓的肌肉：取肌学标本及附有肌腱的足部关节标本对照观察，见维持足纵弓的主要肌有胫骨前肌、胫骨后肌、踇长屈肌和趾长屈肌以及趾短屈肌与足底方肌；维持横弓的肌主要是腓骨长肌和胫骨前肌。

6. 下肢局部结构：先了解概况，待局解操作时再仔细解剖。

（1）梨状肌上孔（Suprapiriformis Foramen）和梨状肌下孔（Infrapiriformis Foramen）：位于臀大肌深面，梨状肌上、下缘与坐骨大孔之间。梨状肌上孔有臀上血管和神经出入，梨状肌下孔有臀下血管和神经、阴部血管和神经、坐骨神经等出入，可用镊子分离观察。

（2）股三角（Femoral Tringle）：位于股部前内侧面的三角形区域，上界为腹股沟韧带，内侧界为长收肌内侧缘，外侧界为缝匠肌的内侧缘，前壁是阔筋膜，底为髂腰肌、耻骨肌和长收肌。三角内有股血管、股神经和淋巴结等。

（3）血管腔隙（Lacuna Vasorum）和肌腔隙（Lacuna Musculorum）：位于腹股沟韧带和髋骨之间，两者间隔以髂耻弓（腹股沟韧带延至髂耻隆起的纤维束），内侧为血管腔隙，有股血管等通过，外侧为肌腔隙，有股神经和髂腰肌等通过。

（4）股管（Femoral Canal）：为血管腔隙最内侧一长约 1.2cm 的小间隙，是腹横筋膜向下突出的漏斗形盲囊，内有淋巴结。其上口称股环。

（5）收肌管（Adductor Canal）：大腿中部内侧的一个斜形肌间隙，位于缝匠肌深面，前壁为大收肌腱板，后壁为大收肌，外侧壁为股内侧肌，上口即股三角尖，小口为通向腘窝的收肌腱裂孔。管内有股血管、隐神经通过。

（6）腘窝（Popliteal Fossa）：膝关节后方的菱形凹陷，上外侧界为股二头肌，上内侧界为半膜肌和半腱肌，下外侧界和下内侧界分别为腓肠肌的外侧头和内侧头，底为膝关节囊。窝内有腘血管、胫神经、腓总神经、脂肪和淋巴结等。

（7）踝管：由屈肌支持带、内踝和跟骨结节共同围成的管状通道，有胫骨后肌腱、趾长屈肌腱、踇长屈肌腱、胫神经、胫血管等通过。

【作业及思考题】

1. 试一试在自己身体上可以摸到哪些肌性标志。

2. 列表小结上、下肢主要关节的运动和运动肌。

3. 足底不能外翻是由于哪些肌肉功能丧失？足底不能内翻呢？

4. 以小组为单位讨论分析下列情况：

（1）锁骨骨折时，受肌力的牵引，骨折断端可向何方移位？

（2）肱骨外科颈骨折时，受肌力的牵引，骨折断端可向何方移位？

（3）发生在三角肌止点以上和三角肌止点以下的肱骨干骨折，其骨折断端移位方向可能有何不同？为什么？

（4）股骨干上 1/3、中 1/3、下 1/3 骨折，其骨折断端移位可能有何不同？为什么？

5. 预习下次实验课内容：“消化系统”。

【创新性实验提示】

肌肉注射是将药物注入骨骼肌组织内，为临床上最常用的注射给药途径之一。一般选择具有一定厚度、无较大血管神经干且表浅而易暴露的肌肉作为注射部位。可根据这些特点选择可供肌肉注射的部位并进行应用解剖学研究（如肌的厚度、血管神经分布、进针部位和方向的选择等）。

（聂团文）

七、消化系统

【目的要求】

1. 观察消化系统的组成概况，了解其功能。

2. 掌握口腔的分部及界域，观察活体的口腔结构。

3. 掌握腮腺、下颌下腺和舌下腺的位置、形态及其导管的开口部位。

4. 掌握牙的形态和构造，熟悉牙的萌出时间、排列及记录方式，了解牙周组织。

5. 掌握舌的形态和分部、颏舌肌的起止和作用。

6. 掌握软腭所形成的结构、咽峡的构成。了解唇、颊和腭的形态。

7. 掌握咽的位置、形态、分部及各部的连通关系，腭扁桃体的位置和形态，咽淋巴环的概念及组成。了解咽壁的构造。

8. 掌握食管的位置、形态和分部，查看食管胸段的毗邻。

9. 掌握胃的位置、形态和分部，胃壁的构造特点。

10. 掌握十二指肠的形态、分部及各部的位置、特征。

11. 掌握空回肠的位置、形态、肠壁的构造特点及空、回肠的比较。

12. 掌握大肠的分部及各部位置、分界、形态学特征。

13. 掌握盲肠和阑尾的位置、形态结构、阑尾根部的体表投影。

14. 掌握结肠的分部及各部的位置，比较大、小肠粘膜的差异。

15. 掌握直肠、肛管的位置、形态、结构特点，记住齿状线及肛直肠环的概念。

16. 掌握肝的形态、位置、毗邻和体表投影，肝外胆道的组成及结构特点，胆汁的排出途径，胆囊的形态和位置。

17. 掌握胰的位置、形态和结构特点，查看胰头的毗邻关系。

18. 掌握腹膜及腹膜腔的概念、腹膜与腹盆腔脏器的关系。

19. 掌握小网膜的位置和分部、大网膜和网膜囊的位置及网膜囊的构成。

20. 了解系膜及韧带的概念，熟悉主要系膜和韧带的名称、作用。

21. 掌握腹膜陷凹，了解腹壁的皱襞和隐窝。

22. 探查腹膜腔和结肠上、下区的腹膜间隙及交通。

【实验材料】

1. 标本：整尸标本；胸腹腔脏器原位标本；消化系统概况；头颈部正中矢状切；各类牙；上、下颌全套牙的特制标本；显示大小唾液腺的特制标本；游离舌（含切面）；咽腔（剖开咽后壁）；离体并已剖开的食管、胃、小肠、盲肠和阑尾、结肠、直肠和肛管；游离肝；游离肝胆胰十二指肠；肝外胆道特制标本；男、女性盆腔正中矢状切；腹膜；肝内管道铸型；肝剥制标本。

2. 模型：消化系统概况；头颈部正中矢状切；牙的结构放大；男、女性盆腔正中矢状切；肝；胃；直肠和肛管内腔；腹腔正中矢状切；腹腔横断面；腹前壁内面观。

3. 其他教学资源：压舌板；普通放大镜；教学挂图；多媒体课件。

【实验时数】3 学时。

【注意事项】

1. 内脏器官按其基本构造分为中空性器官和实质性器官两类，中空性器官应注意观察其内腔结构，实质性器官应注意观察其剖面结构。观察内脏器官的顺序一般是：先整体，后离体；先位置与毗邻，后外形与结构；先外后内。观察时须始终注意标本的解剖学位置和切面。

2. 消化系统标本容易损伤，注意不能用力牵拉或用器械戳划，观察游离标本时应注意摆成正常解剖位置。

3. 腹盆腔深部脏器观察有困难时，可取游离标本或模型作对照。

4. 消化系统标本经固定后变异较大，观察时须仔细辨认，能活体观察的结构尽量活体观察。

5. 实验前认真观看本次课的多媒体实验教学课件。

【实验内容与方法】

（一）口腔（Oral Cavity）

1. 口腔各壁：口腔分前、后、上、下壁和两侧壁，向前经口裂通向外界，向后经咽峡与咽相通。

（1）同学们相互观察或对镜子在自身活体观察：在活体观察人中、鼻唇沟、唇；利用压舌板观察口腔的前壁、外侧壁、上壁和口底及牙、舌等器官的外形，注意辨认腮腺导管开口部位，腭帆、腭垂、腭舌弓、腭咽弓、咽峡、腭扁桃体、舌系带、舌下襞、舌下阜等结构。观察舌的形态、色泽、舌苔，借助放大镜观察舌乳头。观察牙的排列、牙冠形态、牙龈的位置和色泽、牙的分类，计算牙的总数。

（2）取头部正中矢状切标本观察：口腔前 2/3 主要是硬腭，由骨腭覆以粘膜而成，后 1/3 为由此向下延伸的软腭。寻认腭帆、腭垂、腭舌弓、腭咽弓、扁桃体窝和腭扁桃体。腭帆为软腭后部游离的部分，腭垂为腭帆后缘中央向后下方的突起。观察自腭帆向两侧延伸的两对弓形皱襞，前面一对称腭舌弓，后面一对称腭咽弓，二者之间的隐窝称扁桃体窝，腭扁桃体位于其中。口腔下壁为封闭口腔底部的软组织。注意腭扁桃体和腭咽弓都属咽侧壁的结构。

2. 牙（Teeth）：镶嵌于上、下颌骨的牙槽内，分别排列成上、下牙弓。

取牙的模型结合标本和活体观察牙的形态、结构、种类和排列。取作冠状面切开的牙模型，观察髓腔、牙根管和牙根尖孔。取有上、下颌全套牙的特制标本观察，牙的外形分为牙冠、牙颈、牙根三部分。注意牙冠的形状因牙的种类而不同：切牙的牙冠扁平，呈凿状；尖牙的牙冠呈锥形；前磨牙的牙冠呈方圆形，上面有 2 个小结节；磨牙呈方形，上面有 4 个小结节。牙根数量也有差别：切牙和尖牙只有 1 个根，前磨牙一般也是1个根，下颌磨牙有2个根，上颌磨牙有3个根。

3. 舌（Tongue）：其基本结构是骨骼肌和表面覆盖的粘膜。依次观察其形态、结构和舌乳头。

取舌游离标本观察：首先在舌上面（背面）前2/3与后1/3交界处找到开口向前的“∧”型界沟，沟前为舌体，后为舌根，界沟尖端的小凹为舌盲孔。沿界沟前方排列着7～11个轮廓乳头。舌根表面有许多大小不等的突起，即舌扁桃体。用放大镜观察，舌背表面尚可见到许多丝状乳头、菌状乳头以及舌侧缘并列的4～8条叶片形的叶状乳头。在头颈部正中矢状切面、舌的冠状切面标本上观察舌内肌和舌外肌，重点观察颏舌肌，见其起于下颌骨体的颏棘，纤维向上呈辐射状止于舌中线两侧。分析各舌肌的作用。

4. 唾液腺（Salivary Gland）：分大、小两类，小唾液腺为位于口腔各部粘膜内的粘液腺。重点观察3对大唾液腺。

取特制唾液腺标本观察三对大唾液腺。腮腺位于面侧区、外耳道前下方，前邻咬肌，以下颌支为标志分浅、深两部：浅部略成三角形，上达颧弓，下至下颌角，前至咬肌后1/3，后续腺的深部；深部伸入下颌支与胸锁乳突肌之间的下颌后窝内。腮腺管从腮腺前缘上端发出至咬肌前缘转向内，穿面颊部开口于口腔外侧壁，开口位置正对上颌第二磨牙牙冠处的颊粘膜，此处粘膜表面形成一小突起称颊粘膜乳头，在活体上也可观察到。咬紧牙使咬肌紧张，在颧弓下不到一横指处可摸到横跨咬肌的腮腺管，注意腮腺管从腮腺浅部发出。在下颌骨体的内侧找到下颌下腺，下颌下腺管由腺的深面发出，向前行开口于舌下阜。在头部正中矢状切并剥开舌下襞粘膜的标本上，可见到扁长杏核形的舌下腺。舌下腺大管常与下颌下腺管会合或单独开口于舌下阜，舌下腺小管（5～15条）自腺上缘直接开口于舌下襞表面，不必细找。

（二）咽（Pharynx）

1. 咽的位置和形态：取头颈部矢状切及切开咽后壁的特制标本观察，见咽为一上宽下窄、前后略扁的漏斗状肌性管道，上起颅底，下至第6颈椎下缘接食管。咽位于第1～第6颈椎前方，有完整的后壁和侧壁，但前壁因与鼻腔、口腔和喉腔相通而不完整。

2. 咽的分部及各部分的重要结构：在舌根后下方，可见一叶片状的结构，称会厌。软腭水平以上为鼻咽，会厌水平以下为喉咽，中段为口咽。各部前壁不完整，依次经鼻后孔通鼻腔，经咽峡通口腔，经喉口通喉腔。

（1）鼻咽（Nasopharynx）：鼻咽的顶和后壁呈圆拱形，前壁通鼻腔，侧壁有一圆拱形隆起，称咽鼓管圆枕，其下方正对下鼻甲后端约1cm处有一呈镰状或三角形的咽鼓管咽口，用探针探之通向中耳鼓室。圆枕后方的凹陷为咽隐窝。注意理解如咽隐窝发生鼻咽癌其常见转移途径。

（2）口咽（Oropharynx）：上接鼻咽，下连口咽，其侧壁有腭扁桃体。腭扁桃体位于腭舌弓与腭咽弓之间的扁桃体窝内，呈卵圆形。扁桃体窝上部有一未被腭扁桃体充盈的扁桃体上窝。扁桃体内侧面上有深浅不一的扁桃体隐窝。在舌根后部与会厌之间有呈矢状位的舌会厌正中襞，其两侧的深窝即会厌谷。

（3）喉咽（Laryngopharynx）：喉咽前壁喉腔的两侧壁和甲状软骨板之间各有一深陷的梨状隐窝。注意梨状隐窝与甲状软骨的关系，理解咽淋巴环的组成和作用。

（4）咽肌（Pharyngeal Muscles）：包括咽缩肌和咽提肌两组骨骼肌。取特制的咽肌标本观察，见上、中、下三对咽缩肌自下而上呈叠瓦状排列。咽提肌纵行于咽缩肌深部，起自茎突（茎突咽肌）、咽鼓管软骨（咽鼓管咽肌）及腭骨（腭咽肌），止于咽壁及甲状软骨上缘。

再次探查咽的6条交通途径。

（三）食管（Esophagus）

在显示深层结构的整尸标本上观察。观察食管时应小心，不要拉断其周围的血管与神经。在颈下部及胸腔内脊柱前方，见到一拇指粗的肌性空管，即食管，全长约25 cm。食管上端在相当于环状软骨下缘水平与喉咽相接，继沿脊柱前方下行，在颈部（食管颈段）行于气管和第7颈椎之间，在胸部（食管胸段）先位于气管和脊柱之间，而后从主动脉弓、左主支气管后方通过，再在左心房后方向左下方斜跨胸主动脉，在第10胸椎水平穿膈肌入腹腔，在腹腔内（食管腹段）再下行约1 cm平第11胸椎左前方水平接胃的贲门。

食管的3处狭窄除穿过膈肌处的一处外，另两处不明显，需对照X线片观察。在已切开的游离食管与胃标本上观察食管的构造。

（四）胃（Stomach）

首先在活体或尸体上辨认肋弓、髂结节、腹股沟韧带等结构，然后划出上、下横线及左、右纵线，指认腹部分区（九分法），在整尸标本上观察胃的位置、毗邻和形态，再取胃的游离标本及模型观察胃的形态、结构。

1. 胃的形态和分部（Shape and Parts of Stomach）：胃的大小、形态受多种因素的影响，通常完全空虚时略呈管状，高度充盈时可呈球囊形，故供观察用的胃大小、形态可能各不相同。胃可分为前、后两壁，大、小两弯，出、入两口。取离体的胃标本找到胃的两口：用手捏之管壁较厚的是出口幽门，有较厚呈环行的幽门括约肌；入口贲门处用手捏较软，与食管相接。近贲门处为贲门部，自贲门水平向上突出的部分为胃底部，中间大部分为胃体部，近幽门的部分为幽门部，寻找中间沟，其左侧较扩大称幽门窦，其右侧呈管状称幽门管。幽门部与十二指肠无明显分界，在其交界处的前壁可找到纵行的幽门前静脉。胃有两弯：胃小弯为其右侧缘或上缘，凹向右上方；胃大弯凸向左下方，为其左侧缘或下缘。小弯侧的最低点急弯处称角切迹，是胃体部与幽门部的分界标志。如所用标本已变形则上述分部不易全部辨认。

在剖开的胃标本和模型上观察，可见胃的肌层分外纵、中环与内斜三层。胃的粘膜多皱襞，在胃小弯处有4~5条较恒定的纵行皱襞，襞间的沟即胃道，其他区域的皱襞排列不规则。在幽门处可见到中层肌增厚而成的幽门括约肌及幽门处粘膜形成的环形皱襞幽门瓣。

想一想：胃溃疡为什么好发于小弯侧？

2. 胃的位置和毗邻（Location and Relatio of Stomach）：胃的位置变化较大，中等程度充盈时一般大部分位于左季肋区，小部分位于腹上区。贲门位于第11胸椎体左侧，幽门位于第1腰椎体右侧附近。胃前壁小部分与腹前壁相贴，在右侧与肝左叶相邻，在左侧与膈相邻，被左肋弓掩盖。胃后壁与胰、横结肠、左肾和左肾上腺相邻，胃底与膈和脾相邻。

（五）小肠（Small Intestine）

在整尸标本上原位观察小肠的位置、外形和分部，取游离标本和模型观察十二指肠的分部及其与胰的关系、空肠和回肠的比较等。

1. 十二指肠（Duodenum）：为小肠的起始部，近端接幽门，远端续空肠，成人全长约25 cm，呈“C”形环抱胰头。可分为四部：

（1）上部：起自胃的出口，水平行向右后方，至肝门下方、胆囊颈的后下方，急转向下移行为降部。上部与降部转折处形成十二指肠上曲，上部近侧与幽门相连接的一段长约2 cm的肠管其肠壁薄、管径大、粘膜平滑、无环状襞，称十二指肠球。

（2）降部：约长7～8 cm，起自十二指肠上曲，垂直下行于第1～3腰椎体和胰头的右侧，弯向左行移行为水平部。其转折处的弯曲称十二指肠下曲。切开降部中份，其后内侧壁上可见到纵行的十二指肠纵襞，其下端的圆形粘膜隆起即十二指肠大乳头，在大乳头上方1～2 cm处，有时可见到十二指肠小乳头。

（3）水平部：起自十二指肠下面，横过下腔静脉和第3腰椎体前方，至腹主动脉前方、第3腰椎体左前方移行为升部。有肠系膜上动、静脉紧贴此部前面下行。

（4）升部：自起始处斜向左上方，至第2腰椎体左侧转向下，移行为十二指肠空肠曲，接空肠。触摸自膈右脚连于十二指肠末端的十二指肠悬韧带，拉动十二指肠空肠曲，见十二指肠悬肌将十二指肠空肠曲悬吊于腹后壁。

2. 空肠和回肠（Jejunum and Ileum）：二者并无明显分界，大致位置是空肠位于腹腔的左上方，回肠在右下方，长度之比约为2∶3。轻轻提起肠管，见其均由小肠系膜连于腹后壁，小肠系膜根从左上腹斜向右髂窝。空回肠连小肠系膜的一侧称系膜缘，相对的一侧称游离缘（对系膜缘）。

取游离的空、回肠标本观察。空肠壁厚，内面的环形皱襞高而密；回肠壁薄，皱襞低且疏。取剪开肠壁的一段小肠展平对光观察，可看到许多散在的如芝麻大小的不透光点，此处即孤立淋巴滤泡之所在。在回肠末端尚有集合淋巴滤泡，对光观察为一椭圆形不透光区，其长轴与肠道长轴平行。取连于肠管的肠系膜对光观察，空肠的血管弓仅为1～2级，直血管长；回肠血管弓可达4～5级，直血管较短。

想一想：肠伤寒时为什么常引发回肠穿孔？

（六）大肠（Large Intestine）

先在整尸标本上观察大肠概况，再配合游离标本分为盲肠和阑尾、结肠、直肠、肛管四段逐一观察。

取一段离体结肠标本观察盲肠与结肠的特征性结构：表面有三条沿肠纵轴排列的结肠带，由肠壁的外纵肌增厚而成，因结肠带的长度短于肠管，使肠管形成许多由横沟隔开的囊状膨出，称结肠袋，肠表面的横沟与肠腔内的结肠半月襞相对应。沿结肠两侧分布的许多黄色的脂肪小突起即肠脂垂。在完整标本上找到结肠带后，向盲肠方向追踪至三条结肠带的汇合点，恰位于阑尾根部。

1. 盲肠（Caecum）：在右髂窝髂肌前方，回肠进入大肠处水平以下的一小段盲囊状管道即为盲肠，为大肠的起始部，长约6～8 cm，其体表投影在腹股沟韧带外侧半的上方。取模型或剪开肠壁的回盲部游离标本观察：先分清回肠末端、盲肠和阑尾，然后将盲肠壁展开，可见回肠末端突入盲肠肠腔，其开口处称回盲口，此处肠壁的环形肌增厚，并覆以粘膜形成上、下两片半月形或环形皱襞，称回盲瓣。回盲口下方约2cm处阑尾根部的位置，有阑尾通向盲肠的开口。

2. 阑尾（Vermiform Appendix）：阑尾是从盲肠后内侧壁向外延伸的一细管状器官，外形酷似蚯蚓，故又称蚓突，多呈钩形、S形或卷曲状等不同程度的弯曲，长约5～7 cm。将阑尾提起拉直，可见一由腹膜形成的呈三角形或扇形的片状结构连于阑尾，此即阑尾系膜，内含血管、神经、淋巴管及淋巴结等。阑尾以阑尾口开口于盲肠，此口下缘有一不明显的半月形粘膜皱襞，称阑尾瓣。阑尾尖端为游离盲端。成人阑尾管腔狭小，管径多在0.5～1.0 cm之间。阑尾的常见位置在右髂窝，但应切记少数个体其位置变化很大（参见教材）。阑尾根部的位置较固定，连于盲肠的3条结肠带汇集处，手术中沿3条结肠带向下追寻是寻找阑尾最可靠的办法。在整尸的标本上验证阑尾的位置及阑尾根部的体表投影。

想一想：如何确定阑尾炎的手术切口？手术切除阑尾时要经过哪几层腹壁结构？

3. 结肠（Colon）：在打开腹前壁的整尸标本上观察，见结肠在右髂窝起于盲肠，于第3骶椎平面终于乙状结肠，整体约成“M”形围绕在空、回肠周围，全长分为升结肠、横结肠、降结肠、乙状结肠四段。升结肠在右髂窝起自盲肠上端，沿腰方肌和右肾前面垂直上升至肝右叶下方，转折向左前下方形成结肠右曲（肝曲）。横结肠起自结肠右曲，先向左前下，后略转向左后上，形成一略向下垂的弓形弯曲，其后方有横结肠系膜连于腹后壁，中间部分可下垂至脐或脐以下平面（有时可低至小骨盆腔内）。在左季肋区，脾的脏面下方，横结肠折转而下形成结肠左曲（脾曲），向下续于降结肠。由结肠左曲下降至左髂嵴处的一段称降结肠。乙状结肠自左髂嵴延自降结肠后，沿左髂窝转入盆腔内，全长呈“乙”字形弯曲，至第3骶椎平面续于直肠。乙状结肠系膜较长，将乙状结肠固定于腹盆腔后壁上。

4. 直肠（Rectum）：取盆腔正中矢状切标本观察。直肠位于盆腔内，在第3骶椎前方由乙状结肠延续而来，沿骶、尾骨前面下行，穿盆膈移行为肛管，全长10～14 cm。直肠并不直，由第3骶椎上缘至肛管为止有两个弯曲，上部与脊柱骶曲一致（凹向前），称直肠骶曲，下部绕过尾骨尖转向后下而形成凸向前方的直肠会阴曲。在冠状面直肠也有三个弯曲凸向侧方：中间较大的一个凸向左侧，上、下两个凸向右侧。

注意直肠前面的毗邻关系男女性不同：男性前邻膀胱底、精囊、输精管壶腹、前列腺；女性前邻子宫、阴道上部。

在离体标本上观察剖开的直肠，其内面有3个直肠横襞，其中中间的1个大而明显，位置恒定，位于直肠右壁，距肛门约7 cm，最上方的1个近直肠乙状结肠交接处，位于直肠左侧壁上，距肛门约11 cm。肠腔显著扩大的部分称直肠壶腹。

5. 肛管（Anal Canal）：肛管上界为直肠穿过盆膈的平面，下止于肛门，长约4 cm，被肛门括约肌所包绕。在剖开的离体标本上观察，肛管内面有6～10条纵行粘膜皱襞称肛柱，肛柱下端之间的半月形小横瓣称肛瓣，用镊子轻轻夹起察看。肛瓣与肛柱下端共同围成的开口向上的小隐窝称肛窦。肛柱下端与肛瓣基部连成环形的齿状线。在齿状线下方，肛管内面因肛门内括约肌紧缩而形成略微凸起的一宽约1 cm的环状区域，称肛梳（痔环），光滑，呈浅蓝色。肛梳下缘有一不明显的环形线即白线，恰是肛门内、外括约肌的分界处，但标本上不明显。肛管的下口即肛门。取模型结合标本观察肛管周围的外括约肌，理解肛直肠环的构成、结构特点和作用。

想一想：一直肠癌病人行肛门切除术后，你认为哪些肌可用来重建括约肌？

（七）肝（Liver）

1. 肝的形态（Shape of Liver）：取离体肝脏和肝模型对照观察。肝外观呈楔形，右端圆而钝厚，左端扁薄，可分为上、下两面及前、后、左、右四缘。肝的上面膨隆，与膈穹隆一致并相邻接，又称膈面，被矢状位的镰状韧带分为左、右两叶。膈面后部没有腹膜被覆的部分称裸区。肝的下面朝后下方，与腹腔器官相对又称脏面，其中部有略呈"H"形的3条沟，即左、右纵沟和1条横沟。横沟位于脏面正中，有肝左、右管，肝固有动脉左、右支，肝门静脉左、右支及肝的神经、淋巴管等由此出入，故称肝门。出入肝门的这些结构被结缔组织包绕，构成肝蒂。肝蒂中主要结构的位置关系是：肝左、右管居前，肝固有动脉左、右支居中，肝门静脉左、右支居后。左纵沟窄而深，前部有由脐静脉闭锁而成的肝圆韧带通过，称肝圆韧带裂。肝圆韧带离开此沟后即被包裹在镰状韧带的游离缘内连至脐。左纵沟后部容纳由静脉导管闭锁而成的静脉韧带，称静脉韧带裂。右侧纵沟比左侧宽而浅，其前部为一长圆形浅窝，容纳胆囊，称胆囊窝；后部为腔静脉沟，深而长，容纳下腔静脉。在腔静脉沟上端处，有肝左、中、右静脉出肝后立即进入下腔静脉，称第二肝门。在肝的脏面，由"H"形的沟、裂、窝将肝分为四叶：右纵沟的右侧区域称右叶，左纵沟的左侧区域称左叶，两纵沟之间、肝门以前的区域称方叶，两纵沟之间、肝门以后的区域称尾状叶。

肝的前缘即脏面与膈面的分界线，薄而锐利。在胆囊窝处，肝前缘上有一胆囊切迹，胆囊底常于此处露出肝前缘；在肝圆韧带通过处，肝前缘上有一肝圆韧带切迹（脐切迹）；肝的右缘钝圆、朝向脊柱；肝的左缘薄而锐利。

除上述肝韧带外，肝还有由双层腹膜转折而成的冠状韧带、三角韧带。冠状韧带连于肝后上面与膈之间，分前、后两叶，前叶呈额状位连于肝的上面与膈之间，又称肝膈韧带；后叶又称肝肾韧带，附于右肾及肾上腺前面。

取肝内管道铸型和肝剥制标本对照观察，辨认进出第一、二肝门的结构，在游离肝或模型上按Glisson系统画出肝的分叶和肝段，理解肝段划分的意义。在剥制标本和铸型标本上辨认观察肝内四种管道的行程、分布与相互关系。

2. 肝的位置与毗邻（Position and Relation of Liver）：在整尸标本上观察，见肝大部分位于右季肋区和腹上区，小部分位于左季肋区，前面大部分被肋所掩盖，仅在腹上区的左、右肋弓之间有一小部分露于剑突之下，直接与腹前壁相接触。肝上界与膈穹隆一致，位于右锁骨中线与第5肋的交点，前正中线与剑胸结合线的交点，左锁骨中线与第5肋间隙的交点。肝的下界与前缘一致，即右侧与右肋弓一致，中部超出剑突下约3 cm，左侧为肋弓所掩盖。

3. 肝外胆道（Extrahepatic Duct）：取肝脏以及肝、胆、胰、十二指肠离体标本和模型结合整尸观察。肝外胆道主要包括肝左、右管及肝总管、胆囊管、胆总管和胆囊，常因内含胆汁而呈绿色。

（1）胆囊：位于胆囊窝内，呈长梨形，分底、体、颈、管4部分。胆囊底为胆囊膨大圆钝的盲端，全被腹膜覆盖，常于胆囊切迹处露出于肝前缘。在整尸上观察，看胆囊底是否正位于其体表投影点上（右锁骨中线与右肋弓交点附近）。

（2）胆囊管：弯曲，长约3 cm，在肝十二指肠韧带内与其左侧从肝门出来的肝总管汇合成胆总管。取剖开胆囊及胆囊管的标本察看它们的粘膜皱襞形状。

（3）胆总管：长约4～8 cm，在肝十二指肠韧带内位于肝固有动脉的右侧，肝门静脉的右前方，在整尸标本上肝十二指肠韧带内找到它们。循胆总管向肝门方向追寻，可见肝总管，由从肝门出来的左、右肝管在肝门附近汇合而成；向下方追寻，可见胆总管经十二指肠降部与胰头之间，在十二指肠降部中点斜穿肠壁开口于十二指肠大乳头。取特制标本观察。

（4）胆囊三角（Calot三角）：由胆囊管、肝总管和肝下面构成的三角形区域。注意观察有何结构从此三角内经过。

（八）胰（Pancreas）

1. 胰的位置（Position of Pancreas）：取特制胰和十二指肠离体标本及模型，结合整尸标本观察。在整尸标本上观察，见胰呈长棱柱状，横置于腹上区和左季肋区，平对第1～2腰椎体前方，被网膜囊后壁的腹膜所覆盖。

2. 胰的分部（Division of Pancreas）：胰自右向左大致可分为互相连续的头、体、尾三部，三部之间并无明显界限。胰头与体移行处称胰颈。

（1）胰头：为胰右端的膨大部分，位于第2腰椎右侧，被十二指肠降部和横部所环抱。胰头后下部向左后下方的钩状突起，称钩突，恰位于肠系膜血管后方。注意观察胰头后方的毗邻结构：胰头右后方与十二指肠降部间有胆总管下行；胰头与胰体交界处后方，有肠系膜上静脉和脾静脉会合成肝门静脉，然后行向右上；胰头后面有下腔静脉上行。

（2）胰体：占中间大部分，位于第1腰椎平面。前面隔网膜囊邻胃后壁；后面由右向左横过下腔静脉、腹主动脉、左肾与左肾上腺前方。

（3）胰尾：为胰左端的窄细部分，与脾接触，位于脾肾韧带两层腹膜之间。

在已被剥除腺体前面一部分组织的离体标本上，可见一条与胰腺长轴平行、自尾端向头端逐渐增粗的细管，即胰腺导管，沿途收纳许多小管。在胰头与十二指肠降部之间胰腺导管与胆总管会合成肝胰壶腹，共同开口于十二指肠大乳头。有的标本在胰头上部还可见一小管行于胰管上方，称副胰管，开口于十二指肠小乳头（该乳头位于十二指肠纵襞、大乳头前上方2 cm处）。副胰管与胰管之间有吻合支。取瓶装肝、胰和十二指肠特制标本对照观察。

附：腹膜与腹膜腔

取腹膜模型，结合完整腹膜标本观察。腹膜分为衬于腹、盆壁的内面和膈下面的壁腹膜和覆盖于腹、盆腔脏器表面的脏腹膜，脏、壁腹膜在一定部位相互移行，构成一个潜在性的腹膜腔。详细的覆盖情况将在局解实习时观察，现在只要求粗略地了解腹膜形成的结构。

（一）网膜（Omentum）

网膜是连于胃大弯和胃小弯的双层腹膜皱襞，其间有血管、神经、淋巴管和结缔组织等，分为大网膜和小网膜。

1. 小网膜（Lesser Omentum）：小网膜是从肝门移行至胃小弯和十二指肠上部的双层腹膜结构，其中从肝门连于胃小弯的部分称肝胃韧带，其内含有胃左、右血管，胃上淋巴结及胃的神经等；从肝门连于十二指肠上部的部分称肝十二指肠韧带，其内有进出肝门的三个重要结构通过：胆总管位于右前方，肝固有动脉位于左前方，两者之后为肝门静脉。小网膜的右缘游离，其后方为网膜孔，经此孔可进入网膜囊。在肝十二指肠韧带后方，自右向左将1～2个手指经网膜孔伸入网膜囊，触摸上方的肝尾状叶、下方的十二指肠上部、后方的下腔静脉、前方的肝十二指肠韧带，理解网膜囊及网膜孔的临床意义。

2. 大网膜（Greater Omentum）：形似围裙覆盖于空、回肠和横结肠的前方，连于胃大弯和十二指肠起始部与横结肠之间，其左缘与胃脾韧带相连续。大网膜大部分由4层腹膜折叠而成，前两层由构成小网膜的两层腹膜分别覆盖于胃和十二指肠的前、后两面向下延伸，至胃大弯处愈合而成，后两层系前两层降至脐平面稍下方后再返折向上而成。可在腹膜模型上仔细观察体会。在胃大弯与横结肠之间的部分仅两层，其下部与横结肠愈着，称胃结肠韧带。

3. 网膜囊（Omental Bursa）：网膜囊（小腹膜腔）为腹膜腔的一部分，是小网膜和胃后壁与腹后壁的腹膜之间的扁窄间隙，借网膜孔与大腹膜腔相通。用手在网膜囊内探知其各壁：前壁为小网膜、胃后壁的腹膜和胃结肠韧带；后壁为横结肠及其系膜以及覆盖在胰、左肾、左肾上腺等处的腹膜；上壁为肝尾叶和膈下方的腹膜；下壁为大网膜前、后层的愈着处；左侧为脾、胃脾韧带和脾肾韧带；右侧借网膜孔通腹膜腔其余部分。将左手食指伸入网膜孔内（成人可容1～2指通过），使左、右两手的手指相会合。孔的上界为肝的尾叶，下界为十二指肠上部，前界为肝十二指肠韧带，后界为覆盖在下腔静脉表面的壁腹膜。

（二）系膜（Mesenterium）

系膜是指由脏、壁腹膜相互移行而成，能将器官系连固定于腹、盆壁的双层腹膜结构，两层间有进出器官的血管、神经、淋巴管和淋巴结等。主要有小肠系膜、阑尾系膜、横结肠系膜和乙状结肠系膜等。

1. 小肠系膜（Mesentery）：系连结空、回肠于腹后壁的双层腹膜，呈扇形，其附着于腹后壁的部分称小肠系膜根，长约15 cm，由第2腰椎左侧斜向右下，跨过脊柱及其前方结构，止于右骶髂关节前方。

2. 阑尾系膜（Mesoappendix）：为三角形，是肠系膜下端延续至阑尾的部分，将阑尾系连于肠系膜下方。其游离缘内有阑尾血管、神经、淋巴管和淋巴结等。

3. 横结肠系膜（Transverse Mesocolon）：是将横结肠系连于腹后壁的横位双层腹膜，其根部自结肠右曲，向左跨过右肾中部、十二指肠降部、胰头等器官的前方，沿胰前缘达左肾前方，直至结肠左曲。

4. 乙状结肠系膜（Sigmoid Mesocolon）：将乙状结肠固定于左下腹的双层腹膜结构，位于左髂窝内，其根部附着于左髂窝与骶岬之间的骨盆左后壁，跨越左输尿管之前，其内有乙状结肠血管、神经、淋巴管和淋巴结等。该系膜长，活动度大。

（三）韧带（Ligament）

为连接相邻脏器之间或脏器与腹壁之间的双层腹膜，多为双层。对脏器有一定的固定作用。

1. 肝的韧带：有肝胃韧带，肝十二指肠韧带，镰状韧带，冠状韧带和左、右三角韧带等。

2. 胃的韧带：有胃结肠韧带、胃脾韧带和胃膈韧带等。

3. 脾的韧带：有脾肾韧带、脾结肠韧带、膈脾韧带等。

4. 膈结肠韧带：在膈与结肠左曲之间的双层腹膜。

（四）腹膜皱襞、隐窝及陷凹（Fold，Recess of Posterior Abdominal Wall）

腹膜皱襞与隐窝待局解实习时再仔细观察，此时仅观察腹膜陷凹。取盆腔矢状切标本结合整尸标本观察，男性在膀胱与直肠之间有直肠膀胱陷凹，女性在膀胱与子宫之间有膀胱子宫陷凹，在直肠与子宫之间有直肠子宫陷凹，位置较深，与阴道后穹之间仅隔以阴道后壁和腹膜。

【作业及思考题】

1. 胰头癌患者可能出现什么临床症状？

2. 做纤维胃镜检查时，纤维镜插入食管距离切牙 15 cm、25 cm、40 cm 的地方时，操作为什么要轻柔缓慢？

3. 现有两段小肠标本，一段为空肠，一段为回肠，你能把它们区别开来吗？如果是在活体上你又怎样区别空肠和回肠？

4. 两位同学为一组，相互之间在活体上找出肝上界在左、右锁骨中线相交处；胆囊底的体表投影；麦氏点的位置。试一试能否在肋弓下摸到肝的下缘。

5. 肝外胆道包括哪些结构？肝分泌的胆汁是如何排入十二指肠的？

6. 在临床上，腹膜炎患者为何要采取半卧位？

7. 简述网膜孔的位置、界限及临床意义。

【创新性实验提示】

腹腔镜技术已在临床得到推广，广泛应用于腹、盆腔手术，其成功的关键之一是应具有扎实的应用解剖学知识基础。同学们可根据腹腔镜技术特点自由选题，开展相关应用解剖学研究，如：胆囊三角的内容与变异；肝外胆道的形态特点研究；胰的毗邻结构与手术入路等。

（刘向光）

八、呼吸系统

【目的要求】

1. 在活体和尸体上标出胸部的标志线。

2. 观察呼吸系统的组成，理解其机能。

3. 掌握鼻腔的分部及各部的形态结构、鼻旁窦的位置和开口；活体观察外鼻的形态结构。

4. 掌握喉的位置和喉腔的分部及各部的形态结构；熟悉喉的软骨及其连结；了解喉肌及其功能。

5. 掌握气管的位置、气管颈段的毗邻；比较左、右主支气管的形态特点，理解其临床意义；了解气管、支气管的构造。

6. 掌握肺的形态、位置、分叶和肺门的结构及排列；明确支气管树、肺段的概念及临床意义。

7. 掌握胸膜、胸膜腔及胸膜隐窝、纵隔的概念及分部；了解肺及胸膜的体表投影。

8. 观察纵隔的境界与分部，辨认纵隔各部的主要器官与结构。

【实验材料】

1. 标本：整尸；胸腔脏器原位；离体呼吸系统概况；显示鼻腔及鼻旁窦开口的标本；头颈矢状切；离体喉、气管、支气管；支气管树；离体肺；离体纵隔；肺铸型；胸廓。

2. 模型：头颈矢状切；鼻正中矢状切；喉、气管、支气管；肺；透明肺段；纵隔。

3. 其他教学资源：教学挂图；多媒体课件；新鲜猪肺。

【实验时数】1.5 学时。

【注意事项】

1. 观察离体标本前先在原位整尸标本上观察其位置，确定其解剖学方位。

2. 标本与模型相互对照观察。

3. 能在活体观察到的结构尽量在活体观察。

4. 实验前认真观看本次课的多媒体实验教学课件。

【实验内容及方法】

首先在整尸标本及活体上观察外鼻、喉结；在整尸标本上观察呼吸系统的位置和组成；取呼吸系统概况标本观察呼吸系统的组成。

（一）鼻（Nose）

分为外鼻、鼻腔和鼻旁窦三部分。

1. 外鼻（External Nose）：同学们互相观察或自己对镜观察，确认鼻根、鼻背、鼻阈、鼻尖、鼻翼和鼻唇沟。

2. 鼻腔（Nasal Cavity）：取头颈正中矢状切标本和模型观察。鼻中隔由筛骨垂直板、犁骨、鼻中隔软骨及其内衬的粘膜构成。观察鼻中隔是否偏曲。鼻中隔将鼻腔分隔成左、右两腔，每个鼻腔又分前部的鼻前庭和后部的固有鼻腔，两者以鼻阈为界。在无鼻中隔的一侧头颈矢状切标本上辨认隆起的鼻阈，其前方是鼻前庭，位于鼻翼内面，内表面为皮肤，生有鼻毛；后方是固有鼻腔，衬有厚而富有血管的粘膜，具有上、下、内、外4壁。上壁狭长呈拱形，邻颅前窝；下壁宽平，即口腔上壁；内侧壁即鼻中隔；外侧壁表面有三片呈前后方向平行排列、向内下突出的结构，自上而下称上、中、下鼻甲，每鼻甲下方相应有前后纵行的空隙即鼻道，分别称上、中、下鼻道。在上鼻甲后上方有时可见最上鼻甲。在最上鼻甲或上鼻甲的后上方与鼻腔顶之间的小陷凹，称蝶筛隐窝，此处有蝶窦的开口。在切除中鼻甲的标本上可见到半月裂孔，为凹向上的裂隙。半月裂孔上方有一圆形隐起，此即筛泡。从内眦处用探针插入鼻泪管，探查其开口部位。

活体观察：上鼻甲内侧面及相对的鼻中隔部分的鼻粘膜呈苍白或淡黄色，为嗅区；其他部分呈粉红色，为呼吸区。

3. 鼻旁窦（Paranasal Sinuses）：鼻旁窦在鼻腔周围的颅骨内，有4对。取头部冠状切及头颈矢状切标本对照特制标本（已用彩色塑料管标示各窦及其开口）观察它们的位置及开口：额窦位于额骨体内、眉弓深方，呈底向下、尖向上的三棱锥体形，窦口位于窦底部，开口于中鼻道。筛窦由位于鼻腔外侧壁上方与两眶之间的筛骨迷路中的小气房组成，每侧3～18个，依窦口部位分为前、中、后3组，前、中组开口于中鼻道，后组开口于上鼻道。蝶窦位于蝶骨体内，被中隔分为左、右两腔，开口于蝶筛隐窝。上颌窦最大，位于上颌骨体内，呈锥体形，依次观察其5个壁：前壁即尖牙窝，骨质较薄；后壁较厚，与翼腭窝毗邻；上壁是眼眶下壁；下壁即上颌骨牙槽突，低于鼻腔，骨质菲薄，邻近上颌磨牙牙根；内侧壁是鼻腔外侧壁的一部分，邻近中鼻道和下鼻道。此壁后上方有上颌窦口开口于中鼻道半月裂孔的后部。注意上颌窦窦腔大，窦口高于窦底，理解上颌窦炎引流不畅的原因。

（二）咽（Pharynx）

消化系实习时已作观察，取头颈正中矢状切标本再作复习。

（三）喉（Larynx）

结合喉的特制标本及模型观察。喉位于第3～6颈椎之间，前为皮肤、颈筋膜、舌骨下肌群，后为咽，两侧是颈血管、神经及甲状腺侧叶。

1. 喉的软骨（Laryngeal Cartilages）：取游离喉软骨标本及模型相互对照观察。甲状软骨为最大的一块，组成喉的前、外侧壁，由前缘互相愈着的左右两个对称的四边形软骨板组成，愈着处即前角。前角上端向前突出称喉结，在体表可摸到，男性特别突出。喉结上方的“V”形切迹称甲状软骨上切迹。两板后缘游离并向上、下各伸出一突起称上角和下角，细长的上角借韧带与舌骨大角连结，下角借关节面与环状软骨相关节。甲状软骨下方形如指环的是环状软骨，其前部低狭称环状软骨弓，后部高而宽称环状软骨板。环状软骨板上缘有一对小关节面与杓状软骨相连。两侧弓板交界处各有一关节面与甲状软骨相连。环状软骨板上方有一对形如三角锥状的杓状软骨，尖向上，底朝下，有凹面与环状软骨板上缘构成环杓关节；其底向前伸出声带突，有声韧带附着，向外侧伸出肌突，有喉肌附着。会厌软骨位于舌根和舌骨体后上方，上宽下窄呈叶状，下端借甲状会厌韧带连于甲状软骨前角内面上部，前面稍隆凸对向舌，后面凹陷对向喉腔。会厌软骨连同其上被覆的粘膜称会厌。

2. 喉的连结（Joints of Larynx）：甲状软骨上缘与舌骨之间连有结缔组织膜，称甲状舌骨膜，其中部增厚为甲状舌骨正中韧带。甲状软骨上角与舌骨大角间连有甲状舌骨外侧韧带，内含麦粒软骨。甲状软骨下角与环状软骨外侧的关节面构成环甲关节。环状软骨板上缘的关节面与杓状软骨底构成环杓关节。在会厌软骨的两侧缘和甲状软骨前角的后面与杓状软骨的前内缘之间，附有成斜方形的方形膜，其下缘游离增厚，称前庭韧带。弹性圆锥为一圆锥形的弹性纤维膜，上窄下宽，起自甲状软骨前角后面，向下、向后呈扇形止于杓状软骨声带突和环状软骨上缘，其上缘游离增厚，紧张于甲状软骨前角与声带突之间，称声韧带（连同声带肌及覆盖于其表面的喉粘膜合称声带）；前部弹性纤维增厚成环甲正中韧带，紧张于甲状软骨下缘与环状软骨弓上缘之间。连于环状软骨下缘和第1气管软骨环的结缔组织膜称环气管韧带。

3. 喉肌（Laryngeal Muscles）：取喉肌标本及模型，对照挂图或图谱进行大致观察，重点观察环甲肌、环杓后肌、环杓侧肌，体会其作用。环甲肌起自环状软骨弓的前外侧面，肌束呈扇形斜向后上，止于甲状软骨下缘和下角。环杓后肌起自环状软骨板后面，纤维斜向外上方，止于同侧杓状软骨肌突。环杓侧肌起自环状软骨弓上缘和外面，纤维行向后上方，止于杓状软骨肌突。

4. 喉腔（Laryngeal Cavity）：取头颈正中矢状切及从后壁剖开喉腔的标本观察。喉口朝向后上方，由会厌上缘、杓会厌襞和杓间切迹围成。杓会厌襞是连于杓状软骨尖与会厌软骨的皱襞。两侧的杓会厌襞在喉后端相连处稍下陷，称杓间切迹。约在喉腔中段的两侧壁上，分别有两对前后平行的突入喉腔内的粘膜皱襞，即上方的前庭襞和下方的声襞。两前庭襞之间的裂隙称前庭裂，两侧声襞之间的裂隙为声门裂的膜间部。声门裂的后2/5位于两杓状软骨间，称软骨间部。喉腔在喉口与前庭襞之间称喉前庭，上宽下窄呈漏斗状，其前壁主要由会厌的喉面构成，此面下部稍向后隆起为会厌结节。前庭裂平面至声门裂平面之间部分称喉中间腔。用镊子探查喉室（喉中间腔两侧突入前庭襞与声襞之间的梭形隐窝）。声襞以下为声门下腔，呈上窄下宽的圆锥形，接气管。

（四）气管与支气管（Trachea and Bronchi）

在整尸标本上观察气管的位置。气管起于环状软骨下缘（平第6颈椎椎体下缘）向下至胸骨角平面（平第4胸椎椎体下缘）分为左、右主支气管进入两肺。在气管腔内，平胸骨角平面处有一向上凸出、并略偏向左侧的半月状气管隆嵴。气管壁由气管软骨、平滑肌和结缔组织构成。气管软骨由14～17个缺口向后、呈“C”形的透明软骨环构成。气管软骨后壁的缺口由气管的膜壁封闭，该膜由弹性纤维与气管肌（为平滑肌）构成。观察气管的毗邻，待局解实习时再重点解剖。

想一想：气管切开时应取何体位？在何部位进行？如果偏高或偏低可能损伤哪些结构？

观察比较左、右主支气管的长度、管径及其与气管正中线的夹角（嵴下角）：左主支气管细而长，嵴下角大，斜行，通常有7～8个软骨环；右主支气管粗而短、嵴下角小，走行陡直，通常仅3～4个软骨环。观察支气管树的整体形态，主支气管为一级支气管，肺叶支气管为二级支气管，肺段支气管为三级支气管。全部各级支气管如此分支繁多，称支气管树。取支气管树标本观察。

想一想：气管异物为何容易坠入右侧？

（五）肺（Lungs）

先在整尸标本上观察肺的位置和外形。掀开已剖开的胸前壁，见肺位于胸腔内、膈肌之上、纵隔的两侧，表面被覆脏胸膜。注意前面高出锁骨内侧 1/3 的上方 2～3 cm。自胸腔内取出肺或用游离肺标本观察其外形。透过胸膜，见肺表面有许多呈多角形的小区，此即肺小叶。区分左、右两肺：左肺狭长，分为 2 叶；右肺宽而短，分为 3 叶。两肺均呈圆锥形，分一尖、一底、两面、三缘。肺尖钝圆。肺底在膈肌顶部上方，向上呈半月形凹陷，又称膈面。肺的肋面与胸廓的外侧壁和前、后壁相邻；纵隔面（内侧面）对向纵隔，其中部的凹陷为肺门，其内有支气管、血管、神经、淋巴管等出入。出入肺门的结构被结缔组织包裹称肺根。重点观察肺根内结构的排列关系及左、右肺根内结构的差异：两肺根的结构自前向后为上肺静脉、肺动脉、主支气管；自上而下左肺根内为肺动脉、左主支气管、下肺静脉，右肺根内为上叶支气管、肺动脉、肺静脉。注意支气管管壁厚，肺动、静脉的管壁相差甚微，但最前面和最低处均是肺静脉，可资区别。在肺门处还可找到较细小的支气管动、静脉。肺的前缘锐利，左肺前缘下部有心切迹，下方有一突起称左肺小舌。后缘在脊柱两侧的肺沟中，圆钝而不明显。下缘为围绕肺底的边缘。

两肺均可见自后上斜向前下的斜裂，左肺被斜裂分为前上的上叶和后下的下叶。右肺另有一自斜裂水平向前达肺前缘的水平裂。右肺被斜裂和水平裂分为上叶、中叶和下叶。肺的表面隐约可见其毗邻器官形成的压迹沟：两肺门前下方均有心压迹；右肺门后方有食管压迹，上方是奇静脉沟；左肺门上方有主动脉弓、后方有胸主动脉的压迹。

在透明肺段模型上观察支气管树和支气管肺段，理解肺段的概念及其临床意义。

取新鲜猪肺观察肺的外形和结构。

（六）胸膜（Pleura）

在肺表面已观察到脏胸膜（肺胸膜），它与肺组织紧贴，不易撕开，而且伸入到叶间裂中。在肺根下方，脏壁胸膜移行处两层胸膜重叠形成一三角形皱襞，称为肺韧带。在已取出肺的整尸标本上于胸廓内表面观察壁胸膜。壁胸膜依其衬覆部位不同分为：衬贴在肋骨与肋间肌内面的肋胸膜；贴在膈上面的膈胸膜；衬贴于纵隔面的纵隔胸膜；超出第一肋骨之上 3～4 cm 的胸膜顶。将取出的双肺还纳胸腔，将肺的前缘推向外侧，可见到肺胸膜与纵隔胸膜在肺根处原来是互相移行的。脏胸膜与壁胸膜之间为胸膜腔。在壁胸膜相互移行处可留有一定的间隙，即使在深吸气时，肺缘也未伸入其内，称胸膜隐窝，其中以在肋胸膜和膈胸膜转折处的肋膈隐窝位置最低、容量最大，试用手伸入此隐窝探查其位置。参考教材观察胸膜与肺的体表投影，在胸膜较为完整的整尸标本上观察胸腺区和心包区。

想一想：胸膜腔内有何物？为什么外伤后可引起气胸？穿刺抽取胸膜腔积液的最佳部位在何处？常在何处作闭式气体引流？

（七）纵隔（Mediastinum）

取特制纵隔标本对照整尸标本观察。纵隔为两侧纵隔胸膜间全部器官、结构和结缔组织的总称，稍偏左，为上窄下宽、前短后长的矢状位，前界为胸骨，后界为脊柱胸段，两侧为纵隔胸膜，上界为胸廓上口，下界是膈。以胸骨角和心包为界对纵隔进行分区，参考教材熟悉各部的重要结构和器官，待局解时再作重点解剖。

【作业及思考题】

1. 中鼻道内有脓，提示哪些鼻旁窦可能发生炎症？为什么上颌窦的炎症易迁延为慢性？

2. 异物进入上呼吸道后最易停留在何处引起喉梗塞？如何应急处理？

3. 气管切开的常选部位在何处？气管切开时，为何不能偏离中线，也不能过深？

4. 气管内异物为何易坠入右主支气管？

5. 护理气管切开的病人时，为什么要在插管口上盖以生理盐水湿纱布？

6. 何谓弹性圆锥？环甲正中韧带的临床意义是什么？

7. 预习下次实验课内容：“泌尿系统”。

（刘向光）

九、泌尿系统

【目的要求】

1. 掌握泌尿系统的组成。

2. 掌握肾的位置、形态、被膜及肾冠状切面上的结构；比较左、右肾的位置差异及其与第 12 肋的关系。

3. 掌握输尿管的行程和分部、狭窄部位及其临床意义。

4. 掌握膀胱的位置、形态、结构；掌握膀胱三角的位置、粘膜特点及其临床意义。

5. 掌握女性尿道的形态、位置和开口部位。

6. 熟悉肾、输尿管、膀胱和尿道的毗邻及主要血管供应。

7. 了解肾段的概念。

【实验材料】

1. 标本：原位显示泌尿系全貌的整尸标本；离体泌尿生殖系统概况标本；肾剖面；肾段模型；肾铸型；男、女性盆腔矢状切标本及模型；经肾的腹部横断面标本；游离膀胱及前列腺标本。

2. 模型：泌尿生殖系统概况；肾剖面（放大）；男性盆腔矢状切。

3. 其他教学资源：教学挂图；多媒体课件；新鲜猪肾。

【实验时数】1 学时。

【注意事项】

1. 观察离体标本前先在整尸标本上原位观察其位置和毗邻，确定其解剖学方位。

2. 观察标本应以尿液的产生及排出途径为主线，标本与模型相互对照观察。

3. 观察离体标本时不要牵拉、悬吊输尿管，以防断裂。

4. 实验前认真观看多媒体实验教学课件。

【实验内容及方法】

（一）肾（Kidney）

先在整尸标本上观察原位泌尿系统器官的位置和组成，再取离体泌尿生殖系统概况标本和模型观察泌尿系统的组成以及各部器官的大致形态，了解其机能，然后取离体肾标本（完整肾、冠状剖面肾、剥离显示肾窦结构的肾及肾铸型标本）和模型结合腹后壁原位肾进行观察。

1. 肾的形态（Shape of Kidney）：在游离肾标本与模型上观察。肾为实质性器官，外形似蚕豆，可分为上、下两端，前、后两面，内侧和外侧两缘。上端宽而薄；下端窄而厚。前面较凸，朝向前外侧；后面较平，紧贴腹后壁。外侧缘隆凸；内侧缘中部凹陷成长约 2～3 cm、宽约 1.4～2.5 cm 的肾门，为肾的血管、神经、淋巴管及肾盂出入的门户。出入肾门的诸结构被结缔组织包裹在一起，合称肾蒂。右侧肾蒂短于左侧。肾蒂内主要结构的排列关系是：自前往后依次为肾静脉、肾动脉、肾盂末端；从上而下依次是肾动脉、肾静脉、肾盂。自肾门向深处延伸的凹陷即肾窦，是由肾实质所围成的腔隙，其内被肾动脉分支、肾静脉属支、肾盂、肾盏、淋巴管、神经及脂肪等所充填。

2. 肾的位置和被膜（Position and Covering of Kidney）：在腹后壁原位观察肾的位置、毗邻和被膜。

（1）肾的位置：肾位于腹后壁上部的腹膜后间隙内，前面有腹膜覆盖，左高右低。肾上端偏内，下端偏外，约呈“八”字形分列于脊柱两侧。左肾上端约平第 11 胸椎体下缘，下端平第 2～3 腰椎椎间盘；右肾则在第 12 胸椎体上缘至第 3 腰椎体上缘之间。两侧的第 12 肋分别斜过左肾后面中部和右肾后面上部。两肾上端距正中线平均约 3.8 cm，下端距正中线平均约 7.2 cm。肾门约在第 1 腰椎体平面，相当于第 9 肋软骨前端附近。在腰背部，肾门的体表投影点恰位于竖脊肌外侧缘与第 12 肋的夹角内，此处称肾区。在活体上指认肾区的位置。

（2）肾的毗邻：参照教材和图谱，在整尸标本上观察肾的毗邻。两肾上端均有肾上腺紧贴。肾后面上 1/3 借膈与肋膈隐窝相邻，下 2/3 与腰大肌、腰方肌和腹横肌相邻。左肾前面与胃、胰、脾、空肠和结肠左曲毗邻，右肾前面与十二指肠、肝右叶和结肠右曲相毗邻。

想一想：肾手术为什么常在腹后壁作切口且不能超过 12 肋。

（3）肾的被膜：结合挂图或图谱在经肾的腹部横断面及肾原位标本上观察。纤维囊紧贴于肾实质表面，为一层薄而坚韧的结缔组织膜，正常情况下易与肾实质剥离。位于纤维囊外周、包裹肾脏的脂肪层，称肾脂肪囊（肾床），其边缘部脂肪丰富，并经肾门进入肾窦，充填于肾窦的间隙。肾筋膜位于脂肪囊的外周，分前、后两层包绕肾、肾上腺及它们周围脂肪组织的周围，并由它发出一些结缔组织小梁穿过脂肪囊与纤维囊相连。肾筋膜的前、后两层分别称肾前筋膜和肾后筋膜，二者在肾上腺的上方和肾外侧缘互相愈着，在肾的下端则互相分离，其间有输尿管通过。肾前筋膜向下与髂窝的腹膜外组织相融合，向内侧延至腹主动脉和下腔静脉的前面，与血管表面的结缔组织及对侧的肾前筋膜相移行。肾后筋膜向下与髂筋膜融合，向内侧经肾血管和输尿管的后方，与腰大肌筋膜汇合并向内附于椎前筋膜。在游离肾标本上仅可观察到纤维囊。

3. 肾的构造（Structure of Kidney）：取肾冠状切的标本和模型对照观察。在肾的冠状剖面上，可见肾实质表层为皮质，厚约 1～1.5 cm，深面是髓质，由 15～20 个肾锥体构成，伸入肾锥体之间的皮质称肾柱。肾锥体底朝皮质，尖向肾窦。2～3 个肾锥体尖端合并成肾乳头，并突入肾小盏。肾小盏为包绕肾乳头的漏斗形膜性管，共有 7～8 个，承接自肾乳头尖端的乳头孔排出的终尿。在肾窦内，2～3 个肾小盏合成 1 个肾大盏，再由 2～3 个肾大盏汇合成 1 个肾盂，肾盂离开肾门弯向下行，逐渐变细移行为输尿管。取肾铸型标本对照观察。

4. 肾的血管和肾段（Vessels，Renal Segment of Kidney）：在腹后壁标本上观察，见左、右肾动脉起自腹主动脉，至肾门附近各分 2 支一级分支，即前支和后支。取肾血管特制标本及肾铸型标本观察，见前支较粗大，再分 4 支二级分支，即上前段、下前段、下段和上段动脉。后支较细，延续为后段动脉，此 5 支二级分支在肾内呈节段性分布。每支肾段动脉所分布区域的肾实质，称为肾段，所以每个肾分为上段、上前段、下前段、下段和后段 5 个肾段。取肾段模型和肾铸型标本对照观察肾段血管和肾段。注意在有的标本上可见到肾副动脉（不经肾门入肾的肾动脉）。取肾铸型标本观察血管分布概况。

6 人一组观察新鲜猪肾标本。首先观察猪肾的颜色、被膜、形态、肾门、肾蒂、肾窦等，然后将猪肾作一冠状切面，指出肾皮质、肾柱、肾锥体、肾乳头、肾小盏、肾大盏、肾盂。

（二）输尿管（Ureter）

在腹后壁标本上观察。见输尿管约平第 2 腰椎上缘起自肾盂，沿腰大肌前面下降至其中点附近，与睾丸血管或卵巢血管交叉（通常血管在其前方），达小骨盆入口处，左输尿管越过左髂总动脉末端前方，右输尿管越过右髂外动脉起始部的前方进入盆腔，沿盆壁向后下，再转向前内侧达膀胱底，在膀胱底外上角处向内下斜穿膀胱壁，开口于膀胱内面的输尿管口。在盆部，男性输尿管在输精管后方经过并与之交叉，女性输尿管经过子宫颈的两侧、阴道穹侧部的上方，距子宫颈外侧约 2.5 cm 处从子宫动脉后下方绕过，行向下内至膀胱底穿入膀胱壁内。输尿管的 3 个狭窄在标本上不明显，可在肾盂造影的 X 线片上观察。

（三）膀胱（Urinary Bladder）

1. 膀胱的形态（Shape of Urinary Bladder）：结合原位膀胱与离体膀胱和男、女盆腔矢状切标本观察。膀胱为肌性中空器官，空虚时呈三棱锥体形，可分为膀胱尖、膀胱体、膀胱底和膀胱颈 4 部，各部之间无明显界限。膀胱尖朝前上方，由此沿腹前壁至脐之间有一脐正中韧带。膀胱底朝向后下方。尖与底之间为膀胱体。膀胱颈是膀胱的下部逐渐变细的部分，与前列腺底（男性）或盆膈（女性）相接。

2. 膀胱的位置（Position of Urinary Bladder）：成人排空后的膀胱位于小骨盆的前部，前为耻骨联合，两者之间有耻骨间隙，内含丰富的结缔组织、静脉丛及耻骨前列腺韧带。后方在男性为精囊、输精管壶腹和直肠，女性与子宫、阴道及直肠子宫陷凹相毗邻。空虚时膀胱全部位于盆腔内，膀胱尖不超过耻骨联合上缘；充盈时膀胱腹膜返折线可上移至耻骨联合上方，使膀胱前下壁直接与腹前壁相贴。

想一想：临床上进行膀胱手术时为什么先注入生理盐水使膀胱充盈？

3. 膀胱的结构（Structure of Urinary Bladder）：在切开膀胱前壁的标本上观察膀胱内面，可见粘膜聚集成皱襞称膀胱襞。膀胱胀满时，皱襞可消失。在膀胱底内面，有一由两个输尿管口和尿道内口三者连成的三角形区域，因缺乏粘膜下层组织，粘膜与肌层紧密连接，无论膀胱扩张或收缩始终保持平滑状态，称膀胱三角。左右输尿管口之间的横行皱襞，称输尿管间襞，膀胱镜下显一苍白带。膀胱三角的尿道内口后方，有一纵嵴状隆起称膀胱垂。膀胱的出口即尿道的内口，系膀胱的最低点。

讨论：膀胱三角的临床意义。

（四）尿道（Urethra）

取女性盆腔正中矢状切标本观察女性尿道。女性尿道宽、短、直，长约 3 ~ 5 cm，宽约 0.8 cm，起于尿道内口，经由耻骨联合与阴道之间斜向前下，穿经尿生殖膈，开口于阴道前庭的尿道外口。女性尿道后面与阴道前壁相邻；穿经尿生殖膈时其周围有环形的尿道阴道括约肌；尿道下端周围有尿道旁腺，其导管开口于尿道外口后部的两侧。男性尿道在男生殖系统再观察。

想一想：女性尿路为何易发生逆行感染？

【作业及思考题】

1. 肾为何是腹膜外位器官？肾手术时能否不损伤腹膜？
2. 膀胱空虚时的主要毗邻结构有哪些？
3. 简述输尿管的位置、分部及狭窄部位。
4. 课后预习下次实验课内容："生殖系统"。

（任铁良）

十、生殖系统

【目的要求】

1. 掌握男、女性生殖系统的组成，了解各器官的机能。
2. 掌握睾丸和附睾的形态和结构，了解其机能。
3. 掌握输精管的行程、分部及形态特征，射精管的组成和开口。
4. 掌握前列腺的形态、位置及主要毗邻，熟悉其分叶。
5. 了解精囊的形态、构造和功能。
6. 掌握精索的位置、组成。
7. 掌握阴茎的分部和构成，熟悉海绵体的构造和阴茎皮肤的特点。
8. 掌握男性尿道的分部及各部的形态、结构特点；掌握尿道三个狭窄、三个扩大和两个弯曲的位置及其临床意义。

9. 观察阴囊的构造。

10. 掌握卵巢的形态、位置及固定装置。

11. 掌握输卵管的位置、分部及其形态结构和临床意义。

12. 掌握子宫的位置、形态及固定装置。

13. 掌握阴道的形态、位置与阴道穹的概念及临床意义。

14. 了解外生殖器的位置、形态和结构。

15. 掌握乳房的形态、位置、构造及其临床意义。

16. 掌握会阴的概念和分部，了解男、女性会阴的结构。

【实验材料】

1. 标本及模型：男、女性生殖器概观标本和模型；男、女性盆腔矢状切的标本和模型；多种切面的离体男、女性生殖器标本及模型；女性乳房的标本及模型；男、女性会阴标本及模型；原位显示男、女性生殖系的整尸标本（男、女各一）；男、女性骨盆标本；子宫固定装置特制标本。

2. 其他教学资源：教学挂图；多媒体课件。

【实验时数】3 学时。

【注意事项】

1. 严肃认真，注意标本、模型、图谱相互对照观察。

2. 观察离体标本前应对照整体标本，按解剖学方位摆好位置。

3. 爱护标本。

4. 以生殖细胞的产生及排出途径为主线进行观察。

5. 实验前认真观看本次课的多媒体实验教学课件。

【实验内容及方法】

（一）男性生殖系统（Male Reproductive System）

1. 男性生殖器概观：取男性泌尿生殖系统概观标本和模型结合整尸标本观察。在阴囊内，每侧有一卵圆形的睾丸。紧贴于睾丸后上缘的长条形结构是附睾。自附睾尾部有一细长的管道，穿经腹股沟管进入盆腔，一直到达膀胱的后方，是为输精管，其末端膨大，称输精管壶腹。在壶腹外侧，有一表面凹凸不平的精囊。在膀胱颈的下方，有呈栗子形的前列腺，内有尿道穿过。输精管壶腹下端与同侧精囊的导管汇合成射精管，穿过前列腺，开口于尿道的前列腺部。

2. 阴囊与睾丸（Scrotum and Testis）：

（1）阴囊（Scrotum）：在完整男尸上观察。阴囊为耻骨联合下方的一个皮肤囊袋。在切开阴囊壁的标本上观察，见阴囊皮肤很薄，呈暗褐色，成人生有少量阴毛。阴囊在活体上较柔软，但在尸体上因标本收缩，呈现较多皱折。皮肤深面为缺乏脂肪的肉膜，二者紧密愈着不可分离。肉膜在阴囊中缝处向深面延伸而构成阴囊中隔，把阴囊分成左、右两腔，分别容纳两侧的睾丸和附睾。阴囊皮肤表面沿中线有纵行的阴囊缝。

（2）睾丸鞘膜（Tunica Vaginalis of Testis）：阴囊肉膜的深面有包绕睾丸和精索的被膜，由外向内为：精索外筋膜、提睾肌、精索内筋膜和睾丸鞘膜。切开睾丸鞘膜的壁层，见鞘膜的脏层衬于睾丸表面，故睾丸表面光滑。睾丸的后缘及附睾贴附处无鞘膜被覆。脏、壁两层之间为盲闭的鞘膜腔。脏、壁两层在睾丸后缘处返折而互相移行。

想一想：睾丸下降时其被膜与腹壁层次的关系。

临床联系：①睾丸下降不全，可停留于在其胚胎期内下行通路的任何一处，称之为“隐睾”；②腹膜鞘突闭合异常；③先天性腹股沟斜疝。

（3）睾丸（Testis）：在整尸标本上观察和触摸位于阴囊内的睾丸。在离体标本上观察睾丸呈椭圆形，表面光滑，分内、外侧两面，上、下两端及前、后两缘。内侧面平坦，贴阴囊中隔；外侧面隆凸，贴阴囊壁；下端和前缘游离；后缘有神经、血管和淋巴管出入，与睾丸和输精管睾丸部相接触；上端和后缘附有附睾。纵行剖开睾丸，见其表面较厚为睾丸白膜。白膜在睾丸后缘增厚并凸入睾丸内，形成睾丸纵隔。从纵隔发出许多睾丸小隔将睾丸分隔成 100～200 个锥体形的睾丸小叶，每个小叶内有 2～4 条盘曲的精曲小管，精曲小管汇合成精直小管，在睾丸纵隔内吻合成睾丸网，由睾丸网发出 12～14 条睾丸输出小管，经睾丸后上缘进入附睾头。

3. 附睾、输精管及精索：

（1）附睾（Epididymis）：贴附于睾丸上端及后缘而略偏外侧的新月形结构即附睾，其上端膨大而钝圆称附睾头；中部扁圆为附睾体；下端细圆，为附睾尾，由结缔组织固定于睾丸下部。附睾尾向上弯曲移行为输精管。纵行剖开观察其内的附睾管。

（2）输精管（Ductus Deferens）：附睾管的直接延续，长约 50 cm，壁厚，肌层发达，管腔细小，触之为坚实的圆索状，火柴棍粗细。在整尸上观察其全程分四部分：①睾丸部：位于睾丸后缘，自附睾尾端，沿附睾内侧上行；②精索部：介于睾丸上端与腹股沟管皮下环之间，位置浅表，易于经皮肤以手触知，是结扎输精管的良好部位；③腹股沟管部：位于腹股沟管内经过的精索内；④盆部：最长的一段，自腹股沟管腹环穿出后，向下沿盆腔侧壁行向后下，经输尿管末端的前方到膀胱底的后面，在此两侧输精管逐渐接近，并扩大成输精管壶腹，壶腹的末端又变细，与精囊的排泄管汇合成射精管。

想一想：输精管结扎的部位及临床意义？

（3）精索（Spermatic Cord）：为一对柔软的圆索状结构，从腹股沟管深环穿经腹股沟管，出皮下环后延至睾丸上端。精索内的主要内容有：输精管，睾丸动脉，蔓状静脉丛及输精管动、静脉，神经丛，淋巴管和腹膜鞘突的残余（鞘韧带）。自皮下环以下，其表面包有 3 层被膜，从外向内为精索外筋膜、提睾肌和精索内筋膜。提起精索，在两指间捏之感觉到有一坚硬的圆索状结构，此即输精管，切开精索的被膜后，见其位于精索的后内侧。

（4）射精管（Ejaculatory Duct）：输精管末端与精囊的排泄管汇合而成，长约 2 cm，向前下穿前列腺实质。在特制标本上或男性盆腔正中矢状切的标本和模型上观察，见其斜穿前列腺，开口于尿道前列腺部。

4. 精囊（Seminal Vesicle）：位于膀胱底后面、输精管壶腹外侧，为表面凹凸不平的囊状器官，由迂曲的管道组成。其排泄管向下与同侧的输精管末端汇合成射精管。切开观察内腔结构。

5. 前列腺（Prostate）：取离体男生殖器标本及男性盆腔正中矢状切的标本与模型对照观察。在精囊和输精管壶腹的下方，大小和形状如栗子，质地稍硬的器官，即前列腺，位于膀胱颈与尿生殖膈之间，前为耻骨联合，后为直肠壶腹。前列腺上端宽大为底，下端细小为尖，底与尖之间为前列腺体。体的后面正中有一纵行的浅沟，称前列腺沟，活体直肠指诊时可扪及此沟。在盆腔矢状切标本或模型上注意观察前列腺与直肠的关系。男性尿道在前列腺底近前缘穿入前列腺，经腺实质前部下行，由前列腺尖穿出。在底的后缘处，有一对射精管穿入前列腺，斜向前下方，开口于尿道前列腺部后壁的精阜上。前列腺的排泄管开口于尿道前列腺后壁尿道嵴的两侧。前列腺一般分 5 叶：前叶很小，位于尿道前方；中叶呈楔形，位于尿道后方和射精管上方；后叶在中叶和侧叶的后方；侧叶在尿道前叶和中叶的两侧、后叶的前方。

临床联系：前列腺可借直肠指检触及。炎症时有触痛，增生、肿瘤可触知其肿大。

想一想：前列腺增生肥大时为何可引起尿潴留？

6. 尿道球腺（Bulbourethral Gland）：尿道球腺为一对豌豆样大小的球形腺体，左右各一，埋于尿生殖膈内，标本上不易找到，可在模型上观察。其排泄管细长，开口于尿道球部。

7. 阴茎（Penis）：在原位整体标本上观察阴茎的形态和位置。阴茎的后端为阴茎根，隐于阴囊及会阴的皮下，附着于耻骨下支和坐骨支上，中部呈圆柱状为阴茎体，悬于耻骨联合前下方；体的前端膨大为阴茎头，头的尖端有一矢状位的尿道外口；头后方稍细的部分称阴茎颈。取阴茎纵、横切面标本观察阴茎的结构。阴茎主要由 3 条海绵体组成，外包筋膜和皮肤。阴茎海绵体位于阴茎的背侧，左、右各一，为两端尖细的圆柱体，前端嵌入阴茎头内面的凹陷内，后端左、右分离，称阴茎脚，分别附于两侧的耻骨下支和坐骨支。细心观察，在阴茎海绵体的中央有阴茎深动脉。尿道海绵体位于阴茎海绵体的腹侧，其中央有尿道贯穿其全长。尿道海绵体中部呈圆柱形，前端膨大为阴茎头，后端膨大为尿道球，位于两侧的阴茎脚之间。在横断面上观察，每条海绵体的外面均包有一层厚而致密的白膜，分别称为阴茎海绵体白膜和尿道海绵体白膜。海绵体内部由许多海绵体小梁和腔隙组成。三条海绵体外面又共同包有深、浅筋膜和皮肤。皮肤在阴茎颈的前方形成双层游离的环形皱襞，包绕阴茎头，称为阴茎包皮，其前端围成包皮口。包皮与阴茎头的腹侧中线处连有一条皮肤皱襞，称包皮系带。

想一想：临床行包皮环切术时，为何要避免损伤包皮系带？

8. 男性尿道（Male Urethra）：

（1）行程及分部：取男性盆腔正中矢状切标本和模型观察。男性尿道起自尿道内口，经膀胱壁向下，穿过前列腺、尿生殖膈和阴茎，终于尿道外口，全长约 16 ~ 22 cm，分为前列腺部、膜部和海绵体部。尿道前列腺部后壁上有一纵行隆起，称尿道嵴，嵴中部隆起的部分为精阜，精阜中央的小凹陷称前列腺小囊，其两侧各有一细小的射精管口。尿道膜部周围有尿道括约肌环绕。尿道海绵体部系尿道穿过尿道海绵体的部分，在尿道球内尿道最宽，有尿道球腺的开口，在阴茎头内尿道扩大成尿道舟状窝。

（2）三个狭窄：男性尿道全长有三个狭窄，即尿道内口、尿道膜部和尿道外口，以外口最狭窄。

（3）三个膨大：即尿道前列腺部、尿道球部和尿道舟状窝。

（4）两个弯曲：一为耻骨下弯，位于耻骨联合下方 2 cm 处，包括尿道前列腺部、膜部和海绵体部起始处，形成凹向上的弯曲，属尿道的固定部；另一个称耻骨前弯，位于耻骨联合的前下方，凹向下，在阴茎根与体之间，为尿道的可动部，将阴茎上提靠近腹壁时，此弯曲即变直而消失，并与耻骨下弯共同形成一个凹向上的大弯曲。

想一想：根据尿道结构特点，导尿时应注意什么？

（二）女性生殖系统（Female Reproductive System）

1. 女性生殖器概观：结合女性泌尿生殖系概观离体标本和模型，在原位显示女性泌尿生殖系的整尸标本上观察各器官的位置、外形、毗邻关系。

2. 卵巢（Ovary）：取女性盆腔正中矢状切面的标本和模型、离体女性内生殖器的标本和模型观察。首先在盆腔侧壁髂内、外动脉起始处的夹角（卵巢窝）内找到卵巢。卵巢左右各一，呈扁椭圆形，表面凹凸不平有瘢痕，质较坚韧，在子宫两旁，输卵管的后下方，可分为内、外侧两面，前、后两缘和上、下两端。内侧面朝向盆腔，外侧面与盆腔侧壁相贴。前缘借卵巢系膜连于子宫阔韧带，其中部为卵巢门，有血管、神经等出入，后缘游离。上端与输卵管伞相接触，有卵巢悬韧带相连，下端有卵巢固有韧带连于子宫，似一个荡秋千的摇篮。卵巢悬韧带（骨盆漏斗韧带）起自小骨盆侧缘，向内下至卵巢的上端，内含卵巢动、静脉，淋巴管，神经丛，少量结缔组织和平滑肌纤维，是寻找卵巢血管的标志。卵巢固有韧带（卵巢子宫索）自卵巢下端连至输卵管与子宫结合处的后下方，由结缔组织和平滑肌构成，呈条索状。子宫阔韧带的后层覆盖卵巢和卵巢固有韧带。观察卵巢的剖面结构，其表面为生发上皮，上皮的深面为白膜，白膜深面的实质分为浅层的皮质和深层的髓质。

3. 输卵管（Uterine Tube）：在女性盆腔与会阴正中矢状切标本上，自子宫角向外侧触摸，位于子宫阔韧带上缘内的圆索状结构即输卵管，其内侧端以输卵管子宫口与子宫腔相通，外侧端以输卵管腹腔口开口于腹膜腔。注意不要与子宫圆韧带混淆（子宫圆韧带实心、走向腹股沟管腹环）。输卵管是长而弯曲的喇叭形肌性管道，由内而外分为4段：①输卵管子宫部：穿过子宫壁的部分，管道最短、管径最细。②输卵管峡：短直而狭窄，管细壁厚，内接子宫壁，水平向外移行为壶腹部。③输卵管壶腹：占全长的2/3，粗而弯曲，血管丰富，自卵巢下端呈直角经卵巢前缘弯行向上至卵巢上端。④输卵管漏斗：外侧端呈漏斗状膨大的部分，向后下弯曲覆盖在卵巢后缘和内侧面。漏斗末端的中央有输卵管腹腔口开口于腹膜腔。在腹腔口周缘有许多细长的指状突起，称为输卵管伞，盖于卵巢表面。

4. 子宫（Uterus）：取离体完整子宫、子宫冠状切、女性盆腔正中矢状切和带完整腹膜的女盆腔标本观察。

（1）形态：成人未孕子宫为前后稍扁的倒置梨形，分底、体、颈三部。子宫底为两侧输卵管子宫口水平以上的部分，宽而圆凸；子宫下端较狭窄而呈圆柱状的部分称为子宫颈，又分为突入阴道的子宫颈阴道部和阴道以上的子宫颈阴道上部；子宫颈与子宫底之间的部分称子宫体。子宫颈阴道上部与子宫体相移行处的狭细部分，称子宫峡，属子宫颈，非妊娠期不明显。子宫壁厚腔小，内腔甚窄，其上部在子宫体内，称子宫腔，呈底在上、前后略扁的三角形，底的两端各有输卵管的开口，尖向下通子宫颈管。内腔的下部在子宫颈内呈梭形，称子宫颈管，其上端通子宫腔，下口通阴道，称子宫口。未产妇的子宫口为圆形，边缘光滑整齐；经产妇的为横裂状，其前、后缘分别称前、后唇。

（2）位置：子宫位于骨盆中部，膀胱与直肠之间，下端接阴道，两侧有输卵管和卵巢（临床统称为子宫附件）。当膀胱空虚时，成人子宫呈轻度的前屈前倾位（前倾指子宫颈长轴与阴道长轴之间呈向前开放的角度，稍大于90°；前屈指子宫体长轴与子宫颈长轴之间形成的呈向前开放的角度，约为170°）。人体直立时，子宫体伏于膀胱上面。在腹膜完整的女性盆腔标本上观察子宫与腹膜的关系。在膀胱与子宫之间，有由腹膜折转形成的膀胱直肠陷凹，在直肠和子宫之间则有较深的直肠子宫陷凹，是女性腹膜腔最低的部位。

想一想：经腹膜外剖宫手术的入路和临床意义。

（3）固定装置：取腹膜完整的盆腔标本和模型观察子宫的固定装置。在子宫两侧至骨盆腔侧壁之间，有略呈冠状位的双层腹膜皱襞，称子宫阔韧带，其上缘游离，包裹输卵管。上缘的外侧1/3即卵巢悬韧带。子宫阔韧带的前叶覆盖子宫圆韧带，后叶覆盖卵巢和卵巢固有韧带，前后叶的结缔组织中有子宫动静脉、神经、淋巴管等结构。子宫阔韧带依其附着，可分为子宫系膜、输卵管系膜和卵巢系膜3部分。子宫圆韧带由结缔组织和平滑肌构成，扁索状，起自输卵管子宫口下方，在阔韧带前叶的覆盖下向前外侧弯行，经腹环进入腹股沟管，而后出皮下环，止于阴阜和大阴唇皮下。牵拉子宫圆韧带，观察其作用。子宫主韧带（子宫旁组织）位于子宫圆韧带基部，从子宫颈两侧缘延至盆腔侧壁，由纤维结缔组织和平滑肌构成。子宫骶韧带也由平滑肌和结缔组织构成，从子宫颈后面的上外侧向后弯行，绕过直肠的两侧，止于第2、3骶椎前面的筋膜。在腹膜完整的标本上，可见腹膜遮盖着两侧的子宫骶韧带，形成两个皱襞。参考教材示意图和模型帮助观察和理解。探查子宫口的位置高度，观察其是否在坐骨棘平面以上，否则为子宫脱垂。

5. 阴道（Vagina）：取女性盆腔正中矢状切的标本、模型及离体女内生殖器标本观察。首先于盆腔下部的中央、子宫下方、尿道与肛管之间寻认阴道。阴道为一扁的肌性管道，连接子宫和外生殖器，分前、后、外侧壁。前壁较短，后壁较长，平时前后壁相贴。阴道的长轴由后上方伸至前下方。阴道的上端宽阔，有子宫颈阴道部突入，故在子宫颈阴道部与阴道壁之间形成了一环形的凹陷，称阴道穹，应作重点观察。阴道穹分为互相连通的前部、后部、左右侧部，以后部最深，其后上方即直肠子宫陷凹，两者间仅隔以阴道后壁及覆盖其上的腹膜。阴道下端以阴道口开口于阴道前庭。阴道口周围附着有处女膜或处女膜痕。

阴道位于小骨盆中央，在女性盆腔正中矢状切的标本、模型上观察，可见其前方有膀胱和尿道，后方邻直肠，直肠子宫陷凹在其后上方。将手指自肛门伸入直肠，于直肠前壁探查子宫颈、子宫口和膀胱子宫陷凹。临床可隔直肠前壁触诊直肠子宫陷凹、子宫颈和子宫口。阴道下部穿过尿生殖膈，膈内的尿道阴道括约肌以及肛提肌对阴道起括约作用。

6. 前庭大腺（Greater Vestibular Gland）：位于阴道口的两侧，前庭球后端的深面，形如豌豆，其导管向内侧开口于阴道前庭后部、阴道口的后外侧。

7. 外生殖器（External Reproductive Organs）：在完整女会阴部及会阴肌的标本和模

型上观察女外生殖器。女外生殖器也称女阴，包括阴阜、大小阴唇、阴蒂、阴道前庭、处女膜及前庭球等。

（1）阴阜：为耻骨联合前方的皮肤隆起，皮下富有脂肪。性成熟期以后生有阴毛。

（2）大阴唇：为一对纵长隆起的皮肤皱襞，其前、后端左右互相连合，形成唇前连合和唇后连合。大阴唇外侧面皮肤亦生有阴毛。

（3）小阴唇：位于大阴唇内侧的一对较薄的皮肤皱襞，表面光滑无毛。每侧小阴唇的前端分为两个小皱襞，两侧的外皱襞相遇在阴蒂的上面而成为阴蒂包皮，两侧的内皱襞附于阴蒂下方成为阴蒂系带，后端两侧互相会合成阴唇系带。

（4）阴道前庭：为两侧小阴唇之间的裂隙，其前部有尿道外口，后部有阴道口的开口。阴道口较大，其周围在未婚妇女可见到处女膜。阴道口两侧各有一个前庭大腺导管的开口。

（5）阴蒂：由两个阴蒂海绵体构成，体积很小。将表面的阴蒂包皮向上牵拉，可显露阴蒂头。阴蒂脚埋于会阴浅隙内，附于耻骨下支和坐骨支，向前与对侧结合成阴蒂体。

（6）前庭球：呈蹄铁形，分为较细的中间部和较大的外侧部。中间部位于尿道外口与阴蒂体之间的皮下，外侧部分别位于左、右大阴唇的皮下。

附一：乳房

取女性乳房剥制标本和模型观察。成年未产妇乳房为半球形。乳房中央有乳头，其顶端有输乳孔。乳头周围的颜色较深，称乳晕，其表面的小隆起深面有乳晕腺。

在已解剖出乳腺叶的标本上观察。乳腺由 15 ~ 20 个乳腺叶构成（标本上只显示 3 ~ 5 个），每个乳腺叶又分为若干乳腺小叶，各乳腺小叶的排泄管在乳腺叶内都汇成一条输乳管，呈放射状，行向乳头，在近乳头处扩大成输乳管窦，其末端变细，开口于输乳孔。

想一想：乳房脓肿切开引流时为何要作放射状切口，并将止血钳伸入后作钝性分离？

乳房位于胸前部胸大肌和胸筋膜的表面，上起第 2 ~ 3 肋，下至第 6 ~ 7 肋，内侧至胸骨旁线，外侧可达腋中线。胸大肌前面的深筋膜与乳腺体后面的包膜之间为乳腺后间隙。

想一想：隆胸术是将填充物置于何处？有何优缺点？

取已作矢状切的女性乳房观察乳房的层次结构，见由浅入深由皮肤、皮下脂肪、乳腺及包绕乳腺的纤维组织构成。注意乳房悬韧带的起止与走向。

附二：会阴

取男、女会阴标本及模型观察。广义的会阴指封闭骨盆下口的所有软组织，呈菱形，其界域是：前界为耻骨联合下缘；后界为尾骨尖；两侧为耻骨下支、坐骨支、坐骨结节和骶结节韧带。以两侧坐骨结节的连线为界，可将会阴分为前、后两个三角形区域：前为尿生殖区，男性有尿道，女性有尿道和阴道通过；后方为肛区，其中央有肛管通过。狭义的会阴（产科会阴）指肛门与外生殖器之间的区域。

会阴的结构除男、女生殖器外，主要是肌和筋膜，此时仅作一般了解，待局解时再作详细观察。

【作业及思考题】

1. 输精管结扎后是否有精液排出，还会长胡须吗？输卵管结扎后是否仍有月经，卵还会受精吗？

2. 乳腺癌组织浸润时，皮肤为什么会形成许多小凹？

3. 为何女性患者的盆腔炎或腹膜炎多于男性？

4. 乳头和乳晕处的皮肤为什么容易损伤而造成感染？

5. 简述输卵管的位置、形态、分部。手术中识别输卵管的标志及女性结扎的常选部位。

6. 简述子宫的位置、毗邻关系及其固定装置。

7. 简述阴道的位置和毗邻关系及临床意义。

8. 解释下列概念：鞘膜腔、精索、精液、会阴、阴道后穹、乳房悬韧带、会阴、盆膈、尿生殖膈。

9. 预习下次实验课内容：“心”。

（任铁良）

十一、心

【目的要求】

1. 掌握心的位置、外形、各心腔的形态结构。

2. 掌握心壁的构造以及房间隔、室间隔的形态。

3. 掌握心内血流途径及心的瓣膜及其作用。

4. 掌握心传导系统的组成及各结构的位置。

5. 掌握左、右冠状动脉的起始、行程、主要分支及其分布范围，熟悉心的静脉。

6. 掌握心包的组成、心包腔的概念。

【实验材料】

1. 标本及模型：打开胸前壁的整尸标本；离体心脏（包括分别显示外形、心的血管、心腔结构的标本）；显示心传导系统的牛心标本；新鲜猪心；心脏模型；纵隔标本及模型。

2. 其他教学资源：教学挂图；多媒体课件。

【实验时数】2 学时。

【注意事项】

1. 观察心脏时宜将其置于解剖位置。

2. 课后可自行观察和解剖猪心。

3. 观察心瓣膜时切勿用力牵拉。

4. 观察标本模型前先认真观看多媒体课件。

【实验内容及方法】

脉管系包括心血管系统和淋巴系统，是人体内一个封闭的管道系统。心血管系统由心、动脉、静脉和毛细血管组成，内有血液循环流动。淋巴系统由淋巴管道、淋巴器官和淋巴组织构成，内有淋巴液循环流动。它们的动力直接或间接来自心脏的永不疲劳的节律性跳动。血液为什么能周而复始地定向流动？临床输液、采血常穿刺的是哪些血管？外科手术要涉及结扎哪些血管？炎症、肿瘤在人体内有哪些转移途径？让我们在学习过程中逐一解答诸如此类的问题。

观察心首先应在整尸标本上观察心的位置及毗邻，再取游离标本观察心的外形、内腔、构造、心包等，然后结合模型观察心的传导系及血管。

（一）心的位置（Position of Heart）

掀开已从一侧离断的胸前壁，见心脏斜位于中纵隔内，外包心包，前方平对胸骨体和第2～6肋软骨；后方平对第5～8胸椎，与食管、迷走神经和胸主动脉相邻；两侧与胸膜腔和肺相邻；下方附于膈肌之上。心的前方大部分被肺和胸膜所遮盖，仅下部一小三角区（心包裸区）借心包与胸骨体下半和左第4～6肋软骨相邻。推开遮盖心脏前面的肺组织和胸膜，见心略呈圆锥形，心尖钝圆，朝向左前下方，心底较宽，与出入心的大血管相连，朝向右上方。心约有2/3在正中线左侧，1/3在正中线右侧。心的长轴自右肩斜向左肋下，约与正中矢状面呈45°角。

讨论：心内注射的部位在哪？为什么？

（二）心的外形（External Features of Heart）

将离体心置于解剖位置上观察。心除一尖一底外，还有两面、三缘，表面有4条沟。前面称胸肋面，在胸骨体和肋软骨的后方。后下面贴附在膈上，称膈面。心的下缘介于膈面与胸肋面之间，接近水平位，由右心室和心尖构成。左缘钝而斜，绝大部分由左心室构成。右缘由右心房构成，圆钝而近垂直。

心表面有4条沟可作为心腔的表面分界。冠状沟（房室沟）相当于心房与心室的分界，除肺动脉基部外，几乎呈额状位绕心一周。该沟右上方为心房，左下方为心室。在胸肋面，可见近左缘处由冠状沟发出一伸向心尖的沟，称前室间沟。在膈面近右缘处可见自冠状沟发出伸向心尖的后室间沟。前后室间沟与室间隔的前、下缘一致，是左、右心室在心表面的分界。前、后室间沟在心尖右侧的会合处稍凹，称心尖切迹。冠状沟和前、后室间沟内被冠状血管和结缔组织等填充，故在心的表面沟的轮廓不清，可取已剥离心外膜的心标本观察。在心底，右心房与右上、下肺静脉交界处的浅沟称后房间沟，是左、右心房在心表面的分界。后房间沟、后室间沟与冠状沟的交汇处称房室交点。

右心房在胸肋面冠状沟的右上方与右缘之间，构成心的右缘及心底右侧一小部分。右心房上方连上腔静脉，下方为下腔静脉。从上腔静脉前方至下腔静脉的一条不甚明显的纵行浅沟，称界沟。右心房向左前方突出的耳状结构称右心耳。在右心房左侧与胸肋面大部分的区域称右心室，其上部呈圆锥形称动脉圆锥，由此向左后上延伸为肺动脉干。冠状沟以前，后室间沟与左缘之间的区域为左心室，构成心尖和几乎左缘的全部。心底的大部分由左心房构成。左心房近似四边形，左、右两侧各有两条肺静脉通入。在肺动脉干左侧，左心房向前突出的耳状结构称左心耳。

（三）心腔（Chambers of Heart）

取已剖开心腔的离体心和心脏模型置于解剖位置上，首先结合心表面的沟明确心室间、心房间及心室与心房间的表面分界线，以手按压体会各心壁的厚薄，再重点观察各心腔的特点和连接的主要结构。心被心间隔分为左、右两半心，左、右半心又被分为左、右心房和左、右心室4个腔，其中右心室位于最前方，右心房靠最右侧，左心房位于最后方，左心室靠最左侧。现在逐一观察各心腔内结构。

1. 右心房（Right Atrium）：翻开已被切开的右心房前壁，观察其内腔。右心房壁薄腔大，分为前部的固有心房和后部的腔静脉窦，两部间以界沟（靠近心右缘表面的浅沟）为界。在腔面与界沟相对应的纵行肌隆起为界嵴。由界嵴向前外方发出许多平行的、形如梳状的肌束，称梳状肌。在心耳处，肌束交错成网。右心房后部内壁光滑，内有上腔静脉口、下腔静脉口和冠状窦口的开口。在下腔静脉口的前缘有下腔静脉瓣，在下腔静脉口前方的心内膜下可触摸到一腱性结构，称 Todaro 腱。冠状窦口后缘有冠状窦瓣。冠状窦口的位置相当于房室交点区的深面。探查冠状窦口前内缘、三尖瓣隔侧尖附着缘和 Todaro 腱之间的三角区（Koch 三角），理解其临床意义。

右心房内侧壁的后部主要由房间隔构成。自右心房侧观察房间隔，可见在下腔静脉入口的左上方有一椭圆形凹陷，称卵圆窝，为胚胎时期卵圆孔的遗迹。卵圆窝前上后的边缘明显隆起，称卵圆窝缘，其前上方的隆起称主动脉隆凸。取胎儿心脏观察卵圆孔，见其由右心房通向左心房。

右心房前下部为右房室口，通入右心室。

2. 右心室（Right Ventricle）：揭开已切开的右心室前壁，见室腔呈锥形，底即右房室口和肺动脉口，尖向左前下方。肺动脉口在室腔的左上方，通向肺动脉干。右房室口与肺动脉口之间有一弓形的肌性隆起，称室上嵴，将右心室分为后下方的流入道和前上方的流出道。

（1）流入道：右心室流入道又称固有心腔，从右房室口延伸至右心室尖，其入口即右房室口。右房室口呈卵圆形，其周围由三尖瓣围绕。三尖瓣为三个近似三角形、质软而薄的瓣膜，基底附于三尖瓣环上，游离缘垂于室腔，按其位置分别称为靠近室间隔的隔侧尖瓣，位于外侧前方的前尖瓣和后方的后尖瓣。两相邻瓣膜之间的瓣膜组织称为连合，即前内侧连合、后内侧连合和外侧连合。顺各瓣膜的尖端追索，可见其末端借细索状的白色腱性结构（腱索）连于乳头肌上。乳头肌亦分为前、后、隔侧三群。前乳头肌的基部有一粗壮的肌性索样结构连至室间隔，称隔缘肉柱（节制索）。三尖瓣环、瓣尖、腱索和乳头肌在结构和功能上是一个整体，称三尖瓣复合体，理解其作用。右心室壁内表面的许多肌小梁交错形成肉柱。

（2）流出道：右心室流出道又称动脉圆锥（漏斗部），内壁光滑无肉柱，其上端借肺动脉口通肺动脉干，下界为室上嵴，前壁为右心室前壁，内侧壁为室间隔。自肺动脉断面及右心室观察，可见肺动脉口周缘有3个彼此相连的半月形肺动脉环，环上附有3个半月形的肺动脉瓣。瓣膜的游离缘朝向肺动脉干方向，其中点的增厚部分称为半月瓣小结，瓣膜与肺动脉壁之间的袋状间隙称肺动脉窦。

3. 左心房（Left Atrium）：将心脏翻转，在心底处找到左心房，揭开其壁，见内面大部分光滑，仅左心耳部分有梳状肌，但没有右心耳发达且分布不均。左心耳较右心耳狭长，突向左前方，覆盖于肺动脉根部左侧及左侧半冠状沟前部，壁厚，边缘有几个深陷的切迹。左心房后壁左、右两侧各有一对肺静脉口，开口处无静脉瓣，但有心房肌围绕肺静脉延伸 1 ~ 2 cm，有防止血液逆流作用；前下方有左房室口通向左心室。

4. 左心室（Left Ventricle）：位于右心室左后方。翻开左心室壁，见室壁肌厚，室腔呈圆锥形，尖对向心尖方向，底被左房室口和主动脉口所占据，左房室口位于左后方，主动脉口位于右前方。找到左房室口，口周围有致密结缔组织构成的二尖瓣环，二尖瓣的基部附于其上。二尖瓣的游离缘垂入室腔，被两个深陷的切迹分为前尖和后尖。位于前内侧的是前尖，呈半卵圆形；后尖较小，略似长条形，位于后外侧。前、后尖借腱索连于相应的前、后乳头肌上。在与二切迹相对处，前、后尖叶融合为前外侧连合和后内侧连合。二尖瓣环、瓣叶、腱索和乳头肌合称二尖瓣复合体。左心室腔以二尖瓣前尖为界，分为流入道和流出道。

（1）流入道：流入道也称左心室窦部，位于二尖瓣前尖的左后方，其入口即左房室口，主要结构是二尖瓣复合体。

（2）流出道：流出道又称主动脉前庭、主动脉圆锥或主动脉下窦，为左心室的前内侧部分，其前内侧壁为室间隔上部，后外侧壁为二尖瓣前尖，下界为二尖瓣前尖下缘，上界为主动脉口，与升主动脉相通。主动脉口周围的纤维环上附有 3 个半月形的主动脉瓣。从升主动脉腔内观察，可见每个半月瓣与相对的主动脉壁之间有一袋状间隙，称主动脉窦。根据有无冠状动脉的开口，主动脉半月瓣及其相应的窦又分为：右冠状动脉半月瓣（前半月瓣）及右冠状动脉窦；左冠状动脉半月瓣（左后半月瓣）及左冠状动脉窦；无冠状动脉半月瓣（右后半月瓣）及无冠状动脉窦。在左、右主动脉窦内主动脉瓣游离缘以上，可见冠状动脉口。取牛心自主动脉断面观察，以上结构更为清楚。

左心室壁的厚度约为右心室壁的 3 倍，其表面也有肉柱和乳头肌，但乳头肌比右心室者更为粗大。

5. 观察心腔内液体的流向：取完整的游离心标本，将水分别注入左心房和右心房，挤压心房，观察心腔内的水经何结构流向何处，然后挤压心室，观察水的流向。

想一想：如果瓣膜口发生狭窄或关闭不全，血液流向将有何变化?

（四）心的构造（Structure of Heart）

1. 心壁的构造（Structure of Heart Wall）：心壁由心内膜、心肌层和心外膜组成。心内膜与血管内膜相连续，衬贴于心壁内面，覆盖并参与形成心腔内结构，不必刻意寻找。心肌层为心壁的主体，分心房肌和心室肌两部分，分别附于心纤维骨骼并被其分开而不延续。取特制心肌标本观察，见心房肌较薄，由浅深两层构成，其浅层肌横行，环绕左、右心房；深层为各房所固有。从心腔面观察，心房肌束呈网格状，出现许多梳状的嵴称梳状肌。心室肌分浅斜、中环、深纵 3 层。浅层肌在心尖捻转成心涡，然后进入深部移行为纵行的深层肌，上行形成肉柱和乳头肌，并附着于纤维环；中层环形肌为各室所固有，分别环绕左、右心室，亦有“S”形肌纤维联系左、右心室。浅、深层肌收缩时可缩短心室，中层肌收缩则缩小心腔，螺旋形走行的心肌收缩时，其合力使心尖作顺时针方向转位，将心尖顶向胸前壁。心外膜被覆于心肌层表面。

2. 心纤维骨骼（Fibrous Skeleton of Heart）：取平冠状沟水平除去心底、显示心瓣膜和纤维环的标本观察。在房室口、肺动脉口和主动脉口的周围，有由致密结缔组织构成、质地坚韧而有弹性的心纤维支架（心纤维骨骼），包括左、右纤维三角，4个瓣膜纤维环（肺动脉瓣环、主动脉瓣环、二尖瓣环、三尖瓣环），圆锥韧带，室间隔膜部和瓣膜间隔等。右纤维三角又称中心纤维体，位于二尖瓣环、三尖瓣环和主动脉后瓣环之间，呈前宽后窄的楔形或三角形，其前部与室间隔膜部延续，向后发出白色圆索状的Todaro腱。左纤维三角位于主动脉左瓣环与二尖瓣环之间，呈三角形，其前方与主动脉左瓣环相连，向后与右纤维三角发出的纤维共同形成二尖瓣环。肺动脉瓣环与主动脉瓣环之间以圆锥韧带（漏斗腱）相连。主动脉左、后瓣环之间有呈三角形的致密结缔组织板，称瓣膜间隔，向下与二尖瓣前瓣相连续，向左延伸连接左纤维三角，向右延伸与右纤维三角相连。主动脉瓣环和肺动脉瓣环均由3个半环形纤维束首尾相互连结而成。

3. 心间隔：心的间隔分为左、右心房之间的房间隔（房中隔）和左、右心室间的室间隔（室中隔）及右心房与左心室间的房室隔。

（1）房间隔（Interatrial Septum）：分隔左右心房，向左前方倾斜，由两层心内膜中间夹心房纤维和结缔组织构成，其右前方为右心房，左后方是左心房。自右心房侧观察房间隔，在下腔静脉的左上方可见卵圆窝，此处最薄。

讨论：卵圆窝的形成及临床意义。

（2）室间隔（Interventricular Septum）：分隔左右心室，由左前斜向右后，且稍向右心室腔突出。室间隔肌部由厚约1~2 cm的肌组织覆盖心内膜而成，占据室间隔的大部分。室间隔膜部位于心房与心室交界部位，其上界为主动脉右瓣和后瓣下缘，前缘和下缘为室间隔肌部，后缘为右心房壁，右侧面有三尖瓣的隔侧尖瓣附着。

（3）房室隔（Atrioventricular Septum）：探查房间隔与室间隔之间的过渡、重叠区域房室隔，其上界是间隔上的二尖瓣环；下界为三尖瓣隔侧尖瓣附着缘；前界右侧为室上嵴，左侧为主动脉右瓣环；后界为冠状窦口前缘至隔侧尖的垂线。房室隔右侧面全部属于右心房，左侧面呈前窄后宽的三角形，属左心室流入道后部和流出道前部。

（五）心传导系（Conducting System of Heart）

1. 窦房结（Sinuatrial Node）：取特制牛心标本观察。在上腔静脉根部与右心耳交界处的心外膜下，可见已被染成黄色、呈长梭形或半月形的窦房结。人心的窦房结肉眼不易辨认，辨认的标志是可有窦房结动脉穿过其中央。

2. 房室结（Atrioventricular Node）：在房间隔冠状窦口的前上方，右心房Koch三角心内膜深面，可见到矢状位呈扁椭圆形、亦被染成黄色的房室结。其前端变细形成房室束（亦染成黄色），向前下穿入右纤维三角走向室间隔。

3. 房室束（Atrioventricular Bundle）：起自房室结前端，下行穿过右纤维三角，在室间隔肌部上方分为左、右束支：左束支呈瀑布状发自房室束分叉部，穿过室间隔后呈扁带状，沿室间隔左侧面的心内膜深面下行至心尖，于室间隔肌部的上、中1/3交界水平，分为前组、后组和间隔组3组分支，从室间隔上部的前、中、后3处分布于整个左心室壁。右束支起自房室束分叉部的末端，从室向隔膜部下缘的中部，循室间隔右侧面的心内膜深面向前下弯行，经隔缘肉柱到达右心室的前乳头肌根部，分支分布于右心室壁。左、右束支的分支在左、右心室壁的心内膜下，相互交织而成 Purkinje 纤维网。在特制牛心标本上观察，通常被染为黑色。

（六）心的血管（Vessels of Heart）

营养心的动脉分为左、右冠状动脉，回流的静脉血绝大部分经冠状窦汇入右心房。取离体心配合模型观察。

1. 左冠状动脉（Left Coronary Artery）：起于主动脉的左冠状动脉窦，向左行于左心耳与肺动脉干之间，出左心耳下方分为前室间支和旋支。前室间支（前降支）为左冠状动脉的直接延续，循前室间沟前下行绕心尖切迹至后室间沟与右冠状动脉的后室间支吻合，主要分支有左室前支、右室前支、左圆锥支、室间隔前支。旋支从主干发出后即走行于左侧冠状沟内，绕心左缘至左心室膈面，多在心左缘与后室间沟之间的中点附近分支而终，主要分支有左缘支、左室后支、窦房结支、心房支和左房旋支。

2. 右冠状动脉（Right Coronary Artery）：起于主动脉的右冠状动脉窦，行于右心耳与肺动脉之间，再沿冠状沟右行，绕心右缘转向膈面的冠状沟内，一般在房室交点附近或往其右侧分为后室间支和右旋支。右冠状动脉的主要分支有：右缘支、后室间支（后降支）、右旋支、右房支、房室结支。

讨论：急性心肌梗死的原因及冠脉搭桥手术的机制。

3. 心的静脉（Vein of Heart）：可分为浅静脉和深静脉两个系统，多与动脉伴行。浅静脉起于心肌各部，在心外膜下汇合成网，最后大部分静脉血经由冠状窦汇入右心房。深静脉起于心肌层，直接汇入心腔。现在只观察冠状窦及其属支。在心膈面，左心房与左心室之间的冠状沟内有一条粗短的静脉，即冠状窦，左心房斜静脉与心大静脉汇合处为其起点，最终注入右心房的冠状窦口。翻开右心室壁，在下腔静脉入口与右房室口之间找到冠状窦口，试用探针插入。冠状窦的主要属支有心大、心中、心小静脉。心大静脉在前室间沟内起于心尖，伴左冠状动脉前室间支上行，斜向左上进入冠状沟，伴左冠状动脉的旋支绕心左缘至膈面，于左心房斜静脉注入处移行为冠状窦。在膈面观察心中静脉，可见此静脉起于心尖，伴右冠状动脉的后室间支循后室间沟上行，汇入冠状窦近右端处。心小静脉起于心的右缘，沿冠状沟后行，伴右冠状动脉向左注入冠状窦右端或心中静脉。右心室前面还有 3～4 条小静脉跨过冠状沟，直接开口于右心房。

（七）心包（Pericardium）

在未除去心包的离体心上观察。心包为包裹心和出入心的大血管根部的圆锥形纤维浆膜囊，外层为纤维心包，向上与大血管的外膜相延续，下方与膈的中心腱愈着。内层为浆膜心包，又分为脏、壁两层。翻开已被剪开前壁的心包，见衬于纤维心包内表面的浆膜光滑，此为浆膜心包壁层；包于心肌表面者，为浆膜心包脏层（即心外膜）；脏、壁两层之间的潜在腔隙即心包腔。心包腔内，浆膜心包脏、壁两层返折处的间隙，称心包窦，主要有心包横窦和心包斜窦。心包横窦是心包腔在主动脉、肺动脉干的后方与上腔静脉、左心房前壁前方间的间隙。窦的前壁是主动脉、肺动脉，后壁是上腔静脉及左心房；上为肺动脉；下为房室间的凹槽；左侧入口在左心耳与肺动脉左侧之间；右侧入口在上腔静脉、右心耳与主动脉之间，从左、右侧入口可伸入三个横指。在标本上将手指伸入探查其边界。心包斜窦位于左心房后壁及左、右肺静脉、下腔静脉与心包后壁之间，形似口向下的盲囊，上端闭锁，下端为连于心包腔本部的开口，稍偏左。将手指从心的下面向上方伸入，探查其边界。

想一想：

①心包腔积液和心包狭窄对心的收缩功能/泵血功能有何影响？

②心包窦的临床意义有哪些？

③心包穿刺的最佳进针部位在哪？穿刺时应避免损伤哪些结构？

取新鲜猪心自行解剖观察（也可在课后进行）。

（1）外形观察：因动物是四肢行走，故心呈典型的圆锥形，无明显的膈面。观察心尖、心底及心表面的三条沟，沟内的动脉、静脉与充填的脂肪，心底部出入心的大血管，左、右心耳。

（2）心腔观察：先找到上、下腔静脉的开口，剪开前壁看到梳状肌与界嵴，观察右房室口、冠状窦及卵圆窝等结构。剪开右心室前壁，先观察右房室瓣的附着处、形状及数目、游离缘连系的腱索与室壁上的乳头肌。向左上方剪开动脉圆锥，观察肺动脉瓣的形状、位置、数目。剪开左心房前壁寻找4条肺静脉的开口。剪开左心室前壁，观察左房室瓣、腱索及与乳头肌的连系关系。向上剪开主动脉壁，观察主动脉瓣、主动脉窦、冠状动脉的开口，用探针探测冠状动脉的走行。观察各部心壁的厚薄及房间隔、室间隔。

（3）瓣膜的作用观察：将心放入水盆内，自动脉断端向心方向灌水，可见三个动脉瓣充盈而相互关闭，水不至流入心室。观察房室瓣顺血流开放、逆血流开放的生理活动状态。

（八）心的体表投影（Surface Projection of Heart）

参考教材，在整尸标本上或同学间相互在活体上划出心的体表投影。

【作业及思考题】

1. 与心底部相连的大血管有哪些？
2. 心脏表面有哪些表面标志？有何意义？
3. 心的纤维骨骼形成了哪些结构？
4. 试述大、小循环中各心腔结构是如何影响血液的定向流动的。
5. 预习下次实验课内容：“动脉”。

（周建林）

十二、动脉

【目的要求】

1. 掌握肺循环的概念，肺动脉、肺静脉肺外段的行程和分布。
2. 掌握体循环的概念及主动脉的起止、行程、分部及各部的分支。
3. 掌握颈总动脉的起始、行程，熟悉颈外动脉的主要分支及其分布范围。

4. 掌握锁骨下动脉、腋动脉、肱动脉、尺动脉、桡动脉的行程，熟悉它们的主要分支及其分布范围。

5. 掌握掌浅弓和掌深弓的构成，了解其分支和分布。

6. 掌握腹腔干、肠系膜上、下动脉的分支及其分布。

7. 掌握髂总动脉与髂内、外动脉的行程，熟悉其主要分支和分布。掌握子宫动脉与输尿管的关系。

8. 掌握股动脉、腘动脉、胫前动脉、胫后动脉、足背动脉的行程，熟悉其主要分支和分布。

9. 熟悉全身浅表动脉的搏动点和常用的压迫止血点。

10. 了解器官外动脉分布的基本规律。

【实验材料】

1. 标本及模型：打开胸前壁的整尸标本；显示全身主要动脉的整尸标本；离体心脏；离体肺；心脏模型；头颈部动脉标本及模型；锁骨下动脉及上肢动脉标本；离体手的血管标本；显示胸腹后壁动脉的标本；纵隔标本；腹腔干及肠系膜上、下动脉特制标本；盆部及下肢的动脉离体标本；女盆腔血管标本。

2. 其他教学资源：教学挂图；多媒体课件。

【实习时数】2 学时。

【注意事项】

1. 根据动脉分布的基本规律寻找各部主干及其主要分支。

2. 先在整尸标本上察看全身动脉概况，再取离体局解标本仔细观察各部动脉的分支和分布情况。

3. 注意区别动脉、静脉和神经干。

4. 实验前先认真观看多媒体课件。

【实验内容及方法】

（一）肺循环的血管（Vessels of Pulmonary Circulation）

1. 肺循环的动脉（Artery of Pulmonary Circulation）：在打开胸前壁的完整尸体和离体标本上观察。肺动脉以一短干起自动脉圆锥，在升主动脉前方向左后方斜行，至主动脉弓下方，平第四胸椎体下缘水平处，分为左、右肺动脉。左肺动脉较短，在左主支气管前方横行，分 2 支经肺门进入左肺的上、下叶。在左肺动脉起始处与主动脉下壁之间有一纤维性的动脉韧带，是胎儿时期动脉导管闭锁后的遗迹。右肺动脉较长而粗，向右经升主动脉及上腔静脉后方横行，至右肺门处分为 3 支进入右肺上、中、下叶。

2. 肺循环的静脉（Vein of Pulmonary Circulation）：肺静脉每侧两条，分别称左上、左下、右上、右下肺静脉，起自肺门前方，向内穿过纤维心包，注入左心房后部。在离体肺标本上观察，肺静脉位于肺门的前份。从离体心的后面观察，可见左心房的两侧壁各连有 2 支肺静脉，开口于左心房。

（二）体循环的动脉（Artery of Systemic Circulation）

在尸体标本上，动脉、静脉、神经往往伴行，它们的主要区别是：动脉管壁厚，管腔较小而圆，管壁有弹性（捏之可复原）；静脉管腔大，管壁薄，管壁塌陷或有凝血块，弹性差；神经触之为索状，无管腔。在已制作好的标本上，除特殊的静脉及静脉主干外，伴行静脉多已除去，不必寻找。

为便于寻找和辨认动脉，首先应熟悉动脉的命名原则和分布规律：

命名原则：①动脉与心室相连；②一般以到达的器官或经过的部位命名；③器官存在多个血管时以前、后、上、下等区分；③在二分叉或多分叉时更改名称。

分布规律：①各大局部均有1条动脉主干，且动脉、静脉和神经通常伴行；②行走于屈侧、深部或隐蔽部位；③管径大小与器官的功能有关；④躯干部分壁支和脏支（成对脏器有成对脏支）；⑤以最短距离到达所支配的脏器，多在其"门"进入器官内。

现结合整尸标本及各处游离标本观察下列动脉：

1. 主动脉（Aorta）：在保留心脏的胸、腹后壁标本上观察，主动脉发自左心室，起始段为升主动脉，先斜向右前上，达右侧第2胸肋关节高度移行为主动脉弓，再弯向左后方，达第4胸椎体下缘处移行为胸主动脉，继沿脊柱左侧下行逐渐转至其前方，达第12胸椎高度穿膈的主动脉裂孔，移行为腹主动脉，至第四腰椎体下缘处分为左、右髂总动脉。

在升主动脉上，于起始部发出左、右冠状动脉。

在主动脉弓上，凸侧自右向左发出头臂干（无名动脉）、左颈总动脉、左锁骨下动脉3大分支，凹侧发出数支细小的支气管支和气管支（一般未保留）。

探查主动脉弓下缘的压力感受器和化学感受器。

2. 头颈部的动脉（Artery of Head and Neck）：主要动脉干是颈总动脉。

（1）颈总动脉：取颈总动脉特制标本结合整尸标本观察。左侧颈总动脉发自主动脉，右侧起于头臂干。头臂干长约4～5 cm，自主动脉弓上缘的右侧发出，经气管前面向右上方斜行，至右胸锁关节后方分为右锁骨下动脉和右颈总动脉。两侧颈总动脉经胸锁关节后方，沿食管、气管和喉的外侧上升，至甲状腺软骨上缘高度分为颈内动脉和颈外动脉。颈内、外动脉的区别：①向上延续有分支者是颈外动脉，无分支者为颈内动脉；②位于前内侧者为颈外动脉，位于后外侧者是颈内动脉；③向上进入颅腔的是颈内动脉，不进入颅腔者为颈外动脉。

在活体上于胸锁乳突肌前缘摸到颈总动脉的搏动点。

1）颈内动脉：自颈总动脉发出后，垂直上升至颅底，穿颈动脉管入颅。在颈部行程中，先在颈外动脉外侧，然后上行渐居颈外动脉内侧。它在颈部无分支。

颈总动脉末端和颈内动脉起始部的膨大部分为颈动脉窦，理解其作用及临床意义；将颈总动脉分叉处翻起，寻找分叉处后方的多个扁椭圆形小体即颈动脉小球（可能已去掉，不必刻意寻找）。

2）颈外动脉：初居颈内动脉前内侧，后经其前方转至外侧，上行穿腮腺至下颌颈处分为颞浅动脉和上颌动脉两终支。颈外动脉的主要分支除颞浅动脉和上颌动脉两终支外，还有向前发出的甲状腺上动脉、舌动脉、面动脉；向后发出的枕动脉、耳后动脉等，自起始处开始由下向上依次找到这些分支以及上颌动脉发出的脑膜中动脉，观察它们的分布范围。在活体上确认颈总动脉、面动脉和颞浅动脉的压迫止血点。现一一观察颈外动脉的如下主要分支：

①甲状腺上动脉：发自颈外动脉起始部的前面，向前下行至甲状腺上部，分布于喉及甲状腺。

②舌动脉：平舌骨大角处起自颈外动脉的前面，经舌骨舌肌深面，分布于舌、舌下腺和腭扁桃体等处。舌骨大角是寻找舌动脉起始部的标志。

③面动脉：约平下颌角起自颈外动脉，向前经下颌下腺深面，于咬肌止点前缘绕过下颌骨下缘至面部，沿口角及鼻翼外侧，迂曲上行至内眦，易名为内眦动脉。可在咬肌前缘及口角、鼻翼外侧寻找并逆行追踪。试在活体上于咬肌前缘、下颌角前约3 cm处摸到其搏动。

④颞浅动脉：穿腮腺上行于外耳门前方和颧弓根部浅面，至颞部皮下与耳颞神经伴行，分支分布于腮腺和额、顶、颞部软组织。试在活体上耳屏前方摸到其搏动。

⑤上颌动脉：在除去下颌支的标本上观察，见其向前进入颞下窝，于翼内、外肌之间向前内行走至翼腭窝。脑膜中动脉是其最重要的分支，在下颌颈深面处发出，向上经棘孔入颅腔。上颌动脉向前下发下牙槽动脉，经下颌孔至下颌管，自颏孔穿出，改称颏动脉。

想一想：为什么颅侧面翼点处外伤后易引起硬膜外血肿?

⑥耳后动脉：从颈外动脉后壁发出，较细，向后行走，分布于耳后。

⑦枕动脉：从颈外动脉后壁发出，较粗，向后行走，分布于枕顶部。

⑧咽升动脉：从颈外动脉起始部内侧壁发出，沿咽侧壁上升至颅底。

（2）锁骨下动脉：左侧起于主动脉弓，右侧起自头臂干，自胸锁关节后方斜向外至颈根部，呈弓状跨经胸膜顶前方，穿斜角肌间隙，至第一肋外缘延续为腋动脉。主要分支有椎动脉、胸廓内动脉和甲状颈干。

1）椎动脉：锁骨下动脉最内侧的分支。在前斜角肌内侧起自锁骨下动脉，垂直向上穿过第6至第1颈椎横突孔，经枕骨大孔入颅腔。

2）胸廓内动脉：在椎动脉起点的相对侧发出，向下入胸腔，沿第1～6肋软骨后面下降，其终支穿膈进入腹直肌鞘，称腹壁上动脉。理解胸廓内动脉常作为冠状动脉搭桥手术的供血血管原因。

3）甲状颈干：在椎动脉外侧、前斜角肌内侧缘附近以一长约1 cm的短干起始，迅即分为甲状腺下动脉、肩胛上动脉和颈横动脉等数支。

此外，锁骨下动脉还发出肋颈干、肩胛背动脉等，不必一一细找。

3. 上肢的动脉（Artery of Upper Limb）：取离体上肢血管标本结合整尸标本观察。在整尸标本上将上肢外展，腋窝内的大动脉即腋动脉，至大圆肌处延续为肱动脉。

（1）腋动脉：上肢的动脉主干，自第1肋外侧缘续自锁骨下动脉，行经腋窝深层，至大圆肌下缘延续为肱动脉。主要分支有胸肩峰动脉、胸外侧动脉、肩胛下动脉（又分为胸背动脉和旋肩胛动脉）、旋肱后动脉等。

1）胸肩峰动脉：于胸小肌上缘处起自腋动脉，穿锁胸筋膜后分支至胸大、小肌（胸肌支）、三角肌和肩关节（肩峰支）。

2）胸外侧动脉：沿胸小肌下缘行走，分布至前锯肌、胸大肌、胸小肌和乳房。

3）肩胛下动脉：在肩胛下肌下缘发出，行向后下，分为2支：胸背动脉至背阔肌、前锯肌；旋肩胛动脉穿三边孔至冈下窝，营养冈下肌群、肩胛下肌等，并与肩胛上动脉吻合。

4）旋肱后动脉：较粗，伴腋神经穿四边孔，绕肱骨外科颈与旋肱前动脉吻合，至三角肌和肩关节等处。

5）旋肱前动脉：经肱骨外科颈前方至肩关节和邻近肌。

想一想：肱骨外科颈骨折时对血管有何影响?

6）胸上动脉：至第1、2肋间隙。细小，不必细找。

（2）肱动脉：自大圆肌下缘处续自腋动脉，沿肱二头肌内侧下行至肘窝，平桡骨颈高度分为桡动脉和尺动脉。主要分支为肱深动脉，与桡神经相伴绕桡神经沟下行，分支营养肱三头肌和肱骨，其终支参与肘关节网。沿途还发出尺侧上副动脉、尺侧下副动脉、肱骨滋养动脉和肌支。在活体上于臂中部可触摸到肱动脉搏动，压向肱骨可行上肢止血；肘关节上内侧也可触及其搏动，常为测量血压的部位。

1）桡动脉：系肱动脉终支之一。平桡骨颈自肱动脉发出后先经肱桡肌与旋前圆肌之间，继在肱桡肌腱与桡侧腕屈肌腱之间下行，绕桡骨茎突至手背，穿第1掌骨间隙至手掌，与尺动脉掌深支吻合为掌深弓。主要分支有掌浅支及拇主要动脉。拇主要动脉于手掌深部发出，分为3支分布于拇指掌面的两缘和食指桡侧缘。在腕上部桡动脉位置比较表浅，可触摸其搏动，是计数脉搏及中医诊脉的部位。掌浅支与尺动脉末端吻合成掌浅弓。

2）尺动脉：为肱动脉另一终支，平桡骨颈自肱动脉发出后在尺侧腕屈肌与指浅屈肌之间下行，至豌豆骨桡侧，经腕掌侧韧带和腕横韧带之间达手掌，与桡动脉掌浅支吻合成掌浅弓。主要分支有骨间总动脉和掌深支。骨间总动脉于桡骨粗隆高度起自尺动脉，于前臂骨间膜近侧分为骨间前动脉和骨间后动脉，分别沿骨间膜前、后下行，分支营养前臂肌及尺、桡骨。掌深支穿小鱼际肌至掌深部，与桡动脉末端吻合成掌深弓。

（3）掌深弓和掌浅弓：取“手的动脉”特制标本观察。在掌腱膜深面，可见由尺动脉终支与桡动脉掌浅支吻合而成的掌浅弓，弓的凸缘约平掌骨中部。由掌浅弓发出3支指掌侧总动脉和1支小指尺掌侧动脉（分布于小指掌面尺侧缘）。在掌指关节附近，每支指掌侧总动脉再分为2支指掌侧固有动脉，分布于第2~5指的相对缘。掌深弓位于屈指肌腱深面，由桡动脉终支与尺动脉的掌深支吻合而成，弓的凸缘在掌浅弓近侧、约平腕掌关节高度。由弓的凸缘发出3支掌心动脉，至掌指关节附近由深面浅出与指掌侧总动脉会合共同形成指掌侧固有动脉。理解同时存在掌浅弓和掌深弓的生理意义及临床意义。

4. 胸部的动脉（Artery of Thorax）：主干是胸主动脉（Thoracic Aorta），自第4胸椎下缘水平续主动脉弓，先沿脊柱左侧，后渐转向其前方下行，至第12胸椎下缘水平穿膈的主动脉裂孔续于腹主动脉。其分支分脏支和壁支两类。在整尸标本上，用镊子提起胸主动脉，观察由其后外侧壁上发出的壁支肋间后动脉和肋下动脉，在肋间隙内探查其行程，注意动脉常与静脉、神经伴行于肋沟内。脏支较小不易观察。

（1）脏支：为分布至相应器官的支气管支、食管支和心包支。

（2）壁支：有成对的第3~11肋间后动脉和肋下动脉以及2~3小支膈上动脉。

5. 腹部的动脉（Artery of Abdomen）：取腹腔血管特制标本结合整尸观察。腹主动脉（Abdominal Aorta）为腹部的动脉主干，上续胸主动脉，在腹后壁壁腹膜后方，沿脊柱前方降至第4腰椎体下缘处分为左、右髂总动脉。其右侧有下腔静脉伴行，前方有肝左叶、胰、十二指肠水平部和小肠系膜。分支有脏支和壁支两类。

（1）壁支：均以经过的部位命名。

1）腰动脉：将腹主动脉下部分别拉向左、右侧，观察自其后外侧壁发出的腰动脉，每侧4条。

2）膈下动脉：在主动脉裂孔下方寻找，位于膈下面。自膈下动脉发出肾上腺上动脉至肾上腺。

3）骶正中动脉：在腹主动脉分为髂总动脉处发出，沿骶骨正中线下行，较细小。

（2）脏支：有成对的肾上腺中动脉、肾动脉和睾丸动脉（男）或卵巢动脉（女），不成对的腹腔干、肠系膜上动脉和肠系膜下动脉。现在逐一观察成对脏支的分布情况：

1）肾上腺中动脉：约平第1腰椎起自腹主动脉，分布至肾上腺。

2）肾动脉：约平第1～2腰椎椎间盘起自腹主动脉两侧，向外侧横行至肾门附近分前、后干经肾门入肾。肾动脉在到达肾门之前尚发出肾上腺下动脉至肾上腺。

3）睾丸动脉（卵巢动脉）：细而长，在有的标本上可能已被拉断。在肾动脉发起处稍下方起自腹主动脉的前壁，斜向外下，行经腹股沟管参与构成精索，进入阴囊后分支营养睾丸和附睾。女性于小骨盆上缘处进入卵巢悬韧带内，分支营养卵巢、输卵管、子宫等。

现在逐一观察不成对脏支及其主要分支：

1）腹腔干：在主动脉裂孔稍下方起自腹主动脉前壁，本干粗而短，长约1 cm，迅即分为胃左动脉、肝总动脉和脾动脉3支。主要营养肝、胆囊、胃、十二指肠、胰、脾、大网膜、小网膜、食管下段等器官。注意在胃大、小弯吻合成两个血管弓，由弓上发前、后支分布于胃的前、后壁。逐支找出腹腔干的下列分支：胃左动脉较细，向左到达胃；肝总动脉较粗，向右到达肝；脾动脉最粗，向左经胰到达脾。在胃小弯左侧辨认胃左动脉。在肝十二指肠韧带下端辨认肝总动脉分出的肝固有动脉和胃十二指肠动脉，沿肝十二指肠韧带向上观察肝固有动脉，其在上行中发出胃右动脉走行于胃小弯右侧。肝固有动脉在进入肝门前分为左、右支分布于肝左、右叶。探查位于胆囊三角内的胆囊动脉，仔细观察其起始及行程。将胃和十二指肠翻起，观察胃十二指肠动脉，其于幽门后方的下缘分为沿胃大弯右侧走行的胃网膜右动脉和达胰头、十二指肠的胰十二指肠上动脉。将胃向上翻起，观察经胰体后上方的脾动脉，观察由脾动脉发出的胰支、胃短动脉（至胃底）、胃后动脉（至胃后壁）及胃网膜左动脉（至胃大弯左侧）。

想一想：胃溃疡行胃大部切除术时，需在何处结扎哪些血管？

2）肠系膜上动脉：翻起胰，见肠系膜上动脉在胰颈后方、第1腰椎水平发自腹主动脉前壁，经胰头与胰体交界处下行，从胰头后面穿出向前，跨过十二指肠水平部前方进入小肠系膜根部，向右髂窝方向行走。将空、回肠翻向左下方，见肠系膜上动脉首先向右上方发出较细的胰十二指肠下动脉，分布于胰和十二指肠；在肠系膜内探查空、回肠动脉，共12～18条，彼此吻合成血管弓；在右肠系膜窦内根据到达的器官辨认回结肠动脉、右结肠动脉和中结肠动脉（达横结肠），注意在阑尾系膜缘寻找阑尾动脉，探查其来源。

3）肠系膜下动脉：将小肠翻向右下方，可见肠系膜下动脉约平第3腰椎高度起自腹主动脉前壁，在腹后壁腹膜后向左下行走，至左髂窝降入小骨盆。沿途发出左结肠动脉分布于横结肠左半和降结肠；乙状结肠动脉至乙状结肠；直肠上动脉至直肠上段。

提起小肠系膜对光观察，可见肠系膜内的血管反复分支并吻合成多级血管弓（越靠近回盲部血管弓的级数越多），由最后一级弓上发直血管分布于肠壁。

比较空、回肠和结肠的血供特点，讨论其临床意义。

不成对脏支及其主要分支总结如下：

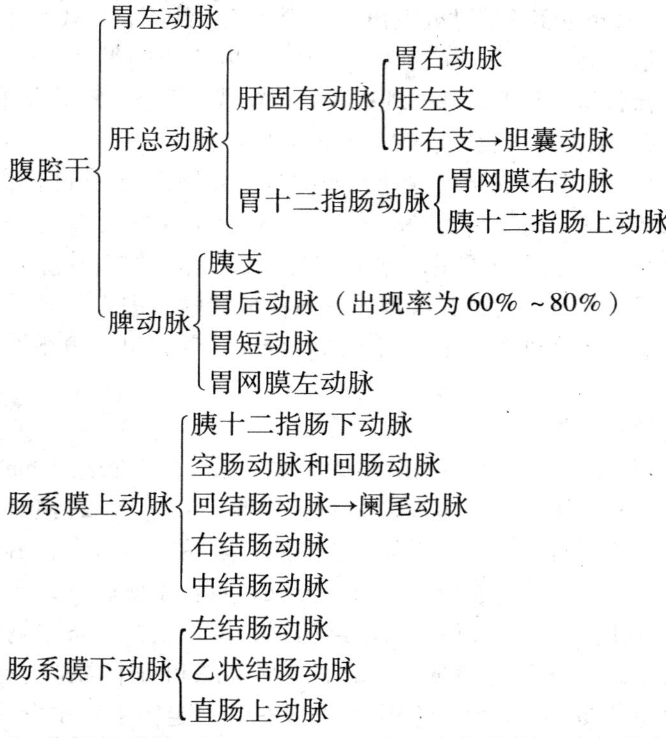

6. 盆部的动脉（Artery of Pelvis）：取盆会阴正中矢状切标本（男、女各一）观察。

（1）髂总动脉：左右各一，平第4腰椎左前方由腹主动脉分出，向下外侧沿腰大肌下行，至骶髂关节处分为髂外动脉和髂内动脉两大终支，分别至下肢和盆部。

（2）髂外动脉：由髂总动脉分出后行向外下，沿腰大肌内侧缘向外下行，经腹股沟韧带中点深面进入股前部改名为股动脉。其主要分支有腹壁下动脉和旋髂深动脉。腹壁下动脉在腹股沟韧带稍上方从髂外动脉发出，经腹股沟管腹环内侧斜向内上进入腹直肌鞘，分布于腹直肌并与腹壁上动脉吻合。旋髂深动脉经外侧半后方斜向外上，分支营养髂嵴及其邻近肌。

（3）髂内动脉：取特制盆腔血管的离体标本及模型结合整尸标本观察。髂内动脉为一短干，是盆部的动脉主干，沿盆腔侧壁下行，发出脏支和壁支。壁支主要有闭孔动脉、臀上动脉和臀下动脉；脏支主要有子宫动脉、阴部内动脉、膀胱上动脉、膀胱下动脉和直肠下动脉等。观察髂内动脉这些分支时一般以血管到达的部位或脏器为标志作逆行观察。

1）壁支：

闭孔动脉：沿骨盆侧壁向前下，穿闭膜管至大腿内侧群肌和髋关节等处。有同名静脉和神经伴行。

臀上动脉和臀下动脉：均较粗大，分别经梨状肌上、下孔穿出至臀部，分支营养臀肌和髋关节等处。有同名静脉和神经伴行。

髂腰动脉：行向后外，分布于髂腰肌等处。

骶外侧动脉：沿骶前孔内侧下行，分布于梨状肌和尾骨肌等结构。

2）脏支：

子宫动脉：先在子宫体侧缘找到子宫动脉，再逆行至子宫颈外侧查看其与输尿管的关系。子宫动脉沿盆腔侧壁下行，进入子宫阔韧带底部两层腹膜间，至子宫颈外侧约 2 cm 处从输尿管前上方跨过达子宫颈，再分升、降两支，升支沿子宫侧缘迂曲上升至子宫底，分布于子宫、阴道、输卵管、卵巢。理解手术结扎子宫动脉时的注意事项。在男性标本上自输精管逆行寻找相当于子宫动脉的较细的输精管动脉。

阴部内动脉：在梨状肌下孔处牵拉阴部内动脉，观察其行程和分布。阴部内动脉在臀下动脉前方穿梨状肌下孔出盆腔，继经坐骨小孔至坐骨肛门窝，在窝内发出肛动脉、会阴动脉、阴茎（蒂）动脉等分支，分布于肛门、会阴部和外生殖器。

脐动脉：胎儿时期的动脉主干。出生后其远侧端闭锁，形成脐内侧韧带，近侧端仍与髂内动脉相通，发出 2～3 支膀胱上动脉分布于膀胱的中、上部。

膀胱下动脉：至膀胱底及其邻近器官。

直肠下动脉：多个起点，分布于直肠下部及其邻近器官。

7. 下肢的动脉（Artery of Lower Limb）：取下肢血管的离体标本结合整尸标本观察。

（1）股动脉：是下肢的动脉主干，在腹股沟韧带中点深面续于髂外动脉，其外侧有股神经，内侧有股静脉伴行，初行于股三角向内下行，继经股三角尖入收肌管，穿收肌腱裂孔至腘窝，移行为腘动脉。在活体上于腹股沟韧带稍下方可触及其搏动。其主要分支有：

1）股深动脉：将股动脉拉向外侧，观察粗大的股深动脉在腹股沟韧带下 2～5cm 处起自股动脉外侧壁或后壁，行向后内下，沿途发出多个分支，其中重要的有旋股内侧动脉（至大腿内侧群肌）、旋股外侧动脉（至大腿前群肌）和 3～4 支穿动脉。穿动脉紧贴股骨内侧穿至股后部，支配股后群肌、内侧群肌和股骨。

想一想：为什么股骨头容易发生缺血性坏死？

2）腹壁浅动脉：至腹前壁下部的皮肤及浅筋膜。

3）旋髂浅动脉：至髂前上棘附近的皮肤及浅筋膜。

（2）腘动脉：续于股动脉，在腘窝深部下行，有同名静脉和神经在其浅面与之伴行，至腘肌下缘分为胫前动脉和胫后动脉。在腘窝内可发出数支关节支和肌支，参与形成膝关节动脉网。

（3）胫后动脉：腘动脉终支之一，自腘肌下缘分出后沿小腿后面浅、深屈肌之间下行，经内踝后方与跟骨结节之间转至足底，分为足底内侧动脉和足底外侧动脉两终支。胫后动脉在腘肌下缘 2 ~3 cm 处发出腓动脉，沿腓骨内侧下行至外踝，分支营养邻近诸肌和胫、腓骨。

（4）胫前动脉：从腘动脉发出后，穿小腿骨间膜上部裂孔至小腿前群肌深面，在小腿前群肌之间下行，经踝关节前方达足背，移行为足背动脉。沿途发肌支至小腿前群肌。

（5）足背动脉：胫前动脉的直接延续。在踝关节前方循足背向前下行穿第一跖骨间隙，与足底外侧动脉吻合成足底弓。取足底血管特制标本观察足底深弓及其分支。活体在踝关节前方，内、外踝连线中点可触及足背动脉搏动。

想一想：

①子宫动脉与输尿管有何关系？有何临床意义？

②腹壁下动脉有何临床意义？

③当下肢发生大出血时，在何处压迫股动脉进行止血？

【作业及思考题】

1. 在活体上确认锁骨下动脉、腋动脉、肱动脉、股动脉、腘动脉、足背动脉等血管的压迫止血点。

2. 血液从左心室出发，经过哪些途径才能到达手指尖部？

3. 施行胃手术时，可能涉及到哪些动脉？它们分别发自何处？

4. 画一张主动脉腹部不成对脏支的简图，注明胆囊动脉和阑尾动脉的来源。

5. 预习下次实验课内容：“体循环的静脉”。

【创新性实验提示】

介入技术正方兴未艾，发展很快，尤其在器官内手术、某些心血管疾病的防治等方面具有独特的优势。可结合临床需要选择一些局部进行血管构筑方面的研究。

（周建林）

十三、体循环的静脉

【目的要求】

1. 掌握静脉的特点，了解静脉瓣的分布规律。
2. 掌握上腔静脉的组成及其主要属支。
3. 掌握面静脉的行程、收集范围和特点。
4. 掌握上肢浅静脉的行程、收集范围。
5. 掌握下腔静脉的组成及其主要属支。
6. 掌握下肢浅静脉的行程、主要属支和收集范围。
7. 掌握门静脉的合成、特点、主干行程、主要属支及其收集范围，熟悉门静脉与上、下腔静脉的吻合途径。

【实验材料】

1. 标本及模型：整尸标本；头颈部浅静脉标本及模型；上、下肢浅静脉离体标本；特制门静脉及其属支标本；门静脉侧支循环模型；胸腹后壁结构标本及模型；纵隔标本及模型。

2. 其他教学资源：教学挂图；多媒体实验教学课件。

【实验时数】2 学时。

【注意事项】

1. 除特别保留的以外，多数与动脉同名的伴行静脉已除去，可通过观察动脉进行体会。

2. 静脉（尤其是浅静脉）变异多，有时甚至左、右也不对称，应注意与正常的比较。

【实验内容及方法】

（一）上腔静脉系（Superior Vena Cava System）

先熟悉静脉的共同特点。静脉在其向心汇集过程中不断接受属支，其管径自远心端向近心端逐渐增粗。其主要特点有：（1）壁薄，腔大，数量多；（2）有静脉瓣；（3）吻合丰富；（4）有浅、深两套静脉：浅静脉行走于浅筋膜内，无动脉伴行；深静脉多与同名动脉伴行，少数与动脉行程不一致，且不和动脉同名。深静脉除特别保留的以外，多数已被除去。在标本上，静脉触之柔软，弹性小，管壁常塌陷，多含淤血块。

体循环的静脉包括上腔静脉系、下腔静脉系和心静脉系。心静脉系在“心”这一节已观察，本次课依次观察上腔静脉系、下腔静脉系，观察的重点是较大的浅静脉及深静脉中不与动脉伴行的静脉。

1. 上腔静脉（Superior Vein Cava）：上腔静脉系由上腔静脉及其属支组成，收集头颈、上肢、胸部（心除外）回流的静脉血液。取特制上腔静脉标本结合整尸标本观察。

上腔静脉为一粗短的静脉干，由左、右头臂静脉在右侧第 1 肋软骨与胸骨结合处的后方会合而成，沿升主动脉右侧下行，至右侧第 2 胸肋关节后方穿纤维心包，平第 3 胸肋关节下缘注入右心房。穿纤维心包之前其右后方有奇静脉注入。

2. 头臂静脉（Brachiocephalic Vein）：左、右各一，分别由同侧的颈内静脉和锁骨下静脉在胸锁关节后方汇合而成。汇合处形成的夹角称静脉角，是淋巴导管的汇入部位。右头臂静脉几乎垂直下降，左侧头臂静脉比右侧的长，向右下斜跨左锁骨下动脉、左颈总动脉和头臂干前面，至右侧第 1 胸肋关节处后方与右头臂静脉汇合成上腔静脉。主要属支有椎静脉、胸廓内静脉、肋间最上静脉和甲状腺下静脉等。

3. 颈内静脉（Internal Jugular Vein）：在颈静脉孔处续于乙状窦，先在颈内动脉外侧、后在颈总动脉外侧下行于颈动脉鞘内，于胸锁关节后方与锁骨下静脉汇合成头臂静脉。其属支可分为颅内支和颅外支。现在取头颈部静脉标本及模型观察其颅外属支：

（1）面静脉：起自内眦静脉，在面动脉后方与其伴行，至下颌角的稍前下方接受下颌后静脉后，跨过颈内、外动脉的表面，下行至舌骨大角附近注入颈内静脉。在模型上察看面静脉属支与颅内、外静脉及海绵窦的连通情况。面静脉的属支面深静脉与位于翼内、外肌间的翼静脉丛相吻合；翼静脉丛汇合为上颌静脉，在腮腺内与颞浅静脉向下合成下颌后静脉。

（2）下颌后静脉：由颞浅静脉和上颌静脉在腮腺内汇合而成，下行至腮腺下端处分为前、后两支，前支向前下方与面静脉汇合共同注入颈内静脉，后支与耳后静脉和枕静脉汇合成颈外静脉，经胸锁乳突肌表面斜行向下至锁骨下静脉或颈内静脉。

（3）颈外静脉（External Jugular Vein）：为颈部最粗大的浅静脉。在下颌角处由 3 属支汇合而成，沿胸锁乳突肌表面斜行下降，达该肌后缘，经前斜角肌前面或外侧穿过颈深筋膜，注入锁骨下静脉或静脉角。静脉末端有 1 对瓣膜。

颈内静脉的颅内属支暂不观察。

想一想：

①何谓“危险三角”？有何临床意义？画出挤压面部危险区后引起颅内感染的途径。

②婴幼儿为何常在颈外静脉采血？寻找颈外静脉的标志性结构是什么？

4. 颈前静脉（Anterior Jugular Vein）：起自颏下方，沿颈前正中线的两侧下行，注入颈外静脉或锁骨下静脉。左、右颈前静脉常在胸骨柄上方吻合成颈静脉弓。

5. 锁骨下静脉（Subclavian Vein）：在第 1 肋外侧续于腋静脉，向内行延至前斜角肌内侧缘，在胸锁关节后方与颈内静脉汇合成头臂静脉，两静脉汇合部称静脉角。

6. 上肢的静脉（Vein of Upper Limb）：

（1）上肢浅静脉：取游离上肢浅静脉标本观察。在胸大肌三角肌间沟内寻找头静脉，向下探查其行程及起始部；于臂中部内侧分离出贵要静脉，向下追踪观察；在肘关节前方辨认自头静脉连于贵要静脉的肘正中静脉，于前臂前面寻找前臂正中静脉。

1）头静脉：起于手背静脉网的桡侧，在腕关节上方转至前臂前面，沿前臂下部的桡侧、前臂上部和肘部的前面及肱二头肌外侧上行，再经三角肌与胸大肌间沟行至锁骨下窝，穿过锁胸筋膜，汇入腋静脉或锁骨下静脉。在肘窝处通过肘正中静脉与贵要静脉交通。

2）贵要静脉：起自手背静脉网尺侧，沿前臂尺侧上行，渐转至前臂前面，过肘窝处接受肘正中静脉，在肱二头肌和旋前圆肌之间的浅面上行，再经肱二头肌内侧沟行至臂中点平面，穿深筋膜注入肱静脉，或伴肱静脉上行至腋腔与肱静脉汇合成腋静脉。

3）肘正中静脉：通常在肘窝处连接头静脉与贵要静脉（此类型国人约占 50%）。有交通支与深静脉相连。

4）前臂正中静脉：起于手掌静脉丛，沿前臂前面上行，注入肘正中静脉。

讨论：手背静脉网及上肢浅静脉在临床上的应用。如果长期输液应怎样合理使用浅静脉？

（2）上肢深静脉：与同名动脉伴行，且多为两条。只需观察肱静脉和腋静脉。两条肱静脉在大圆肌下缘处汇合成腋静脉。腋静脉位于腋动脉前内侧，在第 1 肋外侧缘续为锁骨下静脉。

7. 胸部的静脉（Vein of Thorax）：取胸腹后壁标本观察。

（1）头臂静脉：前已观察。

（2）上腔静脉：前已观察。

（3）奇静脉：于膈的右脚起自腰升静脉，继经右脚后方和第12胸椎的右侧进入胸腔，从食管后方沿脊柱的右前方及升主动脉的右侧上升，约平第4～5胸椎高度向前勾绕右肺根上方注入上腔静脉。沿途收集右胸壁的静脉血，并通过半奇静脉、副半奇静脉收集左胸壁的静脉血。

（4）半奇静脉：在膈的左脚处起自左腰升静脉，沿脊柱左前方上行至第8胸椎体高度，经主动脉、食管和胸导管的后方向右跨越脊柱，注入奇静脉。

（5）副半奇静脉：沿胸椎体左侧下行，注入半奇静脉或奇静脉。

（二）下腔静脉系（Inferior Vena Cava System）

下腔静脉系由下腔静脉及其属支组成，收集下肢、盆部、腹部等处的血液。

1. 下腔静脉（Inferior Vena Cava）：取胸腹后壁标本观察。下腔静脉在第4、5腰椎间的右前方由左、右髂总静脉合成，沿脊柱前方、腹主动脉的右侧上行，经肝的腔静脉窝，穿膈的腔静脉裂孔入胸腔，再穿纤维心包注入右心房。下腔静脉的属支分壁支和脏支两种，多数与同名动脉伴行。

（1）壁支：膈下静脉和腰静脉均与同名动脉伴行。4对腰静脉直接注入下腔静脉。各腰静脉之间的纵支连成腰升静脉。左、右腰升静脉向上分别续为奇静脉和半奇静脉，向下与髂总静脉和髂腰静脉交通。

（2）脏支：包括肾上腺静脉、肾静脉、睾丸（卵巢）静脉和肝静脉等。

1）肾上腺静脉：左、右各一，左侧注入左肾静脉，右侧直接注入下腔静脉。

2）肾静脉：在肾门处合为一干，经肾动脉前面向内行，几乎呈直角开口于下腔静脉。左侧肾静脉比右侧长，向右跨腹主动脉前方成直角注入下腔静脉。左肾静脉接受左睾丸（卵巢）静脉和左肾上腺静脉。左睾丸（卵巢）静脉从左肾静脉下面注入，左肾上腺静脉自左肾静脉的上缘近中线处注入。

3）睾丸（卵巢）静脉：左、右各一。睾丸静脉起自睾丸和附睾的小静脉，在精索内吻合成蔓状静脉丛，缠绕于睾丸动脉周围，经腹股沟管进入盆腔，汇成两条睾丸静脉，左侧以直角注入左肾静脉，右侧以锐角注入下腔静脉。卵巢静脉起自卵巢静脉丛，在卵巢悬韧带内上行，注入部位同睾丸静脉。

想一想：为什么睾丸静脉曲张容易发生于左侧？

4）肝静脉：取游离肝标本观察。肝静脉收集由肝动脉和门静脉输入的血液，由小叶下静脉合成，有2～3条主干，自肝脏后面的腔静脉沟内穿出并立即斜行注入下腔静脉。在腔静脉沟上端探查肝左、中、右静脉向下腔静脉的开口。

2. 肝门静脉系（Hepatic Portal System）：取肝门静脉系特制标本、肝门静脉模型结合整尸标本观察。肝门静脉系包括肝门静脉及其属支和分支。

（1）肝门静脉：长约6～8 cm，多由肠系膜上静脉和脾静脉在下腔静脉前方、胰头和胰体交界处的后方汇合而成，经胰颈和下腔静脉之间在十二指肠上部后方进入肝十二指肠韧带，在肝固有动脉和胆总管的后方上行至肝门，分为左、右两支分别进入肝左叶和肝右叶。肝门静脉在肝内反复分支，最终汇入肝血窦。在整尸标本上，于肝十二指肠韧带内探查肝门静脉，见其位居胆总管和肝固有动脉两者的后方，向上分为左、右支进入肝门。在胰颈后方，脾静脉和肠系膜上静脉汇合成肝门静脉的起始部，此处也可见肠系膜下静脉汇入脾静脉或肠系膜上静脉。在肝十二指肠韧带下部寻找胃左、右静脉汇入处，在上部沿胆囊追踪寻找胆囊静脉至汇入肝门静脉处。探查肝圆韧带表面较细的附脐静脉，查看通过肝圆韧带裂汇入肝门静脉处。理解肝门静脉的特点及收纳范围。

（2）肝门静脉的主要属支：包括肠系膜上静脉、肠系膜下静脉、脾静脉、胃左静脉、胃右静脉、胆囊静脉和附脐静脉等，多与同名动脉伴行。附脐静脉为与肝圆韧带伴行的2～3支小静脉，起自脐部，行至肝镰状韧带内，终于肝门静脉。

（3）肝门静脉与腔静脉间的吻合：在门－腔静脉吻合模型上，观察食管静脉丛、直肠静脉丛、脐周静脉网，理解其通过何途径实现门－腔静脉吻合及门－腔静脉吻合的意义。

想一想：肝硬化的病人为什么会出现腹水、呕血、便血和脐周静脉曲张等症状？手术治疗肝硬化引起的门脉高压时可采取哪些方法？

3. 髂总静脉（Common Iliac Vein）：由髂内静脉和髂外静脉在骶髂关节前方汇合而成，并接受髂腰静脉和骶外侧静脉，左髂总静脉还接受骶正中静脉。左髂总静脉长而倾斜，先沿左髂总动脉内侧，后沿右髂总动脉后方上行。右髂总静脉短而垂直，行经髂总动脉后方。

（1）髂内静脉：沿髂内动脉后内侧上行，与髂外动脉汇合成髂总静脉。其属支与同名动脉伴行。

（2）髂外静脉：是股静脉的直接延续，并接受腹壁下静脉和旋髂浅静脉。左髂外静脉沿髂外动脉的内侧上行，右髂外静脉先沿髂外动脉的内侧，继沿其后方上行，至骶髂关节处与髂内静脉汇合成髂总静脉。

4. 下肢的静脉（Vein of Lower Limb）：取下肢游离标本结合整尸标本观察。

（1）下肢深静脉：在下肢深静脉标本上，观察胫前、后静脉，探查腘静脉、股静脉和髂外静脉的相互延续处。足和小腿的深静脉与同名动脉伴行，均为两条。胫前静脉、胫后静脉汇合成腘静脉。腘静脉穿收肌腱裂孔移行为股静脉。股静脉伴股动脉上行，经腹股沟韧带后方续为髂外静脉。股静脉接受大隐静脉及与股动脉分支伴行的静脉。在股三角内，股静脉位于股动脉的内侧。在股部模拟静脉穿刺插管，理解应注意的事项。

（2）下肢浅静脉：包括小隐静脉和大隐静脉。在下肢浅静脉标本上，于内踝前方寻找恒定经过的大隐静脉，向下追踪至足背静脉弓，向上观察其行程。在大隐静脉穿隐静脉裂孔注入股静脉前，辨认其5个主要属支。在外踝后方寻找小隐静脉，经小腿后面注入腘静脉。

小隐静脉：在足的外侧缘起自足背静脉弓，经外踝后方，沿小腿后面上行，至腘窝下角处穿深筋膜，再经腓肠肌两头之间上行，注入腘静脉。收集足外侧部和小腿后面的浅静脉。

大隐静脉：为全身最长的静脉，自足的内侧缘起自足背静脉弓，经内踝前方，沿小腿内侧面伴隐神经上行，行经膝关节内后方、股骨内侧髁后内侧，在大腿内侧面继续上行，至耻骨结节外下方3～4 cm处穿隐静脉裂孔，注入股静脉。在注入股静脉之前，大隐静脉接受下列5大属支：股内侧浅静脉、股外侧浅静脉、阴部外静脉、腹壁浅静脉、旋髂浅静脉。

【作业及思考题】

1. 直接连通上、下腔静脉的静脉丛有哪些？

2. 睾丸静脉曲张的患者为什么以左侧多见？

3. “危险三角区”如发生严重化脓性感染，处理不当为什么会导致颅内感染？

4. 临床选用手背静脉网行静脉穿刺时，为什么要在前臂远端用压脉带捆扎后再进行穿刺？

5. 从手背静脉网滴注抗菌素治疗右侧面部感染，药物经哪些途径到达感染灶？

6. 从头静脉注射某种药物，经哪些途径到达右心房？

7. 大隐静脉切开穿刺术的部位常选何处？若滴注药物将经何途径到达右心房？

8. 进行股静脉穿刺时，如何判断进针部位？

9. 从臀部肌注某种抗菌素治疗阑尾炎，问药物经哪些途径到达阑尾？

10. 肝硬化晚期患者为什么会出现呕血、便血和腹壁浅静脉曲张？

11. 简述上、下腔静脉主干及主要属支收集范围与流注关系。

12. 简述肝门静脉的组成及主要属支，以及肝门静脉循环的特点。

13. 简述上、下肢的浅静脉和头颈部浅静脉的位置及流注关系。

14. 预习下次实验课内容：“淋巴系统”。

（邓春雷）

十四、淋巴系统

【目的要求】

1. 掌握淋巴系统的组成、局部淋巴结的概念。

2. 掌握胸导管和右淋巴导管的行程与收集范围。

3. 掌握全身各部主要淋巴结群的位置，了解其收集范围和回流途径。

4. 掌握脾、胸腺的位置、毗邻、形态，了解其功能。

【实验材料】

1. 标本及模型：整尸标本；淋巴系模型；胸腹后壁结构标本及模型；纵隔标本及模型；示淋巴管、淋巴结及胸导管的特制标本；离体肺；儿童胸腺标本；脾标本。

2. 其他教学资源：教学挂图；多媒体课件。

【实验时数】1 学时。

【注意事项】

1. 在标本上淋巴结多数已被剔除，参照模型和挂图/图谱理解。

2. 胸导管薄而脆，观察时切勿牵拉或用器械夹持。除特制标本外，其他淋巴管难以见到，察看模型即可。

3. 在特制标本上，淋巴管、淋巴结及胸导管等多用绿色涂彩标记。

【实验内容及方法】

（一）淋巴器官（Lymphatic Organs）

1. 淋巴结（Lymph Nodes）：先取全身淋巴系统模型及特制淋巴系统标本观察全身淋巴系统概况及各局部淋巴结群的分布概况。淋巴系统由淋巴管道、淋巴器官和淋巴组织三部分组成。淋巴管道是静脉的辅助管道，构造类似于静脉。淋巴管道壁薄，呈串珠样，只有较大的淋巴管道在标本上才能观察到，较细的淋巴管需在特制标本或模型上观察、体会。于大隐静脉止点附近找到一淋巴结，轻轻提起观察其输出、入淋巴管，与淋巴结凸侧相连的是输入淋巴管，与凹侧相连的是输出淋巴管。取离体肺观察肺门附近的淋巴结。其余部位淋巴结多已除去，不必细找。

取显示淋巴系统的模型重点观察以下主要淋巴结群的配布，总结其分布规律：

（1）腹股沟淋巴结群：沿腹股沟韧带斜形排列的是腹股沟浅淋巴结上群；沿大隐静脉末端排列的是腹股沟浅淋巴结下群；沿股静脉末端排列的是腹股沟深淋巴结。

（2）腋窝淋巴结群：外侧淋巴结沿腋静脉远侧端排列；胸肌淋巴结沿胸外侧血管排列；肩胛下淋巴结沿肩胛下血管排列；腋窝中部的是中央淋巴结；尖淋巴结沿腋静脉近侧端排列。

（3）乳房淋巴回流途径：向外侧经胸肌淋巴结回流；向上汇入尖淋巴结；向深方注入胸大、小肌之间的胸肌间淋巴结；向内侧至胸骨旁淋巴结；向下经膈上淋巴结与肝的淋巴相吻合；浅淋巴管也与对侧吻合。

想一想：乳腺癌晚期出现“橘皮症”的原因及乳腺癌根治术应注意清除哪些淋巴结?

（4）左锁骨上淋巴结：沿颈横血管分布。讨论左锁骨上淋巴结肿大的临床意义，解释胃癌和食管下端癌时为什么会出现此处淋巴结肿大。

（5）颈淋巴结群：颈外侧浅淋巴结沿颈外静脉排列；颈外侧深淋巴结沿颈内静脉排列，以肩胛舌骨肌分为上、下两组。重点辨认颈内静脉二腹肌淋巴结和颈内静脉肩胛舌骨肌淋巴结，理解其肿大后的临床意义。

2. 脾（Spleen）：在整尸标本上，于左季肋区观察脾的位置。脾位于左季肋区，在第9至第11肋之间，长轴与第10肋一致，与胃、左肾、胰尾和结肠左曲相邻。取离体脾标本结合整尸标本观察。脾呈暗红色，质脆，可分为膈、脏两面，前、后两端，上、下两缘。膈面光滑隆凸，对向膈。脏面凹陷，中央处有脾门，为血管、神经和淋巴管出入处。前端较宽，朝前外方，达腋中线。后端钝圆，朝后内方。上缘较锐，朝向前上方，前部有2～3个脾切迹。下缘较钝，朝向后下方。

想一想：脾切迹有何临床意义?

3. 胸腺（Thymus）：取特制儿童胸腺观察，见胸腺大部分位于胸腔上纵隔前份，小部分在前纵隔。胸腺形如锥体，由不对称的左、右两叶组成，两叶均为长扁条状。成人胸腺已退化，取纵隔标本结合整尸标本观察，见胸腺已被胸腺剩件所取代（仅为两片叶状的结缔组织）。说出胸腺的功能。

4. 扁桃体（Tonsil）：存在于口腔及咽部，包括腭扁桃体、咽扁桃体、舌扁桃体、咽鼓管扁桃体等。消化系统实验时已观察。

（二）淋巴管道（Lymphatic Vessel）

1. 淋巴干（Lymphatic Trunks）：取模型和特制标本观察，结合教材和挂图进行体会。左、右颈干收集头、颈部的淋巴管；左、右锁骨下干收集上肢的淋巴管；左、右支气管纵隔干收集胸部的淋巴管；左、右腰干收集下肢、盆部、腹壁及腹腔成对脏器的淋巴管；肠干收集腹腔不成对脏器的淋巴管。

2. 胸导管（Thoracic Duct）：胸导管是全身最大的淋巴管。在胸腹后壁标本上轻轻拉起食管胸段，即可在胸主动脉和奇静脉之间见到呈串珠样的胸导管（注意胸导管壁薄，观察时如牵拉极易断裂），再向上、向下追索观察其位置和行程。向下追索，见胸导管约平第12胸椎下缘至第1腰椎体高度之前起自乳糜池（国人有池者占45%，无池者占55%），经膈的主动脉裂孔入胸腔，在脊柱右前方、食管后方、主动脉与奇静脉之间上行，约平胸骨角水平经食管与脊柱之间向左斜行，然后沿脊柱左前方上行，经胸廓上口至颈部，约平第7颈椎水平横过左颈总动脉，最后注入左静脉角。乳糜池收集左、右腰淋巴干和肠干的淋巴。胸导管末端接受伴左颈内静脉下行的左颈干、伴左锁骨下静脉下行的左锁骨下干和循气管及纵隔结构上行的左支气管纵隔干。

想一想：胸导管损伤后可能有何临床表现？

3. 右淋巴导管（Right Lymphatic Duct）：右淋巴导管长仅1～1.5cm，由右颈干、右锁骨下干、右支气管纵隔干汇合而成，注入右静脉角。在整尸标本或模型上于右静脉角处查看右淋巴导管及其开口部位。

【作业及思考题】

1. 目前大多数的乳腺癌患者往往是因腋淋巴结无痛性肿大而被确诊，为什么？
2. 胃癌或食管癌患者为什么有时可扪及左锁骨上淋巴结肿大？
3. 腹股沟浅淋巴结肿大患者应在哪些部位寻找病灶？
4. 口腔炎症时患者有不同程度的下颌下淋巴结肿大和疼痛，为什么？
5. 预习下次实验课内容：“视器”。

（邓春雷）

十五、视器

【目的要求】

1. 掌握眼球壁层次、各层形态结构及其在活体上能辨认的有关结构。
2. 掌握眼球内折光装置的形态、位置及机能；掌握房水循环途径。
3. 掌握眼球外肌、睑肌的名称、位置及作用和各肌的神经支配。
4. 掌握视网膜中央动脉的行程、分支、分布及特点；了解眼动脉的来源及眼静脉的回流概况。
5. 了解眼睑的层次；掌握结膜的分部、形态、结构。

6. 掌握泪器的组成、形态、位置、开口，并在活体上指认有关结构。

【实验材料】

1. 标本及模型：牛眼；睫状小带瓶装标本；眼外肌标本及模型；泪器标本及模型；眼放大模型；去顶颅骨。

2. 其他教学资源：多媒体实验教学课件；挂图。

【实验时数】1 学时。

【注意事项】

1. 能在活体观察的尽量在活体观察。

2. 观察标本前首先要确定好方位，一定置于解剖学位置上观察。

3. 实验开始前认真观看多媒体实验教学课件。

【实验内容及方法】

以物体的成像为主线，结合视器的运动、保护装置进行观察。先在标本上确认视器的组成及位置、毗邻，再在放大模型上逐一辨认其结构。

（一）眼球（Eyeball）

位于眶内，近似球形，前后径略小于横径，由眼球壁及其内容物组成。首先观看多媒体实验教学课件，再取模型、离体标本、牛眼等对照活体进行观察。取眼球模型寻找眼球前、后部最突出处即前、后极。在经视神经盘作眼球水平切的标本和模型上，于视神经盘的颞（外）侧寻找黄斑中央凹；将眼球前、后极作一连线即眼轴，瞳孔中央至黄斑中央凹的连线为视轴。

1. 眼球壁（Wall of Eyeball）：由内而外分为内膜（视网膜）、中膜（血管膜）、外膜（纤维膜）三层。

（1）外膜：在眼球模型上，从表面观察前部较小的无色透明结构即角膜，后部较大呈乳白色的是巩膜。在活体，前 1/6 为角膜，无色透明，无血管，约呈圆形，较向前突出。后 5/6 为巩膜，坚韧致密，乳白色而不透明，各处厚薄不一，即活体所见之“白眼珠”。巩膜与角膜交界处称角巩膜缘，其深部有环形的巩膜静脉窦；后上方与视神经的硬膜鞘相延续，后极稍内侧有视神经从巩膜穿出。在眼球水平切模型上，见巩膜静脉窦在角膜与巩膜交界处呈点状，理解其呈环形的立体形态。视神经纤维穿过的部位，称巩膜筛板。

（2）中膜：在眼球水平切模型上，中膜由前向后可分为虹膜、睫状体和脉络膜三部分。中膜最前部的虹膜位于角膜后方、晶状体前方，为呈冠状位的圆盘形薄膜。取下虹膜，观察虹膜的形态、颜色及中央的瞳孔。在活体上相互观察虹膜及瞳孔，理解眼的颜色因种族不同而有差异的原因。在虹膜模型上仔细观察位于瞳孔周边的呈辐射状的瞳孔开大肌和呈环行的瞳孔括约肌，理解其作用。虹膜将角膜和晶状体之间分隔为较大的前房和较小的后房，二者间借瞳孔相通。在前房周边，虹膜与角膜交界处的环形区域，称虹膜角膜角（前房角）。睫状体是中膜的肥厚部分，位于巩膜与角膜移行处的内面。在通过眼轴的切面上，睫状体断面呈三角形，其后部 2/3 平坦，整体上称睫状环，前 1/3 有向内突出呈辐射状排列的约 70～80 个皱襞即睫状突。在特制标本上，可见到由睫状突连于晶状体囊的睫状小带。中膜的后 2/3 为脉络膜，前接睫状体，后方有视神经穿过，外面与巩膜疏松结合，内面紧贴视网膜色素层。取眼的动态模型观察、体会睫状肌、睫状小带、晶状体三者的关系。

想一想：睫状肌在调节晶状体曲度中的作用。

（3）内膜：在眼球水平切模型上观察，视网膜附于中膜内面，自后向前分为视部、睫状体部和虹膜部（后两部又称盲部）。后部视神经起始处的圆形白色隆起，称视神经盘，盘的边缘隆起，中央凹陷，称视盘陷凹。视网膜中央动脉、静脉穿过视神经盘。在视神经盘颞侧稍偏下方约3.5 mm处，有一黄色小区，称黄斑，其中央凹陷称中央凹。

2. 内容物（Contents of Eyeball）：包括房水、玻璃体和晶状体。

（1）房水：充满眼房，为无色透明的液体，已解剖的标本已见不到。说出房水的产生、循环途径及临床意义。

（2）玻璃体：为无色透明、无血管的胶体物质，充填于晶状体与视网膜之间。在眼球水平切模型上，将位于晶状体后方较大的略呈圆形的玻璃体取出，观察其形状，理解其对视网膜的支撑作用及临床意义。

（3）晶状体：在眼球水平切模型上将透明呈双凸透镜的晶状体取出，观察其曲度，凸度较大者为后面，较小者是前面，理解其在物体成像中的变化、作用及临床意义。在活体上，晶状体无色透明，富有弹性，不含血管和神经，外包高度弹性的晶状体囊，借睫状小带（晶状体悬韧带）系于睫状体。睫状小带由透明、坚硬、无弹性的纤维交错而成。

想一想：老年性白内障是如何形成的？

将晶状体、玻璃体放回模型内，观察由角膜、房水、晶状体和玻璃体组成的屈光装置及其特点，讨论物体在视网膜上的成像原理以及近视、远视的形成原理与矫正的方法。

取一牛眼球，首先观察其外形，然后将眼球放在小木板上，沿赤道处剖开（注意切开角膜时有液体流出，此即房水，向后切有胶状的玻璃体流出），观察、验证以上结构。眼球后半部最内为玻璃体，呈胶冻状或已液化。此处眼球壁肉眼观为三层：内层为视网膜神经层，乳白色，并发出蓝色荧光，与视神经相对处内面有中心略凹的视神经盘；中间一层从内面看呈蓝黑色，为视网膜色素上皮层，从外面看呈棕黑色，为脉络膜，两者紧贴在一起；外层乳白色，为坚韧致密的巩膜，可见视神经于后极稍内侧穿出巩膜，其外包有神经鞘。部分视网膜已脱落、游离，从而可以理解玻璃体对视网膜的支撑作用，如玻璃体破裂或体积变小将导致视网膜剥离。

仔细除去玻璃体，用小镊子夹住晶状体略微提起，细心观察连于晶状体赤道部与睫状体之间的睫状小带。取出晶状体先观察其形态结构。触摸晶状体，弹性较好，周围部较软的是晶状体皮质，中央部的晶状体核较硬。用刀剖开晶状体，见晶状体外周呈同心圆排列的晶状体纤维，中央为晶状体核。仔细观察睫状体的睫状环与睫状突、虹膜与瞳孔。观察最前方的角膜（已不甚透明）。将眼球壁前部沿矢状方向剪开，观察眼前房、眼后房及虹膜角膜角。观察虹膜的形状及颜色，将角膜、巩膜、睫状体与模型进行对比，理解它们的形态及构造。

取用牛眼特制的睫状小带瓶装标本观察睫状小带的形态和走向。

（二）眼副器（Accessory Organs of Eye）

1. 眼睑（Eyelid）：互相在活体上观察眼睑的形状及以下结构：上睑、下睑、睑缘、睑裂、内眦、外眦、泪湖、泪阜、泪乳头、泪点。在眼睑层次标本上，辨认眼睑的5层结构即皮肤、皮下组织、肌层（眼轮匝肌和上睑提肌）、睑板和睑结膜，注意睑板呈半月形，触之较硬，理解临床上“麦粒肿”和“霰粒肿”的发生原因。

2. 结膜（Conjunctiva）：结合标本在活体观察。将眼睑翻起，观察眼睑内面透明的粘膜即睑结膜；眼球表面的球结膜；睑结膜与球结膜移行处的结膜穹隆。闭合眼睑，理解结膜囊的形成。观察结膜上穹时须外翻上睑，眼球向下转；观察结膜下穹时外翻下睑，眼球向上转。

3. 泪器（Lacrimal Apparatus）：包括泪腺和泪道。取显示泪器的标本，观察位于眼眶上外侧部泪腺窝内的泪腺，它有若干排泄小管开口于结膜上穹的外侧部。泪道包括泪点、泪小管、泪囊和鼻泪管，取标本、模型和活体对照观察。上、下泪小管分别起自泪点，先与睑缘成垂直方向走行，旋即转向内侧行，上、下泪小管汇合开口于泪囊上部。泪囊为位于泪囊窝内的一盲性囊，其下端移行为鼻泪管。鼻泪管的上部行经骨性鼻泪管中（取颅骨标本对照），下部与骨膜结合紧密，位于鼻腔外侧壁的粘膜下，开口于下鼻道中部的外侧壁。用较硬的细铁丝自泪点伸入泪小管，经泪囊、鼻泪管探查其开口于下鼻道，理解泪液的作用、产生、排出途径及临床意义。

4. 眼球外肌（Extraocular Muscles）：包括运动眼球的4块直肌、2块斜肌和1块上提上眼睑的上睑提肌，均为骨骼肌。结合标本和模型逐一观察。4块直肌（上、下、内、外直肌）均起自视神经管周围和眶上裂内侧的总腱环，分别沿眼眶上、下、内侧、外侧壁前行，在赤道前方分别止于巩膜的上、下、内侧和外侧面。除外直肌由展神经支配外，其余均由动眼神经支配。上睑提肌起自视神经管前上方眶壁，在上直肌上方前行，前端成为宽阔的腱膜，止于上睑的皮肤、上睑板，由动眼神经支配。上斜肌细而长，起于总腱环，沿眼眶顶壁的内侧缘前行，以纤细的腱通过附于眶内侧壁前上方的纤维滑车，然后转向后外，在上直肌与外直肌间止于眼球赤道后方的巩膜，由滑车神经支配。下斜肌起自眼眶底壁前内侧，经下直肌下方行向后外，止于眼球赤道的后方，由动眼神经支配。牵拉眼外肌观察眼球的运动方向，注意：眼外肌的止点在赤道之前和赤道之后其收缩时引起的眼球瞳孔转动方向是截然相反的。

取眼外肌放大模型，先确认各眼外肌，再模拟眼外肌的收缩状态，观察眼球前部的转动方向：内、外直肌收缩分别使瞳孔转向内侧和外侧；因两侧骨性眼眶呈“八”字形斜向外侧，上、下直肌也呈“八”字形排列，肌的起点靠内侧，止点靠外侧，收缩时除拉瞳孔向上、下方外，也使瞳孔向内侧转动；上斜肌收缩时牵拉眼球后部向内上外转动，前部瞳孔则转向外下方；下斜肌收缩时牵拉眼球后部向内下方转动，前部瞳孔则转向外上方。

互相观察眼球随手指移动而转动有哪些方向？是由哪些眼外肌的运动产生的？

（三）眼的血管和神经（Vessels and Nerves of Eye）

取特制标本对照模型观察。

1. 眼动脉（Ophthalmic Artery）：眼动脉为营养眼眶内结构的主要动脉，由颈内动脉在前床突内侧发出，与视神经伴行经视神经管入眶，先在神经外侧，后经其上方而达眶内侧，前行于上斜肌和上直肌之间，终支出眶达鼻背。眼动脉沿途发出许多分支，其中主要的有：

（1）视网膜中央动脉：供应视网膜内层的唯一动脉，为终动脉。由眼动脉发出后，在视神经下方前行，在距眼球后方 10～15 cm 处，于视神经的下方穿入视神经鞘内，在视神经中央前行至眼球内，从视神经盘穿出，先分为上、下两支，再分为视网膜鼻侧上、下小动脉和视网膜颞侧上、下小动脉，分布于视网膜内层。查看视网膜中央动脉穿视神经鞘处，随视神经进入眼球壁供应视网膜的血液。

（2）脉络膜动脉（睫后短动脉）：多支，在视神经周围穿入眼球，分布于脉络膜。

（3）虹膜动脉（睫后长动脉）：有两支，在视神经内、外侧穿入巩膜，再在虹膜后缘各分上、下两支，与睫前动脉的小支吻合成虹膜动脉大环，由环上再分支，至瞳孔游离缘吻合成虹膜动脉小环。

（4）睫前动脉：由眼动脉的各肌支发出，共 7 支，在眼球前部距角膜缘 5～8 mm 处穿入巩膜，在巩膜静脉窦的后面穿入睫状肌，发分支与虹膜动脉大环吻合。未入巩膜前发小支至球结膜。

2. 眼静脉（Ophthalmic Vein）：主要有视网膜中央静脉（与同名动脉伴行）、涡静脉、睫前静脉等。这些静脉以及眶内其他静脉最后汇入眼上、下静脉。眼上静脉自眶内上角向后经眶上裂注入海绵窦，眼下静脉起自眶下壁及内侧壁的静脉网，行向后分为 2 支，1 支注入眼上静脉，另 1 支经眶下裂汇入翼丛。

3. 眼神经（Ophthalmic Nerve）：来源很多。视神经起于眼球后极内侧约 3 mm，行向后内，穿视神经管入颅中窝。视神经外被三层被膜并分别与脑的三层被膜直接延续。动眼神经支配上睑提肌、下斜肌和上、下、内直肌。滑车神经支配上斜肌。展神经支配外直肌。交感神经分支支配瞳孔开大肌和睑板肌。瞳孔括约肌和睫状体肌由动眼神经内的副交感神经纤维支配。感觉神经来自三叉神经的眼神经和上颌神经。面神经支配眼轮匝肌的运动和泪腺的分泌。

【作业及思考题】

1. 用棉丝轻触深昏迷患者角膜是否能眨眼？
2. 用手电照射瞳孔，瞳孔会缩小，它是何肌收缩的结果？
3. 长时间阅读为什么要远眺一下？如何预防近视？
4. 哪些结构损坏会妨碍光线透过而失明？
5. 绘眼球水平切面示意图，依次标注光线自外界到视网膜所经结构的名称。
6. 预习下次实验课内容：“前庭蜗器”。

（李有秋）

十六、前庭蜗器

【目的要求】

1. 掌握外耳的组成，外耳道的形态、位置及方向，新生儿外耳道的特点，鼓膜的形态、位置。

2. 掌握中耳的组成，鼓室位置及各壁的形态结构、毗邻关系；掌握鼓室连通情况及临床意义。

3. 了解听小骨的名称、连接关系、位置及作用；了解鼓膜张肌和镫骨肌的作用。

4. 掌握咽鼓管的形态特征、开口、位置、作用和幼儿咽鼓管的特点；掌握乳突小房和乳突窦的位置。

5. 掌握骨迷路与膜迷路的位置、形态、组成及结构。

【实验材料】

1. 标本及模型：去顶颅骨；位听器全貌放大模型；位听器全貌标本；听小骨；内耳原位铸型标本；内耳雕刻标本；中耳锯开湿标本（显示咽鼓管、鼓膜张肌、鼓索、鼓膜）；纵行锯开的颞骨标本及颞骨放大模型；内耳模型。

2. 其他教学资源：多媒体实验教学课件；挂图。

【实验时数】2 学时。

【注意事项】

1. 前庭蜗器标本均较细小而复杂，需结合模型观察。

2. 观察形态结构时需注意解剖学方位。

3. 尽可能结合活体观察。

【实验内容及方法】

先观看多媒体实验教学课件，再取全耳模型观察前庭蜗器概况。前庭蜗器分外耳、中耳、内耳三部分。外耳又分三部：外露之耳廓，管道部分为外耳道，与鼓室之间的膈膜即鼓膜。中耳为一系列小腔，介于外耳与内耳之间。内耳称迷路，包括膜迷路和骨迷路，骨迷路包括耳蜗、前庭、骨半规管，其内套有膜迷路。在整尸标本上明确前庭蜗器的位置和方位。

（一）外耳（External Ear）

外耳由耳廓、外耳道和鼓膜组成。

1. 耳廓（Auricle）：对照挂图或图谱，结合耳廓模型在活体上寻认：耳轮、对耳轮、耳屏、对耳屏、耳屏间切迹、耳甲腔、外耳门、耳垂、耳舟、三角窝、耳甲艇、耳甲腔、耳屏间切迹等结构。在活体用手捏扁耳廓使之变形，观察其是否会恢复原状，为什么？

2. 外耳道（External Acoustic Meatus）：外耳门至鼓膜间的弯曲管道，外侧 1/3 为软骨部，与耳廓的软骨相连续；内侧 2/3 为骨性部。外耳道由外向内其方向先向内前上，继而稍向后，转向内前下。模拟检查鼓膜的动作，寻找应向何处牵拉耳廓可使外耳道呈近似于直线的管道？婴幼儿外耳道几乎全为软骨，活体检查鼓膜时需将耳廓向何处牵拉？

3. 鼓膜（Tympanic Membrane）：取模型对照特制标本观察。鼓膜位于外耳道与鼓室之间，构成鼓室外侧壁的大部分。在标本或模型上观察鼓膜的位置，尤其是其倾斜情况，注意成人与婴幼儿的差别：成人向前下外倾斜，与头部的矢状面及水平位各成45°角，婴幼儿接近水平位。鼓膜为椭圆半透明薄膜，边缘附于颞骨鼓部和鳞部，与外耳道底约成40°～50°倾斜角，外面朝向前、下、外，内面呈斗笠状凸向鼓室，中心称鼓膜脐，为锤骨柄末端附着处。由鼓膜脐沿锤骨柄向上，鼓膜向前、后形成两个皱襞，两皱襞间鼓膜上1/4的三角形区域，称松弛部，薄而松弛，下3/4固定于鼓膜环沟内，坚实紧张，称紧张部。锤骨柄的上部内侧有一条细的神经——鼓索横跨而过。

（二）中耳（Middle Ear）

中耳包括鼓室、咽鼓管、乳突窦和乳突小房，大部分位于颞骨岩部内。取模型及锯开的颞骨标本对照观察，注意参照整颅标本确定其解剖位置，由前内向后外持拿，查看鼓室、咽鼓管、乳突窦和乳突小房。

1. 鼓室（Tympanic Cavity）：颞骨岩部内约1 cm大小的不规则含气小腔，上、下径和前、后径长，内、外侧径短，有壁。

（1）鼓室壁：取耳模型分别观察鼓室的6壁及其毗邻。

1）外侧壁（鼓膜壁）：主要为鼓膜，鼓膜上方为骨质围成的鼓室上隐窝。

2）内侧壁（迷路壁）：内耳前庭部的外侧壁。中部有向外侧的丘状隆起，称岬（由耳蜗第一圈起始部隆起形成），岬的后上方有卵圆形孔，称前庭窗或卵圆孔（活体由镫骨底及周围的韧带封闭）。岬的后下方有圆形小孔，名蜗窗或圆窗（活体内由第二鼓膜封闭）。前庭窗的后上方有一弓形隆起，并延至鼓室后壁，称面神经管凸，内有面神经通过。在耳模型上打开颞骨岩部的盖子，取出里面的内耳验证以上结构是如何形成的。

想一想：中耳炎根治术经乳突入路手术时如何避免损伤面神经？

3）上壁（盖壁）：为鼓室盖，为一分隔鼓室与颅中窝的薄骨板。

4）下壁（颈静脉壁）：为一凸面向鼓室的薄层骨板，分隔鼓室与颈静脉窝。

5）前壁（颈动脉壁）：即颈动脉管的后外壁。其上部是肌咽鼓管的开口，管的上部为鼓膜张肌半管，内容鼓膜张肌；下部为咽鼓管半管。

6）后壁（乳突壁）：上部有乳突窦开口。鼓室借乳突窦向后通入乳突小房。乳突窦开口的内侧有外半规管凸，下方有一锥隆起，内容镫骨肌，该肌的肌腱从锥隆起尖端的小孔伸出，止于镫骨颈。面神经管由鼓室内侧壁经锥隆起上方转至后壁，然后垂直下行，通茎乳孔。

想一想：中耳炎为何容易并发乳突炎？

（2）鼓室内容物：鼓室内含有3块听小骨、2块运动听小骨的骨骼肌、1根神经和与大气压压力相等的空气。

1）听小骨（Auditory Ossicles）：结合铸型标本、实物标本和模型观察体会。在封装的听小骨标本上，观察3块听小骨的大小、形状。3骨中锤骨最靠外侧，形如鼓槌，有头、柄、外侧突和前突。头与砧骨体形成砧锤关节；柄附于鼓膜的脐区，其上端连有鼓膜张肌。砧骨形如砧，有体和长、短脚，体与锤骨头形成砧锤关节，长脚与镫骨头形成砧镫关节，短脚以韧带连于鼓室后壁。镫骨可分为头、颈、两脚和一底，底封闭前庭窗，颈有镫骨肌腱附着。在听小骨放大模型上观察其主要结构及其连接，注意理解锤骨柄与鼓膜脐和镫骨底与前庭窗的关系，说明听小骨链的杠杆放大作用及临床意义。

2）运动听小骨的肌：取耳模型观察。运动听小骨的肌有鼓膜张肌和镫骨肌。鼓膜张肌起自咽鼓管软骨部上壁的内面、蝶骨大翼，经由鼓膜张肌半管伸入鼓室，止于锤骨柄上端，收缩时将锤骨柄拉向内侧，使鼓膜内陷而紧张。镫骨肌位于锥隆起内，肌腱经锥隆起尖端的小孔入鼓室，止于镫骨颈，收缩时将镫骨头拉向后方，使镫骨底前部离开前庭窗，解除鼓膜的紧张状态。

2. 咽鼓管（Auditory Tube）：长约3.5～4.0 cm，连通鼻咽部和中耳鼓室，前内侧是较长的软骨部，后外侧为骨性部，两侧分别通鼓室和鼻咽的咽鼓管咽口。咽鼓管咽口开口于鼻咽部侧壁，下对下鼻甲后方，咽鼓管鼓室口开口于鼓室的前壁。两部交界处最窄，称咽鼓管峡。分别取成人和小儿咽鼓管的标本或模型，观察鼓室前壁下部的咽鼓管构成及倾斜度，比较成人与小儿的不同。

想一想：小儿上呼吸道感染时为什么常易引起中耳炎？

3. 乳突小房（Mastoid Cells）：颞骨乳突内的许多含气小腔，向前借乳突窦通鼓室。

4. 乳突窦（Mastoid Antrum）：乳突小房中最大者，居鼓室后壁上，沟通鼓室与乳突小房。取颞骨放大模型观察：颞骨乳突深方的蜂窝样腔隙即乳突小房，此处常为中耳手术的入路部位。在锯开的颞骨标本上观察，可见这些小腔互相交通，向前借乳突窦与鼓室相通。

（三）内耳（Internal Ear）

取耳模型及特制标本观察。先在耳的整体模型上观察位于中耳鼓室和内耳道底之间，全部埋藏于颞骨岩部骨质内的内耳，然后取出内耳，对照内耳放大模型观察内耳的组成和主要结构。骨迷路是由致密骨质围成的曲折隧道，分前庭、骨半规管和耳蜗三部分。膜迷路套在骨迷路内，内含内淋巴，骨迷路和膜迷路两者间充满外淋巴。

注意：在观察内耳放大模型时需先摆正其位置，即耳蜗顶伸向前外侧，底朝后内侧，卵圆形的前庭窗伸向前外侧，单独的“C”形半规管水平后伸。

1. 骨迷路（Bony Labyrinth）：在内耳放大模型上观察。骨迷路自前内向后外由耳蜗、前庭和骨半规管三部分组成。

（1）前庭（Vestibule）：骨迷路中部一不规则、近似椭圆形的扩大腔隙，前部较窄，有一大孔通耳蜗；后部较宽，有5个小孔与3个半规管相通。前庭的外侧壁即鼓室的内侧壁，有前庭窗和蜗窗，内侧壁即内耳道底的后部。

（2）骨半规管（Bony Semicircular Canal）：为彼此互成直角排列的前、后、外3个骨半规管。前骨半规管约与颞骨岩部的长轴相垂直，弓向上方，埋于弓状隆起稍前方的深面；后骨半规管与颞骨岩部的后面接近平行，凸向后外；外骨半规管呈水平位后伸，凸向外侧，有单骨脚和膨大的壶腹骨脚连于前庭。每个骨半规管都有两个骨脚连于前庭，一个骨脚细小称单骨脚，另一骨脚膨大称壶腹骨脚，脚上的膨大部称骨壶腹。前、后半规管的单骨脚合成一个总骨脚，故3个半规管以5个小孔开口于前庭的后上壁。

（3）耳蜗（Cochlea）：位于前庭的前方，形似蜗牛壳，从耳蜗顶至底作纵剖面，可见由松质骨构成的中心骨轴——蜗轴，呈锥形，向两侧伸出骨螺旋板。蜗螺旋管是由密质骨构成的中空骨管，环绕蜗轴外周盘旋2 圈半至蜗顶。耳蜗尖称蜗顶，朝向前外，蜗底朝向内耳道底。蜗螺旋管在蜗底处通向前庭，向蜗顶渐变细，以盲端终于蜗顶。在蜗螺旋管内有由蜗轴伸出的骨螺旋板，并未到达骨螺旋管的外侧壁，其缺空处由蜗管填补封闭，故蜗螺旋管可分为三部分：近蜗顶的是前庭阶，中间为膜性蜗管，近蜗底的是鼓阶。前庭阶和鼓阶均含外淋巴，两者间以蜗孔相通。鼓阶在骨螺旋管起始部有圆形的蜗窗，被第二鼓膜封闭。

2. 膜迷路（Membranous Labyrinth）：在模型上观察骨迷路与膜迷路的关系后，再观察膜迷路内的结构。在前庭内，膜迷路的结构有椭圆囊、球囊，两者间以椭圆囊球囊管相连。自椭圆球囊管中段发出内淋巴管，穿前庭水管至位于颞骨岩部后面的内淋巴囊（需取特制标本观察）。由球囊向前下有连合管与蜗管相连。椭圆囊内面的底部和前壁上有椭圆囊斑，球囊内面的前壁上有球囊斑。膜半规管套于同名骨半规管内，亦有单脚、壶腹脚及总膜脚、膜壶腹。膜壶腹壁上有隆起的壶腹嵴。蜗管在蜗螺旋管内，介于骨螺旋板和骨螺旋管外侧壁之间，在水平断面上呈三角形，其上壁为前庭膜，外侧壁为血管纹，下壁由骨螺旋板和基底膜组成。基底膜上有螺旋器（Corti 器），是听觉感受器。

讨论：声波的传导通路。

3. 内耳道（Internal Acoustic Meatus）：为内耳门至内耳道底之间的管道。内耳道底上有许多小孔，供蜗神经和面神经通过。内耳道内有前庭蜗神经、面神经和血管（来自基底动脉分出的迷路动脉）等结构穿行。取模型观察。

【作业及思考题】

1. 用耳镜检查鼓膜时应怎样牵拉耳廓？
2. 鼓膜两侧气压骤变有什么危害？鼓膜穿孔后，听力是否会改变？
3. 化脓性中耳炎有可能向上、向外、向后、向前各扩散到何处？
4. 内、外淋巴是否相通？晕车、晕船与内耳哪部分功能有关？
5. 哪些结构损害会导致耳聋？
6. 说出声波传导的途径。如何区别传导性耳聋与神经性耳聋？
6. 预习下次实验课内容：“脊髓”。

（李有秋）

十七、脊髓

【目的要求】

1. 掌握脊髓的位置和外形。
2. 熟悉脊髓节段的概念、脊髓节段与椎骨的对应关系。

3. 掌握脊髓灰、白质的配布及各部名称。

4. 熟悉脊髓灰质板层结构。

5. 掌握脊髓主要纤维束（薄束、楔束、脊髓丘脑侧束、皮质脊髓束）的位置、起止和功能。

6. 在活体上演示膝跳反射，理解脊髓的反射功能。

【实验材料】

1. 标本与模型：原位脊髓（打开椎管后壁）；离体脊髓；脊柱胸段横断面（带椎管、脊髓、脊神经）；脊髓厚切片瓶装标本；胸段脊髓节段与脊神经模型；传导通路模型。

2. 其他教学资源：教学挂图；多媒体实验教学课件。

【实验时间】1 学时。

【注意事项】

1. 爱护标本，不能牵拉、撕扯或用力夹持脊髓，不要撕脱其被膜。

2. 严禁用镊子、钢笔、铅笔等硬物接触标本，更不得在标本或模型上涂划，以免污损标本和模型。

3. 因标本数量有限，同学们应自成学习小组一起观察。

【实验内容及方法】

首先在特制脊髓原位标本上观察脊髓的位置及与其相连的脊神经根，再取离体脊髓标本结合模型观察其外形，于脊髓横断面上观察其内部结构，在传导通路模型上观察长纤维束的行程。

（一）脊髓的位置（Position of Spinal Cord）

在原位脊髓标本上观察。脊髓位于椎管内，外包 3 层被膜，上端平枕骨大孔处与延髓相连，下端在成人平第 1 腰椎体下缘，新生儿平对第 3 腰椎。因为脊髓比椎管短，腰、骶、尾部的脊神经前、后根要在椎管内下行一段距离，才能到达各自相应的椎间孔，这些在脊髓末端下行的脊神经根在第 1 腰椎水平以下共同组成马尾（注意与终丝的区别）。注意脊髓节段与脊柱的节段并不完全对应，除脊髓 1、2 颈节外，其余脊髓节段均比相应的椎骨位置高。

查看脊髓节段与椎骨的对应关系：1 ~ 4 节与同序数椎骨相对应，5 ~ 8 颈节和1 ~ 4 胸节与上一位椎骨相对应，5 ~ 8 胸节与上两位椎骨相对应，9 ~ 12 胸节与上三位椎骨相对应，腰髓与第 11、12 胸椎相对应，骶、尾髓与第 1 腰椎相对应。椎管下部无脊髓的部分即终池，内有马尾和终丝。讨论两者不等长的原因，理解其在外伤后定位诊断中的意义。

想一想：为什么腰穿和蛛网膜下隙阻滞麻醉常选腰第 3、4 腰椎间或第 4、5 腰椎间的椎间隙进针？怎样确定穿刺或麻醉的部位？

（二）脊髓的外形（External Features of Spinal Cord）

取离体脊髓结合模型观察。脊髓外形需观察的主要结构有 1 个圆锥、2 个膨大、6 条沟、终池、马尾、脊髓节段。脊髓全长呈圆柱状，横径大于前后径，全长粗细不等，有两个梭形的膨大，上部的一个称颈膨大，位于第 4 颈节至第 1 胸节，下部 1 个称腰骶膨大，位于第2腰节至第3骶节。脊髓末端变细，称脊髓圆锥，自此处向下软脊膜包裹脊髓圆锥向下形成单一的膜性细丝结构，称终丝，外被硬脊膜包裹，向下终于尾骨背面。脊髓表面有6条纵行的沟裂：前面正中的深裂称前正中裂；后面正中较浅的沟称后正中沟，二者恰好把脊髓分为中央部分相连的左、右对称的两半。两对外侧沟，分别称前外侧沟和后外侧沟，沟内有脊神经前根和后根的根丝相连。前外侧沟内的根丝细小，排列稀疏，合成前根，后外侧沟内的根丝粗大，排列紧密，合成后根，前、后根汇合成脊神经，共31对，经相应的椎间孔离开椎管。在颈髓和胸髓上部，后正中沟与后外侧沟之间还有一较浅的后中间沟。脊神经后根上有一膨大，称脊神经节。脊髓在外形上没有明显的节段性，通常把每一对脊神经前、后根的根丝附着范围（即每一对脊神经前、后根最上根丝与最下根丝之间所占的范围）称为一个脊髓节段，共分为31个节段，即8个颈节、12个胸节、5个腰节、5个骶节和1个尾节。

（三）脊髓的内部结构（Internal Structure of Spinal Cord）

在瓶装脊髓横切的标本上结合模型观察。先从外围确认各沟裂的位置以判定方位，再观察切面上的内部结构。切面上中间颜色较浅的是灰质，周围颜色较深的是白质。

1. 脊髓灰质（Gray Matter of Spinal Cord）：灰质由神经元的胞体和树突、神经胶质以及血管等构成。取胸段脊髓横切面结合模型观察。在脊髓横切面上，其中央的小孔是脊髓中央管的断面，中央管周围是“H”形的灰质连合，其前、后分别称灰质前连合和灰质后连合，二者合称中央灰质。灰质连合向外侧与灰质的两个外侧部分相连，灰质外侧向前突出的部分是前角，向后突出的部分是后角，前、后角之间的移行部分称中间带，中间带向内侧与灰质连合连续，在脊髓第8颈节至第3腰节，中间带向外侧突出形成侧角。前角、后角和侧角只是在横切面上的形态，在脊髓整体上它们上、下纵连成前柱、后柱和侧柱。

2. 脊髓白质（White Matter of Spinal Cord）：白质位于灰质周围，主要由许多纤维束组成，包括三索和白质前连合等。白质被脊髓的纵沟分为3个索：前正中裂与前外侧沟之间为前索；前、后外侧沟之间为外侧索；后外侧沟与后正中沟之间为后索。在灰质前连合的前方、前正中裂的底部，有连接两侧前索的纤维横越，称为白质前连合。在灰质后角基部外侧与白质之间，灰、白质混合交织，称网状结构（颈段较明显）。

在模型上观察白质各索内通过的纤维束：固有束短，紧靠灰质周围；长的上、下行纤维束靠近脊髓边缘。前索内有紧靠前正中裂的皮质脊髓前束和紧靠前外侧缘的脊髓丘脑前束；外侧索内有靠后的皮质脊髓侧束、靠前的脊髓丘脑侧束和脊髓小脑束；后索内有靠近后正中沟的薄束和其外侧的楔束。注意这些纤维束的相互位置关系，说出其作用。

取传导路模型重点观察两个长纤维束的走行（通常上行纤维束用蓝颜色表示，下行纤维束用红颜色表示）：

薄束和楔束：由脊神经节的中枢突经后外侧沟进入脊髓后索上升而形成，较粗大，传导同侧躯干四肢的本体感觉和精细触觉。

皮质脊髓束：发自大脑皮质，大部分在延髓交叉后形成外侧索内的皮质脊髓侧束，查看其分支到同侧脊髓灰质前角的情况，支配同侧四肢肌和躯干肌；不交叉的纤维大部分在同侧前索内下降形成皮质脊髓前束（仅存在于脊髓中胸部以上），支配同侧的四肢肌。

【作业及思考题】

1. 椎间盘如果向后外突出或椎骨骨折会压迫哪些结构?

2. 颈6、胸3、胸6、胸9椎骨损伤分别可能会损伤哪些脊髓节段?第一腰椎以下的椎骨损伤，可能会伤及什么结构?

3. 脊髓横断会产生什么严重后果，为什么?

4. 脊髓灰质炎患者出现下肢瘫痪，但感觉还存在，说明病毒侵犯了何处?

5. 预习下次实验课内容:“脑”。

(刘向光)

十八、脑

【目的要求】

1. 掌握脑干的组成。

2. 掌握脑干各部的主要外部结构;了解其与内部结构的关系。

3. 掌握菱形窝的结构及第四脑室的构成、位置和连通情况。

4. 掌握脑干各段横切面上灰、白质的配布及其分布情况。

5. 掌握小脑的位置和分部;小脑扁桃体的位置及临床意义;小脑的分叶;小脑的三对脚及小脑核。

6. 掌握间脑的位置和分部。

7. 掌握背侧丘脑的位置及分部概况。

8. 掌握下丘脑和后丘脑的主要结构及其功能，了解底丘脑及上丘脑的组成。

9. 掌握第三脑室的位置及其连通情况。

10. 掌握大脑半球的外形、分叶及各叶的重要沟回。

11. 掌握大脑半球内部的重要结构及其相互关系，建立起立体概念(重点:基底核、内囊、侧脑室)。

12. 掌握大脑皮质的机能定位。

13. 掌握内囊的位置、分部及各部通过的纤维束。

14. 熟悉大脑白质的纤维联系，理解胼胝体、前连合、穹隆的概念。

15. 熟悉边缘系统的概念及功能。

【实验材料】

1. 标本:完整脑标本;脑正中矢状切标本;脑干外形标本;连间脑的脑干标本;脑干各段横切面标本;间脑、小脑外形标本;间脑、小脑切面标本;脑水平切、矢状切、冠状切标本;特制内囊标本;海马标本。

2. 模型:胸段脊髓节段与脊神经;脑干外形;脑整体观(可拆开);脑神经核(普通、电动);脑矢状切、水平切;侧脑室;脑干和间脑;脑室铸型。

3. 其他教学资源：教学挂图；多媒体实验教学课件。

【实验时数】3 学时。

【注意事项】

1. 脑标本特别柔嫩、脆弱，应小心托于手掌或置软布上观察，不能牵拉、撕扯或用力夹持，不要撕脱被膜。

2. 观察标本时需小心爱护，轻拿轻放，切忌用工具夹持，用笔涂划。

3. 注意标本、模型、图谱或教材插图要相互参照使用，认真体会各结构的立体空间位置关系。

4. 观察前要确认解剖学方位。

【实验内容与方法】

脑可分端脑、间脑、中脑、脑桥、延髓和小脑 6 部分。一般将中脑、脑桥和延髓合称脑干。

（一）脑干（Brain Stem）

观察方法：取游离脑干标本与模型对照观察。观察脑干时正确的摆放位置：脑干整体向前下方倾斜与枕骨斜坡的角度一致；腹侧（前下方）为膨大的基底部，背侧（后上方）有四边形的菱形窝。

1. 脑干的外形（Shape of Brain Stem）：脑干自下而上由延髓、脑桥和中脑组成。现取脑干的标本和模型从两个面对照观察。

（1）腹面观：

延髓：位于脑干最下部，上份略膨大形如蒜头，借一横行的延髓脑桥沟与脑桥分隔；下部较细，通过枕骨大孔与脊髓相延续；正中线上有前正中裂，其两侧有前外侧沟，均与脊髓的同名沟裂相连续。延髓腹侧面上份，前正中裂两侧与前外侧沟之间的两个纵行隆起称锥体，由锥体束构成。在锥体下端可见到左、右侧的下行纤维在前正中裂深部相互交叉，称为锥体交叉。在锥体外侧，延髓前外侧沟的后外侧有一对长卵圆形、边界清晰的隆起，称橄榄，其深面是下橄榄核。在锥体与橄榄间可见舌下神经的根丝由前外侧沟出脑。在橄榄后外侧自上而下依次是舌咽、迷走和副神经连脑的根丝，但三者的根丝往往不易区分。

脑桥：腹侧面宽阔膨隆，称脑桥基底部，表面有许多横纹，其下缘借延髓脑桥沟与延髓分界，上缘与中脑的大脑脚相接。基底部的中线处略凹陷成一纵行浅沟，称基底沟，沟内有基底动脉经过。基底部向两侧后外逐渐变窄，移行为小脑中脚，两者的分界处有三叉神经根（包括粗大的感觉根和位于前内侧细小的运动根）附着。延髓脑桥沟中有 3 对脑神经的根丝连于脑，自内侧向外侧依次为展神经、面神经（含运动根和中间神经）及前庭蜗神经。延髓、脑桥和小脑的交角处称脑桥小脑三角，面神经和前庭蜗神经的根恰位于此处。

中脑：上接属于间脑的视束，下界为脑桥上缘，两侧有一对纵行隆起的柱状结构，称为大脑脚，脚的腹侧面由纵行的纤维束（主要是锥体束）构成，而脚间的深窝称脚间窝。大脑脚内侧的窝内有动眼神经根出脑，窝底称后穿质，有许多血管出入的小孔。

（2）背面观：背侧面中份有一纵长的菱形凹窝，称为菱形窝，由延髓和脑桥的背侧共同构成，两者的分界线是髓纹，为横行于菱形窝外侧角与中线之间的浅表纤维束。

菱形窝以下的延髓背侧面与脊髓类似，正中线上的纵行浅沟即后正中沟，后正中沟上端两侧，恰在菱形窝下角以下，有 1 对椭圆形隆起，称为薄束结节，其深面有薄束核，为薄束终止的核团。薄束结节外侧的膨隆称楔束结节，其深面有楔束核，为楔束终止的核团。楔束结节向外上方延续为隆起的小脑下脚，构成了菱形窝下外侧边界的主要部分，由大量进入小脑的纤维束组成。

菱形窝正中线上的明显纵沟称为正中沟。正中沟外侧略隆起，称为内侧隆起。内侧隆起外侧有 1 条与正中沟大致平行的浅沟，称界沟，其上端有一在新鲜标本上呈蓝灰色的小区域，称蓝斑。界沟外侧直至菱形窝外侧角的区域称为前庭区，其深面为前庭神经核群。前庭区外侧有一隆起，称听结节，内隐耳蜗后核。在菱形窝下半，髓纹外侧端的下方，紧靠正中线两侧，各有尖端向下的舌下神经三角，内含舌下神经核。舌下神经三角外侧的小三角形区域为迷走神经三角，内有迷走神经背核。在菱形窝上半、髓纹上方内侧隆起上的小隆起部分称为面神经丘，其深面有展神经核和面神经膝。在迷走神经三角的外下缘与薄束结节之间有斜形隆起的分隔区和狭窄带状的最后区。

脊髓中央管向上延伸，在延髓、脑桥和小脑之间扩大为第四脑室，菱形窝即第四脑室的底，窝的下外侧界是小脑下脚、楔束结节和薄束结节，窝的两上外侧界呈斜行隆起，称为小脑上脚（主要由联系小脑和中脑等处的纤维束构成），两侧小脑上脚之间的薄白质板称上髓帆，它构成第四脑室顶的一部分；上髓帆向后下与小脑白质相连，其下部的背面被小脑蚓的小舌覆盖。在菱形窝下角处，两侧外下界之间的圆弧形移行部称闩。

菱形窝上角上方的中脑背侧面有上、下两对圆形隆起，其中上方的一对称上丘，是皮质下视觉反射中枢；下方的一对称下丘，是皮质下听觉反射中枢。由下丘延向前外侧的长条状隆起称下丘臂，连至内侧膝状体，主要由下丘至内侧膝状体的纤维组成。由上丘延向前外侧的长条状隆起称上丘臂，连至外侧膝状体。上丘臂因有一部分被夹在下丘臂与丘脑枕之间而不能完全显露在表面。下丘下方、前髓帆上部有滑车神经根出脑。

2. 第四脑室（Fourth Ventricle）：前面已观察过菱形窝，现取脑正中矢状切面标本和模型继续观察第四脑室。第四脑室位居脑桥、延髓和小脑之间，底朝前下由菱形窝构成，顶形似帐篷，尖顶向后上指向小脑，前上部主要由小脑上脚和上髓帆构成，后下部主要由下髓帆和第四脑室脉络组织构成，此部有第四脑室正中孔（单个，在第四脑室下角的上方）通向小脑延髓池。第四脑室向上经上角通中脑水管，下通脊髓中央管，外侧角延伸，越过小脑下脚上部转向腹侧形成外侧隐窝，隐窝尖端的开口即第四脑室外侧孔（成对），通蛛网膜下隙。第四脑室脉络丛主要位于中线，向两侧延伸至外侧隐窝。

3. 脑干的内部结构（Internal Structure of Brain Stem）：

（1）脑干各段厚切片大体观察：取瓶装厚切片依次观察脑干各部的代表性横切面。

1）延髓下部横切面：形体细小，外形轮廓与脊髓大致相仿，前正中裂两侧色深部分为锥体束的切面。在平锥体交叉水平的横切面上，延髓腹侧部可见左右锥体束纤维经中央管侧行向后外侧，越过至对侧中部，形成锥体交叉，致使前正中裂倾斜，前角被冲断。中央管受交叉纤维的挤推，与在脊髓的位置相对后移。

2）延髓上部横切面：首先确认横切面的方位。切面略呈扁方形，后部略宽，为菱形窝的下份，前正中裂明显，其外侧为隆起的锥体，色深的部分即锥体束的切面。锥体束背外侧相当于橄榄深面，有颜色浅淡、开口朝内侧的皱缩囊状结构，此即下橄榄核的切面。该切面背外侧份为小脑下脚的切面，颜色较深。在小脑下脚腹内侧与锥体束、下橄榄核背侧之间的广大区域，灰、白质交替排列，称为网状结构。

3）脑桥横切面：分为背侧较小的被盖部和腹侧膨大的基底部。腹侧前缘基底沟两侧突出，突出部深面有若干大小不等的纤维束横切面，颜色较深，为锥体束的横切面。在锥体束周围及各小束之间有大量色较深的脑桥横纤维，向两侧集成小脑中脚，向后外侧进入小脑。在锥体束纤维后方，脑桥被盖部前缘和基底部之间，由横走的传导听觉的二级纤维构成斜方体，该纤维束颜色较深，呈梭形，在中线上交叉，为基底部与被盖部分界的标志。斜方体及其背侧的较小部分即被盖部，含有第 5 ~ 8 对脑神经的核及若干重要上下行纤维束。

4）中脑横切面：中脑内部结构的基本特征：背侧部为顶盖；由顶盖前区、上丘和下丘组成；腹侧部为一对大脑脚，其构成结构由腹侧向背侧依次为大脑脚底、黑质和被盖；在切面中部可见到中脑水管的切面，据此将中脑分为 3 部分：中脑水管周围为中央灰质；中脑灰质背侧为顶盖；中央灰质腹侧为大脑脚。脚间窝底部两侧各有 1 条斜向外后的带状结构，在新鲜标本上略呈灰黑色，称为黑质。以黑质为标志将大脑脚分为两部分：其腹侧部称脚底，由大量下行纤维（中间为锥体束，两侧为皮质脑桥束）组成；黑质及其背侧部分称被盖，是脑桥被盖部向上方的直接延续。在上丘水平切面，被盖中央部中线两侧各有一圆形切面，即红核的切面。

4. 脑干内的脑神经核：脑干内有 7 种性质的脑神经核（参见教材）及若干与脑神经不直接相关的非脑神经核。取显示脑神经核的模型观察。在脑神经核模型上，脑干灰质与脊髓灰质在形态和位置上有明显的不同：①脊髓灰质是连续的柱状，断面呈“H”形；脑干分为数十个灰质团块即神经核，与后 10 对脑神经有关的是脑神经核，无关的是非脑神经核。②脊髓灰质前角是躯体运动神经元，后角为躯体感觉神经元，侧角与内脏活动有关，但由于脊髓中央管在延髓和脑桥背面敞开为第四脑室，脊髓灰质前、后角渐变成为脑干灰质的内侧和外侧，即内侧是躯体运动神经元，外侧为躯体感觉神经元，中间与内脏活动有关。

（1）脑神经核：若干功能相同的脑神经核，在脑干内有规律地纵行排列成机能柱，同一机能柱内的诸核多数是不连续的。机能柱在脑干内有一定的排列关系，即从两侧往中线依次是：躯体感觉、内脏感觉、内脏运动、躯体运动。在模型上和彩色图谱上，一般紫色表示内脏感觉，黄色表示内脏运动，蓝色表示躯体感觉，红色表示躯体运动。开启电动模型电源逐一观察下列结构：

在界沟外侧，自上而下可见蓝色的感觉性脑神经核：中脑内的三叉神经中脑核，脑桥内的三叉神经脑桥核，延髓内的三叉神经脊束核，前庭区深面的前庭神经核，听结节深面的蜗神经核。蜗神经核内前方有紫色的孤束核，此为内脏感觉核，其上端达脑桥下部，下端至内侧丘系交叉平面，在此平面两侧孤束核下端在中央管背侧会合。在界沟内侧，可见用黄色表示的内脏运动核，由上而下有：中脑内的动眼神经副核，髓纹上、下的上、下泌涎核，迷走神经三角深面的迷走神经背核。在后正中线两侧与内脏运动核之间，有用红色代表的躯体运动核，自上而下有：中脑内的动眼神经核和滑车神经核，脑桥内的三叉神经运动核、面神经核，面丘深面的展神经核，延髓内的疑核和副神经核，舌下神经三角深面的舌下神经核。注意观察上述核团与相应脑神经的关系。

（2）非脑神经核：在脑神经核模型上，延髓背侧面中线两侧用蓝颜色显示的梭形神经核团为薄束核和楔束核，此为躯干四肢深感觉和精细触觉的中继核团；延髓腹侧面用绿颜色显示的核团是下橄榄核；脑桥基底部有由数十个小灰质团块组成的脑桥核；中脑内可见到一对粉红色的较大核团称红核，以及一对用黑颜色显示的黑质。

（三）小脑（Cerebellum）

1. 小脑的位置和外形（Location and External Features of Cerebellum）：取整脑标本及模型，小脑外形、内部结构标本及模型，脑正中矢状切标本及模型观察。

先在整脑标本及模型上确认小脑的位置，在游离标本上观察小脑的形态。小脑位于颅后窝，由两侧膨隆的小脑半球和中间缩窄的小脑蚓组成。

小脑上面平坦，被大脑半球的后下部覆盖；下面的两侧膨隆而中间狭细；前面有小脑脚的切面，后面较规整。小脑蚓高耸，向两侧逐渐倾斜移行为半球，二者间无明显分界。小脑下面半球部分明显隆突，中部凹陷的深处是小脑蚓，蚓与半球间有纵沟分界。小脑半球下面的前内侧部分，紧靠延髓的背外侧有一对突出部分，称小脑扁桃体，恰位于枕骨大孔上方。

查看小脑在整体标本上的位置，理解其临床意义（颅内高压时小脑可被挤入枕骨大孔发生小脑扁桃体疝或枕骨大孔疝，压迫延髓而危及生命）。

小脑表面的沟、裂较多，其中的两条深沟将小脑分为3个叶。于小脑上面前、中1/3交界处寻找“V”字形较深的原裂，它将小脑分为前叶和后叶，两者合称小脑体，为小脑的主体。从小脑下面观察，辨认中间较细的蚓部和两侧膨大的小脑半球，于蚓部自前向后辨认小结和蚓结节。小脑蚓最前端的隆起称为小结，自小结向两侧借膜状结构连于绒球。绒球为一表面凹凸不平的圆形小体。绒球、小结相连构成绒球小结叶，借后外侧裂与后叶分界。后外侧裂为绒球小结叶后方的裂。

2. 小脑的内部结构（Internal Structure of Cerebellum）：取水平切开的小脑标本结合模型观察小脑的内部结构。小脑灰质与脊髓、脑干有明显区别，仅存在于小脑表面的皮质和深部的小脑核。小脑表面有许多大致平行的浅沟，相邻沟间的凸起部分称一个小脑叶片。在小脑切面标本上见小脑叶片表面色深，为灰质，称为小脑皮质；内面色浅，为髓质，称为小脑髓体；在小脑髓体内埋藏的灰质团块，称小脑核。取小脑水平切及冠状切标本观察，均可见到位于中线两侧、第四脑室顶上方的顶核；位于半球深部、最大的一对呈皱缩袋状的核，称齿状核，袋口朝向腹内侧，为齿状核门；顶核外侧的不规则灰质块，称球状核，球状核背侧，有位于齿状核门处的栓状核。

在小脑下面的前部查看小脑上、中、下脚的切面，理解其与脑干的延续。小脑借3对脚分别与延髓、脑桥和中脑相连，以前均已观察过，现对照标本再次复习：小脑下脚（绳状体）连于延髓，由延髓传入纤维组成；小脑中脚（脑桥臂）连于脑桥，由脑桥核传入纤维组成；小脑上脚（结合臂）连于中脑，由新小脑传出纤维组成，联系红核和丘脑。在小脑中脚的后方各有一相对独立的表面凹凸不平的球形小体即绒球，通过绒球脚与小结相连。

（四）间脑（Diencephalon）

由于端脑的高度发育掩盖了间脑，因此除腹侧面的部分下丘脑外，其他部位均观察不到间脑。先在脑正中矢状切标本上，明确间脑的位置；于游离脑干、间脑正中矢状切标本上，以背侧丘脑为标志划定间脑的分部。

取脑干与间脑的标本与模型观察。间脑位于脑干与端脑之间，连接大脑半球和中脑。大脑半球掩盖了间脑的两侧和背面，仅部分腹侧部露于脑底。间脑的外侧与半球实质融合，外形上难以辨认。间脑在外形上可分为背侧丘脑、下丘脑、上丘脑、后丘脑和底丘脑5部分，其中底丘脑只能在切面上看到。间脑的内腔为第三脑室。

1. 背侧丘脑（Dorsal Thalamus）：在游离脑干、间脑正中矢状切标本上，确定背侧丘脑的位置。背侧丘脑是间脑最大的部分，从脑干标本的背侧观察，可见背侧丘脑位于中脑上方，为一对大卵圆形灰质块，有时两侧背侧丘脑间有丘脑间粘合相连，其前端突起称前结节，后端膨大称丘脑枕，背面的外侧缘与尾状核之间隔有终纹，内侧面有一下丘脑沟自室间孔走向中脑水管，为背侧丘脑与下丘脑的分界线。两侧背侧丘脑之间所夹的矢状窄隙即第三脑室（另行观察）。

背侧丘脑上面的外侧有一前部粗大，后部渐细的隆起，此即尾状核。背侧丘脑上面及内侧面游离，外侧面邻接内囊后脚，下方与底丘脑相续。

背侧丘脑被“Y”字形的白质板分为三部分，即前方的前核群、靠近中线的内侧核群和外侧核群。外侧核群又分为上方的背侧核和下方的腹侧核。探查腹侧核自前向后的腹前核、腹外侧核（腹中间核）和腹后核（又分腹后内侧核和腹后外侧核）。

讨论：背侧丘脑各核群的性质及联系。

2. 后丘脑（Metathalamus）：在游离脑干、间脑标本或模型上，于背侧丘脑后下方、中脑顶盖的上方，查看黄豆大小的两对隆起即内、外侧膝状体，属特异性中继核团。外侧膝状体是视觉的皮质下中枢，在背侧丘脑的外下方，沿视束向后在其终端处略显膨大者即是。内侧膝状体是听觉的皮质下中枢，位于丘枕下方、上丘外侧，为一界限清晰的卵圆形小隆起，向内下以下丘臂与下丘相连。结合视觉传导路和听觉传导路模型，观察视束到达的外侧膝状体，外侧丘系到达的内侧膝状体，经此两核中继后分别形成视辐射和听辐射投射到视觉中枢和听觉中枢。

3. 上丘脑（Epithalamus）：位于间脑的背侧部与中脑顶盖前区相移行的部分，包括松果体、缰三角、缰连合、丘脑髓纹和后连合，多与嗅觉及内脏活动有关。松果体为上丘上方的1个锥形小体，16岁以后已钙化。

4. 底丘脑（Subthalamus）：位于背侧丘脑的腹侧，是中脑被盖与间脑的过渡区，中脑红核与黑质的颅端延伸至底丘脑区，内含底丘脑核，表面不可见，只有在切片上才可见到。在经红核、黑质的冠状切标本或模型上，黑质上方和红核外侧的核团是底丘脑核，参与底丘脑的形成，与红核、黑质、苍白球间有纤维联系。

5. 下丘脑（Hypothalamus）：在经正中矢状切标本上，于背侧丘脑前下方和下丘脑沟下方寻找下丘脑，前后界于室间孔与中脑被盖间，参与构成第三脑室侧壁的下半和底壁，前端达室间孔，后端与中脑被盖相续，上方借下丘脑沟与丘脑分界。从脑底面观察，可见其最前方的是由左、右视神经合成的视交叉。自视交叉向后外侧延伸绕大脑脚的是视束。视交叉中部后方向前下突出并逐渐缩细为漏斗。漏斗前下方与之相连的圆形结构，称垂体。漏斗根部向后方略隆起的区域称灰结节。灰结节后方的一对半球形隆起，称乳头体。取脑正中矢状切内侧面观察，可见视交叉前上方向上与薄板状的终板（属端脑）相连，构成第三脑室的前壁。自视交叉前、视交叉与灰结节间、灰结节与乳头体间向上作3条垂线，将下丘脑分为4个纵行区即视交叉前方的视前区、视交叉上方的视上区、灰结节上方的结节区和乳头体上方的乳头体区，每个区域内均含一定数目的核团。在下丘脑模型上，观察各区的核团，重点辨认位于视交叉上方的视上核和第三脑室侧方的室旁核，查看此两核发出的视上垂体束和室旁垂体束与神经垂体的联系。

6. 第三脑室（Third Ventricle）：呈窄隙状，居两背侧丘脑和下丘脑内侧面之间，呈正中矢状位。取脑正中矢状切标本/模型观察其边界及连通情况：前界为终板；后界为松果体隐窝；底由视交叉、漏斗、灰结节、乳头体等组成；顶为脉络组织；侧壁由背侧丘脑和下丘脑构成；向后下经中脑水管通第四脑室；向前经室间孔通侧脑室。第三脑室内含有与侧脑室相延的左、右两排脉络丛。

（五）端脑（Telencephalon）

观察步骤及方法：在整尸标本上明确端脑的位置，游离标本上查看脑的沟回及分叶，理解其机能定位；在横断面标本或模型上观察灰质的分布；在脑正中矢状切和脑剥离标本上辨认白质纤维；在铸型模型上查看侧脑室的形态及分部。

1. 端脑的外形及分叶（External Features and Subdivision of Telencephalon）：取已除去脑膜的完整端脑标本结合模型观察。端脑由纵行的大脑纵裂分开成左、右两个大脑半球，在大脑纵裂底部为将两半球连结在一起的胼胝体，为宽厚的纤维板。拿取脑正中矢状切标本，要注意摆正方位，其上外侧面隆凸，有一条自前下向后上的深沟；内侧面较平，可见到被切断的胼胝体呈耳轮状断面；下面凹凸不平。然后确认3条恒定的沟、5个叶及各叶上的重要沟回。端脑与小脑间有一大脑横裂。

每个大脑半球部分为隆凸的上外侧面、平坦的内侧面和凹凸不平的下面，它们的表面为大脑皮质，起伏不平，凹陷处成沟，沟与沟之间有长短、大小不一的隆起，称脑回。半球内有3条恒定的沟，将每侧大脑半球分为5叶。外侧沟起于半球下面，向后上至上外侧面；中央沟起于半球上缘中点稍上方，斜向前下方，下端与外侧沟隔一脑回，上端延伸至半球内侧面；顶枕沟位于半球内侧面后部，自下而上越过半球的上缘并转至上外侧面。外侧沟以上、中央沟以前的部分为额叶；外侧沟以下的部分为颞叶；枕叶的前界在内侧面为顶枕沟，在上外侧面为顶枕沟上端与枕前切迹（上外侧面下缘、枕极前方约4 cm处的一稍向上凹进的部位）的连线；顶叶是外侧沟上方、中央沟后方、枕叶以前的部分；岛叶呈三角形岛状，位于外侧沟深面，被额、顶、颞叶所掩盖。在切去部分额、颞、顶叶的标本上观察岛叶的全貌。现在取脑外形标本观察各面的沟和回。

（1）上外侧面：在大脑半球上外侧面，首先辨认出3条基本平行的横沟：中间的一条即中央沟；在中央沟前方，有与之平行的中央前沟；中央沟后方，有与之平行的中央后沟。中央前沟与中央沟之间的脑回称中央前回；中央沟与中央后沟之间的脑回称中央后回。中央前、后回上端越过上外侧面上缘折入内侧面并合并成中央旁小叶。自中央前沟向前有两条大致水平走向的沟，上方者称额上沟，下方者称额下沟。额上沟以上的脑回称额上回，平半球上缘并转至半球内侧面；额上、下沟之间为额中回；额下沟与外侧沟之间为额下回。中央后沟上、下 1/3 交界处的后方，有一条与半球上缘平行的顶内沟，该沟上方为顶上小叶，下方为顶下小叶，顶下小叶又分为外侧沟后缘的缘上回和围绕颞上沟末端的角回。在外侧沟下方，有与之平行的颞上沟和颞下沟。颞上沟的后段走向后上进入顶下小叶，颞下沟不甚明显，常中断成数段。颞上沟与外侧沟间的脑回为颞上回；扒开外侧沟，自颞上回转入外侧沟下壁内有几条自上外向下内的横行短回，称颞横回；介于颞上、下沟之间的脑回称颞中回；颞下沟以下的脑回为颞下回。上外侧面下缘（即上外侧面与底面交界处）的枕极前方约 4 cm 处有稍向上凹的枕前切迹，其与顶枕沟上端的连线是顶叶、颞叶与枕叶的分界线。

（2）内侧面：中部可见胼胝体的断面，在前后方向上呈耳轮状，其前端下垂的尖端为胼胝体嘴，嘴以上的弯曲处为胼胝体膝，中间部为胼胝体干，后端稍膨大处为胼胝体压部。胼胝体上方有一条转绕它的胼胝体沟，此沟绕过胼胝体后方，向前移行为海马沟。胼胝体沟上方有一条大致与之平行的扣带沟，此沟末端转向背方，称为边缘支。胼胝体沟与扣带沟之间的脑回称扣带回。扣带沟前份以上部分为额上回的延续。在胼胝体压部下方有弓形走向枕极的深沟称距状沟，此沟中部与顶枕沟相连。顶枕沟与距状沟之间的部位称楔叶，距状沟下方为舌回。约相当于胼胝体中部的下方，有一弯曲走向前下方的纤维束，为穹隆的一部分，穹隆前部为穹隆柱。穹隆柱与胼胝体之间的三角形薄板即透明隔。胼胝体嘴下后方可见一小圆形的纤维束断面，为前连合。前连合与视交叉之间的薄板，称为终板。约相当于前连合断面部位，该处的穹隆柱后方与背侧丘脑前端之间存在的小孔即室间孔，是侧脑室与第三脑室连通的孔道。在特制标本上观察穹隆和前连合的全貌。

（3）底面：前部由额叶，中部由颞叶，后部由枕叶构成。额叶内有与大脑纵裂并行的嗅束，其前端膨大为嗅球，与嗅神经相连，后端移行为一小三角形区域，称嗅三角。嗅三角与视束之间为前穿质，内有许多小血管穿入脑实质内。颞叶下方有与半球下缘平行的枕颞沟，此沟内侧有与之平行的侧副沟。侧副沟前段内侧的回称海马旁回（海马回），其前端向下弯曲，称钩。侧副沟与枕颞沟间为枕颞内侧回，枕颞沟下方为枕颞外侧回。海马旁回内侧的沟，称海马沟，沟的上方有呈锯齿状的窄条皮质，称齿状回。齿状回的外侧、侧脑室下角的底壁上有一弓形的隆起，称海马。海马和齿状回构成海马结构。海马及齿状回取特制标本或模型观察。扣带回、海马旁回、海马、齿状回及隔区（包括胼胝体下回和终板旁回）、岛叶前部、颞极等共同构成边缘叶。

2. 端脑的内部结构（Internal Structure of Telencephalon）：大脑半球表层的灰质称大脑皮质，表层下的白质称髓质，蕴藏于白质深部的为基底核，端脑的内腔称侧脑室。取大脑半球的水平切面、冠状切标本/模型观察。

在大脑半球上部的水平切面观察，其周边部分色较深的是皮质，中央部色淡的是髓质，此处髓质主要为连合纤维。在半球较低水平切面观察，这些纤维大多横行越过中线而成胼胝体。在半球中部的水平切面观察，可见髓质的中央出现若干灰质团块和裂隙，灰质团块主要为基底核，裂隙则为侧脑室和第三脑室。

（1）皮质：端脑皮质与脑的沟回相一致，按发生可分为原皮质（海马、齿状回）、旧皮质（嗅脑）和新皮质，也可按 Brodmamn 分区将皮质分为 52 区。重点观察、理解以下的皮质机能定位：①躯体运动区：在脑正中矢状切标本上，位于中央前回和中央旁小叶前部。结合脊髓、脑干理解其定位特点及损伤后的临床表现；②躯体感觉区：中央后回和中央旁小叶后部。结合脊髓、脑干理解其定位特点及损伤后的临床表现；③视觉区：位于距状沟周围皮质。结合视觉传导通路理解视觉区接受的信息来源及损伤后的表现；④听觉区：位于颞横回。结合脑干、间脑理解听觉区的信息来源及损伤后的表现；⑤语言中枢：仅存在于左侧半球，分为运动性语言中枢、书写中枢、听觉性语言中枢和视觉性语言中枢，连接起来呈“～”形，分别位于皮质的额下回后部、额中回后部、颞上回后部和角回。

（2）髓质：在端脑横切面标本上，观察皮质深方颜色较淡的白质即髓质，髓质由三部分纤维构成。

1）联络纤维：在脑剥离标本或模型上，查看脑回间的弓状纤维、额颞叶间的钩束、额顶枕颞叶间的上纵束、枕颞叶间的下纵束和扣带回及海马旁回深部的扣带。理解中央后回的感觉信息通过何途径传递给同侧中央前回的运动区。

2）连合纤维：在脑正中矢状切标本上，大脑纵裂底部呈耳轮状较厚的白质纤维即胼胝体，由前向后分为尖细的胼胝体嘴、弯曲的膝、后伸的干和末端稍膨大的压部。在脑剥离标本上观察胼胝体向两侧半球额、顶、枕、颞叶的纤维辐射，理解胼胝体正中矢状断裂后的临床表现。胼胝体嘴后方较细的圆柱状连合纤维即前连合，探查其联系部位（两侧颞叶）。找到海马，观察其向上延续呈弓形达下丘脑乳头体的纤维束，此纤维即穹隆；穹隆分后部的脚、中部的体和前部的柱，两侧穹隆体间有纤维联系即穹隆连合。

3）投射纤维：在脑剥离标本或传导路模型上，观察由脑干、间脑上行的感觉纤维束和由大脑皮质发出向下达脑干、脊髓的下行纤维束，这些上、下行纤维较恒定地经过尾状核、背侧丘脑与豆状核间的内囊。理解内囊是投射纤维经过的一个区域，并不是投射纤维。

内囊：取内囊特制标本、模型相互对照观察内囊。尾状核头与豆状核之间及豆状核与背侧丘脑间，有一尖端向内，呈“<”形的内囊的切面，其尾状核头与豆状核之间的部分称前肢，豆状核和背侧丘脑之间的部分称后肢，又分豆丘部、豆状核后部和豆状核下部，前、后肢连接处，即“<”字状的尖端称内囊膝。各部均有投射纤维通过，结合模型理解各部通过的投射纤维，并画简图说明。

（3）基底核：在模型上观察基底核的形态，尾状核呈弯曲的圆柱状，分膨大的头、体和细长的尾三部，尾部连有稍微膨大的杏仁体；尾状核体的下方是呈楔形的豆状核，其外侧较薄的灰质板为屏状核。仍取半球中部水平切面观察。在侧脑室前角的后外侧，有一大致呈卵圆形的灰质切面，为尾状核头的切面，其后外侧有一三角形的灰质切面，为豆状核的切面，此核中部有二纵走的白质，将豆状核分为三部分：外侧部色深，称壳；内侧两部色浅，称苍白球。豆状核切面内后方的卵圆形灰质切面为背侧丘脑，背侧丘脑后外侧、侧脑室后角外侧壁前部的小卵圆形灰质切面即尾状核尾。在豆状核外侧，可见一呈锯齿状的较长狭窄灰质的切面，即屏状核的切面。屏状核与豆状核之间的白质带称外囊。

基底核除上述尾状核、豆状核和屏状核外，还有连于尾状核尾末端的杏仁体，位于颞叶内，标本上不易观察，可在模型上观察。

在经内囊的脑横切面标本上，观察基底核的位置，辨认背侧丘脑的位置（居正中矢状位的第三脑室两侧，呈卵圆形），其前方是尾状核头，外侧是呈三角形的豆状核和呈线状的屏状核，此切面上观察不到杏仁体。查看背侧丘脑的后外侧、侧脑室后角内侧壁前部的小卵圆形灰质团块即尾状核的尾。查看尾状核头与豆状核之间白质内的条纹状灰质结构，理解纹状体的概念及损伤后的表现；查看豆状核内两条平行的线状白质，其将豆状核分为外侧部颜色较深的壳和内侧部（两部分）颜色较浅的苍白球，理解新纹状体和旧纹状体的组成。

基底核及内囊仅在上述水平切标本不易体会其立体位置，在观察完水平切面标本后，再取半球的冠状切面作对照观察。冠状切面标本上部中央可见大脑纵裂，此裂底部横贯两半球的横走纤维，即胼胝体中部的冠状切面。胼胝体下方的裂隙是侧脑室中央部的断面，居中线处的裂隙为第三脑室的切面，第三脑室两侧的卵圆形灰质为背侧丘脑的切面，背侧丘脑外侧的三角形灰质块为豆状核的断面（亦可见到分为苍白球和壳两部分）。豆状核上方的较小的卵圆形灰质即尾状核体的断面。豆状核、背侧丘脑、尾状核三者之间为内囊。屏状核、外囊在此切面也可见到。

（4）侧脑室：在半球中部水平切面观察，两半球前部有一束明显横走的纤维，系胼胝体前部纤维，其后方显一呈倒“八”字形裂隙，为侧脑室前角的水平切面。此裂隙尖端向后有一纵走的裂隙，为第三脑室之水平切面。在纵走裂隙后端呈“人”字形较宽的裂隙，为侧脑室后角的水平切面。对照特制的脑室铸型标本，观察、体会脑室系统的全貌：侧脑室分中央部、前角、后角、下角 4 部，顶叶深面为中央部，前角在额叶深面，下角在颞叶深面，后角在枕叶深面，各部彼此沟通。两侧脑室经室间孔通第三脑室。第三脑室经中脑水管通第四脑室。各脑室内均有脉络丛，且相互延续。

至此同学们对两半球内部的主要结构（如侧脑室、基底核、内囊等）的三维空间位置关系已有基本概念，可再取透明脑干模型对照以上切面观察加以强化。

【作业及思考题】

1. 某患者因车祸受伤住院，检查发现：患者具有运动性失语症，右上肢有痉挛性瘫痪，肌张力增高，伸舌时舌尖偏向右侧，无舌肌萎缩，右侧面部睑裂以下的面肌瘫痪。试分析可能是什么部位受损，并说明原因。

2. 请说明内囊损伤为什么会出现“三偏”症状？

3. 脑干内有几类神经核，它们是否都与脑神经有联系？与脑神经没有直接联系的有哪些？

4. 小脑扁桃体疝压迫延髓会造成什么严重后果？为什么？

5. 根据回忆重画大脑半球上外侧面和内侧面图并标记主要的沟回。

6. 预习下次实验内容：“脑和脊髓的被膜、血管和脑脊液循环”。

（周建林）

十九、脑和脊髓的被膜、血管和脑脊液循环

【目的要求】

1. 掌握脑和脊髓的被膜及其间的腔隙。
2. 掌握硬脑膜形成物的位置及主要的硬脑膜窦，了解颅内静脉流注概况。
3. 掌握脑和脊髓的动脉分布。
4. 掌握脑脊液的循环途径。

【实验材料】

1. 标本及模型：去顶颅骨标本；保留蛛网膜及软脑膜的完整脑标本；去脑保留硬脑膜的颅腔标本；硬脑膜离体标本；保留被膜的离体脊髓标本和椎管内原位脊髓标本；血管完整的脑和脊髓标本；脑血管模型；颅内、外静脉的交通模型；脑脊液循环模型。

2. 其他教学资源：教学挂图；多媒体课件。

【实验时数】1 学时。

【注意事项】

本次实验标本容易损坏，应特别保护，防止干燥变形。观察血管切忌用力牵拉。

【实验内容及方法】

脊髓和脑的被膜均由外向内依次为厚而坚韧的硬膜、半透明的蛛网膜和富含血管的软膜；膜与膜之间形成腔隙，即硬膜外的硬膜外隙、硬膜与蛛网膜间的硬膜下隙、蛛网膜与软膜间的蛛网膜下隙。

（一）脊髓的被膜（Meninges of Spinal Cord）

取带被膜的离体脊髓标本和打开椎管后壁的椎管内原位脊髓标本观察。脊髓的被膜由外向内依次为：

1. 硬脊膜（Spinal Dura Mater）：硬脊膜坚韧致密，全体呈圆筒状包围着脊髓，上于枕骨大孔边缘与骨膜紧密愈着，与硬脑膜续连，向两侧包裹脊神经形成的神经外膜，向下在第 2 骶椎水平逐渐变细，包裹终丝，末端附于尾骨。硬脊膜与椎管管壁之间的疏松间隙即硬膜外隙，内含疏松结缔组织、脂肪、淋巴管和椎内静脉丛，并有脊神经根通过。

2. 脊髓蛛网膜（Spinal Arachnoid Mater）：翻开硬脊膜，见其深面有一层薄而透明的膜即蛛网膜，通常与硬脊膜紧密相贴，二者间的潜在间隙为硬膜下隙。蛛网膜向上与脑的蛛网膜直接延续，下端包绕脊髓和马尾达第 2 骶椎水平。在硬脊膜内面用镊子仔细分离与其相贴的蛛网膜，观察蛛网膜是否为半透明薄膜。注意向下及两侧探查蛛网膜的延续。

3. 软脊膜（Spinal Pia Mater）：紧贴于脊髓表面并延伸至脊髓的沟裂中，难以与脊髓实质分开，在脊髓下端移行为终丝。软脊膜与蛛网膜之间的间隙称蛛网膜下隙，内容脑脊液，此隙向下部自脊髓末端至第 2 骶椎水平扩大为终池，向上与脑的蛛网膜下隙连

通。在脊髓两侧，脊神经前、后根之间，可见软脊膜向外侧突出加厚形成纵行排列的锯齿形韧带，称齿状韧带，左、右侧各有约20个齿尖，每一齿尖的尖端连同蛛网膜附于硬脊膜上。说出齿状韧带的作用。在脊髓表面用镊子挑认软脊膜，软脊膜紧贴脊髓表面，随其沟、裂而伸入。在脊髓末端的蛛网膜下隙即终池内寻找由软脊膜包裹脊髓向下延续形成的终丝，注意与脊神经根下行而形成的马尾相鉴别。

想一想：腰穿或蛛网膜下隙阻滞麻醉为什么常在第3、4腰椎或第4、5腰椎间隙进针？

在打开椎管的脊髓标本上，观察硬脊膜向上与枕骨大孔愈合处，向下形成硬脊膜囊包裹终丝止于第2骶椎，其末端附于尾骨；探查硬脊膜与椎管之间形成的硬膜外隙，观察其内的疏松结缔组织、椎内静脉丛、脂肪及通过的脊神经根，查看其向上、下及两侧是否有交通（密闭腔隙）。查看硬膜下隙、蛛网膜下隙向上与颅腔内的腔隙是否相通。

在整尸标本上，模拟硬膜外隙和蛛网膜下隙麻醉，探查硬膜外隙和蛛网膜下隙麻醉的进针部位、方向及经过层次。

讨论：怎样才能准确判断到达了硬膜外隙还是蛛网膜下隙？

（二）脑的被膜（Meninges of Brain）

1．硬脑膜（Cerebral Dura Mater）：在已取出脑的颅腔标本上结合模型观察。首先观察硬脑膜的形态及厚度。重点查看硬脑膜与颅顶骨和颅底骨结合的紧密程度：硬脑膜与颅顶骨结合疏松，其间有硬膜外隙，便于分离而较完整，外伤后易引起硬膜外血肿；硬脑膜与颅底骨结合紧密，不易分离，颅底骨折时常易被同时撕裂而引起脑脊液漏。硬脑膜贴附于颅骨内面，坚韧致密，外面粗糙，内面光滑。在颞部撕开硬脑膜对光亮处观察可见到明显的脑膜中动脉及其分支。在相当于矢状缝处，硬脑膜伸入大脑纵裂中，形成一形如镰刀向下垂的大脑镰，其前端附于鸡冠，各端连于小脑幕上面的正中线上。在相当于横窦沟处，硬脑膜水平向前伸入大脑与小脑间，形如幕帐，称为小脑幕，将颅腔不完全地分隔成两部。小脑幕前内侧缘游离，凹陷形成小脑幕切迹。幕切迹与鞍背间形成的环行孔称小脑幕裂孔，内有中脑通过。理解颅内高压时形成小脑幕切迹疝的移位结构及临床表现。小脑幕附着于枕骨横窦沟和颞骨岩部上缘，在上面中线处连于大脑镰。自小脑幕下方正中线部位，相当于两小脑半球间处硬膜亦稍突出，名为小脑镰。在蝶鞍上方，硬脑膜张于鞍背上缘和鞍结节之间，封闭垂体窝，称为鞍膈，其中部有一容垂体柄通过的膈孔。

硬脑膜在一定部位两层分开，其内衬以内皮，静脉血可在其中通过，称硬脑膜窦。在硬脑膜标本上观察以下几个主要的硬脑膜窦：

（1）上矢状窦：位于大脑镰上缘，向前向后下，前端起自盲孔处，向后在相当于枕内隆凸处汇入窦汇。在已横断切开上矢状窦的硬脑膜标本上，见上矢状窦的窦腔略呈三角形。

（2）下矢状窦：位于大脑镰下缘，走向与上矢状窦一致，向后汇入直窦。

（3）直窦：位于大脑镰与小脑幕连接处，由大脑大静脉和下矢状窦汇合而成，向后汇入窦汇。

（4）横窦：位于小脑幕附着处的横窦沟内，左、右各一，自窦汇起，沿横窦沟向前外至颞骨岩部后端，转而向下续乙状窦。

（5）乙状窦：位于乙状窦沟内，是横窦的延续，向前内于颈静脉孔处出颅延续为颈内静脉。

（6）窦汇：为上矢状窦后端的扩大，是左、右横窦，上矢状窦，直窦的汇合处，位于枕内隆凸附近。

（7）岩上窦：位于颞骨岩上窦沟处的小静脉窦，向前连通海绵窦，向后连通横窦。

（8）岩下窦：岩下窦沟内之小静脉窦，向前连通海绵窦，向后经颈静脉孔汇入颈内静脉起始部。

（9）海绵窦：重点观察。海绵窦位于蝶鞍两侧，向前达眶上裂的内侧部，有眼静脉汇入；向后至颞骨岩部尖端，分别借岩上、下窦与横窦和颈内静脉相通。两侧海绵窦间有前、后海绵间窦相通。用镊子伸入窦内，探查海绵窦的范围，结合头颈冠状切模型观察海绵窦内通过的颈内动脉、展神经及固定于外侧壁上的动眼神经、滑车神经、眼神经和上颌神经。

想一想：面部感染引起颅内海绵窦炎症的途径。

讨论并查看海绵窦及其他硬脑膜窦的血流方向。

2. 脑蛛网膜（Cerebral Arachnoid Mater）：位于硬脑膜深面，与硬脑膜之间有硬膜下隙。在脑蛛网膜完整的标本上观察，此膜薄而透明，在脑的沟裂处并不深入其中（大脑纵裂和横裂例外），而从其表面跨过。蛛网膜与软脑膜之间的空隙为蛛网膜下隙，与脊髓的蛛网膜下隙相通，活体此腔内容脑脊液。在上矢状窦两侧，可见脑蛛网膜形成的蛛网膜粒。蛛网膜下隙在某些部位扩大成蛛网膜下池，主要的有：小脑与延髓之间的小脑延髓池；视交叉前方的交叉池；两大脑脚之间的脚间池；脑桥腹侧的桥池；中脑周围的环池等。

3. 软脑膜（Cerebral Pia Matter）：软脑膜与软脊膜相延续，薄而富有血管，紧贴于脑表面并伸入其沟裂中，不易分开。在某些部位软脑膜与脑室的室管膜紧贴构成脉络膜，若其中含血管则构成脉络组织。脉络组织在某些部位血管反复分支成丛，夹带其表面的软脑膜与室管膜突入脑室形成脉络丛。取脑室标本观察，可见在侧脑室、第三脑室和第四脑室内，呈长索条葡萄状的脉络丛。注意鉴别脉络组织与脉络丛。

（三）脑和脊髓的血管（Vessels of Brain and Spinal Cord）

取血管完整的脑和脊髓血管标本与模型对照观察。

1. 脑的动脉（Artery of Brain）：来自椎动脉和锁骨下动脉。以顶枕沟为界，椎动脉营养大脑半球后1/3及部分间脑、脑干和小脑；颈内动脉营养大脑半球的前2/3和部分间脑。它们的分支有两类：皮质支营养大脑皮质及其深面的髓质，中央支供应基底核、内囊及间脑等。

（1）椎动脉：起自锁骨下动脉，向上依次穿过第6至第1颈椎横突孔，向内弯曲经枕骨大孔入颅腔，于脑桥下缘两侧椎动脉汇合成基底动脉，在基底沟中上行，至脑桥上缘又分为左、右大脑后动脉。

椎动脉的主要分支有：

1）脊髓前、后动脉：后文将作介绍。

2）小脑下后动脉：椎动脉末段发出，分布于小脑下面后部及延髓后外侧部。

基底动脉的主要分支有：

1）小脑下前动脉：基底动脉起始部发出，分布于小脑下面前部。

2）脑桥动脉：为一些细小分支，从基底动脉发出后行向外侧，供应脑桥基底部。

3）迷路动脉：很细，伴随面神经和前庭蜗神经进入内耳，供应内耳迷路。

4）小脑上动脉：由基底动脉末端发出，绕大脑脚向后，经动眼神经后下方行向外侧，分布于小脑上部。

5）大脑后动脉：基底动脉终支，在脑桥上缘附近发出，经动眼神经前上方绕大脑脚行向后外，分支供应枕叶及颞叶。

（2）颈内动脉：颈内动脉于甲状软骨上缘高度由颈总动脉分出，与颈内静脉伴行至颅底，进入颞骨岩部下面的颈动脉管外口，经颈动脉管及其内口、破裂孔上升入颅腔，在蝶鞍两侧紧贴海绵窦外侧壁穿海绵窦至前床突内侧，再向上后弯转并穿出硬脑膜而分为终支。主要分支有：

1）眼动脉：从颅底观察，由颈内动脉发出的第 1 个分支，经视神经管进入眼眶处。

2）大脑前动脉：在视交叉前方，可见两条几乎垂直走向的动脉，轻轻提起视交叉，可见此两动脉从颈内动脉发出后，在视神经上方行向前内，至大脑纵裂转向上后方，发出皮质支分布于大脑半球额叶和顶叶内侧面、额叶底面的一部分和额、顶叶上外侧面的上部皮质，中央支经前穿质前部进入脑实质，供应尾状核、豆状核前部和内囊前肢。轻轻拉起视交叉可见大脑前动脉发出的前中央支。左、右两大脑前动脉在进入大脑纵裂前由一短支连通，此短支称前交通动脉。

3）大脑中动脉：颈内动脉的直接延续，在颞叶与额叶间行向外侧，经外侧沟前端绕至大脑半球背外侧面，在外侧沟内分为数条皮质支，营养大脑半球上外侧面的大部分及岛叶。大脑中动脉在途经前穿质后部时，发出细小的中央支（豆纹动脉）垂直向上进入脑实质，营养尾状核、豆状核、内囊膝和后肢的前上部。轻轻拨开颞叶的内侧，可见到大脑中动脉发出的中央支。注意豆纹动脉的特点，结合模型观察并加深理解。

4）后交通动脉：细小，起自颈内动脉末段，在视束下面行向后，与大脑后动脉吻合。为颈内动脉系与椎－基底动脉系的吻合支。

5）脉络丛前动脉：沿视束下面向后外行，经大脑脚与海马旁回的钩之间进入侧脑室下角，终止于脉络丛。沿途分支供应外侧膝状体、内囊后肢后下部、大脑脚底中 1/3、苍白球、海马等结构。

（3）大脑动脉环（Willis 环）：由两侧大脑前动脉起始段、两侧颈内动脉末端、两侧大脑后动脉起始段借前、后交通动脉在脑底形成的环状吻合，位于脑底下方、蝶鞍上方，环绕视交叉、灰结节及乳头体周围。此环使两侧颈内动脉系与椎－基底动脉系互相交通。

2. 脑的静脉（Vein of Brain）：不与动脉伴行，分互相吻合的浅、深两组。浅静脉分布于脑的表面，主要收集大脑皮质及皮质下浅层髓质的静脉血液，直接注入邻近的硬脑膜窦。深静脉收集大脑深部的髓质、基底核、间脑、脑室脉络丛等处的静脉血，最后汇成一条大脑大静脉，在胼胝体压部下方向后注入直窦。找到该静脉，观察其注入直窦。

3. 脊髓的动脉（Artery of Spinal Cord）：

（1）脊髓前、后动脉：发自椎动脉颅内段。左、右脊髓前动脉在延髓腹侧合成一干，沿前正中裂下行至脊髓末端，当下行至第5颈椎下方开始由节段性动脉发支补充和加强。脊髓后动脉自椎动脉发出后，绕延髓两侧向后走行，沿脊神经后根两侧下行，直至脊髓末端。一般在第5颈节的下方开始有节段性动脉补充和加强。脊髓前、后动脉之间借横行的吻合支互相交通，形成动脉冠，由动脉冠再分支进入脊髓内部。

（2）脊髓支：在颈段发自颈深动脉，在胸段发自肋间后动脉，在腰段发自腰动脉，在骶段发自骶外侧动脉。所有这些动脉发出的脊髓支均沿相应的脊神经根到达脊髓，这些血管不必一一寻找。

4. 脊髓的静脉（Vein of Spinal Cord）：较动脉多而粗，收集脊髓内的小静脉，最后汇集成脊髓前、后静脉，通过前、后根静脉注入硬膜外隙的椎内静脉丛。

（四）脑脊液及其循环（Cerebrai Spinal Fluid and Its Circulation）

先取在脑正中矢状切标本复习脑室系统的组成。脑室系统包括：位于端脑内的侧脑室、两侧背侧丘脑和下丘脑间的第三脑室；脑干与小脑间的第四脑室；侧脑室与第三脑室间的室间孔；第三脑室与第四脑室间的中脑水管；第四脑室的正中孔和外侧孔。在脑室铸型模型上观察其形态，侧脑室不规则，分为前角、下角、后角和中央部；第三脑室为两侧背侧丘脑和下丘脑间的正中矢状位裂隙；第四脑室似帐篷，底为菱形窝，顶朝向小脑。

脑脊液及其循环途径：每个脑室内都有可产生脑脊液的脉络丛。在活体，脑脊液为无色透明液体，成人总量约150 mL，充满于脑室、蛛网膜下隙及脊髓的中央管内，处于不断地产生、循环和回流的动态平衡中。取脑脊液循环模型观察，见由侧脑室脉络丛产生的脑脊液，经室间孔流向第三脑室，与第三脑室脉络丛产生的脑脊液一起，经中脑水管流入第四脑室，与第四脑室脉络丛产生的脑脊液一起再经正中孔和外侧孔流入蛛网膜下隙，经蛛网膜粒渗透到硬脑膜窦。

想一想：如脑脊液产生过多、吸收过少或循环障等可能引起颅内发生什么变化？应采取何方法治疗？

【作业及思考题】

1. 作硬膜外麻醉时麻醉药注射于何处？药物是否会进入颅腔？

2. 大脑动脉环由哪些动脉构成？位于何处？有何功能意义？

3. 临床上进行腰椎穿刺，成人宜在何部位进行？为什么？由浅入深经过哪些结构？

4. 患儿，女，12岁，几天前左唇上鼻孔外侧生一疖肿，疼痛难忍，其母用力挤压，排出脓液。当晚患儿高烧、头痛、昏睡，急诊入院。查体：体温39.5℃，白细胞15000/mm^3，脑膜刺激征呈阳性。诊断为化脓性脑膜炎。请问面部的感染可能通过哪些途径传播至颅内？

5. 患者，男，28岁，建筑工人，头部砸伤，昏迷不醒，急诊入院。检查发现：左侧颞区骨折，伴有硬膜外血肿形成。请问可能是哪条动脉破裂所致？

6. 62岁男性患者，突然发现口角歪斜，说话不清但神志清醒，立即被送进医院。检查发现：血压200/140 mmHg，伸舌时舌尖偏向右侧，笑时口角歪向左侧，无上下肢肌瘫，MRI发现脑血管栓塞，经降压，扩张血管、溶栓等治疗后康复出院。请问可能是哪条脑血管分支栓塞？

7. 患者，男，55岁，因头晕跌倒，并未丧失意识。当有人将他送至家中，发现患者语言不清。两个月后检查发现，四肢肌张力和反射正常，但上下肢有些共济失调，咀嚼肌、面肌及舌肌无麻痹。腭垂（悬雍垂）偏向左侧，表明右侧软腭肌麻痹，喉镜检查发现右声带麻痹。两足靠拢站立并闭目时，身体歪向右侧。右侧面部和左侧肢体、躯干痛觉和温度觉消失。触觉正常。诊断为脑血管栓塞所致延髓背外侧区病变，试问可能是哪一条脑血管栓塞所致？

8. 预习下次实验内容："脊神经"。

（任铁良）

二十、脊神经

【目的要求】

1. 掌握脊神经的组成、分部、纤维成分，了解其分支分布概况。

2. 掌握颈丛的组成、位置，皮支的浅出部位和分布概况，膈神经的行程和分布。

3. 掌握臂丛的组成和位置，正中神经、尺神经、桡神经、腋神经、肌皮神经的起始、行程、分布概况；了解胸长神经、胸背神经的分布；了解正中神经、桡神经、尺神经、腋神经损伤后的主要临床表现。

4. 掌握胸神经前支的分布概况及其皮支分布的特点。

5. 掌握腰丛的组成与位置；掌握股神经和闭孔神经的行程及其分布。

6. 掌握骶丛的组成与位置；掌握坐骨神经的起始、行程、分支分布和体表投影，了解其常见变异及损伤后表现；掌握胫神经的行程及其分布，了解其损伤后表现；掌握腓总神经的行程，腓浅、腓深神经的分布，了解其损伤后的主要临床表现；了解臀上神经、臀下神经、股后皮神经和阴部神经的分布。

【实验材料】

1. 标本及模型：整尸系解标本；原位脊髓与脊神经标本；胸段脊柱（示脊神经的组成）标本及模型；头颈部的皮神经标本及模型；颈丛、臂丛的位置与分支标本及模型；离体上肢的神经标本；手的神经特制标本；纵隔标本及模型；腰丛、骶丛的位置和组成标本；特制肋间神经标本；离体下肢的神经标本；会阴的神经特制标本；阴部神经和闭孔神经特制标本；足的神经特制标本；盆腔矢状切标本及模型。

2. 其他教学资源：教学挂图；多媒体实验教学课件。

【实验时数】3学时。

【注意事项】

1. 周围神经内容较多，应做好课前预习，并复习肌学的相关内容。

2. 观察神经主干行程时，应注意附近结构的毗邻关系，如已被切断或移开，应将其复位。重点辨认各神经的起止、行程及其与重要毗邻结构的关系与分布特点。

3. 爱护标本，观察神经行程时勿用力牵拉，每次实习完后应将标本泡入防腐液中。

4. 学习中应联系临床应用，重点理解某些外伤后引起的神经损伤及随后出现的相应症状的解剖学基础，如：①颈丛局部阻滞部位；②肱骨内上髁骨折易损伤尺神经；③肱骨中段骨折易损伤桡神经；④肱骨外科颈骨折或不恰当地使用腋杖可损伤腋神经；⑤根据胸神经节段性分布特点，临床借此判断脊髓损伤断面与麻醉平面定位的关系；⑥腹股沟疝修补术时，注意髂腹下神经和髂腹股沟神经与腹股沟管的关系；⑦梨状肌与坐骨神经的关系以及梨状肌综合征的发病机制；⑧ 腓骨颈骨折或胫骨骨折固定不当易损伤腓总神经等。

【实验内容及方法】

脊神经与脊髓相连，属周围神经系统。首先应明确脊神经的数目、性质（混合性）、纤维成分及来源、分支及特点，然后在标本上辨认脊神经前支形成的颈丛、臂丛、腰丛、骶丛及节段性分布的胸神经前支；观察神经丛上的重要分支、分布及胸神经前支的行程、分布特点。注意神经与动脉的辨认方法：神经与血管常伴行，神经为实心、坚硬，动脉为空心、触摸有弹性。

脊神经组成概况：脊神经与脊髓相连，包括颈神经 8 对、胸神经 12 对、腰神经 5 对、骶神经 5 对和尾神经 1 对。在特制的胸段脊柱上观察脊神经组成标本，见脊髓位于椎管中，脊髓两侧的前、后有相应脊神经的前根和后根相连。前、后根在出椎间孔处会合成脊神经。后根在即将会合处的近侧有一膨大的脊神经节。

在原位脊髓及脊神经标本上观察，见第 1 颈神经干从寰椎与枕骨之间出椎管，第 2 ~7 颈神经在同序数颈椎上方的椎间孔穿出，第 8 颈神经在第 7 颈椎下方的椎间孔穿出，胸、腰神经则从相应椎骨下方的椎间孔穿出，第 1 ~4 骶神经从相应的骶前、后孔穿出，第 5 骶神经和全部尾神经从骶管裂孔穿出。注意各节段的脊神经根在椎管内走行的方向和长短有何不同。脊神经在椎管内的毗邻关系：前方为椎间盘和椎体，后方是椎间关节和黄韧带。

讨论：

①椎间盘脱出为何会压迫脊神经？可能会有什么表现？

②“马尾”位于何处？它是如何形成的？

脊神经出椎间孔后，立即分为前支、后支、脊膜支和交通支。前、后支均为混合性神经，都有皮支和肌支之分。前支较大，走向前方，主要分布至颈部、躯干前外侧、四肢的肌和皮肤。除第 2 ~11 对胸神经的前支有明显的节段性分布外，其余前支分别在一定部位相互交织构成神经丛，计有颈丛、臂丛、腰丛和骶丛，由丛再分支分布于相应的区域，分别分布到相应的肌肉和皮肤。后支较细小，走向后方，不成丛，肌支分布于棘突两旁项、背、腰、骶部的皮肤和深部的肌肉，皮支分布于枕、项、背、腰、臀部的皮肤。脊膜支经椎间孔返回椎管内，细小，不必寻找。交通支为连于脊神经与交感干的细支，其中发自脊神经至交感神经节的支称白交通支，只存在于第 1 胸神经 ~第 3 腰神经的前支与相应的交感神经节之间。自交感神经节连于31对脊神经前支之间的细支称灰交通支。

注意区别前根与前支、后根与后支的性质及损伤后表现。

（一）颈丛（Cervical Plexus）

1. 组成和位置：在颈部深层结构标本上，翻开胸锁乳突肌上部，在中斜角肌和肩胛提肌起端的前方，可见第1～4颈神经前支组成的颈丛。

2. 颈丛的分支：

（1）浅支：在观察颈部浅层结构的标本和模型上观察。将胸锁乳突肌回复原位，见颈丛浅支比较集中地由胸锁乳突肌后缘中点附近穿出深筋膜，于颈阔肌深面再向上、前、下各方向散开，发出以下分支：

1）枕小神经：沿胸锁乳突肌后缘上行，分布于枕部及耳廓背面上部的皮肤。注意不要与枕大神经相混淆。可探查枕大神经的来源以资区别。

2）耳大神经：浅出后沿胸锁乳突肌表面向耳垂方向上行，分布于耳廓及腮腺区皮肤。

3）颈横神经（颈皮神经）：由胸锁乳突肌后缘中点浅出后，横过胸锁乳突肌表面向前行，布于颈部皮肤。常与面神经有交通支。

4）锁骨上神经：于胸锁乳突肌后缘中点处的深面，行向前下方和后下方浅出，有2～4支，辐射状分布于颈侧区、胸壁上部和肩部的皮肤。

想一想：颈部浅表部位手术时为何常选择在胸锁乳突肌后缘中点进行阻滞麻醉?

（2）膈神经：颈丛中最重要的分支，为混合性神经。将胸锁乳突肌翻起，查看与颈丛相连自前斜角肌表面下行的膈神经。膈神经先位于前斜角肌上端外侧，继沿该肌前面下降至其内侧，在锁骨下动、静脉之间经胸廓上口入胸腔，与心包膈血管伴行，经肺根前方，贴心包两侧面下行达膈，于中心腱附近穿入膈肌，支配膈肌的运动，管理心包、胸膜、部分腹膜、肝胆等处的感觉。根据以下三个标志性结构确认膈神经：前斜角肌；锁骨下动、静脉；肺根。

（3）舌下神经袢（颈袢）：在颈总动脉末端、颈内静脉浅面找到一似项链状的结构，此即颈袢。逆行追踪其来源，见颈袢由舌下神经降支与第2～3颈神经分支组成。由袢发出分支支配舌骨下肌群。

（二）臂丛（Brachial Plexus）

1. 组成和位置：在整尸标本或颈部深层标本上观察。翻起胸锁乳突肌和前斜角肌，观察其深面下部较粗大的神经丛即臂丛，由第5～8颈神经前支和第1胸神经前支的大部构成。在前、中斜角肌之间探查来自第5～8颈神经与第1胸神经前支形成的5个根，由5根再汇成3干：颈5～6合成上干，颈7形成中干，颈8和胸1合成下干。每干在锁骨上方或后方又各分为前、后两股，6股经锁骨中点至腋窝，在腋腔围绕腋动脉中段构成3束：内侧束由上、中干的前股合成，位于腋动脉内侧；下干前股自成外侧束，位于腋动脉外侧；3干的后股合成后束，位于腋动脉后方。先找到腋动脉，再依据方位来辨认各束名称。3束发出分支至上肢。

注意：臂丛的行程恒定经过斜角肌间隙、锁骨中点上方和腋窝，肩关节以下、臂部和前臂部手术时常选择这些部位作为臂丛阻滞麻醉的部位。

2. 臂丛的分支：

（1）肌皮神经：取离体上肢的神经标本观察。肌皮神经发自外侧束，穿喙肱肌，分支支配喙肱肌、肱二头肌和肱肌。其终支为前臂外侧皮神经，分布于前臂外侧皮肤。牵拉前臂外侧皮神经，观察是否为肌皮神经的延续。

（2）正中神经：取离体上肢的神经标本观察。正中神经在手部的分布情况在“手的神经”特制标本上观察。正中神经由内、外侧束各发1根会合而成，于腋动脉前外侧找到该神经后，向远端追踪，见其伴肱动脉下行至肘窝，穿过旋前圆肌，在前臂正中下行，于指浅、深屈肌间达腕部，继而在桡侧腕屈肌腱和掌长肌腱之间进入屈肌支持带深面的腕管，于掌腱膜深面达手掌。

正中神经在臂部无分支，在肘部及前臂发许多肌支支配前臂屈肌和旋前肌（肱桡肌、尺侧腕屈肌、指深屈肌尺侧半除外）及附近关节。在屈肌支持带下方，正中神经外侧缘发出一粗短的返支，行于桡动脉掌浅支外侧，并向外进入鱼际，分布于除拇收肌以外的鱼际肌和1、2蚓状肌。在手掌区，正中神经发出3支指掌侧总神经，每一指掌侧总神经在掌骨头附近又出2支指掌侧固有神经，沿手指的相对缘行至指尖，皮支分布于掌心、鱼际区皮肤及桡侧3个半指掌面与其中节和远节指背的皮肤。取“手的神经”特制标本观察。

讨论：正中神经损伤后可出现哪些相应症状及典型表现？

（3）尺神经：取离体上肢的神经标本观察。尺神经在手部的分布情况在“手的神经”特制标本上观察。尺神经发自内侧束，在腋动、静脉间出腋窝后，沿肱动脉内侧、肱二头肌内侧沟下行至臂中部，穿内侧肌间隔至臂后区内侧，继续下行至肱骨内上髁后方的尺神经沟，继而向下穿过尺侧腕屈肌起端又转至前臂前内侧，在尺侧腕屈肌和指深屈肌间，伴尺动脉内侧下行，至桡腕关节上方发出手背支后，本干于豌豆骨桡侧、屈肌支持带浅面分深、浅两支，经掌腱膜深面、腕管浅面进入手掌。其主要分支有：

1）前臂肌支：前臂上部发出，支配尺侧腕屈肌和指深屈肌尺侧半。

2）手背支：桡腕关节上方发出，分布于手背尺侧半和小指、环指及中指尺侧半背面皮肤。

3）浅支：在腕部发出，分布于手掌面尺侧部和尺侧一个半指掌侧面皮肤。

4）深支：在腕部发出，支配小鱼际肌、拇收肌、第3～4蚓状肌、骨间肌。

讨论：为何肱骨髁上骨折易造成尺神经损伤？尺神经损伤后可出现哪些相应症状及典型表现？

（4）臂内侧皮神经和前臂内侧皮神经：取离体上肢的神经标本观察。见两神经均发自内侧束，初行于腋动脉与腋静脉间，臂内侧皮神经沿肱动脉和贵要静脉内侧下行至臂中份附近浅出，分布于臂内侧和臂前面皮肤；前臂内侧神经沿肱动脉内侧下行至臂中份浅出与贵要静脉伴行，分前、后两支分布于前臂内侧区前、后面的皮肤。

（5）腋神经：取离体上肢神经标本观察。腋神经由后束发出，伴旋肱后血管穿过腋窝后壁的四边孔，绕肱骨外科颈至三角肌深面，发肌支支配三角肌和小圆肌；皮支称臂外侧上皮神经，自三角肌后缘穿出，分布于肩部、臂外侧区上部的皮肤。

（6）桡神经：取离体上肢的神经标本观察，桡神经在手部的分布情况在“手的神经”特制标本上观察。桡神经由后束发出，较粗大，在腋窝内位于腋动脉后方，伴肱深动脉向下外行，先经肱三头肌长头和内侧头之间走向肱骨后面，继沿桡神经沟走向外下达肱骨外上髁前方，沿途发肌支支配肱三头肌、肱桡肌和桡侧腕长伸肌。皮支分布于臂后区（臂后皮神经）、臂下外侧部（臂外侧下皮神经）、前臂后面（前臂后皮神经）的皮肤。桡神经本干在行至肱骨外上髁前方、肱肌与肱桡肌间分为深、浅两终支：

1）桡神经深支：较粗大，主要为肌支，在桡骨颈外侧穿过旋后肌至前臂背面，在前臂浅、深层伸肌间下行，至拇短伸肌远侧逐渐变细，并沿前臂骨间膜后面下行达腕关节背面。沿途支配背面各肌，故又称骨间后神经。牵拉前臂后群肌内的骨间后神经，观察其是否为桡神经的延续。

2）桡神经浅支：系皮支，自肱骨外上髁前外侧伴桡动脉外侧下行，达前臂中、下1/3交界处转向背侧并下行至手背区，分4~5支分布于手背外侧部和外侧3个半手指近节背面的皮肤及关节。取“手的神经”特制标本观察其在手部的分布情况。

讨论：直接暴力致肱骨干骨折后，可损伤何神经？可能出现哪些相应症状和典型表现？

（7）胸背神经：起自后束，沿肩胛骨外侧缘伴肩胛下血管下行，分布于背阔肌。胸背神经周围有淋巴结即肩胛下淋巴结排列。讨论胸背神经损伤后的临床表现。

（8）胸长神经：在胸侧壁前锯肌表面寻找自上而下较细的胸长神经，向上追踪其起点，观察其起自臂丛3大束还是臂丛的根、干、股。胸长神经经臂丛后方入腋窝后，沿前锯肌表面伴胸外侧动脉下行，分布于前锯肌和乳房。此神经支配前锯肌的运动，在穿经腋窝处其周围有胸肌淋巴结排列。

讨论：乳腺癌腋窝淋巴结清扫术后出现“翼状肩”的原因？

其余小支不再一一追索。

（三）胸神经前支（Rami Anteriores Nervorum Thoracalium）

在暴露胸后壁的标本上于各肋间隙寻找与肋间后动、静脉伴行的肋间神经（位于第12肋下缘的称为肋下神经），此即胸神经前支。观察其在肋间隙内的行程规律及其与血管的排列关系：自上而下为静脉、动脉、神经。胸神经共12对，各由同序椎骨下缘椎间孔中穿出，不成丛。各对胸神经前支均行走于肋间隙，称肋间神经（Intercostal Nerve），但第12对胸神经前支行于第12肋下缘，称肋下神经（Subcostal Nerve）。肋间神经和肋下神经分布于胸腹壁的肌肉和皮肤，其上6对肋间神经的肌支分布于肋间肌、上后锯肌和胸横肌；皮支又分为外侧皮支和前皮支，分布于胸前外侧壁、肩胛区、乳房等处皮肤及胸膜壁层，其中第2肋间神经的外侧皮支也称肋间臂神经，可与臂内侧皮神经交通，分布于臂上部内侧面皮肤；下5对肋间神经和肋下神经除分布于相应的肋间组织外，还继续前行达腹前壁，于腹前外侧壁行于腹横肌与腹内斜肌之间，在腹直肌外缘进入腹直肌鞘，沿途分支至腹前外侧壁的肌肉与皮肤。在整尸浅层标本上，于腋前线和前正中线两侧分别寻找胸神经外侧皮支和前皮支，观察这些皮神经是否呈节段性分布。

胸神经前支在胸、腹壁皮肤的分布具有明显的节段性和重叠性，对照示意图观察体会。注意胸骨角、乳头、剑突、肋弓、脐、脐与耻骨联合连线中点平面穿出的前皮支分别为哪一对胸神经。理解胸神经前支在胸前壁和腹前壁的定位及临床意义。

（四）腰丛（Lumbar Plexus）

1. 组成和位置：取腰丛及其分支特制标本观察。翻起腰大肌，位于腰椎两旁的腰椎横突前方、腰大肌深面的较小神经丛即腰丛，由第12胸神经前支一部分、第1～3腰神经前支和第4腰神经前支的一部分组成。

2. 腰丛的分支：

（1）髂腹下神经：自腰大肌外侧缘穿出，经肾后面和腰方肌前面向外下行，于髂嵴上方至腹横肌与腹内斜肌之间，继续向前行于腹内、外斜肌之间，约在腹股沟管浅环上方3 cm处穿腹外斜肌腱膜达皮下。沿途发分支至腹壁诸肌及臀外侧区、腹股沟区及下腹部皮肤。

（2）髂腹股沟神经：自髂腹下神经下方出腰大肌外缘，斜行跨过腰方肌和髂肌上部，在髂肌前端附近穿过腹横肌，经该肌与腹内斜肌之间前行入腹股沟管，伴精索或子宫圆韧带下行，由腹股沟管浅环穿出。肌支至腹壁诸肌，皮支分布于腹股沟部、阴囊或大阴唇皮肤。

（3）生殖股神经：自腰大肌前面穿出，在腹股沟韧带上方分为2支，其中生殖支于腹股沟深环进入该管，分布于提睾肌和阴囊或随子宫圆韧带分布于大阴唇；股支分布于股三角区皮肤。

（4）股外侧皮神经：自腰大肌外侧缘穿出，向前外侧走行，越髂肌表面达髂前上棘内侧，约在其下方5～6 cm处穿出深筋膜分布于大腿前外侧的皮肤。

（5）股神经：腰丛最大的分支。在腹股沟韧带深面寻找到达股前群肌粗大的股神经，向上追踪见其发自腰丛，自腰大肌外缘穿出后，在腰大肌与髂肌之间下行至腹股沟韧带中点稍外侧，经该韧带深面、股动脉外侧进入股三角，随即分为数支：

1）肌支：粗大的股神经，行程较短，在股前部分肌支至髂肌、股四头肌、缝匠肌和耻骨肌外侧半。

2）皮支：较短，数条，即股中间、股内侧皮神经，分布于大腿及膝关节前面的皮肤。

3）隐神经：最长的皮支。自股神经发出后伴股动脉入内收肌管下行，穿出此管后在膝关节内侧下行，于缝匠肌下段后方浅出至皮下后，伴大隐静脉沿小腿内侧面下行至足内侧缘，沿途分布于髌下、小腿内侧面、足内侧缘皮肤。

想一想：股神经损伤后的表现及其对膝跳反射的影响。

（6）闭孔神经：在闭孔处的闭膜管内寻找闭孔神经（与闭孔动、静脉伴行），向上追踪至腰丛起源处。闭孔神经自腰大肌内侧缘穿出后，贴小骨盆内侧壁下行，与闭孔血管伴行穿闭膜管至大腿内侧，分前、后两支分别经短收肌前、后面进入大腿区，分布于内侧收肌群。肌支支配闭孔外肌、长收肌、短收肌、大收肌、股薄肌、耻骨肌等；皮支分布于大腿内侧面皮肤；关节支分布于髋、膝关节。在股内侧部翻起长收肌，观察在其深面下行的闭孔神经前支；再翻起短收肌，其深面有闭孔神经后支。讨论闭孔神经损伤后的表现。

（五）骶丛（Sacral Plexus）

1. 组成和位置：取骶丛及其分支特制标本结合盆部矢状切及下肢神经标本观察。骶丛位于盆腔内，在骶骨和梨状肌前面、髂内血管后方，由第 4 腰神经前支余部和第 5 腰神经前支合成的腰骶干及全部骶、尾神经的前支组成。注意骶骨岬两侧由 $L_{4\sim5}$组成的腰骶干。

2. 骶丛的分支：

（1）臀上神经和臀下神经：在臀部，翻开已切断的臀大肌和臀中肌，可见分别经梨状肌上、下孔伴臀上、下血管穿出的臀上神经和臀下神经。臀上神经行于臀大肌深面，分布于该肌；臀下神经行于臀中、小肌间，分上、下 2 支支配此两肌及阔筋膜张肌。

翻起臀大肌，牵拉自梨状肌上、下孔穿出的这些神经，查看是否来源于骶丛。

（2）阴部神经：伴阴部内血管出梨状肌下孔后，绕坐骨棘经坐骨小孔进入坐骨肛门窝，贴此窝外侧壁表面分布于会阴部和外生殖器、肛门的肌肉和皮肤。主要分支有：

1）肛神经：数支，分布于肛门外括约肌和肛门部皮肤。

2）会阴神经：沿阴部内血管下方前行，分布于会阴各肌及阴囊后部（大阴唇）皮肤。

3）阴茎（蒂）背神经：行走于阴茎（蒂）背侧，分布于阴茎（蒂）的海绵体和皮肤。

以上神经取会阴部特制标本观察。

（3）股后皮神经：经梨状肌下孔出盆腔，在臀大肌深面下行至其下缘浅出，继在大腿后面下行，沿途分支分布于臀区、股后区和腘窝处的皮肤。

（4）坐骨神经：人体最粗大、最长的神经。自梨状肌下孔穿出，行经坐骨结节与股骨大转子之间至股后部的粗大神经即坐骨神经。注意坐骨神经可有多种变异，观察并统计坐骨神经穿出梨状肌下孔时是 1 束还是 2 束，除从梨状肌下孔穿出外是否从其他部位穿出（如梨状肌或梨状肌上孔）盆壁。理解发生梨状肌综合征与坐骨神经变异的关系。

坐骨神经在股后部沿股二头肌深面下降，多于腘窝上角处分为胫神经和腓总神经两大终支。注意此分叉处位置只会高，但不会低于腘窝上方，为什么？讨论坐骨神经损伤后的临床表现及选择臀部外上 1/4 为肌内注射的原因。

坐骨神经的主要分支有：

1）肌支：主要分支至股二头肌、半膜肌、半腱肌。

2）关节支：至髋关节。不必细找。

3）胫神经：系坐骨神经本干的直接延续。于股后区下部沿中线下行入腘窝，在腘窝后方与其深面的腘血管伴随下行至小腿后部，于比目鱼肌深面伴胫后血管下行，并发分支支配小腿后群肌。本干经屈肌支持带深面内踝后方与跟骨之间的踝管进入足底，分为足底内侧神经、足底外侧神经两终支，分布于足底的肌肉和皮肤。胫神经的分布范围：小腿后群诸肌和足底肌，小腿后面和足底的皮肤。在小腿后群浅、深层肌间寻找胫神经，注意其与胫后动、静脉伴行。

4）腓总神经：沿腘窝上外侧界的股二头肌腱内侧缘向外下，于浅表的腓骨颈处找到腓总神经，牵拉该神经观察其自腘窝近侧部从坐骨神经分出。探查腓总神经穿腓骨长肌分为腓深神经和腓浅神经处。在小腿前群肌间寻找腓深神经（注意其与胫前动、静脉伴行），经踝关节前方下行至足背。在小腿外侧群肌间寻找腓浅神经，或自小腿下部外侧找到皮神经后再逆行追踪腓浅神经。

腓浅神经：下行于腓骨长、短肌与趾长伸肌之间，沿途分支至腓骨长、短肌。主干向下，于小腿中、下1/3交界处浅出成为皮支，分布于小腿外侧、足背和第2～5趾背的皮肤。

腓深神经：分出后经腓骨与腓骨长肌间斜行向前，伴随胫前血管下行于胫骨前肌与趾长伸肌、胫骨前肌与踇长伸肌之间，经踝关节前方达足背，分布于小腿前群肌、足背肌和1、2趾相对缘的皮肤。

观察腓肠神经的组成及其沿小隐静脉的行程。

讨论：腓总神经、腓深神经和腓浅神经容易发生损伤的部位在哪？腓深神经和腓浅神经损伤后各有何临床表现？

在整尸或活体上体会坐骨神经和胫神经的体表投影：自坐骨结节和大转子之间连线的中点，向下至股骨内、外侧髁之间中点作一连线，此连线的上2/3段即坐骨神经的体表投影。自股骨内、外侧髁之间中点至内踝后方的连线为胫神经的体表投影。

结合骨骼肌的运动，理解使足内翻和足外翻的肌有哪些？各受何神经支配？

【作业及思考题】

1. 患者因暴力外伤致肱骨中段骨折，X线片显示骨折近侧端向前错位，远侧端向后错位。检查发现患侧不能伸指伸腕，前臂抬起时，呈垂腕手。分析骨折后出现这些症状的原因。

2. 患者因受侧方暴力向右侧倾倒致右臂内上髁骨折，X线片显示骨折断面明显错位。检查发现患侧第2～4指屈指力减弱，第2和第4、5指不能夹持纸片及末节指不能屈曲。分析其可能损伤的神经与出现症状的原因。

3. 患者肱骨外科颈骨折并发生错位，经复位骨折愈合后，出现抬右臂无力，检查发现右臂不能外展90°，试分析其可能原因。

4. 左下肢外伤患者，X线提示腓骨颈骨折，远侧端错位明显。检查发现左踝关节不能背屈，不能伸趾，提起小腿出现足下垂，足不能外翻。足背感觉丧失。解释出现这些症状的原因。

5. 作上肢手术时应在何处作臂丛神经阻滞麻醉？

6. 上肢的神经都与动脉伴行吗？

7. 肱骨外科颈骨折、肱骨中段骨折、内上髁骨折分别易损伤什么神经？

8. 某患者背部外伤后，出现乳头平面及以下感觉障碍，推算是何椎骨骨折？

9. 在腹股沟疝修补术后，坐位时不能挺伸右膝关节，右膝跳反射消失，右侧股前及小腿内侧皮肤感觉障碍，应考虑什么神经损伤？

10. 列表比较正中神经、尺神经、桡神经的肌支及皮支在前臂、手部的分布范围。

11. 试述坐骨神经本干的行程，说出它与臀部肌肉注射的关系。

12. 预习下次实验课内容：“脑神经”。

（邓春雷）

二十一、脑神经

【目的要求】

1. 掌握各脑神经的名称、代号、性质、起核、终核、连脑部位、出入颅部位、主干行程和主要分支。

2. 熟悉嗅神经的功能与分布区。

3. 掌握视神经的功能与行程。

4. 掌握动眼神经的纤维成分、行程、分支与分布。了解睫状神经节的位置、性质。

5. 掌握滑车神经、展神经的行程和分布。

6. 掌握三叉神经的纤维成分，三叉神经节的位置、性质，三叉神经 3 大分支的行程、主要分支及其分布。熟悉三大分支在头面部皮肤的大致分布区域。

7. 掌握面神经的纤维成分、行程、主要分支（岩大神经、鼓索、表情肌支）的分布情况。了解翼腭神经节、下颌下神经节的位置、性质、纤维联系。

8. 掌握前庭蜗神经的组成、行程和功能。

9. 掌握舌咽神经的纤维成分、行程、主要分支（舌支、咽支、颈动脉窦支）的分布概况。了解耳神经节的位置、性质和纤维联系。

10. 掌握迷走神经的纤维成分、主干行程、分布概况，喉上神经、喉返神经的发出位置、行程和分布。了解迷走神经前、后干在腹腔的分支与分布概况。

11. 掌握副神经、舌下神经的行程、分布概况。

12. 熟悉各脑神经损伤后的主要表现。

【实验材料】

1. 标本与模型：去颅顶颅骨；游离颞骨和蝶骨；显露 12 对脑神经连脑和出入颅部位的标本与模型；头部正中矢状切本；去除眶上壁显示眶内结构标本；去除眶外侧壁显示眶内结构标本；三叉神经标本及模型；面神经标本及模型；头颈侧区深层结构标本；显示迷走神经全程标本（含喉上、喉返、迷走神经前、后干、“鸦爪支” 等）；胸腹后壁标本；颅内副交感节电动模型；附脑神经根的脑干标本及模型；脑神经电动模型。

2. 其他教学资源：教学挂图；多媒体课件。

【实验时数】3 学时。

【注意事项】

1. 观察本次课实验内容前应先取颅骨复习颅底结构，重点是脑神经出、入颅腔的沟、管、孔、裂等。

2. 脑神经细小，切忌夹持和牵拉。一对脑神经的内容有时需要在多个标本上才能全部看到。

3. 本次实验课标本数量有限，需分组互换标本观察。

4. 为显示深层结构，制作标本时多已将部分浅层结构除掉，故观察标本时应注意鉴别其深、浅位置和毗邻关系。

5. 部分脑神经的分支在标本上难以观察到，可结合挂图、图谱、教材和模型进行理解。

【实验内容及方法】

脑神经与脊神经的主要区别：脊神经 31 对，纤维成分相同且均为混合性神经，分支分布于躯干四肢；脑神经 12 对，每对含有特定的纤维成分并分布于特定区域。脊神经节为感觉神经节，由假单极神经元组成，随脊神经分布于躯干、四肢的皮肤、肌腱、关节等处；而与脑神经相连的神经节有感觉神经节和副交感神经节之分，感觉神经节由假单极神经元或双极神经元的胞体形成，副交感神经节是内脏运动神经的节后神经元，共 4 对（睫状神经节、翼腭神经节、下颌下神经节、耳神经节），随 III、VII、IX、X 对脑神经分布于心肌、平滑肌和腺体。

观察步骤及方法：首先明确脑神经的来源、性质及纤维成分。在去顶颅骨标本上找出与脑神经行程有关的孔、管、裂及 12 对脑神经的连脑和出颅部位，然后于游离脑神经标本上观察脑神经节、脑神经的分支及分布，理解其作用。重点观察第 V、VII、IX、X 对脑神经。应结合脑干内脑神经核的位置、性质与脑神经的纤维成分进行观察学习，分析其临床意义。

与脑神经有关的颅骨结构：取去顶颅骨分别找出与脑神经行程有关的结构。

（1）颅前窝：筛板、筛孔。

（2）颅中窝：视神经孔、眶上裂、圆孔、卵圆孔、三叉神经压迹。

（3）颅后窝：内耳门、颈静脉孔、舌下神经管。

（4）颅底外面：卵圆孔、颈静脉孔、舌下神经管、茎乳孔、蝶腭孔、翼腭窝、翼腭管、翼管、切牙孔、腭大孔。

（5）颅前面和下颌骨：眶上孔（切迹）、眶下孔、下颌孔、下颌管、颏孔。

脑神经连脑和出、入颅部位：取显露 12 对脑神经连脑和出入颅部位的特制标本及附脑神经根的脑干标本及模型相互对照观察。

1）嗅神经：在鸡冠两旁穿筛孔，向上连于端脑嗅球。

2）视神经：穿视神经孔后汇合成视交叉。

3）动眼神经：自脚间窝穿出，通过海绵窦外侧壁，经眶上裂入眶。

4）滑车神经：唯一自脑干背面发出的神经。发自下丘下方，绕大脑脚向前，通过海绵窦外侧壁经眶上裂入眶。

5）三叉神经：连于脑桥。在颞骨岩部尖端三叉神经压迹处有一膨大的三叉神经节，由此发出三支：眼神经经眶上裂、上颌神经经圆孔、下颌神经经卵圆孔出颅。

6）展神经：自延髓脑桥沟中穿出，经海绵窦颈内动脉外侧，通过眶上裂入眶。

7）面神经：连于延髓脑桥沟内，经内耳门、面神经管、茎乳孔出颅。

8）前庭蜗神经：自内耳门连至延髓脑桥沟内。

9）舌咽、迷走、副神经：根附于延髓，经颈静脉孔出颅。

10）舌下神经：发自延髓，经舌下神经管出颅。

再取脑神经电动模型，复习与相应脑神经有关的脑神经核。

取脑神经的特制标本依次观察脑神经的行程和分布。

（一）嗅神经（Olfactory Nerve）

取头正中矢状切标本和模型观察。可见鼻中隔上部、下鼻甲凸面和鼻腔顶的后部粘膜内有互相连接的神经丛，由此丛发出10～20条嗅丝，上行穿筛孔，终于嗅球。分析颅底骨折引起嗅觉障碍的原因。

（二）视神经（Optic Nerve）

在去除眼眶上壁和外侧壁的标本上观察。在眼眶内找到连于眼球的粗大而圆的神经即视神经，自眼球后极偏内侧穿出，经视神经管入颅腔止于视交叉。观察时须小心保护其周围的肌肉和血管。因脑被膜与视神经外膜相延续，蛛网膜下隙也随之延续至视神经，故临床上常用眼底镜检查视神经盘，观察是否存在颅内高压引起的视神经盘水肿。

（三）动眼神经（Oculomotor Nerve）

仍在去眶壁的标本上观察。首先辨认清楚眼外肌，根据进入眼外肌的神经逆行追踪，可见动眼神经经眶上裂入眶后，分为两支：上支分布至上直肌和上睑提肌；下支分布至下直肌、内直肌和下斜肌。如主干不易找到，可先找出所支配的眼外肌（如上直肌、下斜肌等），再拉动这些肌，在其“视神经侧”找到与其相连的动眼神经分支，然后牵动分支追寻至动眼神经主干。在外直肌与视神经之间，有一米粒大小、呈扁平四角形的睫状神经节。此神经节为副交感神经节（节后神经元）。睫状神经节与其根和节后纤维形似蜘蛛。注意观察自睫状神经节发出的节后纤维到达眼球的瞳孔括约肌和睫状肌，理解其作用及损伤后的表现。根据眼外肌的作用分析动眼神经损伤后对眼球运动及瞳孔转动方向的影响。

想一想：还有哪些神经纤维与睫状神经节相联系？

（四）滑车神经（Trochlear Nerve）

在上述标本上先寻认上斜肌，与其上缘相连的神经即滑车神经，较细小，亦经眶上裂入眶，支配上斜肌。

（五）三叉神经（Trigeminal Nerve）

取三叉神经特制标本观察。首先于颞骨岩部前面尖端的三叉神经压迹处找到呈半月形膨大的三叉神经节。该节以很短的根连于脑桥，从节上发出三大分支，由前内至外侧分别是眼神经、上颌神经和下颌神经，分别经眶上裂、圆孔、卵圆孔出入颅底。注意眼神经与动眼神经、滑车神经、上颌神经共同穿行于海绵窦内。

1. 眼神经：呈扁索状，与动眼、滑车神经同行于海绵窦外侧壁，经眶上裂入眼眶，发出额神经、泪腺神经、鼻睫神经等分支。在除去眼眶顶壁的标本上观察，见额神经最粗，在上睑提肌上方前行，分为2～3支，其中穿眶上切迹的称眶上神经，至额部皮肤。泪腺神经细小，沿外直肌上缘前行达泪腺，除分布于泪腺外，还分支至结合膜与睑的皮肤。鼻睫神经在最内侧，在上直肌下面与视神经之间斜跨视神经上方至眼眶内侧，分布于鼻腔粘膜（嗅粘膜除外）、筛窦、泪囊和鼻背、鼻前庭的皮肤及眼球、眼睑，并有分支至睫状神经节。

2. 上颌神经：取头部正中矢状切、三叉神经特制标本观察。自三叉神经节发出后前行，进入海绵窦外侧壁，沿其下部向前经圆孔出颅，进入翼腭窝上部，继续前行经眶下裂入眶至眶下壁，延续为眶下神经，经眶下沟、眶下管，出眶下孔达面部。沿途主要分布于上颌牙齿和牙龈、上颌窦、眶下壁、口腔和鼻腔粘膜、硬脑膜以及睑裂与口裂之间的皮肤。

上颌神经的主要分支有眶下神经、颧神经、上牙槽后神经与翼腭神经。在特制标本上观察眶下神经、上牙槽后神经与翼腭神经、翼腭神经节。在上颌神经经翼腭窝处，辨认自眶下裂入眶的颧神经、连于翼腭神经节的翼腭神经和参与形成上牙槽神经丛的上牙槽后神经。

想一想：翼腭神经节的位置、性质和纤维联系。

3. 下颌神经：在暴露颞下窝的标本上观察。下颌神经为三叉神经中最粗大的分支，自卵圆孔出颅。切断翼外肌翻起观察，下颌神经在翼外肌深面分为前、后两干：前干细小，主要含运动纤维，除有数条肌支至咀嚼肌（颞肌、咬肌、翼内肌和翼外肌）、鼓膜张肌、腭帆张肌、颊肌外，还向前下发出 1 支感觉支即颊神经。注意在标本上咀嚼肌及其神经多已除去，不易观察到。后干粗大，以感觉纤维为主，发出 3 条分支，除分布于硬脑膜、下颌牙齿牙龈、舌前 2/3 及口腔底的粘膜、耳颞区和口裂以下的皮肤外，也有肌支支配下颌舌骨肌和二腹肌前腹。现在分别观察下颌神经的主要分支：

（1）颊神经：前干发出，沿颊肌外面向前下行并贯穿此肌，分布于颊部皮肤及口腔侧壁粘膜。

（2）耳颞神经：较细小，以两根起于后干，以两根夹持脑膜中动脉向后合成一干，经颞下颌关节后方、下颌颈内侧转向上行，与颞浅血管伴行穿出腮腺，在该腺上端、颧弓根部，与伴行动脉经耳前向上分布于耳前区和颞区皮肤，也发分支至腮腺。

（3）舌神经：分出后在下颌支内侧下降，经翼肌深面，沿舌骨舌肌外侧呈弓形越过下颌下腺上方，继沿舌骨舌肌表面前行达口腔粘膜深面，分布于口腔底及舌前 2/3 粘膜。行程中与下牙槽神经平行，上端有鼓索加入，经翼外肌深面下行，达下颌下腺的上方，继沿舌骨舌肌的表面前行至舌尖。舌神经分布于舌前部 2/3 的粘膜，感一般躯体感觉，其中来自鼓索的味觉纤维则分布于舌前 2/3 的味蕾。在途经下颌下腺时，向下发出分支至下颌下神经节。

（4）下牙槽神经：粗大，下行经下颌孔入下颌管，最后经颏孔穿出，改称颏神经，沿途分支分布于下颌牙及牙龈、颏部及下唇的皮肤和粘膜，其中的运动纤维支配下颌舌骨肌及二腹肌前腹。

（5）咀嚼肌神经：属运动性神经，分支支配 4 块咀嚼肌（咬肌神经、颞深神经、翼内肌神经、翼外肌神经，不必细找）。

注意：在下颌下腺上方与舌神经相连的神经节即下颌下神经节，为副交感神经节（节后神经元），是面神经的副交感纤维交换神经元处，其节后纤维分布于下颌下腺和舌下腺；翼腭窝内与翼腭神经相连的神经节即翼腭神经节（副交感节后神经元），是面神经的副交感纤维交换神经元处，其节后纤维经下颌神经、颧神经分布于泪腺。

三叉神经三大分支的终末支即眶上神经、眶下神经和颏神经穿出处眶上孔、眶下孔和颏孔在一条直线上，是临床上面部手术的阻滞麻醉点。

讨论：三叉神经分支痛和三叉神经根痛的临床表现及采取封闭治疗的部位。

（六）展神经（Abducent Nerve）

首先找到外直肌，在外直肌外侧与之相连的神经即展神经。追索其行程。

（七）面神经（Facial Nerve）

取面神经特制标本和模型观察。面神经自内耳门处经内耳道穿入颞骨岩部的面神经管内（此管跨鼓室内侧壁）。此段在标本上不易观察，可在揭开岩部上壁的耳模型上查看面神经在面神经管内的行程、分段（内听道段、迷路段、水平段和垂直段）及自茎乳孔出颅处。注意面神经管内膨大的膝神经节为感觉神经节，由假单极神经元构成。面神经由茎乳孔出颅至腮腺内，在腮腺实质内向前行并分成数个终末支。面神经的主要分支：

1. 面神经管内分支：

（1）鼓索神经：重点观察。鼓索于面神经出茎乳孔之前在茎乳孔上方自面神经发出，行向前上方穿过骨质于粘膜深面跨过锤骨柄内侧，经鼓膜上部内侧，向前穿岩鼓裂出鼓室至颞下窝，行向前下，并入三叉神经的舌神经中，并随其走行分布。测量鼓索分支处距茎乳孔的距离；理解鼓索的纤维成分（副交感纤维和味觉纤维）、与脑干内神经核的联系（上泌涎核和孤束核）及分布（下颌下腺、舌下腺和泪腺）。

（2）岩大神经：由膝神经节分出后，经颞骨岩部前面的岩大神经裂孔穿出前行，穿破裂孔至颅底。观察其进入翼腭窝内的翼腭神经节处，经下颌神经、颧神经达泪腺，支配泪腺分泌。

2. 面神经颅外分支（终末支）：取保留腮腺的头面部浅层标本和除去腮腺的特制面神经标本观察。颅外分支由腮腺内丛分支至腮腺前缘，呈辐射状穿出，分布于面部表情肌。由上而下其分支为：

（1）颞支：常为3支，上升至颞部，支配额肌和眼轮匝肌等。

（2）颧支：3~4支，前行，越过颧骨，支配眼轮匝肌和颧肌。

（3）颊支：3~4支，前行，越过咬肌，支配颊肌、口轮匝肌和其他口周围肌。

（4）下颌缘支：沿下颌体下缘至下唇诸肌。

（5）颈支：于下颌角附近下行于颈阔肌深面，支配该肌。

再次观察面神经于脑桥小脑三角、鼓室面神经管凸及腮腺内的行程，分析这些部位病变后引起面神经损伤的不同临床表现。

在特制示教标本上观察与面神经内脏运动纤维有关的两个副交感节：翼腭神经节（蝶腭神经节）和下颌下神经节。翼腭神经节位于翼腭窝上端、上颌神经下方的蝶腭孔附近，为一扁平的小结。下颌下神经节在下颌下腺的上方、舌神经下方，并有前、后两根与舌神经下方相连。联系教材理解其性质和纤维联系。

（八）前庭蜗神经（Vestibulocochlear Nerve）

此神经行程较短，不易观察。可在内耳门处或内耳门与延髓脑桥沟之间寻找，由传导平衡觉的前庭神经和传导听觉的蜗神经合成。也可在内耳模型上观察到前庭神经和蜗神经分别起自前庭神经节和蜗神经节，与面神经伴行经内耳门入颅，在脑桥小脑角处经脑桥延髓沟外侧部入脑。分析前庭蜗神经损伤后的临床表现。

（九）舌咽神经（Glossopharyngeal Nerve）

取头颈部深层解剖标本，观察舌咽神经自颈静脉孔穿出及其与延髓相连处，辨认出舌神经和舌下神经。找出茎突和连于茎突的茎突咽肌，在该肌下部后缘处有一细小的神经绕过，此即舌咽神经，据此向上追索，见其与迷走神经、副神经同穿颈静脉孔出颅；向前，经舌骨舌肌内侧达舌根。其分支较多，不易观察，不必一一寻找。

（1）舌支：为舌咽神经延续的终末支，细小，在茎突舌骨肌和舌骨舌肌深方寻找，经舌骨舌肌深面至舌后 1/3 的粘膜和味蕾。

（2）咽支：3～4 支，布于咽壁。逆行向上追踪舌咽神经，舌咽神经分出至咽壁的咽支以及由咽支、迷走神经和交感神经交织而成的咽丛。

（3）鼓室神经：分布于鼓室、乳突小房和咽鼓管粘膜。

（4）颈动脉窦支：分布至颈动脉窦和颈动脉小球。在颈总动脉末端和颈内动脉起始处，寻找细小的颈动脉窦支，向上查看其发自舌咽神经的起始处。

（5）扁桃体支：分布于扁桃体。

（6）茎突咽肌支：分布于茎突咽肌。

耳神经节：在头颈正中矢状切标本上，在正中切面的卵圆孔下方寻找膨大的神经节即耳神经节，也可自面侧深区标本上翻起下颌神经，在其深面寻找耳神经节。观察与耳神经节相连的岩小神经（来源于鼓室神经丛）和耳颞神经，由耳神经节发出的节后纤维随耳颞神经分布于腮腺，控制腮腺的分泌。分析舌咽神经的 5 种纤维成分、分布及损伤后的临床表现。

（十）迷走神经（Vagus Nerve）

在特制标本和模型上观察。可在颈总动脉与颈内静脉的后方、肺根后方及胃小弯等处寻找其主干。

1. 迷走神经的行程：迷走神经是行程最长、分布最广的脑神经，自颈内静脉孔出颅后，在颈动脉鞘内行于颈内动脉（上段）、颈总动脉（下段）和颈内静脉之间的后方，直达颈根部，经胸廓上口入胸腔。在迷走神经刚出颈静脉孔的地方有一不甚明显的长梭形膨大，此即迷走神经的下神经节。

在喉和气管两侧辨认向下行的细小的颈心支，于下神经节处寻找参与形成咽丛的咽支。

左、右迷走神经由胸廓上口入胸腔再入腹腔的行程略有不同：

左迷走神经在左颈总动脉与左锁骨下动脉之间，越过主动脉弓的前方，经左肺根的后方下行至食管前面，分成许多细支，构成左肺丛和食管前丛，此丛向下延为迷走神经前干。

右迷走神经越过右锁骨下动脉前方，沿气管右侧下行，经右肺根后方达食管后面，分支构成右肺丛和食管后丛，于食管后段延为迷走神经后干。

观察迷走神经攀附于食管周围下降及其发出的食管支和气管支，左迷走神经下行于气管前方形成迷走神经前干，右迷走神经下行于气管后方形成迷走神经后干。前、后干伴食管一起穿膈肌食管裂孔进入腹腔，分布于胃前、后壁，终支参与构成腹腔丛。

2. 迷走神经的重要分支：迷走神经沿途发出许多分支，其中较重要的有：

（1）喉上神经：迷走神经颈部分支。在头颈深层标本上，于颈总动脉与颈内静脉的后方寻找较粗的下行神经即迷走神经，向上查看其膨大的感觉神经节即下神经节，喉上神经由此节向前下发出，沿咽侧壁与颈内动脉之间向前下行至舌骨大角水平分为内、外两支：内支较大，伴喉上动脉穿甲状舌骨膜入喉，分布于咽、会厌、舌根及声门裂以上的喉粘膜；外支细小，与甲状腺上动脉伴行向下，支配环甲肌。在舌骨大角处辨认由喉上神经分出的喉内支和喉外支。也可先在甲状舌骨膜和环甲肌处寻找喉内支和喉外支，再向上逆行追踪观察。如果你所持拿的标本尚有血管，注意观察由颈外动脉发出的甲状腺上动脉与喉上神经喉外支的关系，理解甲状腺次全切手术结扎血管的原则（“上靠”）。

（2）喉返神经：应重点观察。左、右喉返神经的起点和行程不同：右喉返神经在右迷走神经干经右锁骨下动脉前方处发出后，向下后方勾绕此动脉向后上行至食管与气管之间的沟内，至甲状腺侧叶深面、环甲关节后方进入喉内，终支改称喉下神经，分数支分布于喉。左喉返神经在左迷走神经干跨过主动脉前方时发出，继而绕主动脉弓下后方上行，返回颈部（行程同左侧喉返神经）。喉返神经支配大多数喉肌的运动，在入喉以前与甲状腺下动脉及其分支相互交叉。如果你所持拿的标本尚有血管，查看由锁骨下动脉的甲状颈干发出的甲状腺下动脉与喉返神经的关系，理解甲状腺次全切手术结扎血管的原则（ “下离”）。

想一想：喉上神经、喉返神经在什么情况下容易损伤？损伤后可能有何临床表现？

（3）胃前、后支：由迷走神经前、后干在贲门附近发出，沿胃小弯向右，沿途分支布于胃前、后壁，其终支以“鸦爪” 形分支分布于幽门部。

（4）腹腔支：为迷走神经后干的终支，向右行至腹腔干附近，参与构成腹腔丛。

（十一）副神经（Accessory Nerve）

在胸锁乳突肌后缘与斜方肌前缘间寻找斜向外下的副神经，逆行查看副神经分支至胸锁乳突肌处；也可向上翻开胸锁乳突肌，在乳突下方 3 ~ 4 cm 处，即可见与该肌深面相连的副神经，它还于该肌后缘上、中 1/3 交点处穿出后向后下行支配斜方肌。分析副神经的纤维成分、分布及损伤后的表现。

（十二）舌下神经（Hypoglossal Nerve）

由舌下神经管出颅后，在颈内动、静脉之间弓形向前下走行，跨过颈外动脉下部浅面达舌骨舌肌浅面，在舌神经和下颌下腺管下方穿颏舌肌入舌内，支配全部舌内肌和大部分舌外肌。在头颈正中矢状切标本上再次观察颏舌肌：颏舌肌起向下颌骨颏棘，呈放射状进入舌内，止于舌中线两侧。可在颈内、外动脉和舌骨舌肌表面寻找斜向前下内达舌的较粗神经即舌下神经，向上查看其自舌下神经管穿出处，向下观察其穿颏舌肌入舌处。

想一想：颏舌肌的作用有哪些？一侧舌下神经损伤，伸舌时舌偏向哪一侧？哪一侧舌肌萎缩？为什么？

【作业及思考题】

1. 牙的病变为什么常引起剧烈头痛？
2. 海绵窦或眶上裂的病变常可累及哪些脑神经？
3. 迷走神经切断术为什么可以用来治疗胃十二指肠溃疡病？
4. 在甲状腺大部分切除术中，怎样防止损伤哪两对神经？
5. 颈静脉孔的病变可累及哪些脑神经？副神经损伤后会出现什么症状？

6. 垂体肿瘤压迫了视交叉的正中，将出现什么临床症状？为什么？

7. 为什么内囊损伤，口角歪向同侧，伸舌时舌尖偏向对侧？

8. 列表比较十二对脑神经的连脑部位、出入颅部位、纤维性质、分布范围、损伤后的主要表现。

9. 预习下次实验内容："内脏神经系统"。

（简晓红）

二十二、内脏神经系统

【目的要求】

1. 掌握内脏运动神经与躯体运动神经的主要区别；神经节、节前纤维、节后纤维的概念及分布概况；交感神经与副交感神经低级中枢的位置。

2. 掌握交感神经节、交感神经干、内脏神经丛的位置、组成、形态特征和神经联系。

3. 掌握副交感神经的分布概况，颅内副交感神经节的位置与相应脑神经的关系。

4. 掌握内脏运动神经对内脏器官的双重支配概念以及交感神经和副交感神经的主要区别。

【实验材料】

1. 标本与模型：显示交感神经及迷走神经全程的成人整尸或幼尸标本；植物神经概况标本及模型；交感干上段的纤维联系模型（显示节前纤维和节后纤维的走向）；颅内副交感节电动模型；脑神经标本（示翼腭神经节，下颌下神经节，睫状神经节）。

2. 其他教学资源：教学挂图；多媒体课件。

【实验时数】2 学时。

【注意事项】

1. 本次实验主要观察内脏运动神经。

2. 本次实验有较多结构难以在标本上观察，需结合模型和教材内容加以理解。

【实验内容及方法】

内脏神经不是独立存在的神经，而是存在于脊神经和脑神经中的内脏运动纤维和内脏感觉纤维，因此内脏神经较细小，不易观察。内脏神经包括内脏运动神经和内脏感觉神经，分布于内脏、心血管、平滑肌和腺体，不受人的意识控制。

对照模型说出内脏运动神经与躯体运动神经的区别：①躯体运动神经支配骨骼肌，受人的意识控制；内脏运动神经支配平滑肌、心肌和腺体，不受意识控制。②躯体运动神经只有一种纤维成分，可使骨骼肌收缩或舒张；而内脏运动神经有交感和副交感两种纤维成分，分别控制平滑肌、心肌的收缩或舒张和腺体分泌的增多或减少。③躯体运动神经自低级中枢至骨骼肌只有一级神经元；而内脏运动神经需两个神经元，即节前神经元和节后神经元，其发出的纤维分别为节前纤维和节后纤维。④躯体运动神经一般为比较粗的有髓纤维构成；而内脏运动神经则为薄髓（节前纤维）或无髓（节后纤维）的细纤维。⑤躯体运动神经多以神经干的形式分支分布，故易寻找辨认和观察；而内脏运动神经纤维多缠绕血管壁形成纤细的神经丛，不易观察。实验中仅观察内脏运动神经。

（一）交感神经（Sympathetic Nerve）

交感神经可分为中枢部和周围部，其低级中枢位于脊髓胸1～腰3节段的灰质侧角，交感神经节前纤维起自此处细胞，周围部包括交感干、交感神经丛、交感神经节（又分为椎旁节及椎前节）以及由节发出的分支。重点观察周围部。

1. 椎旁神经节：在胸腹盆后壁标本或模型上，于脊柱两侧寻找纵向下行的粗大神经即交感干，呈串珠样。注意观察膨大的结构即交感神经节的椎旁神经节（节后神经元），连接相邻两个神经节的是节间支；查看椎旁神经节的数目（19～24个），向下观察两条交感干逐渐向中线靠拢，并于尾骨前方合成奇神经节。

2. 椎前神经节：在脊柱前方，于腹主动脉发出腹腔干、肠系膜上动脉、肠系膜下动脉和肾动脉的根部，寻找不规则的团块状结构即椎前神经节（节前神经元），包括腹腔神经节、肠系膜上神经节、肠系膜下神经节和主动脉肾神经节，观察这些神经节发出的节后纤维的走向（随血管分布于腹腔脏器）。

3. 交感神经干（Sympathetic Trunk）：取植物神经系概观标本及模型观察。交感干位于脊柱两旁，由交感神经节借节间支连结而成，上起自颅底，下至尾骨，左、右两干在尾骨的前面合并。全长每侧有19～24个交感神经节，可分颈、胸、腰、骶、尾5部。

（1）颈交感干：取颈深层标本、模型观察。颈交感干位于颈动脉鞘后方、颈椎横突前方。此段交感干上一般有三个膨大，分别称颈上、中、下神经节。颈上节最大，呈梭形，位于第2、3颈椎横突的前方；颈中节最小（有时缺如），位于第6颈椎横突平面、甲状腺下动脉附近；颈下节形状不规则，位于第7颈椎横突前方、椎动脉起始部后方，常与第一胸节合并为星状（颈胸）神经节。

颈部交感神经节发出的节后纤维去向：

1）灰交通支：连于8对颈神经，随颈神经分支分布至头颈、上肢的血管、汗腺和竖毛肌等。

2）直接至邻近动脉：缠绕血管壁形成颈内动脉丛、颈外动脉丛、椎动脉丛、锁骨下动脉丛等，随动脉分布至头颈部的腺体、血管、竖毛肌及瞳孔开大肌等。

3）参与咽丛：发出咽支直接进入咽壁，参与形成咽丛。

4）加入心丛：3对颈交感神经节分别发出颈、中、下心神经，加入心丛。

（2）胸交感干：位于肋头的前方。干上的交感节数目为每侧10～12个（11个多见）。发出以下分支：

1）经灰交通支连接12对胸神经：随胸神经分布于胸腹壁的血管、汗腺、竖毛肌等。

2）内脏大神经：由穿过第5（6）～9胸交感节的节前纤维组成，在向前下方走行中合成一干，沿椎体前面倾斜下降，穿过膈脚，主要终于腹腔神经节。

3）内脏小神经：由穿过第10～12胸交感节的节前纤维组成，下行穿过膈脚，主要终于主动脉肾节。

4）内脏最小神经：与交感干伴行，穿膈入腹腔，加入肾神经丛。不常存在。

5）参与构成神经丛：从上5对胸神经节发出许多分支，参与形成胸主动脉丛、食管丛、心丛和肺丛等。

（3）腰交感干：位于腰椎体前外侧、腰大肌的内侧缘，干上约有3～5对腰神经节。其主要分支有：

1）灰交通支：连接5对腰神经，随腰神经分布。

2）腰内脏神经：由穿过腰神经节的节前纤维组成，终于腹主动脉丛和肠系膜下丛内的椎前节。

（4）盆交感干：位于骶骨前面、骶前孔内侧，干上有2～3对骶神经节和一个奇神经节。节后纤维的主要分支：

1）灰交通支：连接骶、尾神经，分布于下肢及会阴部的血管、汗腺和竖毛肌。

2）参与构成盆丛：发出一些小支加入盆丛，分布于盆腔器官。

（5）交感干与脊神经的关系：取标本模型观察。在胸交感干与腰交感干上段，每个交感节均有2个交通支与脊神经前支相连，分别称为白交通支与灰交通支。在标本上观察交感干与脊神经间连接两者的交通支，查看交通支的粗细和数目；在T1～L3与交感干间有粗细不等的两条交通支，其余则只有一条较细的交通支。较粗的交通支即白交通支有15条，连于脊神经与交感干间，由薄髓的节前纤维构成；较细的交通支即灰交通支有31条，连于交感干与脊神经间，由无髓的节后纤维构成。用镊子夹起胸段任一交感节均可见与肋间神经相连的2个短支。

（6）交感干的纤维联系：取“交感干上段的纤维联系”模型观察。首先辨认脊髓，脊髓灰质的前角和后角，椎前节，椎旁节，节前纤维，节后纤维，脊神经前根、后根、前支、后支，灰交通支，白交通支等结构，再分别观察交感神经节前、节后纤维的几种去向（模型上用不同颜色标示）：

1）白交通支内的节前纤维进入交感干后有3种去向：

①终于相应的椎旁节，并交换神经元。

②在交感干内上升（如胸—颈）或下降（如胸—腰骶），然后终止于上方或下方的椎旁节，并交换神经元。

③穿经椎旁节，终于椎前节并换元。

2）节后纤维的3种去向：

①经灰交通支返回脊神经，然后随脊神经分布于躯干和四肢的血管、汗腺、竖毛肌等。

②攀附动脉走行，在动脉外膜形成相应的神经丛，并随动脉分支到所支配的器官。

③由交感神经节直接分布到所支配的脏器。

（二）副交感神经（Parasympathetic Nerve）

取植物神经概况标本和模型及颅内副交感节电动模型观察。副交感神经中枢部即脑干内副交感核和脊髓骶部第2～4节段灰质的骶副交感核。由这些核的细胞发出节前纤维。周围部又分为颅部和骶部，其副交感神经节分为器官旁节和器官内节，节内的神经元即节后神经元，发出节后纤维。

在脑干横断面或模型上观察动眼神经副核、上泌涎核、下泌涎核和迷走神经背核，此4核为副交感神经的低级中枢，即节前神经元，发节前纤维随动眼神经、面神经、舌咽神经和迷走神经分布于相应脏器。在脑神经标本上，观察与动眼神经下支相连的睫状神经节、与面神经鼓索随舌神经下行而相连的下颌下神经节、翼腭窝内的翼腭神经节及卵圆孔下方的耳神经节，此4个较大的神经节为器官旁节。在脊髓骶段横切面标本或模型上，观察相当于灰质侧角部位的骶副交感核，即副交感神经的低级中枢（节前神经元），由此节发出的节前纤维随骶神经出骶前孔。

1. 颅部副交感神经：节前纤维走行于第Ⅲ、Ⅶ、Ⅸ、Ⅹ对脑神经内，其行程及分布概况是：

（1）中脑动眼神经副核发出的节前纤维，随动眼神经入眶后，到达睫状神经节内换神经元，其节后纤维进入眼球壁，分布于瞳孔括约肌和睫状肌。

（2）由脑桥上泌涎核发出的节前纤维，一部经面神经的分支岩大神经至翼腭神经节内换神经元，节后纤维分布于泪腺、鼻腔、口腔以及腭粘膜的腺体；另一部分节前纤维经鼓索加入舌神经，再经下颌下神经节换元，节后纤维分布于下颌下腺和舌下腺。

（3）由延髓下泌涎核发出的节前纤维，经舌咽神经的分支鼓室神经至鼓室丛，由丛内发出岩小神经至耳神经节内换神经元，节后纤维经耳颞神经分布于腮腺。

（4）由延髓迷走神经背核发出的节前纤维，随迷走神经各分支到达胸、腹腔脏器附近或壁内的副交感神经节换元，节后纤维分布于胸、腹腔脏器（结肠左曲以下的消化管和盆腔脏器除外）。

注意观察翼腭神经节，下颌下神经节、睫状神经节、耳神经节的位置和纤维联系。

2. 骶部副交感神经：节前纤维由脊髓骶2～4节段的骶副交感核发出，随骶神经出骶前孔，又从骶神经分出组成盆内脏神经加入盆丛，随盆丛分支分布至脏器，在脏器附近或其壁内的副交感神经节内换神经元，节后纤维支配结肠左曲以下的消化管、盆腔脏器、会阴及外生殖器。

（三）内脏神经丛（Plexus of Visceral Nerve）

由交感神经、副交感神经和内脏感觉神经相互交织而成。这些神经丛主要攀附于头、颈部和胸、腹腔内动脉的周围，或分布于脏器附近和器官之内。观察以下重要的丛：

1. 心丛（Cardiac Plexus）：心丛由两侧交感干的颈上、中、下节和胸1～4或5节发出的心支和迷走神经的心支共同组成，可分为心浅丛和心深丛。心浅丛位于主动脉弓下方、右肺动脉前方；心深丛位于主动脉弓和气管杈之间。心丛内有心神经节（副交感节）。心丛的分支组成心房丛和左、右冠状动脉丛。

2. 肺丛（Pulmonary Plexus）：肺丛位于肺根的前、后方，与心丛相连续，由迷走神经的支气管支和交感干的2～5胸神经节的分支组成，也有心丛的分支加入，丛内有小的神经节，为迷走神经的节后神经元。分支随支气管和肺的血管入肺。

3. 腹腔丛（Celiac Plexus）：最大，位于腹腔动脉和肠系膜上动脉根部周围，纤维互相连接成致密网。丛内主要含有：一对形状不规则的腹腔神经节以及肠系膜上神经节、主动脉肾节等；内脏大、小神经；迷走神经后干的腹腔支；腰上部交感神经的分支。腹腔丛及丛内神经节发出的分支伴动脉的分支形成许多副丛（如肝丛、胃丛、脾丛、肾丛、肠系膜上丛等），各副丛沿同名血管分支到达各脏器。

4. 腹主动脉丛（Abdominal Aortic Plexus）：位于腹主动脉前面及两侧，接受第 1 ~ 2 腰交感节的分支。此丛分出肠系膜下丛，沿同名动脉分支分布于结肠左曲至直肠上段的肠管。一部分纤维下行入盆腔参加组成腹下丛，另一部分纤维沿髂总动脉和髂外动脉组成与动脉同名的神经丛，随动脉分布于下肢的血管、汗腺和立毛肌。

5. 腹下丛（Hypogastric Plexus）：分为上腹下丛和下腹下丛。上腹下丛位于第 5 腰椎体前面、腹主动脉末端及两髂总动脉之间，接受腰内脏神经的分支。下腹下丛又称盆丛，由上腹下丛延续至直肠两侧，并接受骶交感干的节后纤维和第 2 ~ 4 骶神经的副交感纤维。此丛发分支缠绕髂内动脉的分支组成直肠丛、精索丛、输尿管丛、膀胱丛、前列腺丛、子宫阴道丛等，随动脉的分支分布于盆腔各脏器。

【作业及思考题】

1. 内脏运动神经和躯体运动神经在结构上最重要的区别有哪些？
2. 写出在颅部与脑神经相联系的副交感节的名称及其节后纤维的去向。
3. 简述交感神经周围部有哪些结构？有何联系？
4. 预习下次实习课内容：“神经系统的传导通路”。

（简晓红）

二十三、神经系统的传导通路

【目的要求】

1. 掌握躯干和四肢的本体感觉传导通路的组成、行程和特点。
2. 掌握躯干和四肢的痛觉、温觉、粗触觉传导通路的组成、行程和特点。
3. 掌握头面部的痛觉、温觉和粗触觉传导通路的组成、行程和特点。
4. 掌握视觉传导通路、瞳孔对光反射通路及不同部位损伤的特点。
5. 掌握听觉传导通路，了解平衡觉传导通路。
6. 掌握上、下运动神经元的概念。
7. 掌握锥体系的组成、特点，上、下运动神经元损伤的不同特征。
8. 掌握皮质核束的起止、通过内囊的部位，上运动神经元对脑神经运动核控制的特点及核上瘫与核下瘫的不同表现（重点是面神经和舌下神经）。
9. 掌握皮质脊髓束的起止、通过内囊的部位、在脑干各段的位置。
10. 掌握锥体外系的组成及机能概念，了解其特点、与锥体系的比较及三条主要环路。
11. 结合临床病例讨论，总结、复习神经系统有关内容。

12. 掌握神经系统疾病的病例分析方法，为神经系统疾病的定位诊断奠定解剖学基础。

【实验材料】

1. 标本：传导路剥制标本；整脑。

2. 模型：全套传导通路模型（包括电动模型）；脊髓及脑干断面模型。

3. 其他教学资源：教学挂图；多媒体课件。

【实验时数】3 学时。

【注意事项】

1. 本次课是将过去所学的中枢神经各部的白质纤维束与周围神经串连起来，帮助建立起立体概念，学会进行病例分析。因条件所限，需较多使用模型，观察时应注意模型、标本、图谱/挂图的有机结合。

2. 观察传导通路要掌握其要点：传导束的名称、性质、起止，传导通路上神经元胞体所在的位置，纤维是否越边和越边的水平及部位，皮质代表区位置，各传导束在不同平面的位置变化关系。

3. 传导通路与反射通路的区别：传导通路包括感觉传导通路和运动传导通路，即将感觉信息通过传入神经传至大脑皮质，再由大脑皮质的传出纤维经脑、脊神经的运动神经元到达效应器；而反射通路则是不经过大脑皮质的感觉性和运动性传导通路。

4. 爱护标本模型，不要用力牵拉，电动模型不要频繁开关。

【实验内容及方法】

（一）感觉传导通路（Sensory Pathway）

共性："3、2、1、对"，即：3 级神经元管理、2 次交换神经元、1 次交叉至对侧、大脑皮质管理对侧。这也是观察中应特别注意并加以区别的重点。

1. 本体感觉传导通路（Proprioceptive Sensory Pathway）：在本体感觉传导通路模型上观察。模型所示的脊髓和脑有 10 个切面，除一个为中央前回的冠状切面外，其余 9 个均为水平切面，自下而上依次代表脊髓胸下段、脊髓胸上段、脊髓颈段、延髓丘系交叉平面、延髓橄榄中段平面、延髓与脑桥交界平面、脑桥上段平面、中脑上丘平面及大脑水平切面。先在模型上确认各部分的解剖位置关系，复习辨认各平面上重要的灰、白质结构，再依次观察各传导通路。

（1）躯干和四肢的意识性本体感觉和皮肤的精细触觉传导通路：模型上以蓝色塑料丝代表纤维束，塑料珠代表神经元胞体。重点观察该传导通路上三级神经元胞体所在位置、二次换元的位置和一次交叉的部位。第一级神经元的胞体位于脊神经节内，其周围突随脊神经分布至四肢、躯干的本体感受器和皮肤精细触觉感受器，中枢突经后根入脊髓参与组成后索，其中来自第 5 胸节以下平面的纤维组成薄束，来自胸 4 平面以上者组成楔束，两束上行至延髓分别止于薄束核和楔束核。薄束核和楔束核为第二级神经元胞体所在，在此进行第一次换元，由此二核发出的轴突形成内弓纤维，绕中央灰质并在其前方左右交叉而构成内侧丘系交叉，交叉后的纤维在延髓中线两侧、锥体束后方上行，构成内侧丘系，经脑桥斜方体纤维间及斜方体背侧、中脑被盖后外侧部，止于第三级神经元胞体所在的背侧丘脑腹后外侧核，在此第二次换元，由该核发出的轴突参与组成丘脑皮质束，经内囊后脚，最后投射至大脑皮质中央后回的中、上部和中央旁小叶后部，部分纤维投射至中央前回。理解传导通路上不同部位损伤后的临床表现。

（2）四肢、躯干的非意识本体感觉传导通路：模型上以褐色塑料丝代表纤维束，塑料珠代表神经元胞体。此通路由两级神经元组成：第一级神经元的胞体位于脊神经节内，其周围突随脊神经分布至四肢、躯干的本体感受器，中枢突经后根入脊髓止于 C8～L4 的胸核及腰骶膨大第Ⅴ～Ⅶ层的外侧部，此二处为本通路第二级神经元胞体所在，其轴突分别组成同侧的脊髓小脑后束和双侧脊髓小脑前束，两束在侧索的边缘部上行至脑干，脊髓小脑后束经小脑下脚至旧小脑皮质，脊髓小脑前束经前髓帆和小脑上脚入旧小脑皮质。

2. 痛觉、温觉和粗触觉、压觉传导通路（浅感觉传导通路）：此模型上的脊髓和脑的切面基本与本体感觉传导通路模型相同，但一般以蓝色塑料丝、珠表示触觉传导路，绿色塑料丝、珠表示痛温觉传导路（也可能有其他不同表示法，观察前应先加以区分）。

（1）躯干、四肢的浅感觉：亦为三级神经元、两次换元、一次交叉。第一级神经元胞体位于脊神经节，其周围突经脊神经分布至感受器，中枢突经后根进入脊髓，其中传导痛、温觉的纤维在后根外侧部入脊髓经背外侧束再终止于第二级神经元，传导粗触觉的纤维经后根内侧部入脊髓后索再终止于第二级神经元。第二级神经元胞体主要位于后角固有核（Ⅰ、Ⅵ至Ⅶ层），其轴突上升 1～2 个节段后经白质前连合越边至对侧外侧索和前索内上行，组成脊髓丘脑侧束（传导痛温觉）和脊髓丘脑前束（传导粗触觉），上行经延髓下橄榄核的背外侧、脑桥和中脑内侧丘系的外侧，终止于背侧丘脑的腹后外侧核（第三级神经元胞体所在），由其发出的轴突组成丘脑中央辐射，经内囊后肢投射至中央后回的中、上部和旁中央小叶后部。理解传导通路上不同部位损伤后的临床表现。

（2）头面部的浅感觉传导通路：第一级神经元的胞体位于三叉神经节，其周围突组成三叉神经的感觉支分布至头面部的皮肤和粘膜感受器，中枢突组成三叉神经感觉根，经脑桥基底部与小脑中脚交界处入脑桥，分成短的升支和长的降支（三叉神经脊束），升支传导触觉，止于三叉神经脑桥核；降支传导痛觉、温觉，止于三叉神经脊束核。三叉神经脑桥核、脊束核为第二级神经元胞体所在，由其发出的轴突大部分交叉至对侧组成三叉丘系，上行止于背侧丘脑的腹后内侧核（第三级神经元胞体所在），该核发出的轴突组成丘脑皮质束，经内囊后肢投射至中央后回的下部。理解传导通路上不同部位损伤后的临床表现。

3. 视觉传导通路和瞳孔对光反射通路：

（1）视觉传导通路：感受器是视锥、视杆细胞。第一级神经元和第二级神经元分别是视网膜中的双极细胞和节细胞。节细胞的轴突在视神经盘处集合成视神经，经视神经管入颅腔，其中来自视网膜鼻侧半的纤维在视交叉内交叉至对侧，而来自视网膜颞侧半的纤维在视交叉处并不交叉而走向同侧，与对侧经视交叉交叉过来的纤维共同组成视束，绕过大脑脚向后，主要终止于外侧膝状体（第三级神经元），换元后由外侧膝状体发出的轴突组成视辐射，经内囊后肢投射至大脑内侧面距状沟两侧的视区。

根据物体在视网膜上的成像特点，重点理解视网膜、视神经、视交叉、视束、视辐射等部位损伤各有何临床表现。

（2）瞳孔对光反射通路：感受器是视网膜上的视锥、视杆细胞，传入神经为视神经、视交叉、双侧视束，再经上丘臂至顶盖前区（中枢）。此区发出的纤维（传出神经）止于两侧的动眼神经副核。动眼神经副核发出的纤维（节前纤维）经动眼神经到达睫状神经节，在节内换元后，节后纤维支配至瞳孔括约肌。用手电筒照射其他同学的一只眼，观察其光照侧及未光照侧瞳孔的变化，理解对光反射、直接对光反射和间接对光反射的概念。

讨论：视神经、动眼神经损伤后瞳孔对光反射的变化。

4. 听觉传导通路：内耳螺旋器→螺旋神经节（双极细胞）→蜗神经→耳蜗神经核→外侧丘系（同侧和双侧）→下丘→内侧膝状体→听辐射→颞横回。

5. 平衡觉传导路：第一级神经元为前庭神经节内的双极细胞，周围突分布于半规管的壶腹嵴、球囊以及椭圆囊的位觉斑，中枢突组成前庭神经，止于前庭神经核（第二级神经元）。前庭神经核发出的纤维去向：参与组成内侧纵束、前庭脊髓束；经绳状体入小脑；与颞、顶、额叶皮质、脑干网状结构、迷走神经核、舌咽神经核联系。

（二）运动传导通路（Motor Pathway）

1. 锥体系（Pyramidal System）：共性："2、1、1、对"，即2级神经元（上、下运动神经元）管理、1次交换神经元、1次交叉至对侧、大脑皮质管理对侧。

模型上的切面水平与感觉传导通路略有不同，注意辨认。其纤维束及神经元分别以红塑料丝和塑料珠表示。重点观察上、下神经元胞体所在位置、一次交叉位置及一次换元的部位。

（1）皮质核束：在大脑冠状切面上，中央前回下部的锥体细胞的轴突集合组成皮质核束，经内囊膝部下行至中脑脚底中3/5的内侧部，由此向下先后分出纤维，大部分终止于双侧脑神经运动核（动眼神经核、滑车神经核、展神经核、三叉神经运动核、面神经核上部、疑核、副神经核）。由这些核发出的轴突随相应脑神经出颅，支配它们所分布的眼外肌、咀嚼肌、面上部表情肌、胸锁乳突肌、斜方肌和咽喉肌。少部分纤维则完全交叉至对侧，终止于面神经核下半和舌下神经核，它们发出的轴突经面神经、舌下神经支配睑裂以下的面部表情肌和舌肌。

讨论：传导通路上不同部位损伤后的临床表现及核上瘫与核下瘫的概念与区别。

（2）皮质脊髓束：由上、下两级神经元组成。

上运动神经元的胞体位于中央前回中、上部和中央旁小叶前部皮质的锥体细胞，其轴突集合成皮质脊髓束，经内囊后肢的前部下行至中脑大脑脚脚底的中部、脑桥基底部，至延髓集中成锥体。在锥体下端，大部分纤维交叉越边至对侧，形成锥体交叉。交叉后的纤维在对侧脊髓侧索内下行，称皮质脊髓侧束，于下行过程中陆续终止于同侧脊髓各节的前角运动细胞（下运动神经元）。前角运动细胞发出的轴突经前根→脊神经→四肢肌。在延髓内没有交叉的纤维则在脊髓前索内下行，在前正中裂两侧形成皮质脊髓前束，逐节经白质前连合交叉至对侧前角运动细胞（亦有不交叉而终止于同侧前角运动细胞者），前角发出的轴突支配躯干肌。

讨论：上、下级神经元在不同部位损伤后的临床表现。

2. 锥体外系（Extrapyramidal System）：仅作一般观察。

（1）与锥体外系有关的结构：在锥体外系传导通路模型上辨认以下结构：在端脑冠状切面上，其表面的乳白色部分代表额叶皮质；皮质内的小珠代表神经细胞的胞体；第三脑室两侧的天蓝色团块代表背侧丘脑；位于底丘脑的橘黄色团块代表底丘脑核；位于背侧丘脑外侧的浅黄色结构代表苍白球；壳核位于苍白球外侧，涂成深黄色；尾状核也涂成深黄色，位于豆状核背内侧、背侧丘脑前方；红核为圆形，深黄色，位于上丘平面、黑质背内侧；脑桥核位于脑桥基底部；下橄榄核位于橄榄中部平面；小脑；网状结构等。

（2）锥体外系主要传导通路：了解大致情况。

①新纹状体—黑质—新纹状体环路。

②皮质—新纹状体—背侧丘脑—皮质环路。

③皮质—脑桥—小脑—皮质环路。

附：传导通路病损病例分析

（一）病例分析的基本方法和步骤

1. 第一步：判断有无运动障碍。

（1）根据临床症状首先判断是否出现瘫痪。

（2）如有瘫痪表现，则需判定是上运动神经元病损还是下运动神经元病损。

（3）根据运动障碍的具体表现，判断可能是哪些肌瘫痪，进而判定病损的可能部位。

2. 第二步：判断是否伴有感觉障碍。

（1）根据临床症状判断在瘫痪的同时是否出现感觉障碍。

（2）如有感觉障碍，应判断出是何种感觉障碍，发生障碍的具体部位（平面）。

3. 第三步：综合运动、感觉障碍的初步判断，分析确定可能发生病损的部位。

（二）神经系统各部损伤的特征

1. 锥体系：各部病损均可出现上运动神经元损伤症状，如单瘫、偏瘫、交叉性瘫痪和截瘫等。

（1）皮质病损：如局限性病灶只损伤了大脑皮质运动区某一部分，可只引起对侧上肢、下肢或更小的某个局部瘫痪，而无感觉障碍，称单瘫。

（2）内囊病损：一侧内囊损伤，出现“三偏症”，即对侧半身瘫痪、对侧半身感觉障碍和双眼对侧视野同向偏盲。

（3）脑干病损：一侧脑干病损，出现交叉性瘫痪，即对侧半身瘫痪、同侧脑神经周围性瘫痪。中脑一侧大脑脚底病变，可引起动眼神经交叉性瘫痪。脑桥基底部一侧病变，可引起面神经或展神经交叉性瘫痪。延髓下橄榄核内侧部病变，可引起舌下神经交叉性瘫痪。

（4）脊髓病损：皮质脊髓束损伤，出现同侧损伤平面以下硬瘫。

2. 感觉传导束损伤举例：

（1）脊髓丘脑束病损：病灶对侧损伤平面以下浅感觉障碍。

（2）薄束、楔束病损：同侧损伤平面以下深感觉及精细触觉障碍。

3. 脊髓半横贯损伤：出现同侧损伤平面以下肢体硬瘫，同侧损伤平面以下深感觉、精细触觉丧失，对侧损伤平面以下 1～2 个节段痛觉、温觉丧失，同侧所损伤的脊髓节段范围内痛觉、温觉丧失。

4. 视觉传导通路损伤：

（1）一侧视神经损伤：同侧视野全盲，直接对光反射消失，间接对光反射存在。

（2）视交叉中央部损伤：双眼颞侧视野偏盲。

（3）视交叉外侧部损伤：同侧视野鼻侧偏盲。

（4）视束、外侧膝状体、视辐射和视区损伤：双眼视野对侧同向性偏盲。

5. 神经干损伤：

（1）脊神经：全部为混合性，只要损伤便可出现感觉和运动障碍。如：肱骨中段骨折损伤了桡神经，可出现手背桡侧半及桡侧两个半手指背侧感觉障碍，同时出现伸腕、伸指运动障碍。

（2）脑神经：分感觉性、运动性和混合性三种性质，不同性质的脑神经损伤可出现相应的症状。如：展神经为运动性脑神经，如损伤可出现外直肌瘫痪，眼球不能外转；三叉神经为混合性脑神经，如一侧损伤，可出现同侧头面部浅感觉障碍、同侧咀嚼肌瘫痪和颞下颌关节运动障碍。

6. 脊神经后根损伤：出现相应节段的节段性感觉障碍。如：一侧胸 3～5 后根损伤，可出现同侧胸壁乳头平面感觉障碍。

7. 脊髓后角损伤：出现分离性感觉障碍，即同侧节段性浅感觉障碍而深感觉正常。

8. 白质前联合损伤：出现双侧对称性、节段性浅感觉障碍。

（三）病例分析举例

病例一：5 岁女孩，突然发烧伴腰痛 2 天，第 3 天早晨不能下床，左侧下肢不能活动。检查发现：体温 39.5℃，头、颈、双侧上肢及右侧下肢无运动障碍，左下肢完全瘫痪，左腿肌张力降低，膝和跟腱反射消失。3 周后左侧大腿可屈收、能伸膝，但其他运动未见恢复。1 个月后，左足肌、小腿肌和大腿后群肌松弛，明显萎缩。无其他感觉障碍。

病例二：男，24 岁，背部被刺伤后立即跌倒，双下肢不能运动。数日后右腿稍能活动，一周后右下肢基本恢复运动，但左下肢完全瘫痪。检查发现：左下肢无随意运动，腱反射亢进，巴氏征阳性，左侧躯干剑突以下和左侧下肢触觉减弱，左下肢位置觉、运动觉丧失，痛觉、温觉正常；右侧躯干剑突平面以下和右侧下肢痛觉、温觉丧失，位置觉、运动觉和触觉正常。

病例三：女性，56 岁，患者自述“半身不遂”。检查发现：左上、下肢瘫痪，肌张力增加，腱反射亢进，无肌萎缩；左侧腹壁反射消失，病理反射（+）；左半身（包括头面部）各种感觉消失；双眼左半视野偏盲；发笑时，口角歪向右侧，伸舌时，舌尖偏向左侧，舌肌萎缩。

病例四：男性，43 岁，患者自述夜晚行走困难。检查发现：黑暗中行走或闭眼行走，如踩棉花，在光亮处行走需看脚步；双下肢本体感觉和精细触觉消失；双膝跳反射消失；双下肢无肌萎缩，肌力正常，病理反射（-）。

病例五：男，65岁，突然昏迷数小时，意识恢复后不能说话，右侧上、下肢不能运动。数日后可以说话，但舌运动不灵活。数周后检查发现：右侧上、下肢痉挛性瘫痪，腱反射亢进，腹壁反射消失，巴氏征阳性，无肌萎缩；伸舌时舌尖偏向左侧，左侧舌肌明显萎缩；全身痛温觉正常；身体右侧位置觉、振动觉、两点辨别觉完全丧失，但面部正常。

病例六：男，69岁，2个月前中风。检查发现：张口时下颌骨偏向左侧，发笑时口角歪向左侧，双眼能闭合；伸舌时舌尖偏向右侧；右侧上、下肢痉挛性瘫痪；左侧面部皮肤感觉障碍；躯干四肢感觉正常。

病例七：男，50岁，半月前突然眩晕、呕吐，随后出现一系列感觉、运动障碍。检查发现：右侧上、下肢瘫痪，肌张力增高，腱反射亢进，巴氏征阳性；左侧额纹消失，睑裂变宽不能闭合，口角偏向右侧；伸舌时舌肌偏向右侧，舌肌无萎缩；左眼外展运动困难，出现内斜视；面部（双侧）痛觉障碍；右侧躯干四肢的痛、温、触、压、精细触觉和被动运动觉均消失。在患者常感觉眩晕、恶心时，伴有眼球震颤。

病例八：女，43岁，数日前突然昏迷，现意识恢复，但不能说话。检查发现：右上肢瘫痪，肌张力增高，腱反射亢进，无肌萎缩，巴氏征阳性；伸舌时舌尖偏向右侧，舌肌无萎缩；发笑时口角偏向左侧。患者可以听懂别人的话，也能识字，但不能说话和写字。患者为右利手。

病例九：男，58岁，3年前手和头部有不自主震颤，运动和说话均较困难，并有逐渐加重的趋势。检查发现：静止时手和头部有小幅度震颤，四肢肌张力升高；面部无表情；运动和说话均迟缓而困难。

病例十：男，35岁，因车祸受伤住院。检查发现：右侧上肢瘫痪，肌张力降低，腱反射消失；右侧下肢瘫痪，肌张力增高，腱反射亢进；左侧第二肋间隙以下痛、温觉消失，右上肢及右半身位置觉、振动觉和精细触觉消失。

病例分析题参考答案

病例一：

分析：坐骨神经及其分支支配的肌群弛缓性瘫痪表现，为脊髓前角损伤所致。

定位诊断：脊髓左侧腰4～5、骶1～3节段前角损伤。

病例二：

分析：左下肢位置觉、运动觉丧失，系左侧薄束损伤表现；左侧下肌硬瘫，为左皮质脊髓侧束损伤表现；脊髓丘脑束损伤，表现为损伤平面对侧1～2节段以下的皮肤痛、温觉丧失，故患者有右侧躯干剑突平面以下和右侧下肢痛、温觉丧失表现。粗触觉系通过双侧脊髓丘脑前束传导，故患者表现为左侧躯干剑突以下和左侧下肢触觉减弱（精细触觉丧失，粗略触觉存在），而右侧触觉未受影响。

定位诊断：脊髓左侧半胸4或胸5节段横断性损伤（Brown-Seqund Syndrome 综合征）。

病例三：

分析：锥体束损伤，对侧前角外侧核失去支配；感觉偏；视觉偏；脑神经核核上瘫。

定位诊断：典型的内囊损伤“三偏征”，损伤内囊的皮质脊髓束、丘脑中央辐射、视辐射、皮质核束。听辐射虽亦受损，但因听觉由双侧传导，故不出现症状。

病例四：

分析：排除小脑损伤所致的反射性共济失调（黑暗中行走或闭眼行走，如踩棉花，在光亮处行走需看脚步）；感觉性共济失调体征（双下肢本体感觉和精细触觉消失）；运动传导路正常（双下肢无肌萎缩，肌力正常，无病理反射）；双膝跳反射消失（该反射由发自$L_{2\sim4}$脊髓节段的股神经执行，据此确认病变部位）。

定位诊断：$L_{2\sim4}$脊髓后索损伤。

病例五：

分析：交叉性瘫痪（右侧上、下肢痉挛性瘫痪，左侧舌肌弛缓性瘫痪）是损伤了皮质脊髓束及舌下神经和舌下神经核；内侧丘系损伤致身体右侧深感觉及精细触觉障碍。

定位诊断：延髓左侧半内侧部损伤。

病例六：

分析：交叉性瘫痪表现（左侧三叉神经运动性损伤致左侧咀嚼肌弛缓性瘫痪，锥体束损伤致右侧上、下肢及眼裂以下面肌和舌肌痉挛性瘫痪），左侧面部皮肤感觉障碍系损伤三叉神经感觉核及其纤维。

定位诊断：脑桥上部左侧半外侧部（相当于三叉神经运动核部位）损伤。

病例七：

分析：右侧上、下肢和舌肌痉挛性瘫痪——锥体束损伤；左侧面肌、外直肌弛缓性瘫痪——面神经、展神经及其核损伤；右侧躯干四肢的精细触觉和位置觉、运动觉障碍——内侧丘系损伤；眩晕、恶心、眼球震颤——前庭神经核损伤。

定位诊断：脑桥中部左侧半（相当于前庭区部位）病变。

病例八：

分析：单瘫（右上肢肌、舌肌、眼裂以下面肌痉挛性瘫痪）—— 中央前回下2/3 皮质损伤；不能写字——书写中枢（额中回后部）损伤；不能说话——运动性语言中枢（额下回后部）损伤。

定位诊断：左侧额叶中央前回下 2/3 及其前面附近的大脑皮质损伤。

病例九：

分析：中脑黑质致密部主要含多巴胺能神经元，其合成的多巴胺经黑质纹状体纤维释放至新纹状体，调节纹状体的功能活动。黑质变性，多巴胺合成减少，新纹状体的多巴胺水平就下降，使丘脑向运动皮质发出的冲动减少，导致四肢、面肌僵直，运动减少，静止时手和头部震颤。

定位诊断：中脑黑质病变。

病例十：

分析：右侧上肢为弛缓性瘫痪，说明右侧下运动神经元损伤；右侧下肢为痉挛性瘫痪，说明右侧上运动神经元（皮质脊髓侧束）损伤；右侧脊髓后索的薄束和楔束损伤，致同侧损伤平面以下本体感觉和精细触觉消失。传导四肢、躯干痛温觉的纤维要上升1～2 个节段以后才交叉至对侧。本例痛、温觉消失出现于第二肋间隙以下，下运动神经元障碍出现于上肢，可推断损伤发生在脊髓颈膨大处。

定位诊断：颈 7、8 和胸 1 脊髓节段右侧半横贯伤。

【作业及思考题】

1. 简述意识性本体觉与浅感觉传导通路的异同点。

2. 蚊虫叮咬致左手“虎口”区引起痛痒感觉，用右手涂抹风油精。请说出感觉产生至完成涂抹风油精这一动作的传导途径。

3. 预习下次实验课内容：“内分泌系统”。

（李有秋）

二十四、内分泌系统

【目的要求】

1. 掌握内分泌系统的概念和分类。

2. 掌握垂体、甲状腺、甲状旁腺、肾上腺、松果体的形态、位置。

3. 了解内分泌腺的结构特点和功能。

【实验材料】

1. 标本及模型：新生儿显示内分泌腺的标本；颈部解剖标本；喉、气管带甲状腺的标本；头正中矢状切面标本；脑干带松果体的标本和模型；颅底内面观标本；腹膜后间隙的器官标本；男、女性生殖腺标本；胰标本。

2. 其他教学资源：教学挂图；多媒体课件。

【实验时数】1 学时。

【注意事项】

1. 标本、模型应置于解剖位置进行观察辨认。

2. 标本观察应与模型图谱相结合。

3. 首先利用新生儿特制内分泌腺标本观察全身内分泌腺概况，然后再依次观察各个内分泌腺的位置和形态。

【实验内容及方法】

内分泌系统由全身各部的内分泌腺组成，按其存在的形式分为两大类：一类为独立存在、肉眼可见的内分泌器官，有甲状腺、甲状旁腺、肾上腺、垂体、松果体、胸腺等；另一类是腺上皮分布于其他器官内、镜下才可分辨的内分泌组织，如胰腺内的胰岛、睾丸内的间质细胞、卵巢内的卵泡和黄体等。

（一）甲状腺（Thyroid Gland）

取新生儿特制内分泌腺标本、颈部局部解剖（喉、气管带甲状腺）标本与模型观察辨认。

甲状腺位于颈前部，贴附于喉和气管上部的两侧和前方，呈“H”形，分为左、右两个侧叶，中间以峡部相连。左、右侧叶上达甲状软骨的中部，下抵第 6 气管软骨环水平。两侧叶之间的甲状腺峡位于第 2 ~ 4 气管软骨环的前方。有时自峡向上伸出一个锥状叶，较长者可达舌骨。甲状腺峡有时缺如，则左、右侧叶分离。甲状腺表面包被有纤维囊。用镊子在甲状腺表面分离其被膜，外层较致密的是甲状腺鞘，其中部分纤维将侧叶及峡部固定于喉和气管上称甲状腺悬韧带，理解为什么甲状腺肿大时会随吞咽上下移动。甲状腺被膜的内层称甲状腺囊，极薄，可伸入腺体实质。甲状腺囊与甲状腺鞘之间为囊鞘间隙（外科间隙），内有血管及其分支。

甲状腺前面紧邻舌骨下肌群，侧叶的后外侧与颈总动脉、颈内静脉和迷走神经相邻，后内侧有喉、气管、咽、食管和喉返神经，侧叶的后缘每侧各有两个甲状旁腺附于腺体表面。

观察中注意复习甲状腺上、下动脉在甲状腺的分布情况，以及动脉与喉上神经和喉返神经的关系。

想一想：缺碘或肿瘤导致甲状腺肿大时可压迫周围的哪些器官？产生何相应症状？

（二）甲状旁腺（Parathyroid Gland）

利用甲状腺标本和模型，结合图谱观察辨认。甲状旁腺位于甲状腺侧叶后面的纤维囊上，一般为两对黄豆大小的扁椭圆形小体，上一对多位于甲状腺侧叶后面的中、上1/3交界处，下一对常在甲状腺侧叶后面的下部、甲状腺下动脉附近。标本上甲状旁腺一般被涂以黄色。要注意甲状旁腺的数目和位置变化较大，有时可埋入甲状腺实质内，寻找辨认困难。临床上作甲状腺次全切除时，一定要保留甲状腺侧叶的后部，目的是避免甲状旁腺被切除。

（三）垂体（Hypophysis）

取头部正中矢状切面标本、颅底内面观标本、脑干带垂体和松果体的标本和模型观察辨认。垂体呈椭圆形，位于硬脑膜形成的鞍隔下方、颅中窝蝶骨体上面的垂体窝内，上端借其上方的漏斗穿过鞍隔连于下丘脑，前上方邻视交叉，前下方邻蝶窦，两侧邻海绵窦，外包被硬脑膜。根据其发生和结构特点，可分为前方的腺垂体和后方的神经垂体两部分。在湿颅底标本上，观察垂体窝上方的鞍隔及鞍隔上的小孔，小孔内有漏斗通过。去除鞍隔观察垂体的位置及形态，将垂体取出，观察垂体的大小（似黄豆）及分部（腺垂体和神经垂体）。

想一想：垂体肿大时可压迫周围的哪些器官？产生什么相应症状？

（四）肾上腺（Suprarenal Gland）

取腹膜后间隙器官标本和新生儿特制标本观察辨认。肾上腺左、右各一，是成对的腹膜外位器官，位于腹膜之后、肾的上内方。肾上腺与肾共同包被在肾筋膜内，但有单独的纤维囊和脂肪囊，肾下垂时，肾上腺不随之下降。肾上腺左侧较大近似半月形，右侧稍小呈三角形。肾上腺前面有不太明显的门，是血管、神经、淋巴管等出入的门户。

（五）松果体（Pineal Body）

取头部正中矢状切面标本及脑干带垂体和松果体的标本与模型观察辨认。松果体是形似松果状的椭圆形小体，位于背侧丘脑后上方、两上丘之间的浅凹内，以柄附于第三脑室顶的后部。成人松果体已钙化，丧失其功能。理解钙化松果体在诊断颅内占位性病变中的意义。

（六）胸腺（Thymus）

胸腺既属内分泌腺，又是中枢性淋巴器官。在淋巴系统已作观察，现在再进行复习。

取新生儿或幼儿胸腺标本观察。胸腺位于胸骨柄后方和上纵隔的大血管前方，常为长条形不对称性的两叶，有时可向上突至颈根部。新生儿或幼儿时期胸腺的体积较大，随年龄增长继续发育至青春期，性成熟后最大，而后逐渐萎缩退化，成年后腺组织被结缔组织、脂肪等替代，不易观察到。

【作业及思考题】

1. 作甲状腺次全切除术为何要避免切除甲状腺侧叶的后部？

2. 在作气管切开时，应注意避免损伤哪些与其邻近的结构？

3. 脑垂体发生肿瘤时有可能压迫哪些结构？为何会导致双眼颞侧视野偏盲？

（聂团文）

二十五、头颈部解剖和观察

【目的要求】

1. 了解头部重要的骨性标志。

2. 掌握颅顶层次及各层结构特点。

3. 掌握海绵窦的位置、构成、穿行结构及交通关系。

4. 掌握面浅层的血管分布及特点，面神经、三叉神经分支及投影点和临床意义。

5. 掌握腮腺的形态、分部、腮腺管及腮腺鞘的构成以及穿行腮腺的结构。

6. 熟悉颅内、外静脉的交通及临床意义。

7. 掌握颈部浅静脉的走行，颈丛皮支的分布及临床意义。

8. 掌握颈总动脉、颈内动脉、颈外动脉、颈内静脉的相互位置关系。

9. 掌握甲状腺的位置、毗邻，甲状腺的被膜，甲状腺上、下血管与喉上神经外支和喉返神经的毗邻关系及临床意义。

10. 了解副神经的行程与淋巴结的位置关系及临床意义。

【实验时数】4 学时。

【实验内容及方法】

尸位：尸体仰卧，垫高颈后部，使头部尽量后仰。

摸认体表标志：下颌骨下缘、下颌角、乳突、舌骨、甲状软骨与喉结、胸骨颈静脉切迹、锁骨、肩峰、枕外隆凸、上项线、乳突、下颌角、髁突、颧弓、眶上缘、眉弓、眶上孔、眶下孔及颏孔。

皮肤切口：

（1）颈正中切口：自颏下中点沿中线向下切至胸骨颈静脉切迹中点。

（2）颈上界切口：自正中切口上端沿下颌骨下缘切至乳突。

（3）颈下界切口：自正中切口下端沿锁骨切至肩峰。

（一）颈部浅层结构解剖

1. 解剖颈阔肌：从正中切口剥离皮片，翻向外侧，深浅以显露颈阔肌为度。观察颈阔肌纤维走向和起止，横断该肌中部，向上、下翻起，注意勿损及此肌深侧的颈丛皮支、面神经的颈支和下颌缘支，以及颈部的浅静脉和浅淋巴结。

2. 剖查浅静脉：在中线侧方浅筋膜内找出颈前静脉，其下端穿入深筋膜。观察颈前静脉附近的颈前淋巴结，观察后清除。自下颌角后方向下，沿胸锁乳突肌表面剖出颈外静脉，其下端在锁骨上方穿入深筋膜。沿颈外静脉附近有颈外侧浅淋巴结分布，观察后清除。

3. 剖查颈丛皮支：从胸锁乳突肌后缘中点清理颈丛皮支。颈横神经越胸锁乳突肌表面至颈前；耳大神经沿该肌表面上行至耳廓附近；枕小神经循该肌后缘向后上至枕部；锁骨上神经向外下方分3支分布于颈侧区、肩部及胸壁上部。

4. 清除浅筋膜：保留上述浅静脉和皮神经，清除浅筋膜。观察颈深筋膜的浅层，即封套筋膜，它包被全颈，并形成胸锁乳突肌鞘、斜方肌鞘和下颌下腺鞘、腮腺鞘。

（二）舌骨上区解剖

1. 剖查颏下三角：清除颏下深筋膜浅层及淋巴结，显示颏下三角的境界。此三角由左、右两侧二腹肌前腹与舌骨体围成，三角深面为下颌舌骨肌及其筋膜。

2. 剖查下颌下三角：剖除局部深筋膜浅层，清理并观察下颌下腺，观察并清除下颌下腺周围的下颌下淋巴结。在下颌下腺表面找出面静脉，在腺与下颌骨之间找出面动脉，追踪面动脉绕下颌角至面部。将下颌下腺翻向上，修洁二腹肌前、后腹，显示下颌下三角的境界为：下颌骨下缘、二腹肌前腹、二腹肌后腹。

（三）舌骨下区和胸锁乳突肌区解剖

1. 清除舌骨下区深筋膜浅层：保存颈部浅静脉和颈丛皮支，修洁舌骨下肌群和胸锁乳突肌的表面，可见胸锁乳突肌有锁骨端、胸骨端两个起点，止于乳突，在胸骨柄上方胸骨上间隙中，有连接左右颈前静脉的颈静脉弓。辨认舌骨下肌群的甲状舌骨肌、胸骨舌骨肌、肩胛舌骨肌、胸骨甲状肌。

2. 解剖颈动脉三角：该三角由胸锁乳突肌上份前缘、肩胛舌骨肌上腹和二腹肌后腹围成。清理颈动脉鞘，可见颈深淋巴结沿颈动脉鞘排列，以肩胛舌骨肌中间腱为界分为上、下两群，观察后摘除之。沿颈动脉鞘前壁向上追踪颈袢上、下两根。纵向切开颈动脉鞘，可见颈内静脉位于颈总动脉及颈内动脉的外侧；动、静脉之间的后方有迷走神经通行。观察颈内静脉的属支面静脉，舌静脉，甲状腺上、中静脉，分别清除之。显示舌下神经及颈袢。修洁颈总动脉及在约平甲状软骨上缘分出的颈内动脉和颈外动脉。依次剖查颈外动脉分支甲状腺上动脉、舌动脉和面动脉。甲状腺上动脉向前下，分布于喉和甲状腺；舌动脉在舌骨大角上方潜入口腔底部；面动脉则通过二腹肌后腹与茎突舌骨肌深侧入下颌下三角。剖查深面的迷走神经和颈交感干。

3. 解剖胸锁乳突肌：于胸锁乳突肌起点处切断该肌，向上翻起，显示副神经、膈神经、前斜角肌及臂丛。

4. 解剖肌三角：该三角由颈前正中线、胸锁乳突肌前缘和肩胛舌骨肌上腹围成。于三角内观察颈深筋膜中层：此层紧贴舌骨下肌群后面，覆于气管前方（又称气管前层），包裹甲状腺形成腺鞘。观察甲状腺形态，可见侧叶、峡部和锥状叶。于甲状腺侧叶上极附近剖出甲状腺上动、静脉及伴行的喉上神经外支。在舌骨大角和甲状软骨间剖出喉上动脉及其上方伴行的喉上神经内支，二者同穿甲状舌骨膜入喉。在甲状腺侧叶外侧极，切断注入颈内静脉的甲状腺中静脉，将甲状腺侧叶翻向内侧。在腺下极附近寻认甲状腺下动脉，此动脉来自甲状颈干，向内侧横过颈总动脉的后方，到达甲状腺侧叶后面。在气管食管旁沟内剖出喉返神经，可见喉返神经与甲状腺下动脉互相交叉。

（四）解剖颈外侧区

1. 查看枕三角：枕三角由胸锁乳突肌后缘、斜方肌前缘、肩胛舌骨肌下腹围成，清除枕三角内深筋膜浅层，可见副神经由胸锁乳突肌后缘上、中 1/3 交界处斜向外下，至斜方肌前缘中、下 1/3 交界处没入斜方肌深面。清出颈丛各根及颈丛分支。追踪颈丛发出的膈神经向下边越过前斜角肌表面降入胸腔。

2. 查看锁骨上三角：三角由胸锁乳突肌后缘、肩胛舌骨肌下腹、锁骨上缘中 1/3 围成。清理显示臂丛和锁骨下动、静脉，锁骨下静脉在前斜角肌前方汇入静脉角。在左静脉角处仔细寻认胸导管终末部，在右静脉角处寻认右淋巴导管。剖查锁骨下动脉的主要分支：上行的椎动脉；甲状颈干分为数支，1 支横向内侧为甲状腺下动脉（已剖），2 支横向外侧，上支为颈横动脉，下支为肩胛上动脉；在锁骨下动脉第 1 段下方与椎动脉起点相对处，有胸廓内动脉下行入胸。

（五）头面部观察

1. 额顶枕区观察：在特制额顶枕区软组织层次瓶装标本上观察。观察要点：前三层因紧密贴在一起，标本中不易层层分开，而表现为“一层”，合称“头皮”。可从断面看到浅筋膜。腱膜下疏松结缔组织也不易分辨，可提起头皮，在头皮与颅骨外膜之间可见白色疏松组织，此即第 4 层。第 5 层紧贴于颅骨外表面。

层次	名称	特点	临床联系
1	皮肤	厚，汗腺、皮脂腺多，血供丰富	疖肿多发，外伤易出血，易愈合
2	皮下组织（浅筋膜）	致密纤维隔，血管、神经分布于此	限制炎症蔓延，限制血管收缩，外伤易出血
3	帽状腱膜及枕额肌	坚韧，张力大	伤口易裂开，外伤应缝合
4	腱膜下疏松结缔组织	疏松间隙，与 3、5 层易分离，与硬脑膜之间有导静脉连通	易感染、撕脱，颅顶危险区
5	颅骨外膜	薄而致密，与骨缝愈着，与颅顶连结疏松	骨膜下血肿肿胀区域受限制

2. 蝶鞍区观察：在去颅顶去脑显示颅底的标本及头部正中矢状切标本上观察。蝶鞍

区位于蝶骨体上面，为蝶鞍及其周围区域，主要结构有垂体、垂体窝和两侧的海绵窦。

（1）垂体与垂体窝：垂体位于蝶鞍中央的垂体窝内，借垂体柄及漏斗穿过鞍膈与第三脑室底的灰结节相连，故垂体肿瘤可突入第三脑室，致脑脊液循环障碍，引起颅内压增高。垂体在冠状切面和矢状断面上均呈横置的肾形。垂体肿瘤患者的X线片及CT片上，常可见蝶鞍扩大、变形，对诊断垂体病变有重要参考价值。垂体窝的顶是硬脑膜形成的鞍膈，鞍膈的前上方有视交叉和视神经，垂体前叶的肿瘤可将鞍膈的前部推向上方，压迫视交叉，出现视野缺损。垂体窝的底，隔一薄层骨壁与蝶窦相邻，垂体病变时，可使垂体窝的深度增加，甚至侵及蝶窦。垂体窝的前方为鞍结节，后方为鞍背，垂体肿瘤时，两处的骨质可因受压而变薄，甚至出现骨质破坏现象。垂体窝的两侧为海绵窦，垂体肿瘤向两侧扩展时，可压迫海绵窦，发生海绵窦淤血及脑神经受损的症状。在垂体肿瘤切除术中，要注意避免伤及视神经及视交叉、海绵窦和颈内动脉等。

（2）海绵窦：海绵窦位于蝶鞍的两侧，前达眶上裂内侧部，后至颞骨岩部的尖端，由硬脑膜两层间的间隙构成。窦内有颈内动脉、展神经通行。颅底骨折时，除可伤及海绵窦外，亦可伤及颈内动脉和展神经。窦内间隙有许多结缔组织小梁，将窦腔分隔成许多小的腔隙，窦中血流缓慢，感染时易形成栓塞。两侧海绵窦经鞍膈前、后和垂体下方的海绵间窦相交通，故一侧海绵窦的感染可向对侧蔓延。在窦的外侧壁内，自上而下排列有动眼神经、滑车神经、眼神经与上颌神经。海绵窦发生病变，可出现海绵窦综合征，表现为上述神经麻痹与神经痛、结膜充血以及水肿等症状。窦的前端与眼静脉、翼丛、面静脉和鼻腔的静脉相交通，面部的化脓性感染可借上述通道扩散至海绵窦，引起海绵窦炎与血栓形成。窦的内侧壁上部与垂体相邻，垂体肿瘤可压迫窦内的动眼神经和展神经等，以致引起眼球运动障碍、眼睑下垂、瞳孔开大及眼球突出等。窦的内侧壁下部借薄的骨壁与蝶窦相邻，故蝶窦炎亦可引起海绵窦血栓形成。

3. 颅内外静脉交通途径：取颅内外静脉交通模型并参考相关图片观察。颅内的静脉血，除经乙状窦汇入颈内静脉外，尚有下列途径使颅内外的静脉相互交通：

（1）通过面静脉与翼丛的交通途径。

（2）通过导静脉的交通途径。

（3）通过板障静脉的交通途径。

（4）通过小静脉的交通途径。

4. 面部浅层：在头面部浅层结构标本及表情肌标本上观察。

（1）腮腺浅面可见自腮腺穿出的面神经分支，由上向下呈扇状发出颞支、颧支、腮腺管附近的颊支及下颌缘支和颈支。在腮腺上缘、耳廓前上仔细找出颞浅动、静脉和耳颞神经。

（2）面动脉：自咬肌前缘与下颌骨下缘交点处至口角，向上至内眦处更名为内眦动脉。

（3）颞神经、滑车上神经、眶上神经、眶下神经、颏神经等：这些神经均有同名血管伴行。眶上神经、血管从眶上孔（切迹）穿出，并在其内侧1 cm处找到滑车上神经及血管；眶下神经、血管由眶下孔穿出；颏神经和颏血管由颏孔穿出。

5. 腮腺咬肌区：在头面部浅层结构标本及头面部深层结构标本上观察。

（1）腮腺咬肌区的划分：

前界：咬肌前缘；后界：二腹肌后腹上缘及胸锁乳突肌上份前缘；上界：外耳道及颧弓；下界：下颌体下缘。

（2）腮腺区的层次关系：由浅入深依次为皮肤、浅筋膜浅层的血管和神经、腮腺咬肌筋膜、腮腺浅部、腮腺峡部及穿经其间的血管和神经、咬肌、下颌支、腮腺深部。

（3）腮腺的位置与毗邻：

①腮腺床：位于腮腺深面的结构，包括2条大血管——颈内动脉、静脉；3块肌肉——茎突舌肌、茎突舌骨肌、茎突咽肌；4条脑神经——舌咽神经、迷走神经、副神经、舌下神经。

②穿经腮腺的血管、神经：

纵行：颈外动脉、颞浅血管、下颌后静脉、耳颞神经。

横行：上颌血管、面横血管、面神经及其分支。

（4）腮腺导管的行程及开口：同学自己摸认。

6. 头面部疏松结缔组织间隙：在头面部水平切及冠状切标本上观察头面部筋膜间隙。

（1）颞深间隙：颞肌与颅骨骨膜之间。

（2）颞下间隙：颞肌与翼外肌之间。

（3）咬肌间隙：咬肌与下颌支之间。

（4）翼下颌间隙：翼内肌下方与下颌支上部之间。

（5）舌下间隙：舌肌与下颌舌骨肌之间。

（6）咽旁间隙：位于翼内肌、腮腺深叶与咽侧壁之间。

（7）咽后间隙：位于咽后壁与椎前筋膜之间。

讨论：

①为什么头皮外伤容易出血，且需要手术缝合？

②垂体肿瘤可压迫哪些结构？导致哪些临床症状？

【作业及思考题】

1. 试述颈动脉三角的境界及层次结构。
2. 试述甲状腺的动脉与喉的神经之间的关系及其临床意义。
3. 试述颈深筋膜的层次及筋膜间隙。
4. 试述颈动脉鞘的位置、内容及其相互位置关系。

（李有秋）

二十六、头颈部断层观察

【目的要求】

1. 掌握经第三脑室上部横断层面、经内囊后脚及大脑脚冠状断层面、脑正中矢状断面。

2. 掌握脚间池、环池、鞍上池的位置及断层表现。

3. 掌握侧脑室，第三、四脑室的位置、形态、分部及其断面表现。

4. 掌握基底动脉，颈内动脉，大脑前、中、后动脉的横断面形态和位置。

5. 掌握鼻旁窦的位置及毗邻。

6. 掌握颈筋膜层次及其间隙。

7. 掌握颈段气管的位置、毗邻，气管切开手术的解剖基础。

8. 掌握颈根部各结构的位置和毗邻及临床意义。

【实验材料】

1. 连续颅脑横断层及冠状切面。

2. 脑正中矢状切面标本。

3. 脑的原位标本及分离标本。

4. 去顶颅骨。

5. 连续颈部横断层及冠状切面。

6. 配套模型、挂图。

【实验时数】4 学时。

【实验内容及方法】

（一）头部断层观察

首先，观察脑及其被膜的整体标本、模型和挂图，使脑沟、脑回、基底核、连合纤维、脑室和脑池等在脑海里形成立体概念；然后，在颅脑横断层标本上辨认脑沟和脑回等重要结构，养成“从整体到断层，由断层再返回整体”的断层影像思维模式，重点是掌握器官结构的形态及其位置、毗邻关系的连续性变化规律，为临床影像的定位诊断奠定坚实基础。

1. 经半卵圆中心的横断面：半卵圆中心出现于胼胝体干、尾状核体和侧脑室中央部的上一层面上，位于两侧大脑半球内，为宽阔的髓质区，因大致呈卵圆形而得名。半卵圆中心为横断层面上的典型结构。该断面沟、回清晰，主要是辨认中央沟和顶枕沟，以区分额叶、顶叶和枕叶，为临床颅脑外伤和硬膜外血肿的定位诊断提供解剖依据。

（1）中央沟一般位于层面的中部偏前，呈不被中断的较深的沟，其前、后方有中央前沟和中央后沟与之平行，且中央前回较中央后回宽，据此基本上可以确认中央沟。中央沟以前的部分为额叶，中央沟后方的部分为顶叶。

（2）顶枕沟出现于正中线后方的两侧，较深且明显，由后内斜向前外，随层面下移则其逐渐向前，至胼胝体干出现时消失。顶枕沟前方为顶叶，后方是枕叶。

（3）大脑镰前后走行，分隔两侧的大脑半球，其前、后端与颅骨相连处有三角形的上矢状窦断面。

（4）半卵圆中心由胼胝体和投射纤维等组成，中心的纤维主要是有髓纤维，在 CT 图像上呈低密度区，MRI T_1 加权像上呈高信号区。脑内白质病变常在此平面观察 CT 及 MRI 改变。

2. 经松果体的横断面：主要观察基底核区、侧脑室和第三脑室的位置、形态及其变化；同时辨认外侧沟和距状沟，以区分额叶、顶叶与颞叶及枕叶内侧面的脑回，为临床脑梗塞和脑出血的影像定位诊断提供形态基础。

（1）该层面胼胝体显示清晰，位于层面的中央靠前部，使左、右大脑半球连成一体。

（2）基底核区位于层面的中央部，主要结构为内囊。内囊位于靠近中线的背侧丘脑（后方）、尾状核头（前方）与外侧的豆状核之间，两侧呈“> <”形的宽厚白质板，可分为尾状核头与豆状核之间的内囊前肢、背侧丘脑与豆状核之间的内囊后肢和前、后肢之间的内囊膝。

（3）侧脑室呈不规则形，横断层面上先出现其新月形的中央部，随层面下移则分为额叶内的侧脑室前角和枕叶内的侧脑室后角或颞叶内的侧脑室下角。

（4）第三脑室为正中矢状位的裂隙，位于两侧背侧丘脑（上部）和下丘脑（下部）之间。其后方可见位于中部的松果体。

（5）大脑镰被分为前、后两部，前部邻两侧大脑半球内侧面，后部的大脑镰向下与小脑幕相连接，使小脑幕呈杯状形态，连接处有直窦自前向后走行。

3. 经鞍上池的横断面：鞍上池位于额叶、颞叶与中脑（或脑桥）之间，由于个体差异和基线不同，可呈六角形、五角形和四角形。鞍上池由前方的交叉池和后方的脚间池或桥池组成，其向前通大脑纵裂池，向前外连大脑外侧窝池，向后外与环池相续，内有视神经或视交叉和颈内动脉等。

（1）在此层面脑组织已“四分五裂”，由大脑镰，小脑幕和左、右外侧沟分隔为前方的左、右额叶，两侧的左、右颞叶和后方的脑干、小脑。

（2）在此层面上脑干为中脑或脑桥部分。若为中脑部分，可见中脑水管、大脑脚及脚间池；若为脑桥部分则可见向后外伸出细小的小脑上脚和粗大的小脑中脚与小脑相连，其间的腔隙为第四脑室。

（3）小脑由两侧膨大的小脑半球和中间较窄的小脑蚓组成，小脑髓质显示清晰。小脑幕呈八字形分向两侧，其外侧可见乙状窦。

4. 经垂体的横断面：此层面已邻近颅底，切面经过眼眶、蝶骨和颞骨。

（1）于该层面前部两侧可观察到视神经管及眼眶内结构，于层面前部中央可观察到鼻腔顶部结构或额叶底面结构。

（2）于该层面中部两侧可观察到颞叶底面，于层面中央可见蝶窦、脑垂体，邻近中央的外侧可见蜂窝状的海绵窦。此部分主要是查看垂体的位置、形态及其与海绵窦的位置关系，为临床垂体肿瘤和海绵窦病变等的影像定位诊断提供形态基础。垂体位于层面中部的垂体窝内，呈卵圆形，其前、后方分别为骨性的鞍结节和鞍背，两侧是海绵窦。海绵窦内有脑神经和（或）管状的颈内动脉走行。

（3）层面以颞骨为界分为中部和后部，在颞骨断面上可观察到内耳结构。

（4）于该层面后部可见脑桥、小脑及两者之间的间隙——第四脑室。

5. 经下颌头的横断面：此层面经过颅底，切面经过眼眶、蝶骨大翼、颞骨岩部和枕骨。

（1）于该层面前部两侧可观察到视神经及眼眶内结构，于该层面前部中央可观察到鼻腔结构如鼻中隔、鼻甲和鼻泪管。

（2）于该层面中部从中央至两侧可观察蝶窦、海绵窦、蝶骨大翼、翼腭窝及颞肌等结构。

（3）颞骨岩部可观察到骨半规管、前庭和耳蜗的形态及连通，鼓室腔壁等，为临床耳病变的影像诊断提供解剖依据。

（4）于该层面后部可观察到小脑、脑桥、第四脑室。

（二）颈部断层观察

首先，观察颈部的整体标本、模型和挂图，使喉、甲状腺和颈筋膜间隙等器官结构在脑海里形成立体概念。掌握喉、甲状腺和颈筋膜间隙等器官结构的形态及位置关系，为理解断面结构奠定基础。

1. 经枢椎体横断面：该横断层面的结构自前向后可分为前、中、后三部分，前部为口腔（或口底）和颌面结构，中部为口咽和颈筋膜间隙及其内结构，后部是脊柱和项区的软组织。

（1）横断层面前部的下颌骨呈“U”形，其内有牙龈、舌、口腔结构等。

（2）横断层面中部有较大腔隙的口咽，其向两侧延伸处缩窄；外侧有腮腺，腮腺床，颈动、静脉等结构；咽旁间隙居口咽的后外侧，位于咽侧壁、腮腺和脊柱之间；咽后壁与脊柱之间为咽后间隙。

（3）横断层面后部是脊柱和项区的软组织，可观察到枢椎，椎管，脊髓及椎动、静脉。

2. 经甲状软骨横断面：该横断层面的结构自前向后可分为前、中、后三部分。

（1）前部中份为舌骨下肌群，其后内为呈八字形的甲状软骨板断面，板内侧腔隙为喉腔。甲状软骨板外侧为甲状腺侧叶。

（2）喉腔后面横位的腔隙为喉咽，其两侧狭窄处为梨状隐窝；外侧有胸锁乳突肌，两者之间的间隙内有颈动、静脉，迷走神经等结构。

（3）后部有第四颈椎或第四与第五颈椎之间的椎间盘，观察椎管、脊髓及两侧的椎动、静脉。

（4）参照断面图仔细观察颈筋膜层次及其间隙。

3. 经环状软骨横断面：横断层面以椎前筋膜和咽后间隙为界分为前、后两部分，前部是内脏格，后部是支持格，两格之间的左、右侧是血管格。

（1）横断层面前部中份为舌骨下肌群，其后内有环状软骨及声门下腔，两侧有甲状腺，甲状腺侧近有颈总动脉、颈内静脉及迷走神经。

（2）喉腔后方邻喉咽、咽后间隙、椎前筋膜。

（3）后方支持格内为脊柱及其前方的颈长肌、外侧的斜角肌和胸锁乳突肌等。在肌间隙内观察椎动、静脉及颈交感神经。

4. 经颈根部横断面：

（1）在横断层面前部观察舌骨下肌群、气管颈段、食管颈段、甲状腺、颈总动脉、颈内静脉、迷走神经等结构。

（2）在横断层面后部观察脊柱、斜方肌、椎动脉、椎静脉等结构。

（3）在横断层面两侧观察胸膜顶及肺。

讨论：垂体瘤可能有什么样的CT改变?

【作业及思考题】

描述经第三脑室上部（松果体）平面的主要结构。

（邓春雷）

二十七、胸前外侧壁及腋窝解剖

【目的要求】

1. 了解胸部主要的体表标志、标志线。
2. 掌握胸壁的构成及层次。
3. 了解女性乳房的位置、构造及淋巴回流。
4. 了解肋间后动脉、胸廓内动脉的行程及分支分布。
5. 掌握肋间神经的行程、分支、分布及临床意义。
6. 掌握腋腔各壁的组成及其结构特点。
7. 掌握腋腔内血管、神经和淋巴结群的局部位置。

【实验时数】4学时。

【实验内容及方法】

尸位：尸体仰卧，垫高背部。注意在胸大肌起点切断之前，不要强行将上肢外展，以免拉断胸大肌和背阔肌。

摸认体表标志：对照活体摸认颈静脉切迹、胸骨角、剑突、肋、肋弓、锁骨、肩峰和喙突等骨性标志。

皮肤切口：

（1）胸前正中切口：自胸骨柄上缘沿前正中线向下切至剑突。

（2）胸上界切口：自正中切口上端向外侧沿锁骨切至肩峰。

（3）胸下界切口：自正中切口下端向外下沿肋弓切至腋后线。

（4）乳房环形切口：女性围绕乳房、男性围绕乳晕环切。

（5）胸部斜切口：自正中切口下端向外上切至环形切口，再从环形切口的对侧向外上切至腋前襞的上部，在此折转沿上臂内侧面向下切至上臂上、中1/3交界处，然后再折转向外侧环切上臂部皮肤至上臂外侧缘。

将内上和外下两块皮从正中切口向外侧翻起（女性乳房或男性乳头保留于原位），内上皮片翻至上臂背侧，外下皮片翻至腋后线。皮肤切口不宜过深，剥皮时注意刀尖方向。

（一）胸前区解剖

1. 解剖浅筋膜：

（1）解剖女性乳房：先查看成年女性乳房的位置，自乳头根部上缘向上作垂直切口，自乳头根部外侧缘向外侧作水平切口，在乳房外上象限剥除皮肤，修去乳腺表面的脂肪组织，理出乳腺叶的轮廓。每个乳腺叶发出一输乳管，呈放射状排列，仔细剖出输乳管。输乳管在近乳头处膨大为输乳管窦。操作完毕将女性乳房自胸大肌表面剥离，存放在指定的容器内。

（2）剖查皮神经：在锁骨下方清理出颈丛分支锁骨上神经，其分成内侧、中间和外侧三支，在颈阔肌深面从颈部向下越过锁骨分布于胸壁上部和肩部皮肤。在肋间隙前部胸骨旁线处有第2～7肋间神经的前皮支和胸廓内动脉的穿支伴行，可寻认1～2支。在腋前线处剖认肋间神经的外侧皮支和肋间后血管的分支伴行。

（3）剖查头静脉：于三角肌与胸大肌之间的沟内寻找头静脉，追踪至锁骨下方注入深部的腋静脉。

2. 解剖胸上肢肌和锁胸筋膜：

（1）解剖胸大肌：清除胸大肌表面的浅、深筋膜，显露胸大肌，观察其形态、起止点和肌纤维方向。可见胸大肌呈扇形，起于锁骨内侧半、胸骨前面、上六位肋软骨及腹直肌鞘前层，肌纤维向外上方汇集，止于肱骨大结节嵴。距胸大肌起点2 cm处作弧形切口切断胸大肌（注意不要切坏腹直肌鞘），并由下向上掀起该肌，显露其深面的胸小肌和锁胸筋膜，可见胸小肌表面有胸内侧神经穿出，锁胸筋膜表面有胸外侧神经和胸肩峰动脉穿出。修洁进入胸大肌的胸内、外侧神经和胸肩峰动脉的胸肌支，观察后在近胸大肌处切断，将胸大肌充分掀向外侧至其止点处。

（2）剖查锁胸筋膜：锁胸筋膜连于胸小肌、锁骨下肌和喙突之间，有胸外侧神经，胸肩峰动、静脉和头静脉穿过，在锁骨下方头静脉旁常可见锁骨下淋巴结。观察后除去淋巴结和锁胸筋膜，保留穿过筋膜的血管、神经。

（3）解剖胸小肌：胸小肌呈三角形，起自第3～5肋，肌纤维向上方止于肩胛骨喙突。于近起点处切断该肌并翻向外上方，这样腋窝前壁完全打开。翻开胸小肌时，可见进入该肌深面的胸内侧神经和胸肩峰动脉胸肌支，修洁后予以保留。

（4）清理胸内、外侧神经，胸肩峰动、静脉和头静脉：胸内、外侧神经分别发自臂丛内、外侧束。胸肩峰动脉发自腋动脉上段，穿锁胸筋膜后分支至胸大、小肌和三角肌等处。头静脉穿锁胸筋膜注入腋静脉。

3. 解剖肋间隙：

（1）肋间肌：自胸骨侧缘沿第4或第5肋下缘至腋前线切断肋间外肌（不要切深，以免同时切断肋间内肌）。将肋间外肌整片向下翻，可见肋间神经分支进入该肌。翻开肋间外肌后，即可见其深面的肋间内肌。观察可见肋间外肌的纤维方向自外上斜向内下，肋间内肌的纤维方向由外下斜向内上。

（2）肋间后动、静脉和肋间神经：用镊子夹起已解剖出的肋间神经外侧皮支，在其穿出处沿肋骨轻轻切断肋间内肌（不可过深，以免切破其深面的胸膜）。将该肌翻下，沿外侧皮支追查肋间神经及肋间后动、静脉主干。三者伴行，静脉在上，神经在下，动脉居中。向前追查肋间神经前皮支，并于同一肋间隙内沿下位肋骨上缘寻找肋间后动脉下支。

（二）腋窝解剖

腋窝位于肩关节下方，胸侧壁上部与臂之间，呈四棱锥体形，有一尖、一底、四壁。前壁由皮肤、锁胸筋膜、锁骨下肌、胸大肌与胸小肌构成，已在解剖胸前区时打开；内侧壁由贴于胸壁侧面的前锯肌、上四位肋骨及肋间隙构成；后壁由肩胛下肌、大圆肌、背阔肌和肩胛骨构成；外侧壁主要由喙肱肌和肱二头肌短头构成；腋窝尖向上通向颈根；腋窝底由腋筋膜和皮肤封闭。

按下列步骤解剖腋窝境界及其邻近的结构：

1. 解剖腋窝底：将臂外展90度，细心清除腋筋膜及其深面的疏松结缔组织，注意观察腋筋膜形态及埋藏在疏松结缔组织内的中央群淋巴结，观察后予以清除。

2. 解剖腋窝外侧壁：用镊子小心除去腋窝外侧壁内存在的疏松结缔组织，观察包绕腋血管和臂丛的腋鞘，循腋血管清除腋鞘结缔组织及周围的外侧淋巴结（外侧群），显露腋动、静脉。于腋动脉的外侧查认正中神经并向上追查其分别起自臂丛内、外侧束的内、外侧根。从肩胛骨喙突向下修洁清理喙肱肌和肱二头肌短头，查认从臂丛外侧束分出进入喙肱肌的肌皮神经。在腋动、静脉之间剖查内侧束分出的前臂内侧皮神经和较粗的尺神经。臂内侧皮神经细小，从内侧束较高部位分出，下行于腋动脉的内侧。清理血管、神经时，除保留头静脉及其注入处以上的腋静脉外，其余静脉均予切除，以清理视野。剖除静脉时应先于切断处作双重结扎，然后在两结扎线之间切断，以免血管内积血污染周围结构。

3. 解剖腋窝内侧壁：清理出前锯肌。前锯肌以8~9个肌齿起自第1~8肋骨的外面，向后绕胸廓外侧壁止于肩胛骨内侧缘。在前锯肌表面腋中线处有发自腋动脉中段行向前下的胸外侧动脉，胸外侧静脉与其伴行向上注入腋静脉，胸长神经与其伴行沿腋中线稍后垂直下行。沿胸外侧血管有胸肌淋巴结。清除淋巴结和静脉，保留动脉和神经。

4. 解剖腋窝后壁：清理臂丛后束的分支：腋神经、桡神经、肩胛下神经和胸背神经。如血管神经束牵张过紧，可将上臂向前抬起。桡神经向前下方斜向臂后，暂勿深追。在桡神经的上外侧清理出发自腋动脉下段的旋肱前动脉，绕肱骨外科颈前面行向外侧。于腋动脉后方清理出腋神经和发自腋动脉下段（可与旋肱前动脉共干）的旋肱后动脉，两者向后自四边孔穿出。在肩胛下肌和大圆肌表面分离出肩胛下动脉及其分支——胸背动脉和旋肩胛动脉。肩胛下动脉发自腋动脉下段，其分支与肩胛下神经分布于肩胛下肌和大圆肌。胸背动脉伴胸背神经分布于背阔肌。旋肩胛动脉则向后穿三边孔至肩胛骨背面。腋窝后壁处的疏松结缔组织中有肩胛下淋巴结（后群），观察并清除之。进一步观察肩胛下肌起于肩胛下窝，止于肱骨小结节。大圆肌在肩胛下肌下方，起于肩胛骨下角的背面，止于肱骨小结节嵴。上述二肌与肱骨共同围成一隙，肱三头肌长头在二肌后方下行，将此隙分成外侧的四边孔和内侧的三边孔。腋动脉分支的起点个体差异较大，查认时注意按其走向和分布来确定其名称。

5. 剖查腋窝尖：腋窝尖由锁骨中段、第一肋外缘和肩胛骨上缘围成，腋窝尖处有尖淋巴结（尖群），观察后予以清除。

讨论：

①开胸手术层次。

②乳腺癌根治术需要清除的淋巴结及其位置。

③乳房后隙的位置和临床意义。

④胸膜腔穿刺宜在何处进行？为什么？在标本上演习胸膜腔穿刺。

【作业及思考题】

1. 请叙述女性乳房的位置、主要结构特点和外上部的淋巴回流，以及乳房后隙的位置和临床意义。

2. 肋间后血管和神经在肋间隙的行程如何？

3. 请叙述腋腔的位置及各壁的构成。

（任铁良）

二十八、臂前区、肘前区及前臂前区解剖

【目的要求】

1. 了解上肢的境界、分部。

2. 掌握上肢重要的体表标志及重要结构的体表投影。

3. 掌握贵要静脉、头静脉和肘正中静脉的行程。

4. 掌握臂丛的组成、位置及其主要分支的行程及分布。

5. 掌握肱动脉、桡动脉、尺动脉的起止、行程及主要分支。

6. 掌握臂部前群肌（喙肱肌、肱二头肌、肱肌）的起止、作用和神经支配。

7. 掌握前臂前群肌名称、位置、作用和神经支配。

8. 掌握腕管的构成、内容和临床意义。

9. 了解手掌的表面解剖。了解手掌的皮肤特点和神经支配。

10. 掌握掌腱膜的构成、手掌骨筋膜鞘的构成及内容。了解掌中间隙、鱼际间隙的位置和交通。

11. 掌握掌浅弓和掌深弓的构成及分支。

【实验时数】4 学时。

【实验内容及方法】

尸位：仰卧位。

体表标志：肱二头肌，肱二头肌内、外侧沟，三角肌粗隆。

皮肤切口：注意切口不宜过深以免切断浅静脉和皮神经。

1. 前臂前横切口：在肱骨内、外上髁连线下方约 2 ~ 3cm 作一横切口。

2. 臂前纵切口：从臂前横切口中点向上作一纵行切口，与胸前区和腋区的切口交汇。

3. 腕前横切口：在腕部相当于腕横纹处作一横切口下行切口直至腕部。

4. 前臂前纵切口：自前臂前横切口中点向下作一纵行切口，至腕前横切口中点。

（一）浅层结构解剖

1. 剖查头静脉与伴行的前臂外侧皮神经：沿纵切口将上、下两部皮肤分离并向两侧翻开，在肱二头肌外侧沟处浅筋膜中找出头静脉，修洁其全长至腕部，见其起自手背静脉网的桡侧。在臂下部可见与其伴行的前臂外侧皮神经，在肘窝上方肱二头肌外侧沟处

自肱二头肌与肱肌之间穿出，是肌皮神经的终末支。

2. 剖查贵要静脉及伴行的前臂内侧皮神经：在臂部下段肱二头肌内侧沟处找出贵要静脉及伴行的前臂内侧皮神经，于臂中份二者一起穿入深筋膜的深面。修洁其全长到腕部，见其起自手背静脉网的尺侧。在肱骨内上髁上方，贵要静脉附近有时可找到滑车上淋巴结（或肘浅淋巴结）。头静脉和贵要静脉之间有斜行或横行跨过肘窝的肘正中静脉。保留头静脉、肘正中静脉、贵要静脉及前臂内、外侧皮神经，清除浅筋膜。

（二）臂前区解剖

1. 解剖观察臂部内侧肌间隔和外侧肌间隔：

（1）沿皮肤切口切开臂部深筋膜，分别向内、外两侧剥离，用镊子将内侧半深筋膜提起，再用刀柄向肱骨内侧方向做钝性剥离，在肱骨中点与肱骨下端之间可观察到分隔前、后肌群的一片膜性结构，即内侧肌间隔，尺神经在臂中点处自前向后穿此隔达其深面。

（2）用同样方法观察外侧肌间隔，它是分隔肱三头肌与肱肌、肱桡肌和桡侧腕长伸肌之间的一片膜性结构，但不像内侧肌间隔那么明显。桡神经在臂下端穿过外侧肌间隔至臂屈侧。

2. 解剖肱二头肌内侧沟、外侧沟及臂下份血管神经：

（1）剖查肱动脉：在肱二头肌内侧沟找出肱动脉，于肱动脉起始处找出肱深动脉，其在背阔肌腱下方与桡神经一起转向肱骨后面，行向肱骨肌管内。向下清理肱动脉，在喙肱肌止点附近找出尺侧上副动脉，伴尺神经穿内侧肌间隔。在内上髁上方4～5 cm处，可见尺侧下副动脉下行。

（2）剖查正中神经：于肱动脉外侧找出正中神经，修洁发现其于臂中点处跨过肱动脉的前方行至其内侧下行。

（3）剖查肌皮神经：清理肱二头肌和喙肱肌，分开喙肱肌和肱二头肌短头，见肌皮神经穿喙肱肌，行于肱二头肌与肱肌之间，至肱二头肌腱外侧缘穿出更名为前臂外侧皮神经。

（4）剖查桡神经：仔细分离肱肌和肱桡肌，在肘关节外上方，肱肌与肱桡肌起点之间找出从臂后区穿过外侧肌间隔到臂前区的桡神经。

（三）肘窝解剖

清理肘窝的边界，旋前圆肌为其内侧界，肱桡肌为其外侧界，上界是肱骨内、外上髁之间的连线。旋前圆肌和肱桡肌在前臂上份前面夹成一角，二肌之间向深部嵌入形成凹陷，即为肘窝。窝内有脂肪填充，从外向内有桡神经、肱二头肌腱、肱动脉及尺动脉和桡动脉、正中神经等。

（四）前臂前区解剖

1. 前臂深筋膜、肱二头肌腱及腕掌侧韧带：观察前臂前面的深筋膜，可见肱二头肌腱膜起自肱二头肌腱的内侧缘斜向下内至前臂上份的内侧面。前臂下份的筋膜较薄，但近腕部则有若干横行纤维称腕掌侧韧带。

2. 解剖前臂前区深层结构：将肱二头肌腱膜在其近肌腱处切断，在掌长肌的桡侧切开深筋膜，并将其去除。显示前臂前区深层结构。

（1）解剖前臂前群肌：用刀柄钝性分离前臂各肌，并一一辨认，并察看各肌起止点。可见前臂肌由浅入深分为四层：第一层由外向内依次为肱桡肌、旋前圆肌、桡侧腕屈肌、掌长肌、尺侧腕屈肌；第二层为指浅屈肌；第三层为拇长屈肌、指深屈肌；第四层为旋前方肌。

（2）解剖肱动脉、桡动脉、尺动脉：在肱二头肌腱的内侧找出肱动脉，向下追踪，在肱二头肌腱膜下缘与旋前圆肌交界处，可见到肱动脉分为桡动脉和尺动脉。桡动脉跨过肱二头肌腱的下端，进入肱桡肌前缘的深面，再跨过旋前圆肌止点浅面而下行，下份是位于肱桡肌与桡侧腕屈肌之间。肱动脉的另一分支是尺动脉，发出后行于旋前圆肌的深面，在指浅屈肌与指深屈肌之间行向前臂内侧，下份位于尺侧腕屈肌腱与指浅屈肌腱之间。在旋前圆肌中点的深面，尺动脉发出一较大的分支即骨间总动脉，它很快就分成两支，即骨间后动脉和骨间前动脉。

（3）解剖正中神经：正中神经于肱动脉的内侧下行，穿旋前圆肌行于指浅屈肌与指深屈肌之间，下份位于桡侧腕屈肌与掌长肌之间，经腕横韧带深面进入手掌。分支支配除肱桡肌、尺侧腕屈肌、指深屈肌尺侧半以外的所有前臂前群肌。

（4）解剖桡神经及其分支：从肱肌和肱桡肌之间找出桡神经，向下追踪清理其在臂部发出的分支（至肱桡肌）。桡神经在肱骨外上髁前方分为深、浅两支：①深支继续行于肱桡肌深面，在发出至桡侧腕短伸肌与旋后肌的肌支后，即穿过旋后肌，更名为骨间背侧神经分布于前臂背侧肌肉（待前臂背区解剖）；②浅支为桡神经本干的延续，其行程大部分为肱桡肌前缘所覆盖。

（五）手掌观察

1. 观察掌腱膜：在显示掌腱膜的标本上观察掌腱膜。

2. 观察显示屈肌支持带、掌浅弓：在显示屈肌支持带、掌浅弓的标本上观察屈肌支持带，尺动脉和桡动脉形成的掌浅弓及其分支指掌侧总动脉和指掌侧固有动脉，正中神经及尺神经分出的三条指掌侧总神经。体会腕管的构成和内容。

3. 观察肌腱：在显示手肌的标本上观察指浅屈肌肌腱、指深屈肌肌腱、四条蚓状肌和骨间掌侧肌。

4. 观察掌深弓：在显示掌深弓的标本上观察掌深弓及其分支掌心动脉。

5. 观察手掌间隙：在显示手掌间隙的标本上观察触摸，体会掌中间隙和鱼际间隙。

6. 观察屈肌腱鞘：在显示腱鞘的标本上观察屈肌腱鞘。

讨论：

①当肱骨外科颈骨折时可能损伤哪些神经和血管？病人会出现哪些临床症状？

②手指外伤出血应如何止血？为什么？

【作业及思考题】

1. 简述肘窝的境界、内容及其位置关系。

2. 描述腕管的构成及通过的结构。

3. 手指血管、神经的走行特点和临床意义如何？

（聂团文）

二十九、肩胛区、臂后区、肘后区及前臂后区解剖

【目的要求】

1. 掌握肩胛区的肌肉、血管及神经。
2. 掌握肱三头肌以及桡神经、肱深动脉。
3. 掌握前臂背侧肌的名称、位置及前臂背侧的血管、神经。
4. 了解手背表面解剖，了解浅静脉及皮神经分布。
5. 了解手背间隙和手背的肌腱。

【实验时数】4 学时。

【实验内容及方法】

尸位：俯卧位。

体表标志：肱骨内、外上髁，尺骨鹰嘴，肱二头肌腱，桡骨头。

皮肤切口：

（1）在肘关节后上方作一横行切口，将皮肤剥离向上翻至肩胛区。

（2）在腕关节背面作一横行切口，剥离前臂后区皮片并解剖浅筋膜。

（一）肩胛区及臂后区解剖

1. 解剖皮神经：于三角肌后缘中点下方找出臂外侧上皮神经，在三角肌粗隆处找出臂外侧下皮神经，在臂中、下 1/3 交界处找出前臂后皮神经。观察后清除。

2. 解剖腋神经、旋肱后动脉：观察三角肌的起止点和纤维方向后，将三角肌后缘向上翻起，查看从四边孔穿出的腋神经和旋肱后动脉。

3. 剖查旋肩胛动脉：从三边孔内找出旋肩胛动脉。

4. 清理肱三头肌及其筋膜：清理肱三头肌及其筋膜，观察其长头和内、外侧头。

5. 解剖桡神经、肱深动脉：找出桡神经和肱深动脉进入肱三头肌之孔，由此孔沿桡神经沟方向插入镊子作为引导，即进入肱骨肌管。

（二）肘后区及前臂后区解剖

1. 肘后区和前臂后区的浅层结构：

（1）前臂背侧皮神经、桡神经浅支和尺神经的手背支：在肘关节的上方，外侧肌间隔处，去掉脂肪，解剖出从桡神经分出的前臂背侧皮神经。在前臂的远侧端，腕关节上方的桡侧，可解剖出桡神经的浅支。在尺骨头的内侧可寻出尺神经分出的手背支。

（2）尺神经及其伴行的尺侧上副动脉：在肱骨内上髁的后上方，清理出自上臂前区穿出至后区的尺神经及与它伴行的动脉。追踪尺神经到肱骨尺神经沟，它在此处又转至前臂的前面。

（3）解剖前臂背侧深筋膜及腕背侧韧带：清理并切开前臂后面的深筋膜，上 1/3 深筋膜有肌肉起始，不宜强行剥离。保留腕背侧韧带，观察到该处的筋膜，既厚又坚韧，紧紧地与前臂肌肉连在一起。浅层肌肉不但起自肱骨外上髁，而且大部分的肌束起自深

筋膜。

2. 解剖前臂背侧深层结构：

（1）清理前臂背侧肌：分离前臂背侧各肌，并辨认各肌。前臂背侧肌分为两层：浅层有桡侧腕长伸肌、桡侧腕短伸肌、指伸肌、小指伸肌、尺侧腕伸肌；深层有旋后肌、拇长展肌、拇长伸肌、拇短伸肌、食指伸肌。

（2）解剖骨间后神经和骨间后动脉：在浅、深两层肌之间找出骨间后神经（即桡神经的深支）。与骨间后动脉伴行。

（三）手背结构观察

1. 观察手背静脉网：在显示手背静脉网及神经的标本上观察手背静脉网，于尺侧找到尺神经手背支和桡神经的浅支。

2. 肌腱及腱鞘：在显示手背腱鞘的标本上观察 9 条肌腱及腱鞘。

讨论：肱骨中份骨折时可能损伤哪些神经和血管？病人会出现哪些临床症状？

【作业及思考题】

1. 肩胛区和臂后区的腋神经、桡神经与什么动脉伴行？局部位置有何特点？

2. 请叙述桡神经行程、分布范围及损伤后主要表现。

（聂团文）

三十、股前内侧区、小腿前外侧区及足背解剖

【目的要求】

1. 掌握下肢的分区。

2. 掌握下肢的主要体表标志和股动脉的体表投影。

3. 熟悉肌腔隙、血管腔隙的境界及内容。

4. 掌握股三角的组成、内容及各结构的毗邻关系。

5. 掌握股鞘、股管的组成、内容及其临床意义。

6. 掌握胫前动脉、腓浅神经、腓深神经的行程及其主要分支的行程和分布。

7. 掌握足背动脉的行程，足背静脉弓及其临床意义。

【实验时数】4 学时。

【实验内容及方法】

尸位：仰卧位。

摸认体表标志：髂前上棘、髂嵴、髂结节、耻骨结节、腹股沟韧带、股骨内侧髁、股骨外侧髁、胫骨外侧髁、胫骨粗隆、腓骨头、胫骨前嵴、内踝、外踝。

皮肤切口：

（1）上切口：自髂前上棘沿腹股沟至耻骨结节（如腹部已作解剖则不必再作该切口）。

（2）横切口：过胫骨粗隆水平作一水平切口，在内、外踝水平作一过踝关节前方的横切口，在足趾根部、趾蹼背侧作一横切口达足背内、外侧缘。

（3）经上述横切口中点连线作一纵切口，向两侧翻剥皮肤。剥皮肤时一定要浅切薄剥，以免伤及深面的皮神经和浅血管。

（一）浅层结构解剖

1. 分辨出浅筋膜的浅、深两层：沿腹股沟切开浅筋膜，分辨出浅筋膜的浅、深两层（浅层为脂肪层，深层为膜性层），将两手指插入两层之间，约在腹股沟韧带下一横指处伸入的手指被阻，即膜性层与股前区深筋膜的融合处。

2. 解剖大隐静脉及其属支和腹股沟浅淋巴结：在股前部内侧的皮下脂肪中，可见到蓝色呈条索状的大隐静脉自膝关节内侧至腹股沟韧带内侧份下方。在股骨内侧髁后缘处找到大隐静脉及与其伴行的隐神经，向上追踪至耻骨结节外下方约3 cm处穿筛筋膜，暂不深追。向下追踪并修洁至足背，同时修洁与其伴行的隐神经。在足背处，暴露和修洁足背静脉弓。由静脉弓向上清理大、小隐静脉，注意它们与内、外踝的位置关系。

用镊子提起大隐静脉近侧端，清楚显示隐静脉裂孔的边缘，观察其形状、大小和位置。在此附近，可见到一群形如蚕豆的淋巴结，称腹股沟浅淋巴结，其中4～5个沿腹股沟韧带下方排列成上组，其余沿大隐静脉排列成下组。

沿大隐静脉上端清理修洁其属支，可见有股内侧、股外侧浅静脉及腹壁浅静脉、旋髂浅静脉、阴部外静脉分别注入其上部，观察5条属支的类型。

3. 修洁浅动脉：在修洁腹壁浅静脉、旋髂浅静脉和阴部外浅静脉时，可见有三条同名动脉伴行。在大隐静脉与股静脉之间有阴部外动脉经过，临床常以此作为寻找大隐静脉根部的标志。

4. 解剖修洁皮神经：股外侧皮神经在髂前上棘下方5～10 cm处穿出深筋膜；股神经前皮支和内侧皮支在股中、下部沿缝匠肌表面穿出深筋膜；闭孔神经皮支约在缝匠肌中点内侧三横指处可找出。观察后可清除。

在小腿前外侧区及足背追寻沿大隐静脉伴行的隐神经。腓浅神经终支在小腿前外侧面中、下1/3交界处由深筋膜穿出，追踪至足背和趾背；腓深神经终支在第一跖骨间隙处由深筋膜浅出。

（二）股前内侧区解剖

1. 解剖深筋膜（阔筋膜）：保留浅血管，清除残留的浅筋膜及腹股沟浅淋巴结，观察其深面的阔筋膜。阔筋膜较致密、发亮，其在股外侧的部分特别增厚，附于髂嵴前份与胫骨外侧髁之间，外观呈腱膜样，此即髂胫束。髂胫束上份分两层包裹阔筋膜张肌。将刀口向上，小心划开隐静脉裂孔的上缘，纵行切开阔筋膜，于腹股沟韧带下缘切断；再自隐静脉裂孔的下缘，向下沿髂胫束前缘至髌骨外侧缘，用刀柄将其与深层组织分离。细心修洁保留髂胫束前缘，清除其余阔筋膜，显示股前群、内侧群肌。

2. 解剖股前群肌及股内侧群肌：

（1）修洁股前群肌：缝匠肌位于最表层，为自外上斜向内下的细长肌条；在正中线稍偏外侧的纵行羽状肌为股直肌；股直肌与缝匠肌之间，肌纤维斜向外下方，形成膝上内侧隆凸的是股内侧肌；位于股直肌外侧，肌纤维斜向内下方，形成膝上外侧隆凸的是股外侧肌；翻起股直肌可见位于其深面的股中间肌。观察并修洁股前群各肌。

（2）修洁股内侧群肌：先分离修洁位于最内侧的股薄肌，再修洁并观察贴近股薄肌外侧的长收肌和贴近长收肌外侧的耻骨肌。将长收肌与其深面的结构分离并翻起，显露其深面的短收肌和闭孔神经前支，该支分布至长收肌、短收肌、股薄肌及股内侧区上部皮肤。用手指或刀柄将短收肌向前拉起，可见此肌后面的闭孔神经后支，它的分支支配闭孔外肌和大收肌。观察并修洁股内侧群各肌。

3. 解剖股三角及其内容：

（1）修洁观察股三角边界：修洁构成股三角外侧界的缝匠肌、内侧界的长收肌内侧缘、上界的腹股沟韧带。

（2）解剖观察股鞘，探查股管：股鞘呈漏斗状，位于股三角内侧部，为包绕股血管的薄层筋膜鞘。自大隐静脉注入股静脉处向上作一个纵切口，切开股鞘前壁并翻向两侧，可见股鞘被两个筋膜隔分为三个纵行的腔，由外侧向内侧依次容纳股动脉、股静脉和股管。清除股管内的疏松结缔组织及淋巴结，用小指向上伸入股管上口，探查股环各界，验证它与腹腔的关系，然后对照离体骨盆标本观察股环各界：前界——腹股沟韧带，后界——耻骨梳韧带，内侧界——腔隙韧带，外侧界——分隔股静脉的纤维隔。

（3）解剖观察股动脉及其分支：在腹股沟中点、腹股沟韧带下方找到股动脉主干并追踪至股三角尖，观察其潜入缝匠肌深面，进入收肌管（股上、中 1/3 交界处）。寻找并修洁股动脉分支：腹壁浅动脉、旋髂浅动脉、阴部外浅动脉、旋股内侧动脉、股深动脉。修洁股深动脉及其分支旋股外侧动脉和穿动脉。

（4）解剖股静脉、腹股沟深淋巴结：沿大隐静脉末端向上，追踪至腹股沟韧带下方，即可见到股静脉，它先位于股动脉内侧，至股三角尖处走向股动脉后方。沿股静脉上端内侧排列有 3 ~4 个腹股沟深淋巴结，观察后除去。

（5）解剖股神经：在股鞘外侧切开髂腰筋膜，显露股神经及髂腰肌。修洁髂腰肌，向下追踪修洁股神经，见其分为许多分支，分别支配耻骨肌、缝匠肌、股四头肌。皮支支配股前内侧区皮肤，其中有 1 支特别长，称隐神经，伴股动脉前外侧下行进入收肌管，最后穿出收肌管前壁的小孔，伴大隐静脉下行于小腿内侧。

（6）将股神经和股血管轻轻提起，观察股三角的底，从外侧向内侧分别由长收肌、耻骨肌、髂腰肌构成。

4. 解剖收肌管：将已修洁的缝匠肌下部拉向外侧，见其深面有较厚的腱膜驾于股内侧肌与大收肌之间，称大收肌腱板。围成收肌管的各壁：缝匠肌与腱板共同构成收肌管的前壁；外侧壁为股内侧肌；后壁为长收肌与大收肌；上口通股三角；下口为收肌腱裂孔。收肌管内结构：股神经的股内侧肌支，隐神经，股动、静脉等。

（三）小腿前外侧区与足背解剖

1. 解剖深筋膜：保留大、小隐静脉和隐神经及腓浅神经和腓深神经的终支，清除所有浅层脂肪，暴露深筋膜。从胫骨外侧髁前方向下纵行切开深筋膜，可见小腿上部深筋膜较厚，其深面有肌肉附着，不易分离，不必强行分离。小腿中部深筋膜较薄，肌肉较易分离。小腿下部、踝关节上方的深筋膜内横行纤维增厚为伸肌上支持带；踝关节前下方近足背处深筋膜显著增厚成横位的“Y”形，称伸肌下支持带。保留伸肌上、下支持带，清除其余深筋膜。

2. 解剖深层结构：

（1）解剖小腿前、外侧群肌：在小腿外侧修洁腓骨长、短肌至腓骨上支持带处。观察在伸肌上支持带及腓骨支持带深面经过的肌腱均包以腱鞘。沿中线切断伸肌上支持带，从内侧向外侧辨认胫骨前肌、踇长伸肌、趾长伸肌，钝性分离之，查看各肌腱的附着点。由趾长伸肌下份分出一肌束止于第五跖骨底背面，此即第三腓骨肌。

（2）解剖胫前动、静脉：分离胫骨前肌与趾长伸肌的上段，在两肌之间、骨间膜前面解剖出胫前动、静脉，腓深神经。胫前动脉至足背改称足背动脉，与同名静脉及腓深神经伴行。追踪足背动脉至第一跖间隙近侧端，找到由其发出的第一跖背动脉和足底深支。

（3）解剖腓浅神经：钝性分离腓骨长、短肌，可见腓浅神经在腓骨长、短肌之间下行。

讨论：分析股疝是如何形成的？股疝为什么容易嵌顿？行股疝手术应注意什么？

【作业及思考题】

1. 试述股三角的境界、内容及其毗邻关系。
2. 试述腓总神经分支、行程及支配范围。

（简晓红）

三十一、臀区、股后区、腘窝、小腿后区、踝部及足底解剖

【目的要求】

1. 掌握梨状肌上、下孔和坐骨小孔内穿行的结构。
2. 掌握髋关节的结构特点及其临床意义。
3. 掌握坐骨神经的行程、分支及分布。
4. 掌握腘窝的境界、内容及各结构的毗邻关系。
5. 掌握膝关节动脉的构成及其临床意义。
6. 掌握腘动脉、胫后动脉的行程和分布。
7. 掌握胫神经、腓总神经在腘窝的行程。
8. 掌握踝管的形成及通过的结构及其临床意义。
9. 掌握足底部血管、神经的行程和分布。

【实验时数】4 学时。

【实验内容及方法】

尸位：俯卧位。

摸认体表标志：髂前上棘、髂后上棘、髂嵴、尾骨尖、坐骨结节、臀沟、腘窝、胫骨粗隆、腓骨头、内踝、外踝、跟骨结节、跟腱。

皮肤切口：注意切口不宜过深。

臀区与股后区皮肤切口：

（1）从髂前上棘起沿髂嵴作一弧形切口至髂后上棘，再向内侧至骶部正中。

（2）由切口 1 沿骶部正中垂直向下切至尾骨尖。

（3）从尾骨尖沿臀沟下方斜向臀部外侧作一弧形切口。

（4）从股前区已做的胫骨粗隆平面横切口内侧端，向外侧作一过腘窝下方的横切口。

（5）从切口（3）中点向下沿股后正中线纵切至切口（4）中点。沿皮肤切口将臀区皮肤翻向外侧，股后区和腘窝皮肤翻向两侧。

腘窝及小腿后区皮肤切口：

（1）于内、外踝水平过踝关节后方作一横切口。

（2）沿小腿后区正中作一纵切口，直达足跟。将皮肤尽量翻向两侧。

足底皮肤切口：

（1）从足跟中部至中趾根部作纵行切口。

（2）沿趾蹼近侧作弧行切口。

（一）臀区与股后区解剖

1. 解剖浅筋膜内结构：臀部皮下脂肪最厚，尤其女性更厚。皮神经觅取不易，不必一一细找。臀上皮神经于髂嵴上方、竖脊肌外缘穿出深筋膜，分布于臀上部皮肤。臀大肌下缘中外 1/3 交界处有股后皮神经本干穿出。游离股后皮神经后，除将腘窝处的浅筋膜暂时保留外，尽量修去其余浅筋膜。

2. 观察深筋膜：臀部深筋膜非常发达，发出纤维束伸入至臀大肌肌束内，故不易清理。臀筋膜向上附于髂嵴，向外下方移行于阔筋膜，观察后除去深筋膜。

3. 解剖深层结构：

（1）解剖臀大肌：修洁臀大肌，观察臀大肌的起止情况。在股骨大转子与坐骨结节间纵行切开深筋膜直达腘窝，将已找出的股后皮神经与臀大肌分离。

置大腿于旋外位，使臀大肌松弛。先用刀柄、继用手指分别从该肌下缘伸入其深面，尽可能地使其与深面的结构分离。沿臀大肌内下方起点开始呈弧形切断臀大肌。当看到此肌深面的薄层结缔组织即可将肌翻起，将臀大肌翻向外下。在翻开时注意观察在其深面进入臀大肌的臀下血管和神经，然后在靠近肌肉处切断血管、神经。

（2）检查并修洁臀部中层诸肌：从上往下依次修洁并确认臀中肌、梨状肌、上孖肌、闭孔内肌腱、下孖肌和股方肌。可见梨状肌出坐骨大孔后止于大转子，将坐骨大孔分为梨状肌上、下孔。

（3）剖查出入梨状肌上孔的血管神经：修洁梨状肌上缘，使之与臀中肌分离，观察臀中肌后，从该肌上部起点处切断（切断该肌时应从后缘向前，边用镊子分离，边用刀切），向外翻开，可见到深面的臀小肌。在梨状肌内上方找到并修洁由梨状肌上孔穿出的臀上血管和神经，查看其分支分布情况。

（4）剖查出入梨状肌下孔的血管、神经：在梨状肌下方，由外向内依次清理经梨状肌下孔穿出的坐骨神经、股后皮神经、臀下神经、臀下动脉、臀下静脉、阴部内动脉、阴部内静脉、阴部神经。阴部内动脉、阴部内静脉及阴部神经经梨状肌下孔穿出后在骶结节深面立即经由坐骨小孔进入坐骨肛门窝。

（5）剖查坐骨神经的行程及其深面的肌：清理坐骨神经及其周围组织，可见该神经自梨状肌下孔穿出后（观察穿出形式），在坐骨结节与大转子连线中点偏内下行，至臀大肌下缘与股二头肌长头之间处位置表浅。提起坐骨神经，辨认其深面各肌。

4. 剖查股后区的肌肉、神经、血管：分别修洁半腱肌、半膜肌和股二头肌，在股二头肌深面追踪坐骨神经至腘窝上角分为二终支处。修洁由其发出的支配股后群肌和大收肌的肌支，可见除至股二头肌的分支发自其外侧外，其余均自其内侧发出。将股二头肌提起，从后面查看股深动脉的穿动脉穿大收肌止点到股后区分支营养股后群肌的情况。

（二）腘窝及小腿后区、踝管解剖

1. 解剖浅层结构：于外踝后下方的浅筋膜中剖出小隐静脉及与其伴行的腓肠神经，向上追踪，直至小隐静脉穿入腘筋膜处。在小隐静脉末端附近，可见 1 ~2 个腘窝浅淋巴结，保留小隐静脉及皮神经，除去所有浅筋膜。

2. 解剖深筋膜：显露并修洁深筋膜。腘筋膜厚而坚韧，纤维纵横交错，在两侧附于腘窝边界的肌腱上。切开腘筋膜，修洁腘窝边界的肌肉，修去小腿后区的深筋膜。

3. 解剖深层结构：

（1）观察腘窝边界：上内侧界为半膜肌、半腱肌，上外侧界为股二头肌，下内、外侧界分别为腓肠肌的内、外侧头。

（2）剖查腘窝中的血管神经：清除腘窝内脂肪。在此过程中先沿坐骨神经向下追踪找出其分支——胫神经及腓总神经。修洁腓总神经可见其在发出腓肠外侧皮神经后，于腓骨头下方绕腓骨颈穿入腓骨长肌，分为腓浅神经和腓深神经。修洁胫神经可见其发出于腓肠内侧皮神经后发出若干关节支及至小腿三头肌的肌支。

用木枕垫在踝关节前方，使小腿后群肌放松。将胫神经修洁后拉向外侧，显露其深面的血管鞘及沿血管排列的腘深淋巴结。清理腓肠肌的内、外侧头，以刀柄插入两头之间的深面，使它与跖肌、比目鱼肌和腘肌分开。小心切开血管鞘，暴露、修洁腘静脉。将腘静脉拉向一侧，找到其深面的腘动脉。清理腘动脉在腘窝内发出的分支。

（3）解剖小腿后区的肌及血管、神经：循已修洁的腓肠肌内、外侧头，向下修洁腓肠肌直至跟腱。在腓肠肌中、上 1/3 交界处切断该肌并将断端向上、下翻起，显示深面的跖肌、比目鱼肌。将跖肌拉向外侧，切断比目鱼肌，并将断端向上、下翻起，显示其深面的胫神经、胫后血管及肌。自内侧向外侧依次修洁和辨认胫骨后方的趾长屈肌、胫骨后肌、踇长屈肌。

（4）解剖髁管及其内容：用镊子尖贴内踝后面插入屈肌支持带深面，于内踝与跟骨之间切开屈肌支持带并下翻，暴露髁管内的 4 个骨纤维管及其各自容纳的结构。自前向后分别容纳胫骨后肌腱及其腱鞘，趾长屈肌腱及其腱鞘，胫后动、静脉和胫神经，踇长屈肌腱及其腱鞘。

（三）足底解剖及观察

在踝关节前方垫一木枕，足跟向上。足底皮肤坚厚、致密、不易翻转，要用有齿镊夹牢，小心将皮片翻向两侧。

1. 解剖浅层结构：自足跟后缘向前剥除浅筋膜，直至出现发光的腱膜——足底腱膜，足底皮下脂肪特厚，尤以足跟处最厚，在脂肪中有纵横交织的纤维束，故浅筋膜致密而不易剥除。注意在足底两侧部及足底中部以前须特别细心，注意保护踇趾内侧缘和小趾外侧缘的神经和血管。

2. 解剖和观察深筋膜：足底深筋膜以外侧部较厚，内侧部最薄，中间部分最厚称足底腱膜，约呈三角形，发亮呈乳白色，后端狭窄附于跟骨结节，向前分为五束终止于1~5趾。在跟骨结节稍前方，横断足底腱膜向前翻起。由于其深面有肌纤维附着，故在翻剥时可用锐刀把肌纤维从深面剥下。

3. 解剖足底浅层肌和肌腱：翻起足底腱膜后，即可看到足底的第一层肌和肌间神经、血管，自内侧向外侧依次修洁拇展肌、趾短屈肌与小趾展肌，查看趾短屈肌以四个肌腱分别至外侧2~5趾。顺肌腱切开中趾跖侧皮肤、趾腱鞘，查看腱鞘结构及趾长、短屈肌腱终止情况。

4. 解剖足底中层肌和肌腱：将刀柄在靠跟骨处插入趾展肌深面，分离它在跟骨上的起始纤维，并在其深面寻找足底内侧神经及足底内侧动脉的分支。将刀柄插入趾短屈肌深面，在跟骨前方1~2 cm处横断该肌，翻向止端，即可见趾长屈肌腱和拇长屈肌腱。查看此二肌腱交叉情况，剖出止于趾长屈肌腱的足底方肌、起自趾长屈肌腱的4块蚓状肌。

5. 解剖足底的血管和神经：沿踝管解剖出的胫后动脉和胫神经向足底继续追踪，可见胫后动脉分为足底内、外侧动脉，清理之，可见有同名静脉和神经伴行。足底外侧动脉的终支与足底深动脉（足背动脉发出）构成足底弓，由弓向前发出4支跖足底动脉。足底内侧动脉细小，辨认困难，清理至拇趾内侧缘即可。从足底外侧神经经趾短屈肌与足底方肌之间斜向外侧行，并分为两支：浅支分布至足底外侧半及外侧1个半趾足底面的皮肤；深支分布于足底方肌，小趾展肌，小趾短屈肌，踇收肌，第3、4蚓状肌及全部骨间肌。

6. 观察足底深层肌：在示教标本上观察。第3层肌为踇短屈肌、踇收肌、小趾短屈肌，第4层肌为3个骨间足底肌和4个骨间背侧肌以及胫骨后肌腱和腓骨长肌腱。

讨论：试述梨状肌在臀部的毗邻关系及临床意义。以所学解剖学知识解释梨状肌综合征的发生机制。

【作业及思考题】

1. 试述腘窝顶、底及四壁的构成以及腘窝内结构的毗邻关系。

2. 试述踝管的组成、通过结构及其毗邻关系，分析其临床意义。

（简晓红）

三十二、胸腔及胸腔内脏器解剖

【目的要求】

1. 掌握肋间神经的行程、分支、分布及临床意义。
2. 掌握胸膜腔的概念、壁胸膜的分部、胸膜的体表投影、胸膜隐窝、心包裸区。
3. 掌握肺的位置及肺下界的体表投影。
4. 掌握纵隔的分区及各部的主要结构。
5. 掌握动脉导管三角的组成及内容。
6. 掌握心包和心包腔的组成，心包窦的名称、位置及临床意义。
7. 掌握心的位置和毗邻。
8. 掌握食管胸段的位置、分部和毗邻。
9. 掌握胸导管的行程和毗邻。
10. 掌握胸主动脉、胸交感干的位置及主要分支，奇静脉的行程和注入部位。
11. 掌握膈的位置、分部和形态结构，穿经膈的结构。

【实验时数】4 学时。

【实验内容及方法】

尸位：仰卧位。

（一）开胸

1. 锯断胸骨柄：用钢锯平第一肋间隙中部处锯断胸骨柄。向两侧沿第一肋间隙依次切开肋间外肌、肋间内肌达壁层胸膜。

2. 剪断肋骨：自腋前线内侧逐渐移至腋中线，将第 1 ~9 肋间隙的肋间肌纵行切开，并切除约 1 ~2 cm 宽的肋间肌，切除时勿伤及深面的壁胸膜。用肋骨剪将第 1 ~10 肋一一剪断。用手指探入肋间隙，将壁胸膜轻轻推离胸壁，以保留完整的壁胸膜。

3. 打开胸前壁：一手在胸骨柄处提起胸前壁，一手将胸骨和肋深面的结构向后压，慢慢拉起胸前壁，切断胸廓内动、静脉，小心掀开胸前壁。

（二）探查胸前壁内面的结构

1. 观察胸内筋膜：观察位于胸前壁内面的结缔组织膜即胸内筋膜。

2. 观察胸横肌：透过胸内筋膜可见贴于胸骨体和肋软骨的胸横肌。

3. 观察胸廓内动、静脉和胸骨旁淋巴结：沿胸廓内动脉血管主干向下清理至其分支腹壁上动脉和肌膈动脉处。胸骨旁淋巴结沿胸廓内动、静脉周围排列。

（三）胸腔解剖

1. 原位观察胸腔内脏器位置。

2. 探查胸膜和胸膜腔：

（1）打开胸膜腔：将已暴露的壁胸膜沿锁骨中线纵行切开至第 6 肋间隙平面，打开胸膜腔，暴露覆于肺表面的脏胸膜（肺胸膜）。

（2）探查壁胸膜：将手伸入胸膜腔探查壁胸膜各部，即胸膜顶、肋胸膜、膈胸膜和纵隔胸膜。

（3）探查胸膜顶：观察其突向锁骨内 1/3 上方 2 ~ 3 cm。

（4）探查胸膜前界：肋胸膜与纵隔胸膜前缘之间的反折线即胸膜前界，左、右胸膜前界自胸膜顶向下逐渐靠拢，在第 2 ~ 4 肋水平之间，两侧前界在中线稍偏左可相互接触或重叠；自第 4 肋以下，左、右前界又分开，右侧垂直向下达第 6 胸肋关节处移行为下界，左侧在第 4 胸肋关节处向左倾斜，沿胸骨左缘外侧 2 ~ 2. 5 cm 下行至第 6 肋软骨移行于胸膜下界。

（5）探查胸膜下界：用手指伸入探查肋胸膜与膈胸膜之间的下反折线即胸膜下界，一般在锁骨中线与第 8 肋、腋中线与第 10 肋、肩胛线与第 11 肋相交。

（6）探查肋膈隐窝和左肋纵隔隐窝：将手伸入肋胸膜与膈胸膜反折处即肋膈隐窝，验证肺下界比胸膜下界高约 2 肋。观察其毗邻器官。

（7）观察上、下胸膜间区：在第 2 肋以上、第 4 肋以下的两侧胸膜前界之间各有一三角形无胸膜区，即上、下胸膜间区，分别由胸腺和心包占据。

（8）探查肺韧带：在肺根的下方，脏、壁胸膜反折形成一皱襞，即肺韧带。

3. 肺的解剖与观察：

（1）原位观察：观察肺的位置和形态，探查肺尖突向颈根部的情况。检查肺的体表投影，比较肺与胸膜前下界的关系。

（2）取肺：一手伸入肺的纵隔面，将肺拉向外侧；另一手持刀，在紧靠肺门处切断肺根和肺韧带，将肺取出。

（3）观察肺根各结构：在已取下的肺标本上观察肺的形态、分叶及肺根诸结构的排列关系，辨认肺门淋巴结。

4. 解剖肋间隙后部：撕去胸后壁的肋胸膜，在第 6、7 肋间隙内清理肋间后动、静脉和肋间神经，观察在肋角以内，肋间血管、神经位于肋间隙中间；在肋角处，肋间血管、神经位于肋间内肌和肋间最内肌之间；在肋角外侧，血管、神经本干（上支）行于肋沟内，自上而下排列为静脉、动脉、神经。

（四）纵隔解剖

1. 观察纵隔：在切除肺以后，胸腔中间部的结构就是纵隔。纵隔两侧各被覆着一层纵隔胸膜。

（1）纵隔的区分：区分上、下（前、中、后）纵隔，观察其内结构。

（2）纵隔侧面：隔着纵隔胸膜观察，纵隔左、右侧面中部可见肺根，肺根前下方为心包，前有膈神经、心包膈血管，后有食管、迷走神经。左肺根上有主动脉弓、左锁骨下动脉和胸导管，后有胸主动脉；右肺根上方有上腔静脉、奇静脉弓和气管，后方有奇静脉。在肺根后外有胸交感干、内脏大神经和肋间神经。

2. 上纵隔解剖：解剖上纵隔时，尽量使用刀尖背和尖镊作纵向分离，以免切断细小的神经和神经丛。

（1）解剖胸腺：在上胸膜间区可见胸腺，成人胸腺已退化，为结缔组织和脂肪所替代。

（2）解剖头臂静脉和上腔静脉：细心分离上纵隔的结缔组织，暴露上腔静脉及其属支，沿左、右头臂静脉清理至上腔静脉。

（3）解剖纵隔前淋巴结：在清理时，注意观察沿血管周围排列的纵隔前淋巴结。观察后予以清除。

（4）解剖主动脉弓及其三大分支：清理主动脉弓及其发出的头臂干、左颈总动脉和左锁骨下动脉。在主动脉弓的前面可见有左迷走神经和左膈神经跨过。

（5）解剖膈神经和心包膈动、静脉：在肺根前方，心包两侧寻找左、右膈神经及与其伴行的心包膈动、静脉。膈神经向上追至颈根部，向下追至膈，观察到即可，不必细分。

（6）解剖迷走神经及其分支：左、右迷走神经行程不同，需分别观察。左迷走神经在主动脉弓前方下行，在越主动脉弓处发出左喉返神经后，经肺根后方至食管左前方分散形成食管前丛，再合成前干。右迷走神经经右侧锁骨下动脉前方发出右喉返神经后，在食管和气管的右侧下行，经肺根后方至食管右后面形成食管后丛，最后合成后干。观察迷走神经的分支：喉返神经（左侧包绕主动脉弓，右侧包绕锁骨下动脉）、支气管支（在肺根上方发出，行于支气管前、后方）、胸心支（在主动脉弓下后方）、食管支和心包支。

（7）解剖肺动脉：在主动脉弓下方清理肺动脉干和左、右肺动脉。

（8）解剖动脉导管三角：由左膈神经、左迷走神经和左肺动脉围成。在三角内用镊子钝性分离主动脉弓下缘连至肺动脉分叉处的动脉韧带、左喉返神经、心浅丛。

3. 中纵隔解剖与观察：观察心包的形态、各部的主要毗邻、心包裸区。

（1）打开和探查心包腔：沿心包前壁下份做一“U”形切口，向上掀起，打开心包腔，显示浆膜心包。查看心包窦：用一食指从左侧伸入升主动脉和肺动脉干的后方、上腔静脉和左心房前方的间隙即心包横窦。抬起心尖，探查左、右肺静脉和下腔静脉口之间的心包斜窦。

（2）观察心包腔内出入心的大血管：掀起心包前壁，在心上方观察从右向左排列的上腔静脉、升主动脉和肺动脉干；在右下方观察下腔静脉穿心包注入右心房以及自两侧注入左心房的左、右肺静脉。

（3）原位观察心的形态和毗邻：心尖朝向左前下，平对左第5肋间隙，左锁骨中线内侧1～2cm。心底朝向右后上，与食管、胸主动脉和奇静脉相邻。胸肋面可见冠状沟和前室间沟，与胸骨下部和第3～6肋软骨相邻。膈面向下邻膈。左、右缘隔着心包与纵隔胸膜相邻。观察后将胸前壁复位，验证心的体表投影。

（4）观察心的血管：在已准备的心标本上观察左、右冠状动脉及其分支，冠状窦及心大、中、小静脉。

（5）观察心腔：在已准备的打开心壁的标本上观察左、右心房，左、右心室内结构。

4. 后纵隔和上纵隔后部解剖：后纵隔和上纵隔后部的大多结构相连续，故同时解剖。

（1）解剖心深丛：先小心剥掉心包后壁，将主动脉弓推向左侧，在气管杈的前方，用尖镊轻轻分离出细小的神经纤维，即心深丛。

（2）解剖气管、主支气管和食管：将主动脉掀向左侧，观察气管的位置和毗邻，左、右主支气管的形态差异，沿气管与气管周围排列的淋巴结。在气管后方即见食管，观察其位置和毗邻。

（3）解剖迷走神经前、后干：于气管和食管之间清理喉返神经，向下清理至其发出处，向上追至甲状腺。查看食管表面的前、后丛，向下追踪前、后干至穿膈处。

（4）解剖胸导管：将食管推向右侧，在食管后方、奇静脉与胸主动脉之间找出胸导管。向上追踪至颈部注入左静脉角处，向下清理至膈。清理时注意观察胸导管的行程变化和毗邻。

（5）解剖胸主动脉及其分支：将食管和气管推向右侧，自主动脉弓末端向下，清理胸主动脉至膈主动脉裂孔处，寻找其分支：食管动脉、支气管动脉、肋间后动脉。

（6）解剖奇静脉、半奇静脉和副半奇静脉：在脊柱右前方可见奇静脉，向上行于胸主动脉与胸导管的右侧，绕右肺根后上方，注入上腔静脉。自膈向上清理至注入处，观察其沿途收集的右肋间后静脉、食管静脉和半奇静脉。再将食管推向右侧，清理注入奇静脉的半奇静脉，半奇静脉收集左下部肋间后静脉和副半奇静脉，副半奇静脉收集左上部肋间后静脉。

（7）解剖胸交感干及其分支：撕去脊柱两侧的肋胸膜，沿肋小头自上而下清理胸交感干，可见胸交感干上膨大处即椎旁节，节间的细支为节间支。自椎旁节发出灰、白交通支向外连于肋间神经。自胸交感干发出的纤维斜向前下合成内脏大神经、内脏小神经。

讨论：

①胸膜腔穿刺宜在何处进行？为什么？

②心内注射和心包穿刺宜在何处施行？为什么？

【作业及思考题】

1. 胸廓、胸腔和胸膜腔有何不同？
2. 请描述肋膈隐窝的位置及特点。
3. 肺和胸膜下界的体表投影有何不同？
4. 左、右肺根结构的排列各有什么不同？
5. 试述上纵隔的分层及各层的器官名称。
6. 请叙述食管胸部位置和毗邻以及血液供应和静脉回流情况。

（刘向光）

三十三、腹前外侧壁解剖

【目的要求】

1. 了解腹部的主要体表标志。
2. 掌握腹前外侧壁的层次及各层结构的特点。
3. 掌握腹壁下动脉的行程。
4. 掌握腹直肌鞘的组成及结构特点。

5. 掌握腹股沟区的结构特点，了解其与腹股沟疝形成的关系。

6. 掌握腹股沟管的组成（四壁、两口）、通过的内容及临床意义。

【实验时数】4 学时。

【实验内容及方法】

尸位：尸体仰卧。

体表标志：对照活体摸认剑突、肋弓、腹白线、半月线、耻骨联合上缘、耻骨结节、髂前上棘、髂嵴及髂结节等体表标志。

皮肤切口：

自剑突沿腹部前正中线向下绕脐两侧切至耻骨联合上缘，自剑突沿肋弓切至腋后线，自耻骨联合上缘沿腹股沟向外切至髂前上嵴。保留浅筋膜，将皮片自前正中线向外侧剥离翻起。

（一）浅层结构解剖

1. 剖查浅血管：在股前区已部分剖出起于股动脉的旋髂浅动脉和腹壁浅动脉。继续向腹壁追踪旋髂浅动脉和腹壁浅动脉，前者循腹股沟韧带斜向外上分布于髂前上棘附近，后者向内上方越过腹股沟韧带走向脐区，二者均有同名静脉伴行。在脐周围看到的静脉为脐周静脉网，它向外上汇合成胸腹壁静脉，向下与腹壁浅静脉连接，注入大隐静脉。

2. 辨认浅筋膜的浅、深层：平髂前上棘水平横切浅筋膜，长约 10 cm，不可过深，以深至腹外斜肌腱膜浅面为度。用刀柄作钝性分离，辨认浅筋膜的浅、深层。浅层 Camper 筋膜富含脂肪，其厚度因人的胖瘦而异；深层 Scarpa 筋膜富有弹性纤维，较致密，呈薄膜状。用手指分离、探查膜性层深侧的间隙，并慢慢向内侧、下方推进，感受膜性层在前正中线与白线相愈着；在腹股沟韧带稍下方与阔筋膜相愈着；经耻骨联合和耻骨结节之间，向下、向后通入会阴浅隙。

3. 寻找肋间神经的皮支和伴行小血管：剔除浅筋膜，在前正中线旁剖出 2 ~ 3 支肋间神经的前皮支，并在腋中线上剖出 2 ~ 3 支肋间神经的外侧皮支。观察腹前外侧壁皮神经的节段性分布。在耻骨联合的外上方找到髂腹下神经的皮支。当清理耻骨结节附近的浅筋膜时要特别小心，注意不要损伤腹股沟管浅环穿出的髂腹股沟神经终支、精索或子宫圆韧带。

（二）肌层解剖

1. 三层扁肌和肌间的血管、神经解剖：

（1）解剖腹外斜肌：修去腹外斜肌表面的深筋膜，观察该肌以八个肌齿起于下八位肋的外面，肌纤维自外上斜向前内下，后下部部分肌束止于髂嵴，大部肌束向内下方至腹直肌外侧移行为腱膜，经腹直肌前至前正中线，参与腹直肌鞘前层和腹白线的构成。

（2）解剖腹内斜肌：自腹直肌外侧缘与肋弓的交点沿肋弓向外侧呈弧形细心切开腹外斜肌至腋中线，再沿腋中线和髂嵴切至髂前上棘，然后由髂前上棘至腹直肌外侧缘作一水平切口，将腹外斜肌翻向内侧显露腹内斜肌。观察腹内斜肌的肌纤维自外下向内上呈扇形散开，肌的后部向上止于下三肋，大部至腹直肌外侧缘附近移行为腱膜，分两层从前后方向包裹腹直肌，止于前正中的腹白线。

（3）显露肋间神经和肋间后血管：沿上述腹外斜肌的切口切开腹内斜肌（注意切口不要太深，以免将腹横肌同时切开），将腹内斜肌翻向内侧。腹内斜肌、腹横肌结合甚牢，其间有7～11肋间神经、肋下神经及其伴行的肋间后血管经过，分离二肌时注意尽可能不损伤这些神经、血管，将它们保留在腹横肌表面，观察它们的走向和呈节段性分布的情况。

另外，可在髂前上棘附近腹横肌表面寻认旋髂深动脉的上行分支（升支）。

（4）观察腹横肌：腹横肌的肌纤维横行向内侧，至腹直肌外则缘附近移行为腱膜，经腹直肌后方止于前正中的腹白线。

2. 腹直肌及腹直肌鞘的解剖：

（1）翻开腹直肌鞘前层：在腹白线的左侧（或右侧）一横指处纵向切开腹直肌鞘前层，切口上端平剑突尖，下端平髂前上棘。在切口的上、下端各加一横切口，向两侧分离翻开腹直肌鞘前层显露腹直肌。因腹直肌鞘的前层与腹直肌腱划结合紧密，必须用刀尖仔细剥离。

（2）剖查腹直肌及其血管、神经：从腹直肌内侧缘用刀柄和手指向腹直肌深面钝性分离，提起该肌检查其深面，可见第7～11肋间神经、肋下神经及其伴行的肋间后血管自外侧向内侧穿入腹直肌鞘，分支入腹直肌。平脐横行切断腹直肌并翻向上、下方，在腹直肌深面寻找腹壁上、下动脉（注意其吻合）。

（3）观察腹直肌鞘后层：在脐下4～5 cm处找出腹直肌鞘后层凹向下的弓形游离下缘即弓状线，此线以下腹直肌鞘后层缺如，腹直肌深面直接与腹横筋膜相贴。腹壁下动脉在腹直肌鞘下端向上进入腹直肌鞘，分支分布于腹直肌。

（三）腹股沟区解剖

1. 观察腹股沟韧带：腹外斜肌腱膜下缘增厚，张于髂前上棘与耻骨结节之间形成腹股沟韧带。

2. 解剖腹股沟管浅环：在耻骨结节外上方清理出腹外斜肌腱膜形成的三角形裂隙——腹股沟管浅环，腹外斜肌腱膜及其筋膜在此延续为精索外筋膜。用刀柄钝性分离精索（或子宫圆韧带）的内侧和外侧，显露浅环的内、外侧脚。内侧脚附着于耻骨联合，外侧脚附着耻骨结节。提起精索，在精索的后方观察腹股沟韧带内侧端的腱纤维自耻骨结节向内上方加入腹直肌鞘前层形成反转韧带。

3. 打开腹股沟管前壁：将保留的腹外斜肌下部三角形的腱膜与其深侧的腹内斜肌钝性分离，再沿腹直肌鞘外侧缘向下至浅环内侧脚的内侧切开腹外斜肌腱膜，不要破坏浅环。然后将三角形腱膜片向外下方翻开，打开腹股沟管前壁，显露腹股沟管内的精索（或子宫圆韧带）。观察腹股沟管位于腹股沟韧带内侧半的上方约1.5 cm，从外上斜向内下，长约4～5 cm。

4. 观察腹股沟管上壁：于精索稍上方找到髂腹下神经和髂腹股沟神经，后者细小，行于前者下方，它们都是腰丛的分支。髂腹股沟神经沿精索的前外侧下行，伴精索出腹股沟管浅环。在精索的上方，腹内斜肌和腹横肌下缘呈弓形跨过精索，构成腹股沟管上壁。此二肌的下缘分出一些小肌束附于精索下降形成提睾肌。

5. 观察腹股沟管下壁和后壁：用镊子提起精索，可见腹沟管下壁是腹股沟韧带向后卷曲形成的凹槽，精索的后方为腹横筋膜，构成腹股沟管的后壁。后壁的内侧部有腹股沟镰和反转韧带加强。腹股沟镰又称联合腱，为腹内斜肌和腹横肌的腱膜下部叠合而成，向内下经精索的后方附着于耻骨结节附近，并向后外延续为耻骨梳韧带。

6. 解剖精索：切开精索的被膜（提睾肌和精索内筋膜），检查精索的主要内容。输精管壁厚而腔狭，质地硬实，可用拇、示二指捻认，注意与其他结构相区别。

7. 探查腹股沟管深环：提起精索并沿精索向外上方牵拉腹内斜肌下缘，在腹股沟韧带中点上方一横指处可见腹横筋膜围绕精索形成的环口即腹股沟管深环。

8. 确认腹股沟三角：腹壁下动脉、腹直肌外侧缘和腹股沟韧带内侧半围成的三角形区域即腹股沟三角，此三角区的浅层结构为腹外斜肌腱膜，深层结构为腹股沟镰和腹横筋膜。腹内斜肌和腹横肌下缘与腹股沟韧带之间部分肌缺失形成薄弱环节。

讨论：

①从解剖学上分析腹股沟区薄弱的原因。

②结合腹股沟区的操作与观察，试分析腹股沟疝手术中如何加强腹股沟管前壁与后壁。

【作业及思考题】

1. 简述腹前外侧壁的层次及各层结构的特点。
2. 临床上鉴别腹股沟直疝与斜疝的理论依据是什么?
3. 请描述腹直肌鞘的组成及结构特点。
4. 请叙述腹股沟管的组成（四壁、两口）、通过的内容。

（邓春雷）

三十四、腹腔及腹腔内脏器解剖

【目的要求】

1. 掌握腹膜和腹膜腔的概念。了解腹膜形成的重要结构。
2. 掌握胃的形态、位置、毗邻、神经分布及血液供应。
3. 掌握十二指肠的位置、形态、分部和毗邻，十二指肠悬韧带的位置。
4. 掌握肝的位置、体表投影及毗邻。掌握肝门重要结构及排列关系。
5. 掌握肝外胆道的组成、胆总管的分段及各段的主要毗邻、胆囊三角位置。
6. 了解脾脏的位置、毗邻。
7. 掌握空、回肠动脉分布的特点及意义。掌握阑尾的位置及阑尾根部的体表投影。
8. 掌握门静脉的组成及其主要属支。
9. 了解腹膜后间隙的位置和主要脏器。
10. 了解胰腺的位置、分部和各部的毗邻。
11. 掌握肾的位置、毗邻及其临床意义。掌握输尿管的行程、狭窄部位。

【实验时数】4学时。

【实验内容及方法】

尸位：尸体仰卧。

体表标志：对照活体摸认剑突、肋弓、耻骨联合上缘、耻骨结节、髂前上棘、髂嵴、髂结节、腹白线及半月线等体表标志。

皮肤切口：无须再作切口。将腹壁皮肤向两侧剥离至腋后线平面。

（一）打开并探查腹膜腔

1. 打开腹膜腔：

（1）将腹前壁向下剥离翻起，横行剪断腹壁上界内面连附的壁腹膜，在近膈处切断肝镰状韧带，近脐处切断肝圆韧带，向下翻起，显露腹膜腔。

（2）观察腹前壁内面脐以下腹膜形成的五条皱襞和三对凹陷。

①脐正中襞：其中含脐正中韧带，是胚胎时脐尿管的遗迹。

②脐内侧襞：其中有脐内侧韧带，是胚胎时脐动脉的遗迹。

③脐外侧襞：又称腹壁动脉襞，其中有腹壁下动脉。

④腹股沟外侧窝：位于腹股沟韧带的上方、脐外侧襞的外侧，腹股沟管深环在此窝内。

⑤腹股沟内侧窝：位于腹股沟韧带的上方、脐外侧襞的内侧。

⑥膀胱上窝：位于脐内侧襞与脐正中襞之间。

于中线的右侧，揭除脐平面以下的腹膜后观察腹壁下动、静脉，注意其行程与体表投影；解剖观察脐内侧韧带（脐动脉索）；解剖观察脐正中韧带（脐尿管索）。

（3）原位观察腹腔脏器位置，以横结肠为界将腹膜腔划分为结肠上、下区。

2. 探查结肠上区：

（1）肝上间隙：将手分别从肝镰状韧带的两侧伸入肝与膈肌之间体会左、右肝上间隙，可摸到肝镰状韧带向后移行于肝冠状韧带的前层腹膜。右手食指伸到左三角韧带的后方，体会左肝上间隙又可分为左肝上前、后两间隙。

（2）肝下间隙：将肝推向上、胃拉向下，显露肝下间隙。观察肝、胃及十二指肠上部之间的小网膜，可见小网膜自肝门连到胃小弯（肝胃韧带）和十二指肠上部（肝十二指肠韧带），其右缘游离，将左手食指自游离右缘后面插入，可感受有网膜孔向左通向网膜囊。了解网膜孔的大小及上、下、前、后四界。再将拇指置于肝十二指肠韧带的前面，两指间可触知韧带内的结构：胆总管在右前，肝固有动脉在左前，门静脉在后方。在网膜孔的右方、肝右叶的下面向后可摸到隆起的右肾。肝、肾之间的腹膜凹陷即肝肾隐窝、平卧位时此隐窝位置较低，是膈下脓肿的好发部位。

（3）触摸胃：手沿胃前壁向左上方伸到膈下，可摸到膨隆的胃底。手沿胃小弯向右摸到幽门，因有幽门括约肌的缘故壁厚而硬。幽门的右侧即是十二指肠上部。大网膜自胃大弯下垂，遮盖胃下方的大部分腹腔脏器。

（4）触摸脾及其周围结构：将右手伸入左季肋部摸到脾，在脾的前缘摸认脾切迹。经膈、脾之间手指绕过脾后缘伸向腹后壁，可摸到左肾上部和脾肾韧带。将胃向右下方牵引，观察胃底和脾门之间的胃脾韧带。

（5）探查网膜囊：在胃大弯血管弓的下方横向切开大网膜前叶（胃结肠韧带），将手向上伸入胃和小网膜的后方，探查网膜囊的范围。胃的后方为网膜囊的主要部分，手由此部向左可摸到脾门，由脾门向前是胃脾韧带，向后是脾肾韧带，两韧带之间为脾隐窝。

3. 探查结肠下区：

（1）观察大网膜后将大网膜翻向上，根据结肠外形的三大特征鉴别结肠与小肠，以位置、管径粗细、肠壁厚薄、系膜内血管弓多少等项判定空肠、回肠。

（2）将横结肠向上提起，并向下牵拉空肠，找到十二指肠空肠曲，此处有十二指肠上襞，向上与横结肠系膜根相连。两手沿腹后壁将小肠捧起，两手尺侧缘分别接触构成小肠系膜的左、右层腹膜。观察小肠系膜根的走向和起止，并观察左、右肠系膜窦的形状、构成及与其他腹膜间隙的连通情况。

（3）互相多看几具尸体，以了解阑尾位置的个体差异。观察阑尾根部与结肠带的连续关系，在阑尾系膜游离缘透过腹膜可见阑尾位置的个体差异。观察阑尾根部与结肠带的连续关系，在阑尾系膜游离缘透过腹膜可见阑尾动脉，注意其起点及支数。观察结肠各段的腹膜覆被情况，检查横结肠系膜和乙状结肠系膜。探查左、右结肠旁沟的上、下交通情况，在结肠左曲与膈之间找到膈结肠韧带。

（4）在右肠系膜窦的上部，透过腹膜寻认十二指肠水平部，在其外侧摸认右肾下端。在左肠系膜窦的上部可摸到左肾下端。在脊柱的两侧摸认沿腰大肌前面下行的左、右输尿管。

（5）将小肠和乙状结肠向上牵拉，观察盆腔各脏器的位置以及脏器之间的腹膜陷凹。

（二）结肠下区解剖

1. 观察结肠下区脏器的位置和毗邻：分别观察空肠、回肠、盲肠、阑尾、升结肠、横结肠、降结肠和乙状结肠的位置及毗邻。掩合腹前壁，在腹壁外脐与右髂前上棘连线的中、外1/3交界处定出阑尾根部的位置，再打开腹前壁，找到阑尾根部的位置，验证此点与McBurney点是否吻合。

2. 剖查肠系膜上动、静脉：

（1）清理肠系膜上动、静脉的主干：将大网膜、横结肠及其系膜翻向上方，把空、回肠推向左下方，显露肠系膜根，于肠系膜根右侧可见到位于腹膜下方的肠系膜上动、静脉主干，用止血钳拔除肠系膜右侧一层腹膜，保留左侧一层腹膜，即显示肠系膜上动、静脉，向下清理至回肠末段，向上至胰下缘肠系膜上动、静脉根部。追踪肠系膜上静脉至与脾静脉合成门静脉处，肠系膜上动脉根部周围有肠系膜上淋巴结围绕，观察后清除。

（2）清理肠系膜上动脉分支：①修洁自肠系膜上动脉左侧壁发出的空、回肠动脉（清除淋巴结），观察血管弓情况。②依次追踪至回盲肠结合处的回结肠动脉；至升结肠的右结肠动脉；在阑尾系膜近游离缘处找到回结肠动脉发出的阑尾动脉；至横结肠的中结肠动脉。③在十二指肠下部和胰头之间，自肠系膜上动脉的右缘找到胰十二指肠下动脉。上述动脉均有同名静脉伴行。

3. 剖查肠系膜下动、静脉：

（1）清理肠系膜下动脉主干：将空、回肠推向右上，乙状结肠牵向左下，在腹后壁腹主动脉下段的左前方，透过腹膜可见一圆条状隆起，此即肠系肠下动脉本干所在，用止血钳拔除其表面腹膜，即可显露肠系膜下动脉本干，向上修洁至十二指肠下部后方，可见其起自腹主动脉。肠系膜下动脉的上段不与静脉伴行，其根部周围有肠系膜下淋巴结，观察后清除。

（2）清理肠系膜下动脉分支：沿肠系膜下动脉本干剥离表面腹膜。修洁由其发出至降结肠的左结肠动脉；至乙状结肠的乙状结肠动脉；向下至入骨盆的终支直肠上动脉。上述动脉均有同名静脉伴行。

（3）清理肠系膜下静脉本干：沿直肠上静脉向上追肠系膜下静脉至胰后方注入脾静脉。肠系膜下静脉也可注入肠系膜上静脉或脾静脉与肠系膜上静脉交汇处。

（三）结肠上区解剖

1. 观察结肠上区脏器的位置及毗邻：先观察肝、胆囊、胃和脾的位置和毗邻，然后掩合腹前壁，在腹壁表面定出肝、胆囊底的投影位置，予以验证。

2. 清理胃网膜左、右动脉：在胃大弯中份下方的胃结肠韧带中，找出胃网膜左、右动脉，观察两者的吻合情况。向右修洁胃网膜右动脉至幽门下方，追踪可见其发自胃十二指肠动脉。向左修洁胃网膜左动脉至脾门处，可见其起于脾动脉。沿胃网膜左、右动脉排列有胃网膜左、右淋巴结。清理由脾动脉发出的2～4支胃短动脉，此动脉经胃脾韧带分布至胃底部。胃网膜左、右动脉有同名静脉伴行，观察可见胃网膜左静脉注入脾静脉，胃网膜右静脉注入肠系膜上静脉。

3. 清理腹腔干及其分支：用拉钩将肝拉向右上方，胃拉向左下，显露小网膜。沿胃小弯的中份剖开小网膜，找到后方的腹主动脉，可见其发出一短干即腹腔干，在腹腔干周围有腹腔淋巴结和腹腔丛。追踪清理腹腔干，可见其发出三支，由左至右依次为胃左动脉、脾动脉、肝总动脉。顺各支追踪可见：胃左动脉（与胃左静脉伴行）沿胃小弯向左上方至贲门处与食管下端，细心修洁胃左静脉可见此静脉经腹腔干前方，行向右下注入门静脉。沿胃左动脉分布有胃左淋巴结。脾动脉经胃后方至脾。肝总动脉行向右侧发出向右上的肝固有动脉及经幽门后方向下的胃十二指肠动脉。肝固有动脉发出胃右动脉（与胃右静脉伴行）沿胃小弯的右侧行向左侧，与胃左动脉吻合。胃右静脉汇入门静脉。沿胃右动脉分布有胃右淋巴结。肝固有动脉主干继续向右上分左、右支经肝门入肝。

4. 解剖胃的迷走神经：在贲门前方，仔细分离和观察迷走神经前干、肝支和胃前支。肝支多为1～2支，在小网膜内向右入肝丛。循胃小弯追踪胃前支，该支在小弯侧行于小网膜两层之间，沿途发数条分布于胃前壁，最后于角切迹附近分成“鸦爪”支，分布于幽门部前壁。于贲门右后方，分离迷走神经后干、腹腔支和胃后支。腹腔支向右入腹腔丛。沿胃小弯深部解剖胃后支，见胃后支发数条胃壁支，最后也以“鸦爪”支分布于胃幽门部后壁。

5. 解剖肝十二指肠韧带及胆囊：

（1）纵行剖开肝十二指肠韧带，可见肝固有动脉位于左前、胆总管位于右前、肝门静脉在两者后方。

（2）向肝门方向追踪肝固有动脉，可见其分为左、右两支。右支入肝前发出胆囊动脉。注意胆囊动脉的个体差异。

（3）向肝门方向追踪胆总管，可见它由肝总管和胆囊管合成。

（4）分离胆囊窝内胆囊，辨认胆囊的底、体、颈、管。胆囊颈转向左下连于胆囊管，胆囊管以锐角与肝总管汇合成胆总管。胆囊管、肝总管及肝围成胆囊三角。在胆囊三角内寻找发自肝右动脉的胆囊动脉。注意胆囊动脉的个体差异。

（5）清理胃十二指肠动脉至十二指肠上部的后方，可见其分为胃网膜右动脉和胰十二指肠上动脉，尚有幽门淋巴结沿胃十二指肠动脉分布。

（四）腹膜后隙解剖

1. 清理脾动脉：将胃上翻，大网膜与横结肠下拉，充分暴露网膜囊后壁。沿胰上缘切开腹膜，从脾动脉根部向左追踪动脉至脾门。脾动脉入脾前分出胃短动脉、胃网膜左动脉和胃后动脉。在脾门处有脾淋巴结。

2. 清理脾静脉：将胰头和胰体向下翻转，向右清理脾静脉至其在胰颈后方与肠系膜上静脉汇合成门静脉处。然后向上修洁门静脉至肝门，追踪它的左右支。

3. 清理腹腔丛：在腹腔干周围用镊子细心清理腹腔丛。在腹腔干根部的左侧找到左腹腔神经节，质韧而硬，以此可与淋巴结相区别。

4. 解剖胰和十二指肠：先观察胰头被十二指肠的上部、降部、下部所环绕，胰尾与脾门接近。于十二指肠空肠曲可摸到将其固定到腹后壁的十二指肠悬肌。将十二指肠、胰头和结肠右曲一齐翻向左侧，清理十二指肠和胰头后方，可见胆总管沿十二指肠和胰头之间下降，下端穿入肠壁与胰管汇合。

5. 解剖左肾区：靠近肾内侧缘纵行切开肾前筋膜，其深面为脂肪囊。将刀柄插入肾前筋膜的深面，使肾前筋膜与脂肪囊分离，并用刀柄向上、下、外侧探查，了解肾前、后筋膜层在上方和外侧互相愈着的情况。清除脂肪组织，暴露左肾和肾上腺。肾表面包裹一层致密的结缔组织膜，即纤维囊。

在肾的内侧缘找到肾门，修洁出入肾门的结构，注意由前向后排列的肾静脉、肾动脉和肾盂。

6. 观察腰部脊柱左侧结构：将空、回肠连同小肠系膜一并推向右侧，在腰大肌前面寻找睾丸（卵巢）静脉，在静脉旁找到伴行的睾丸（卵巢）动脉。在脊柱旁找到输尿管，向上追踪到肾门，向下追踪到骨盆上口。

7. 解剖右肾区：清理右肾周围的筋膜和脂肪组织，观察右肾，并比较左、右肾静脉有何不同。

8. 观察腰部脊柱右侧结构：修洁睾丸（卵巢）动、静脉，比较左、右睾丸（卵巢）静脉的回流有何不同。

讨论：

①依据解剖形态特点回答胃十二指肠溃疡穿孔后，为什么可引起右下腹疼痛而需与急性阑尾炎相鉴别？

②胰头癌病人何以发生黄疸、腹水、下肢水肿及肠梗阻等症状？

【作业及思考题】

1. 何谓网膜囊？试述网膜囊的边界。

2. 供应胃的动脉有哪些？各位于什么韧带内？切除某一动脉后是否可造成该动脉供血区的障碍？为什么？

3. 胃后壁与哪些结构相毗邻？

4. 肝分叶、分段的依据是什么？怎样划分？

5. 肝十二指肠韧带内有哪些重要结构？位置关系如何？术中怎样确定胆总管？

（邓春雷）

三十五、盆部与会阴部解剖及观察

【目的要求】

1. 掌握盆部及会阴重要的体表标志。
2. 掌握大、小骨盆的分界线。
3. 掌握男、女盆腔脏器的位置、毗邻、血管。
4. 熟悉盆膈的组成，盆筋膜间隙及其临床意义。
5. 掌握坐骨肛门窝的边界、内容及其临床义。
6. 掌握会阴中心腱的形成及其临床意义。

【实验时数】4 学时。

【实验内容及方法】

尸位：尸体仰卧位。

体表标志：耻骨联合、耻骨结节、髂前上棘、髂嵴、髂后上棘、坐骨结节、尾骨尖等。

（一）盆部解剖与观察

1. 观察盆腔脏器位置与腹膜的配布：

（1）男性盆腔脏器与腹膜：

①男性盆腔脏器：盆腔内主要容纳尿生殖器和消化管末段。膀胱位于最前方，膀胱后面邻接输精管壶腹和精囊腺，膀胱下方接前列腺。直肠位于盆腔后部、骶骨前面，输尿管沿盆侧壁行向膀胱底。

②男性盆腔腹膜的配布：腹前壁腹膜向下至耻骨联合上方折向后，覆盖膀胱上面、两侧和精囊腺上端，继折向后上方，覆盖直肠中段的前面以及上段的前面和侧面，再向上包裹乙状结肠并续为乙状结肠系膜。脏器表面的腹膜向两侧延伸移行到盆侧壁，绕直肠两侧达骶骨前面。膀胱两侧面的腹膜向上反折至盆侧壁时形成膀胱旁窝。

③腹膜在膀胱、直肠之间的转折形成直肠膀胱陷凹，是立位时腹膜腔的最低点。

（2）女性盆腔脏器与腹膜：

①女性盆腔脏器：女性盆腔内主要容纳女性泌尿生殖器和直肠。膀胱位于最前方，子宫和阴道上段居中间，直肠在后方。两侧为输卵管、卵巢和输尿管。

②女性盆腔腹膜的配布：大致与男性相似。但在膀胱与直肠之间有子宫和阴道上段，故腹膜自膀胱上面向后移行覆盖子宫体、底和阴道后壁上部，再折向后上覆盖直肠中段前面及上段前面和两侧，向上包裹乙状结肠并形成乙状结肠系膜。

③腹膜在膀胱、子宫、直肠之间的转折形成两个陷凹，前方者为膀胱子宫陷凹，后方者为直肠子宫陷凹，后者是腹膜腔的最低点。覆盖子宫前、后面的腹膜向两侧延伸形成子宫阔韧带，其上缘包含输卵管。于阔韧带两层之间可见子宫圆韧带自子宫与输卵管交角处行向前外至腹股沟管腹环。直肠前方可见自子宫颈至骶骨前面的骶子宫韧带。

2. 剖查输尿管、输精管：

（1）剖查输尿管：撕去盆壁腹膜，在髂血管前方找到输尿管，向下追至膀胱底，在女尸，追至子宫颈外侧时可见子宫动脉在其前方跨过。

（2）剖查输精管：在男性尸体，撕去腹前壁下部的腹膜，在腹股沟管腹环处找出输精管，向盆腔追至膀胱底。在女尸观察子宫圆韧带。

3. 探查盆筋膜间隙：

（1）耻骨后隙：将膀胱推向后，以食指伸入耻骨联合与膀胱之间即耻骨后隙。

（2）直肠后隙：将直肠推向前，以食指伸入直肠与骶前筋膜间即直肠后隙。

4. 剖查盆腔血管和淋巴结：

（1）直肠上动脉：沿肠系膜下动脉，追踪直肠上动脉至直肠。

（2）髂总和髂外动、静脉及淋巴结：腹主动脉在第四腰椎前方分为左、右髂总动脉，髂总动脉行向外在骶髂关节前方分为髂内、外动脉。现清理髂总和髂外动、静脉和附近同名淋巴结。

（3）骶正中动脉和骶淋巴结：在骶骨前面中线处寻找骶正中动脉及沿血管排列的骶淋巴结。

（4）髂内动脉及其分支：从骶髂关节前方向下清理辨认髂内动脉至坐骨大孔上缘，用镊子和刀尖小心修洁其脏、壁分支。壁支有闭孔动脉、臀上动脉、臀下动脉、髂腰动脉和骶外侧动脉，脏支有脐动脉、膀胱下动脉、直肠下动脉和阴部内动脉，女性还有子宫动脉。

5. 剖查盆腔神经：

（1）骶丛：在腰大肌内侧缘深面清出腰骶干，向下在骨盆后壁清理各骶神经前支，它们自骶前孔穿出，斜向外下在梨状肌前吻合成骶丛。

（2）闭孔神经和股神经：分别在腰大肌内、外侧缘寻找闭孔神经和股神经，前者追至穿出闭膜管，后者追至穿出肌腔隙。

（二）会阴解剖与观察

1. 解剖阴茎：

（1）皮肤切口：在阴茎背面，自耻骨联合前方沿正中线作一纵行切口向下至阴茎包皮。阴茎皮肤薄，浅筋膜缺乏脂肪，切口不宜过深。将皮肤翻向两侧，观察阴茎包皮的构成和包皮腔的位置。

（2）阴茎浅筋膜：将阴茎背浅静脉牵向一侧，沿皮肤切口切开该筋膜并翻向两侧，观察其包绕阴茎。

(3) 阴茎悬韧带和阴茎深筋膜：在阴茎与耻骨联合之间，用镊子轻轻分离结缔组织，可见较致密的阴茎悬韧带，向下附于阴茎深筋膜。

(4) 阴茎的海绵体：继续翻开阴茎浅、深筋膜，显示阴茎海绵体、尿道海绵体。

2. 解剖阴囊：

(1) 皮肤切口：自腹股沟管皮下环向下至阴囊下缘纵行切开阴囊皮肤，翻向两侧。

(2) 剖查肉膜：皮肤深面略呈红色缺乏脂肪的浅筋膜，即肉膜。沿皮肤切口切开肉膜并翻向两侧，顺肉膜深面向中线处探查由其发出的阴囊中隔。向后、前、上方分别探查肉膜与会阴浅筋膜、阴茎浅筋膜和Scarpa筋膜的延续。

(3) 解剖精索：自皮下环向下至睾丸上端钝性分离精索。沿皮肤切口由外向内小心切开和分离精索外筋膜、提睾肌及其筋膜。在精索内分离输精管、睾丸动脉和蔓状静脉丛等。用拇指、食指捏捻输精管体会其硬度。

(4) 探查鞘膜腔：沿皮肤切口下段纵行切开睾丸鞘膜壁层，即打开鞘膜腔。

(5) 观察睾丸和附睾的位置和形态。

3. 会阴部观察：另取男、女会阴部标本及模型和男、女盆腔正中矢状切标本与模型观察。

(1) 阴部内动脉、阴部神经及其分支：在梨状肌下孔处找到阴部内动脉和阴部神经，见其穿坐骨小孔，进入坐骨直肠窝外侧壁，至肛门附近发出肛动脉和肛神经。

(2) 观察会阴浅隙的范围：在模型上观察会阴浅筋膜及深面的会阴浅隙，向两侧和前、后方探查该隙的范围、连通和筋膜的附着延续情况。会阴浅筋膜向前上与阴囊肉膜、阴茎浅筋膜及腹前壁的Scarpa筋膜相续，两侧附于耻骨弓和坐骨结节，向后在尿生殖区后缘与尿生殖膈下筋膜愈合，二筋膜共同围成会阴浅隙。因此，会阴浅隙的侧缘和后缘封闭，但前上方则与阴茎、阴囊和腹壁Scarpa筋膜深面相连通。女性会阴浅隙中央有尿道和阴道通过，故该隙范围较小。

(3) 观察会阴浅隙的结构：

①会阴动脉和神经：在会阴浅隙后外侧分别有阴部内动脉和阴部神经分布，向前至阴囊（大阴唇）后面和尿生殖三角内的肌肉。

②会阴浅层肌：观察位于两侧覆盖阴茎脚（阴蒂脚）的坐骨海绵体肌、位于中部覆盖尿道球（前庭球）的球海绵体肌（阴道括约肌）和位于尿生殖三角后缘的会阴浅横肌。

③阴茎脚（阴蒂脚）和尿道球（前庭球）：观察坐骨海绵体肌和球海绵体肌深面的阴茎脚（阴蒂脚）和尿道球（前庭球）。女性于前庭球后端还可觅见前庭大腺。

④会阴中心腱：在尿生殖区后缘中央处，可见由会阴诸肌和肛门外括约肌等共同附着形成的会阴中心腱。

(4) 观察尿生殖膈：在尿生殖三角观察尿生殖膈上、下筋膜。

(5) 观察会阴深隙的结构：

①会阴深横肌和尿道括约肌：可见横行的会阴深横肌和环绕尿道的尿道膜部括约肌，女性为尿道阴道括约肌。

②阴茎（蒂）背动脉、神经：沿坐骨支向前，在会阴深横肌浅面或在肌束间寻找。

向前追至阴茎（蒂）脚与耻骨下支间，向后至其发出处。

③尿道球腺：男性会阴深横肌后部肌束中，豌豆大小。

讨论：尿道球部破裂及尿道膜部破裂，尿液渗透范围有何不同?

【作业及思考题】

1. 试述子宫的位置及毗邻。

2. 简述子宫的血管及淋巴回流。

3. 试述坐骨肛门窝的边界及其内容。

（简晓红）

三十六、胸腹部断层观察

【目的要求】

1. 了解经胸廓上口的横断层解剖。

2. 掌握经主动脉弓的横断层解剖。

3. 掌握经肺动脉叉的横断层解剖。

4. 掌握经冠状窦的横断层解剖。

5. 掌握腹部主要横断面的特征和标志性结构。

6. 掌握肝、胰、脾、肾、肾上腺的位置、毗邻及形态变化。

7. 掌握腹主动脉、下腔静脉、肝门静脉、肝静脉、肾动脉、肾静脉及胰周血管的位置和形态。

【实验时数】4 学时。

【实验内容及方法】

（一）胸部断层观察

1. 经胸廓上口层面：主要显示肺尖，左、右颈总动脉和颈内静脉，左、右锁骨下动脉和静脉，气管，食管等。

（1）纵隔：为纵隔上部。

①气管居中线稍偏右，呈圆形结构。食管位于气管与椎体之间略偏左，扁形。气管食管沟中应有喉返神经。

②左、右颈总动脉：右侧位于气管右前方，左侧位于食管左前方。

③左、右锁骨下动脉：左、右侧均紧贴纵隔胸膜。常可见其过胸膜顶经第一肋上面穿斜角肌间隙，入腋窝更名为腋动脉。左、右颈内静脉：紧靠锁骨胸骨端后方。左、右锁骨下静脉越前斜角肌前面，常可见无名静脉起始处断面。

④气管前、后间隙。

（2）胸腔、肺：左、右两肺均属上叶。左为上叶尖后段，右为上叶尖段。

（3）其他：

①腋窝位于两侧，其界线（前——胸大、小肌，后——肩胛下肌，内侧——第1～2肋、前锯肌，外侧——肱骨）内容有腋动、静脉，臂丛诸干，淋巴结及脂肪等。

②胸部周围肌的配布。

2. 左头臂静脉层面。

相当于第3胸椎平面，此层面主要显示两侧胸膜腔和上肺叶、左头臂静脉和主动脉弓发出的三大分支。

（1）纵隔：为纵隔上部，呈三角形，前界为胸骨柄，后为第3胸椎体，两侧为纵隔胸膜。

①气管居中，右侧后份已直接与右侧纵隔胸膜相贴邻，称右侧气管旁带。

②食管居气管左后方为多见，其两侧（或一侧）也与纵隔胸膜相贴邻，形成食管胸膜带。

③血管：注意此层面静脉趋向右侧，动脉偏左位。

左头臂静脉从左向右，断面横位于胸骨柄后方，右头臂静脉位于第一肋软骨后方，稍下位置见左、右头臂静脉汇合成上腔静脉。

头臂动脉干、左颈总动脉、左锁骨下动脉，分别位于左头臂静脉后方，从右至左排列。头臂动脉干位于气管的前方；左锁骨下动脉多位于食管左侧，紧贴纵隔胸膜，常向胸膜腔突入；左颈总动脉居气管和食管左前方处。左右头臂静脉是上纵隔最前方的结构，占上纵隔两侧角，前邻胸锁关节，后外侧紧贴纵隔胸膜，正后方为三大动脉与血管前间隙。

（2）胸膜腔与肺：胸腔明显增大，右肺横断面前部为尖段，后部小部为后段。左肺前方少部分为前段，后部大部分为尖后段。

3. 主动脉弓层面：通过第4胸椎中、下份断面，主要显示主动脉弓及两上肺各段。

（1）纵隔：此层面纵隔诸结构移向深层。两侧纵隔胸膜于胸骨后和脊柱旁逐渐靠拢，致使纵隔形成前后窄、中间宽的梭状。

主动脉弓横切面呈中空腊肠状，从右前斜向左后，有时切面稍下，则呈现升主动脉与胸主动脉横断面，其稍前方有心包腔间隙出现。弓的前方有胸腺，弓的右侧从前向后为上腔静脉、气管、食管。

应该提出的是：①主动脉弓断面左侧应有左膈神经和左侧心包膈血管、左迷走神经，左侧气管食管沟内有左喉返神经，均不易寻觅。②食管左后方有胸导管贴近。③右侧胸膜与气管、食管右侧面。

（2）胸膜腔与肺：主要为上肺叶，约在肺门上方或靠近肺门上部层面。右肺野前外侧份为前段、后外侧为后段、内侧为尖段。左肺野前外侧份大部分为前段，后内侧为尖后段，斜裂后方为下叶上段。

3. 主－肺动脉窗层面：此层面过第4～5胸椎间层面。主要显示主动脉弓下缘、肺动脉干上缘、气管杈、奇静脉弓、主－肺动脉窗的结构。

（1）纵隔：仍呈中间宽、前后窄的形状。气管杈出现，呈椭圆形或马蹄状切面或左、右主支气管断面。其间右主支气管位于上腔静脉与食管之间；左主支气管位于升主动脉与胸主动脉之间。

升主动脉呈大的圆形断面，左侧伴有肺动脉干，右侧伴有上腔静脉。食管位于气管杈的后方、胸椎体前方。其右后方有奇静脉，其左侧有胸主动脉，左侧后方有胸导管。

（2）胸膜腔与肺：肺门常相当$T_{4\sim6}$的范围，约上平气管（杈）隆突，下平下肺静脉。左肺斜裂前部前外侧2/3为上叶前段，后内侧为上叶尖后段；斜裂后部为下叶上段。右肺斜裂前部前为上叶前段，后为上叶后段，尖段已消失；斜裂后部为下叶上段。

（3）其他：

前联线：左右侧纵隔胸膜在胸骨后彼此接触。

后联线：左右侧纵隔胸膜在食管与脊柱间相互靠近，与夹于其间的疏松结缔组织一起组成。

主肺动脉窗：位于主动脉弓下方，左肺动脉之间，右后邻气管和食管，左前为左侧纵隔胸膜与左肺。窗内有动脉韧带、左喉返神经、淋巴结。该窗向内后与气管前间隙相通连，前外与血管前间隙相通。

5. 肺动脉干、右和左肺动脉层面：相当于第5胸椎平面或其下份椎间盘平面，此层面主要显示心底部大血管和肺门结构。

（1）纵隔：纵隔前部为心底大血管。从右至左为上腔静脉、升主动脉、肺动脉干，其中升主动脉和肺动脉干同为心包包裹。

注意：①左、右肺动脉：呈人字形从肺动脉主干发出，其分叉点位于中线偏左1~2 cm处。右肺动脉位于左心房上方经升主动脉、上腔静脉后方达右肺门处发出前干后，越过中间支气管续为叶间动脉。左肺动脉向左跨过左主支气管上方达其后方，于左肺门处分出数支至上叶，续为左肺动脉降支向下。②主支气管：右主支气管发出上叶支气管后续为中间支气管。中间支气管和左主支气管均位于相邻肺动脉前方。③食管的右后侧有奇静脉，左后侧有胸导管，胸主动脉伴其左侧。

（2）胸膜腔与肺：左侧肺斜裂前部前2/3为前段，后1/3为上后段，尖后段消失；斜裂后部为下叶上段。两侧肺野的配布近似。右侧肺斜裂前部前2/3为前段，后1/3是后段；斜裂后部为上段。

肺门区：

左侧：①主支气管居后位。②左肺动脉越过主支气管上方，发出分支数条至上叶，本干续为降支，紧贴左主支气管后外侧下行。③左上肺静脉居前方。

右侧：①中间支气管居后位。②右肺动脉发出前干后，续为叶间动脉越过中间支气管行向外侧下降。③右上肺静脉居前位。

6. 主动脉根部、肺动脉口层面：此层面约经第6胸椎中或上份平面，主要显示心底大血管根部及肺门中部结构。

纵隔：纵隔的前部心包与胸骨体之间，两侧纵隔胸膜靠近，很窄。纵隔的中部主要为心包及其包绕的内容物所占，相当于中纵隔的位置。主动脉根部位于中央。肺动脉口位于主动脉根部的左前方。上腔静脉位于主动脉根部右侧，或上腔静脉并显右心房、心包腔。纵隔后部为后纵隔内结构。

7. 主动脉口、心房层面：此层面过第6胸椎下份层面，主要显示主动脉口和左、右心房。

纵隔：心脏所占的范围扩大，主动脉口居中央。主动脉口三尖瓣围成主动脉窦。主动脉口前方为右心室流道，右为右心房，后为左心房，可见左、右上肺静脉入左心房。后纵隔范围小，注意左心房与食管的毗邻关系。

（二）腹部断层观察

1. 肝膈顶层面：此层面相当第 9 胸椎水平，以膈穹隆出现为特征。层面结构分别属于胸部和腹部。

（1）胸膜腔与肺分别居纵隔两侧，肺被胸膜腔包围。可见两侧肺斜裂，右斜裂前方为右中肺叶，后方为右下肺叶；左肺斜裂前方为左上肺叶，后方为左下肺叶。

（2）纵隔部分的前份为下纵隔，有心尖膈面的部分，心包围绕心脏周围。可见狭窄的心包腔间隙。纵隔的后份为后纵隔，范围很小，位于心包后方，胸椎前方。食管居后纵隔前部，紧贴心包后方。并可见胸主动脉、奇静脉、胸导管断面等。

（3）腹腔结构主要出现肝右叶顶部，层面呈圆状或椭圆形。正常肝脏边缘整齐，被膈穹隆包绕，膈穹隆与肝之间间隙为膈下间隙。肝后面偏右侧可见粗大的下腔静脉断面，居腔静脉窝中。

（4）胸壁结构可从前向外侧至后对照标本辨认。

2. 第二肝门层面：此层面经第 9 ~ 10 胸椎间盘或第 10 胸椎平面，以三大肝静脉即肝左静脉、肝中静脉和肝右静脉汇入下腔静脉为层面特征，显示的主要结构为肝脏左、右叶和胃底部分。胸部结构仅见狭窄的胸膜腔间隙以及肺的基底部小部分。

（1）肝脏层面明显增大，肝前缘处可见镰状韧带与膈相连，其左侧肝与膈之间为左肝上间隙，右侧肝与膈之间为右肝上间隙。

肝后面，正中线偏右侧肝实质内凹形为腔静脉窝，容纳下腔静脉肝后段，下腔静脉的右壁、前壁与肝实质相贴紧。可见肝左静脉开口于左前壁，肝中静脉开口于前壁，肝右静脉开口于右壁，有时还可见肝右后上缘静脉横行于肝实质中，走向下腔静脉。通常肝右静脉位置较高，肝左、肝中静脉合干多见。

（2）胃底部居腹腔左侧。内侧面于肝左叶相邻外侧面的大弯处与大网膜贴附。

（3）脊柱前方应为后纵隔下份、膈脚后间隙部位，可见食管和胸主动脉下段、奇静脉和胸导管等结构。

（4）肝右静脉、肝中静脉和肝右静脉近侧段断面围绕下腔静脉呈弧形排列。

（5）肝尾叶位于下腔静脉左侧，其与左叶之间有静脉导管裂。肝胃韧带位于肝与胃小弯之间，网膜囊上隐窝位于尾状叶、小网膜与膈之间。

3. 第一肝门层面：该层面相当于第 12 胸椎平面，以肝门静脉主干在横沟处分为左、右支为特征，主要显示肝、脾及胃等断面。

（1）肝横断层面中呈现明显的横沟，肝门静脉分为左、右两支，由于左支高于右支斜向左侧，多无法见其全程。肝门静脉前方多可见肝管、肝动脉分支断面。

肝圆韧带裂呈矢状位从肝前缘连向横沟左端，分隔肝左半为左内侧叶与左外侧叶。

静脉导管裂从肝圆韧带裂后方，经尾状叶前斜向右指向下腔静脉处。尾状叶居横沟与下腔静脉之间。如肝中静脉可见至胆囊窝连线，可分肝为左、右叶（半肝）。肝右静脉和肝门静脉右支分叉处连线，代表肝右前叶和在后叶的分界。

注意此层面肝前、后径比例。

（2）胃居左侧，右侧相邻贴肝左叶，左侧为大网膜、脾。

（3）观察网膜囊的位置。

4. 肝右叶、胰的层面：

（1）胰头部（平第一腰椎）位置低，体尾部斜行向左上方，胰尾高（平第12胸椎），故横断层面难于在一个层面呈现胰的全貌。胰头紧贴十二指肠，胰尾靠近脾门。

（2）观察血管的位置与毗邻：腹腔干平第12胸椎或第12胸椎与第1腰椎间平面从腹主动脉前壁发出。肠系膜上动脉由腹主动脉前壁发出，相当于第1腰椎平面。肝门静脉于第1腰椎平面由脾静脉和肠系膜上静脉合成。下腔静脉与肝门静脉之间有尾状叶，肝门静脉分叉点正对下腔静脉右缘处。

（3）胆总管的位置：多见其横断面位于胰头与十二指肠降部之间，嵌在胰头中。

（4）观察网膜囊及周围结构。

5. 肾门层面：相当于第1～2腰椎椎间盘水平。

（1）肾实质呈马蹄状，可见肾门、肾窦、肾盂等。

右肾：前外侧仍有肝右叶下部分，前方有十二指肠降部，下腔静脉位于左侧。

左肾：外侧有降结肠，注意与胰的毗邻关系。

肾门区：血管的配布——肾动脉、肾静脉。

（2）胰头居右肾和下腔静脉前方，紧贴十二指肠降部左侧、肠系膜上血管右侧。

（3）肝右叶已近下缘，可见结肠肝曲。

讨论：胰头肿瘤可能有什么样的CT改变？

【作业及思考题】

1. 描述经肺动脉干、右和左肺动脉层面的主要结构。

2. 描述经第一肝门层面的主要结构。

（周建林）

三十七、脊柱区解剖及观察

【目的要求】

1. 掌握脊柱区层次。

2. 掌握腰上、下三角的境界、内容和临床意义。

3. 掌握椎管壁的组成、椎管内脊髓被膜的特点和其形成的几个腔隙以及临床意义。

【实验时数】4学时。

【实验内容及方法】

尸位：取俯卧位，颈下垫高或使头垂于台端。

摸认体表标志：在尸体上触摸、辨认脊柱区体表标志。

皮肤切口：

（1）背中线切口：自枕外隆凸沿后正中线向下切至骶骨后面中部。

（2）枕部横切口：自枕外隆凸沿上项线向外侧切至乳突。

（3）肩部横切口：自第7颈椎棘突向外侧切至肩峰。

（4）背部横切口：平肩胛骨下角自后正中线向外侧切至腋后线。

（5）髂嵴弓形切口：自骶骨后面正中线向外侧沿髂嵴作弧形切口至髂前上棘。注意此切口不可太深，以免损伤由竖脊肌外侧缘浅出的臀上皮神经。按上述5条切口，将背部两侧皮肤分别自内侧向外侧剥离，翻至腋后线。

（一）模拟腰椎穿刺

取穿刺针在第4～5腰椎棘突之间穿刺，缓慢进针，体会进针感，当穿刺针穿透脊上韧带、黄韧带时，均有明显突破感，突破黄韧带后，穿刺针针尖位于硬膜外隙，再向前进针，穿破硬脊膜和蛛网膜，进入蛛网膜下隙。在活体穿刺时，针尖进入蛛网膜下隙时，有脑脊液流出。

（二）解剖浅层结构

解剖皮神经及浅血管：在浅筋膜内剖出皮神经，背部皮神经一般在距正中线约3 cm处穿出深筋膜。背上部有上6对胸神经后支，水平行向外侧。背下部有下6对胸神经后支，斜向外下行。在背上、下部各解剖2～3支皮神经，观察它们分布的形式和节段性。在枕外隆凸外侧2～3 cm处剖出枕大神经，向上行至颅后，其外侧有枕动脉伴行。于竖脊肌下部外侧缘清除脂肪，剖出臀上皮神经。脊柱区皮神经解剖出来后，观察皮神经的浅出部位、分布形式和节段性，注意与之伴行的浅血管。

（三）解剖深层结构

1. 解剖背部深筋膜浅层：清除背部浅筋膜，显示背部深筋膜浅层，它包裹斜方肌和背阔肌，其内侧附着于腰、胸椎的棘突，棘上韧带和骶正中嵴；外侧部附着于肋角外面，在腰部于竖脊肌外侧缘处与中层融合，并与背阔肌腱膜融合，下方附于髂嵴。修洁斜方肌、背阔肌和腹外斜肌。

2. 观察背浅层肌和浅部肌间三角：观察斜方肌和背阔肌的起止点及肌纤维方向。在斜方肌外下缘、背阔肌上缘和肩胛骨脊柱缘之间查认听诊三角。在背阔肌外下缘、髂嵴和腹外斜肌后缘之间查认腰下三角，其深面为腹内斜肌。

3. 解剖斜方肌和背阔肌：

（1）解剖斜方肌：两组合一，将尸体一侧沿斜方肌下缘紧贴肌肉深面钝性分离斜方肌至胸椎棘突起始部，沿中线外侧1 cm处，由下向上纵行切断此肌，向外侧翻起，至肩胛冈的止点处。注意不要伤及该肌深面的结构。尸体另一侧斜方肌保留原位，不得切断。

（2）剖查背阔肌：两组合一，将尸体一侧自背阔肌下缘紧贴该肌的深面进行钝性分离，沿背阔肌肌腹与腱膜移行线外侧1 cm处切断此肌，翻向外侧。显示其深面的下后锯肌。观察由下后锯肌下缘、竖脊肌外侧缘和腹内斜肌后缘共同围成的腰上三角。当下后锯肌下缘与腹内斜肌不相连时，第12肋也参与构成一边，即成为四边形。尸体另一侧背阔肌保留原位，不得切断。

4. 解剖背部深层肌：

（1）剖查背部深层肌：首先观察肩胛提肌、菱形肌、下后锯肌的位置、起止。沿中线外侧 1 cm 处切断菱形肌，翻向外侧，显露上后锯肌。

（2）剖查腰上三角：剖查腰上三角的位置、组成和内容，该三角浅面为背阔肌覆盖，深面为腹横肌腱膜起始部，三角范围内腹横肌深面有肋下神经、髂腹下神经和髂腹股沟神经经过，此处为经腰区进行肾手术的入路。

5. 解剖胸腰筋膜和竖脊肌：先观察胸腰筋膜，该筋膜覆盖竖脊肌，在胸背部比较薄弱，向下增厚，在腰区特别发达。沿竖脊肌中线纵向切开胸腰筋膜并翻向两侧，显露竖脊肌。竖脊肌为背深层肌，纵列于脊柱侧面，下方起于骶骨背面和髂嵴后部，向上止于各肋、各椎骨横突及棘突。

（四）观察椎管及内容

1. 观察椎骨的连结：在已准备的标本上观察椎体及椎弓间的连结。

2. 观察椎管内容：在已准备的标本上观察。硬脊膜与椎管壁之间为硬膜外隙，腔内有脂肪组织和椎内静脉丛。硬脊膜与其深面薄而透明的蛛网膜之间为潜在的硬膜下隙。蛛网膜与脊髓表面的软脊膜之间有蛛网膜下隙和其下端的终池。

讨论：

①肾手术时腰部斜切口的层次如何？

②成人常用的腰椎穿刺部位在何处？如何确定？经过的层次结构有哪些？

【作业及思考题】

1. 简述脊柱区各肌间三角的组成、内容、特点及临床意义。

2. 简述脊髓的被膜及各脊膜腔的特点。

（袁立明）

三十八、跟腱的测量（选修）

【目的要求】

1. 了解解剖学测量方法。

2. 熟悉文献查阅方法。

3. 了解跟腱长度，腱质部分长度、宽度及与下肢长度的比例关系。

【实验材料】

1. 测量器材：直尺、游标卡尺、量角器。

2. 标本：10 具局部解剖已使用过的尸体标本。

【实验时数】12 学时。

【实验内容及方法】

跟腱是小腿三头肌下端移行的腱性结构，对机体站立、行走、平衡有重要意义。通过解剖学测量，获取跟腱数据资料，为临床跟腱延长术等手术提供理论参考。

（一）查阅文献资料

通过资料查询理清跟腱与临床疾病和手术的关系，了解测量的意义。

（二）标本修洁与测量

1. 取10具局部解剖用过的尸体标本，对双侧的跟腱进行修洁，显示腱弓。

2. 确定测量位点：以腓肠肌内、外侧头腱性融合处（*A*）为跟腱起点，以腓肠肌、比目鱼肌腱性融合处（*B*）为跟腱腱质部起点，跟腱附着跟结节最上点（*C*）为跟腱止点，分别测量：跟腱长度*AC*，跟腱腱质部分长度*BC*，跟腱腱质部分宽度*BC*中点宽度，小腿长度*DR*（腓骨头*D*至外踝*R*）。

3. 收集测量数据：测量跟腱长度*AC*，跟腱腱质部分长度*BC*，跟腱腱质部分宽度*BC*中点宽度，小腿长度*DR*，以列表形式分左右两栏记录测量数据。

（三）数据处理与分析

1. 对测量的双栏数据进行统计学处理：t检验、P值计算、统计意义判断。

2. 对统计学处理结果进行分析：联系查阅的临床资料对测量结果进行临床意义分析讨论，对临床相关疾病诊治提出建设性的建议。

（彭耀全）

三十九、甲状腺动脉与喉的神经关系（选修）

【目的要求】

1. 了解临床应用解剖学的研究方法。
2. 熟悉文献查阅方法。
3. 探索解剖学研究的临床应用意义。
4. 掌握甲状腺动脉与喉的神经的位置关系及其临床意义。
5. 了解解剖学论文书写的格式。

【实验材料】

1. 测量器材：直尺、游标卡尺、量角器。
2. 标本：10具局部解剖已使用过的尸体标本。

【实验时数】12学时。

【实验内容及方法】

颈部手术如甲状腺手术，在结扎甲状腺上动脉和甲状腺下动脉时易伤及喉上神经和喉返神经形成并发症，了解甲状腺动脉与喉的神经关系，有利于减少手术并发症，为手术术式改进提供理论依据。

（一）查阅文献资料

通过资料查询了解甲状腺动脉与喉的神经位置关系与临床疾病和手术的联系，了解测量的意义和目的。

（二）标本修洁与测量

1. 取10具局部解剖用过的尸体标本，修洁双侧的甲状腺上动脉、喉上神经、甲状腺下动脉、喉返神经。

2. 确定测量位点：

（1）喉上神经内支入喉点距甲状软骨上角尖的距离。

（2）喉上神经外支与甲状腺上动脉距离最近处与甲状腺上极距离。

（3）喉返神经喉支入喉点距甲状软骨下角尖的距离。

（4）甲状腺下动脉弓最高点距喉返神经与甲状腺下动脉交叉处的距离。

3. 收集测量数据：将上述测量数据分两栏列表记录。

（三）数据处理与分析

1. 对测量数据进行统计学处理：对双栏测量结果进行 t 检验，计算 P 值，判断统计学意义。

2. 对统计学处理结果进行分析：联系临床手术应用进行实践意义分析，提出对手术有实际意义的建议或改进性意见。

3. 整理论文。

（邓春雷）

四十、家兔动脉铸型标本的制作（选修）

【目的要求】

1. 掌握铸型标本的制作技术。

2. 掌握家兔动脉铸型标本的制作方法。

【实验材料】

1. 家兔。

2. 灌注材料：压力灌注瓶、兽用金属注射器、玻璃注射器、金属针头、塑料导管、橡胶软管、玻璃接头、结扎线、棉花、纱布、胶布、量筒、天平、漏斗、乳钵、瓷盘、脸盆、球磨颜料、填充剂（过氯乙烯）等。

3. 药品：乌拉坦、盐酸。

4. 耐酸碱标本槽、灌注台、解剖器械包。

【实验时数】12学时。

【实验内容及方法】

铸型标本特点：铸型标本三维立体感强、构型美观、色泽鲜艳，能完整地显示腔隙管道的形态特点，尤其是对细小的管道的立体构筑可以不同颜色显示其相互关系，因而在解剖学标本陈列和科研工作中应用较多。铸形标本的制作最好选用未腐蚀且未经防腐处理的新鲜标本进行。

（一）材料准备及取材

1. 实验动物：家兔（1.5～2 千克）。

2. 麻醉：以乌拉坦自耳缘静脉注入麻醉家兔，麻醉后切开颈部皮肤，找到颈动、静脉并切开放血至家兔休克死亡。

3. 管道冲洗：以注射器用生理盐水自颈动脉注入进行冲洗，直到静脉中流出清水方可。

4. 配制填充剂：参考《解剖学技术》。

（二）灌注填充剂

1. 插管与结扎：将灌注瓶抬高放置，以橡胶软管、玻璃接头将灌注瓶与家兔颈动脉连接固定，在插管周围用棉线扎紧固定。

2. 灌注填充剂：将已配制好的红色填充剂倒入灌注瓶中进行灌注，压力以橡胶软管稍有膨大为参考。及时止漏。为防止缺损应补注 3～4 次。

3. 保持标本的正常外形：将灌注好的标本放置 2～3 天，待填充剂硬化后再行腐蚀。

（三）标本腐蚀

1. 将灌注好的标本放入装有 25% 盐酸的标本槽中进行腐蚀，盐酸液面要盖过标本。

2. 腐蚀时间 1～2 周，腐蚀期间尽量不要翻动标本，以免铸型损坏。

（四）标本冲洗

1. 小心自标本槽中取出腐蚀标本。

2. 以自来水对腐蚀标本进行冲洗，以清除腐蚀的组织。

3. 冲洗时应将腐蚀标本放在盛有流水的容器中，不要置于硬质台面上以免损伤铸型。

4. 如冲洗时发现组织腐蚀不彻底，应将标本放入浓盐酸中继续腐蚀。

（五）修整和封装

1. 对获得的铸型标本进行整理，摘除凝块，去密存疏，加热矫形。如发现有分支断裂，可用原色填充剂进行粘接修复。

2. 将整理后的铸型标本放入加有清澈保存液的有机玻璃瓶中，封盖固定。

（李有秋）

附录　汉英名词对照表

A

鞍膈 diaphragma sellae

B

白质 white matter
半腱肌 semitendinosus
半膜肌 semimembranosus
半奇静脉 hemiazygos vein
背侧丘脑 dorsal thalamus
背阔肌 latissimus dorsi
鼻 nose
鼻骨 nasal bone
鼻睫神经 nasociliary nerve
比目鱼肌 soleus
臂丛 brachial plexus
臂肌 muscles of arm
闭孔动脉 obturator artery
扁骨 flat bone
扁肌 flat muscle
髌骨 patella
薄束 fasciculus gracilis
不规则骨 irregular bone

C

侧脑室 lateral ventricle
肠 intestine
肠系膜上动脉 superior mesenteric artery
肠系膜下动脉 inferior mesenteric artery
肠系膜下静脉 inferior mesenteric vein
长骨 long bone
长肌 long muscle
长收肌 adductor longus
尺侧腕伸肌 extensor carpi ulnaris
尺侧腕屈肌 flexor carpi ulnaris
尺动脉 ulnar artery
尺骨 ulna
尺神经 ulnar nerve
齿状核 dentate nucleus
耻骨 pubis
耻骨联合 pubic symphysis
垂体 hypophysis

D

大肠 large intestine
大多角骨 trapezium bone

大脑 cerebrum
大脑动脉环 cerebral arterial circle
大收肌 adductor magnus
大腿肌 muscles of thigh
大网膜 greater omentum
大隐静脉 great saphenous vein
大圆肌 teres major
胆囊 gallbladder
胆囊动脉 cystic artery
胆囊三角 cystic triangle
岛叶 insular lobe
镫骨 stapes
骶丛 sacral plexus
骶骨 sacrum
骶管裂孔 sacral hiatus
骶结节韧带 sacrotuberous ligament
骶棘韧带 sacrospinous ligament
骶子宫韧带 sacrouterine ligament
底丘脑 subthalamus
第三脑室 third ventricle
第四脑室 fourth ventricle
蝶骨 sphenoid bone
顶骨 parietal bone
动脉 artery
动眼神经 oculomotor nerve
动眼神经核 oculomotor nucleus
窦房结 sinoatrial node
端脑 telencephalon
短骨 short bone
短肌 short muscle
短收肌 adductor brevis

E

额骨 frontal bone
腭 palate
二腹肌 digastric
二尖瓣 mitral valve
耳大神经 greater auricular nerve
耳后动脉 posterior auricular artery
耳颞神经 auriculotemporal nerve

F

房室结 atrioventricular node
房水 aqueous humor
腓肠肌 gastrocnemius
腓动脉 peroneal artery
腓骨 fibula
腓骨长肌 peroneus longus
腓骨短肌 peroneus brevis
腓深神经 deep peroneal nerve
腓总神经 common peroneal nerve
肺 lung
肺动脉 pulmonary artery
缝匠肌 sartorius
副交感神经 parasympathetic nerve
副神经 accessory nerve
腹壁下动脉 inferior epigastric artery
腹股沟管浅环 superficial inguinal ring
腹股沟管深环 deep inguinal ring
腹股沟淋巴结 inguinal lymph nodes
腹股沟三角 inguinal triangle
腹横肌 transverses abdominis
腹横筋膜 transverse fascia
腹膜 peritoneum
腹膜腔 peritoneal cavity
腹内斜肌 obliquus internus abdominis

腹腔干 celiac trunk
腹外斜肌 obliquus externus abdominis
腹直肌鞘 sheath of rectus abdominis
腹主动脉 abdominal aorta
附睾 epididymis
附脐静脉 paraumbilical vein
跗骨 tarsus

G

肝 liver
肝固有动脉 proper hepatic artery
肝上间隙 suprahepatic recess
肝肾隐窝 hepatorenal recess
肝外胆道系统 exrahepatic biliary apparatus
肝下间隙 subhepatic recess
肝胰壶腹 hepatopancreatic ampulla
肝总动脉 common hepatic artery
橄榄 olive
感觉性脑神经 sensory cranial nerves
肛动脉 anal artery
肛管 anal canal
肛门括约肌 anal sphincter
冈上肌 supraspinatus
睾丸 testis
膈 diaphragm
膈胸膜 diaphragmatic pleura
膈神经 phrenic nerve
跟骨 calcaneus
肱动脉 brachial artery
肱二头肌 biceps brachii
肱骨 humerus
肱肌 brachialis
肱桡肌 brachioradialis
肱三头肌 triceps brachii
巩膜 sclera
钩骨 hamate bone
孤束核 solitary tract nucleus
骨 bone
骨骼肌 skeletal muscle
骨间总动脉 common interosseous artery
骨迷路 bony labyrinth
骨膜 periosteum
骨盆 pelvis
骨髓 bone marrow
股薄肌 gracilis
股二头肌 biceps femoris
股动脉 femoral artery
股方肌 quadratus femoris
股骨 femur
股环 femoral ring
股三角 femoral triangle
股神经 femoral nerve
股四头肌 quadriceps femoris
鼓膜 tympanic membrane
鼓室 tympanic cavity
冠状窦 coronary sinus
冠状动脉 coronary artery
关节面 articular surface
关节囊 articular capsule
关节腔 articular cavity
贵要静脉 basilic vein

H

海绵窦 cavernous sinus
海氏三角 Hesselbach's triangle
黑质 substantia nigra
横结肠 transverse colon

红核 red nucleus
虹膜 iris
喉 larynx
喉返神经 recurrent laryngeal nerve
喉上神经 superior laryngeal nerve
后丘脑 metathalamus
后纵隔 posterior mediastinum
后纵韧带 posterior longitudinal ligament
滑车神经 trochlear nerve
踝关节 ankle joint
寰椎 atlas
环甲正中韧带
median cricothyroid ligament
环状软骨 cricoid cartilage
黄韧带 ligamenta flava
喙肱肌 coracobrachialis
灰质 gray matter
回肠 ileum
会厌软骨 epiglottic cartilage
会阴 perineum
会阴浅隙 superficial perineal space
会阴深隙 deep perineal space

J

肌皮神经 musculocutaneous nerve
棘间韧带 interspinal ligament
棘上韧带 supraspinal ligament
基底动脉 basilar artery
基底核 basal nuclei
脊神经 spinal nerve
脊髓 spinal cord
脊髓丘脑束 spinothalamic tract
脊髓小脑束 spinocerebellar tract
脊髓圆锥 conus medullaris
脊髓蛛网膜 spinal arachnoid
脊柱 vertebral column
甲状颈干 thyrocervical trunk
甲状旁腺 parathyroid gland
甲状软骨 thyroid cartilage
甲状腺 thyroid gland
甲状腺上动脉 superior thyroid artery
颊 cheek
颊肌 buccinator
腱鞘 tendinous sheath
肩关节 shoulder joint
肩胛背动脉 dorsal scapular artery
肩胛骨 scapula
肩胛提肌 levator scapulae
肩胛下动脉 subscapular artery
间脑 diencephalon
降结肠 descending colon
交感干 sympathetic trunk
交感神经 sympathetic nerve
角膜 cornea
角回 angular gyrus
节后纤维 postganglionic fiber
节前纤维 preganglionic fiber
睫状体 ciliary body
结肠 colon
结肠动脉 colic artery
结肠上区 supracolic compartments
胫后动脉 posterior tibial artery
胫骨 tibia
胫骨后肌 tibialis posterior
胫骨前肌 tibialis anterior
胫神经 tibial nerve
颈 neck
颈丛 cervical plexus
颈动脉窦 carotid sinus
颈动脉鞘 carotid sheath
颈动脉小球 carotid glomus
颈内动脉 internal carotid artery

颈袢 ansa cervicalis
颈膨大 cervical enlargement
颈外侧淋巴结
lateral cervical lymph nodes
颈外动脉 external carotid artery
颈椎 cervical vertebrae
颈总动脉 common carotid artery
静脉 vein
精囊 seminal vesicle
精索内筋膜 internal spermatic fascia
精索外筋膜 external spermatic fascia
距骨 talus
距小腿关节 talocrural joint
距状沟 calcarine sulcus

K

颏舌肌 genioglossus
空肠 jejunum
口腔 oral cavity
髋骨 hip bone
髋关节 hip joint
眶 orbit
眶上裂 superior orbital fissure
眶上神经 supraorbital nerve
眶下神经 infraorbital nerve
阔筋膜 fascia lata
阔筋膜张肌 tensor fasciae latae

L

阑尾 appendix
肋 rib
肋膈隐窝 costodiaphragmatic recess
肋间后动脉 posterior intercostal arteries
肋纵隔隐窝 costomediastinal recess
泪骨 lacrimal bone
泪器 lacrimal apparatus
犁骨 vomer
梨状肌 piriformis
梨状肌下孔 infrapiriformis foramen
淋巴干 lymphatic trunks
淋巴结 lymph node
淋巴器官 lymphatic organs
疑核 ambiguous nucleus
菱形肌 rhomboideus
菱形窝 rhomboid fossa
颅 cranium
颅囟 cranial fontanelles
颅中窝 middle cranial fossa
轮匝肌 orbicular muscle
卵巢 ovary
卵巢动脉 ovarian artery
卵巢悬韧带
suspensory ligament of ovary

M

马尾 cauda equina
脉络膜 choroid
盲肠 cecum
帽状腱膜 epicranial aponeurosis
门静脉 portal vein
拇长伸肌 extensor pollicis longus
拇长展肌 abductor pollicis longus
踇长伸肌 extensor hallucis longus

踇长屈肌 flexor hallucis longus
面动脉 facial artery
面神经 facial nerve
迷走神经 vagus nerve
膜迷路 membranous labyrinth

N

脑 brain
脑干 brain stem
脑膜中动脉 middle meningeal artery
脑桥 pons
脑神经 cranial nerves
内侧丘系 medial lemniscus
内侧膝状体 medial geniculate body
内侧楔骨 medial cuneiform bone
内耳 internal ear
内囊 internal capsule
内生殖器 internal reproductive organs
内脏神经 visceral nerve
内直肌 medial rectus
颞骨 temporal bone
颞肌 temporalis
颞下颌关节 temporomandibular joint
颞下窝 infratemporal fossa
颞叶 temporal lobe
尿道 urethra
尿道括约肌 sphincter of urethra
尿生殖膈 urogenital diaphragm
尿生殖膈上筋膜
superior fascia of urogenital diaphragm
尿生殖膈下筋膜
inferior fascia of urogenital diaphragm

P

膀胱 urinary bladder
膀胱三角 trigone of bladder
膀胱上动脉 superior vesical artery
膀胱子宫陷凹 vesicouterine pouch
皮质核束 corticonuclear tract
皮质脊髓束 corticospinal tract
脾 spleen
脾动脉 splenic artery
屏状核 nucleus claustrum
盆膈 pelvic diaphragm
盆膈上筋膜
superior fascia of pelvic diaphragm
盆膈下筋膜
inferior fascia of pelvic diaphragm
破裂孔 foramen lacerum

Q

气管 trachea
奇静脉 azygos vein
脐动脉 umbilical artery
脐正中襞 median umbilical fold
鞘膜腔 vaginal cavity
前臂肌 muscles of forearm
前交通动脉
anterior communicating artery
前交叉韧带 anterior cruciate ligament
前锯肌 serratus anterior

前列腺 prostate
前室间支 anterior interventricular branch
前庭蜗神经 vestibulocochlear nerve
前斜角肌 scalenus anterior
前纵隔 anterior mediastinum
前纵韧带 anterior longitudinal ligament
髂腹股沟神经 ilioinguinal nerve
髂腹下神经 iliohypogastric nerve
髂骨 ilium
髂内动脉 internal iliac artery
髂前上棘 anterior superior iliac spine
髂总动脉 common iliac artery
桥池 cisterna pontis
穹隆 fornix
丘脑 thalamus
丘脑中央辐射 central thalamic radiations
颧骨 zygomatic bone
屈肌支持带 flexor retinaculum

R

桡侧腕长伸肌
extensor carpi radialis longus
桡侧腕屈肌 flexor carpi radialis
桡动脉 radial artery
桡骨 radius
桡神经 radial nerve
桡腕关节 radiocarpal joint
乳房 mamma，breast
乳房悬韧带 suspensory ligaments of breast
乳糜池 cisterna chyli
乳头体 mamillary body
软脊膜 spinal pia mater
软脑膜 cerebral pia mater

S

筛骨 ethmoid
三边孔 trilateral foramen
三叉神经 trigeminal nerve
三叉丘系 trigeminal lemniscus
三尖瓣 tricuspid valve
三角骨 triquetral bone
三角肌 deltoid
腮腺 parotid gland
腮腺导管 duct of parotid gland
上颌动脉 maxillary artery
上颌骨 maxilla
上颌神经 maxillary nerve
上腔静脉 superior vena cava
上丘 superior colliculus
上斜肌 superior oblique
上肢 upper limb
上肢肌 muscles of upper limb
上直肌 superior rectus
上纵隔 superior mediastinum
杓状软骨 arytenoid cartilage
舌下神经 hypoglossal nerve
舌骨 hyoid bone
舌 tongue
舌下腺 sublingual gland
舌乳头 papillae of tongue
舌咽神经 glossopharyngeal nerve
射精管 ejaculatory duct
神经 nerves
神经节 ganglion
神经核 nerve nuclei
深筋膜 deep fascia
十二指肠悬韧带 suspensory ligament of duo-

denum
生殖股神经 genitofemoral nerve
生殖器 genital organ
生殖腺 gonad
肾 kidney
肾动脉 renal artery
肾段 renal segment
肾筋膜 renal fascia
肾上腺 suprarenal gland
声襞 vocal fold
声门裂 rima glottidis
升结肠 ascending colon
升主动脉 ascending aorta
伸肌支持带 extensor retinaculum
手舟骨 scaphoid bone
输精管 ductus deferens
输卵管 uterine tube
输尿管 ureter
输乳管 lactiferous ducts
枢椎 axis
水平裂 horizontal fissure
竖脊肌 erector spinae
栓状核 emboliform nucleus
食管 esophagus
食管静脉丛 esophageal venous plexus
食指伸肌 extensor indicis
视辐射 optic radiation
视神经 optic nerve
视网膜 retina
十二指肠空肠曲 duodenojejunal flexure
十二指肠 duodenum
十二指肠悬韧带
Suspensory ligament of duodenum
四边孔 quadrilateral foramen
松果体 pineal body
髓核 nucleus pulposus
锁骨下动脉 subclavian artery
锁骨上淋巴结
supraclavicular lymph nodes
锁骨 clavicle

T

弹性圆锥 conus elasticus
提睾肌 cremaster
听觉中枢 auditory center
听小骨 auditory ossicles
听诊三角 triangle of auscultation
瞳孔 pupil
瞳孔开大肌 dilator pupillae
瞳孔括约肌 sphincter pupillae
头臂干 brachiocephalic trunk
头臂静脉 brachiocephalic vein
头肌 muscles of head
头静脉 cephalic vein
头面部 head and face
头状骨 capitate bone
骰骨 cuboid bone
臀大肌 gluteus maximus
臀下动脉 inferior gluteal artery
唾液腺 salivary gland

W

外侧丘系 lateral lemniscus
外侧膝状体 lateral geniculate body
外侧楔骨 lateral cuneiform bone
外耳 external ear
外生殖器 external reproductive organs
外直肌 lateral rectus

腕管 carpal canal
腕骨 carpus
豌豆骨 pisiform bone
网膜 omentum
网膜囊 omental bursa
胃 stomach
胃短动脉 short gastric artery
胃十二指肠动脉 gastroduodenal artery
胃网膜左动脉 left gastroepiploic artery
胃左动脉 left gastric artery
尾骨 coccyx
尾神经 coccygeal nerve
尾状核 caudate nucleus
蜗管 cochlear duct
蜗神经 cochlear nerve

X

膝关节 knee joint
系膜 mesentery
杏仁体 amygdaloid body
下鼻甲 inferior nasal concha
下颌后静脉 retromandibular vein
下颌骨 mandible
下颌神经 submandibular nerve
下腔静脉 inferior vena cava
下丘脑 hypothalamus
下斜肌 inferior obliquus
下肢 lower limb
下直肌 inferior rectus
下纵隔 inferior mediastinum
小肠 small intestine
小多角骨 trapezoid bone
小脑 cerebellum
小脑幕 tentorium of cerebellum
小脑延髓池 cerebellomedullary cistern
小腿肌 muscles of leg
小隐静脉 small saphenous vein
小圆肌 teres minor
小指伸肌 extensor digiti minimi
楔束 fasciculus cuneatus
斜方肌 trapezius
斜角肌间隙 scalenus space
心 heart
心包腔 pericardial cavity
心传导系 conducting system of the heart
心房 atrium
心内膜 endocardium
心室 ventricle
胸长神经 long thoracic nerve
胸导管 thoracic duct
胸骨 sternum
胸膜 pleura
胸腺 thymus
胸膜腔 pleural cavity
胸腰筋膜 thoracolumbar fascia
胸主动脉 thoracic aorta
胸椎 thoracic vertebra
胸锁乳突肌 sternocleidomastoid
胸大肌 pectoralis major
嗅神经 olfactory nerve
旋肱前动脉
anterior humeral circumflex artery
旋股外侧动脉
lateral circumflex femoral artery
旋肩胛动脉 circumflex scapular artery
旋髂浅动脉
superficial circumflex iliac artery
旋前方肌 pronator quadratus
旋前圆肌 pronator teres

Y

牙 teeth
咽 pharynx
岩大神经 greater petrosal nerve
岩上窦 superior petrosal sinus
岩下窦 inferior petrosal sinus
延髓 medulla oblongata
眼副器 accessory organs of eye
眼动脉 ophthalmic artery
眼神经 ophthalmic nerve
腰丛 lumbar plexus
腰大肌 psoas major
腰骶干 lumbosacral trunk
腰方肌 quadratus lumborum
腰下三角 lumbar inferior triangle
腰椎 lumbar vertebra
咬肌 masseter
乙状窦 sigmoid sinus
乙状结肠 sigmoid colon
腋动脉 axillary artery
腋淋巴结 axillary lymph nodes
腋鞘 axillary sheath
腋神经 axillary nerve
硬脊膜 dura mater spinalis
硬膜外隙 epidural space
硬脑膜 cerebral dura mater
胰 pancreas
翼内肌 medial pterygoid
翼外肌 lateral pterygoid
阴部内动脉 internal pudendal artery
阴部神经 pudendal nerve
阴道 vagina
阴茎 penis
阴囊 scrotum
隐神经 saphenous nerve
蚓状肌 lumbricales
幽门括约肌 pyloric sphincter muscle
缘上回 supramarginal gyrus
运动性脑神经 motor cranial nerves
月骨 lunate bone

Z

展神经 abducent nerve
展神经核 abducent nucleus
掌长肌 palmaris longus
掌骨 metacarpal bone
掌浅弓 superficial palmar arch
掌深弓 deep palmar arch
支气管 bronchi
支气管肺段 bronchopulmonary segments
支气管纵隔干 bronchomediastinal trunk
指骨 phalanx of fingers
指浅屈肌 flexor digitorum superficialis
指伸肌 extensor digitorum
指深屈肌 flexor digitorum profundus
指掌侧固有动脉
proper palmar digital artery
指掌侧总动脉
common palmar digital arteries
趾长屈肌 flexor digitorum longus
趾长伸肌 extensor digitorum longus
跖骨 metatarsal bone
直肠 rectum
直肠膀胱陷凹 rectovesical pouch
直肠上动脉 superior rectal artery
直肠子宫陷凹 rectouterine pouch
中间楔骨 intermedius cuneiform bone
中脑 midbrain

中斜角肌 scalenus medius
中纵隔 middle mediastinum
肘关节 elbow joint
肘正中静脉 median cubital vein
蛛网膜 arachnoid mater
蛛网膜下隙 subarachnoid space
主动脉 aorta
主动脉弓 aortic arch
咀嚼肌 masticatory muscles
椎动脉 vertebral artery
椎骨 vertebra
椎间盘 intervertebral disc
椎前层 prevertebral layer
锥体 pyramid
锥体交叉 pyramidal decussation
子宫 uterus
子宫动脉 uterine artery
子宫阔韧带 broad ligament of uterus
子宫圆韧带 round ligament of uterus
子宫主韧带 cardinal ligament of uterus
坐骨 ischium
坐骨肛门窝 ischioanal fossa
坐骨神经 sciatic nerve
枕动脉 occipital artery
枕骨 occipital bone
正中神经 median nerve
足背动脉 dorsalis pedis artery
足底外侧动脉 lateral plantar artery
足关节 joints of foot
足肌 muscles of foot
足舟骨 navicular bone
纵隔 mediastinum
纵隔胸膜 medistinal pleura

主要参考书目

1. 刘正清，李志远．系统解剖学实习指导．长沙：湖南科学技术出版社，1997.
2. 任同明，付升旗．人体解剖实验学．西安：世界图书出版西安公司，2006.
3. 柏树令．系统解剖学．北京：人民卫生出版社，2005.
3. 曾志成．系统解剖学．西安：世界图书出版西安公司，2006.
4. 彭裕文．局部解剖学．北京：人民卫生出版社，2004.
5. 王怀经．局部解剖学．北京：人民卫生出版社，2005.
6. 曾志成．人体解剖学实习指导及习题集．西安：世界图书出版西安公司，2006.
7. 王健本，张昌贤，袁琏．实角解剖学与解剖方法．北京：人民卫生出版社，1985.
8. 卢启华，邓发万，刘永年．医学伦理学．武汉：华中科技大学出版社，1999.
9. 李忠华，王兴海．解剖学技术．北京：人民卫生出版社，1986.

图书在版编目（CIP）数据

医学大体形态实验学／李有秋，邓春雷主编．—长沙：湖南师范大学出版社，2009.2

ISBN 978－7－5648－0019－2

Ⅰ．医…　Ⅱ．①李…②邓…　Ⅲ．人体形态学—实验—医学院校—教材
Ⅳ．R32－33

中国版本图书馆 CIP 数据核字（2009）第 017586 号

医学大体形态实验学

◇主　　编：李有秋　邓春雷

◇组稿编辑：何海龙
◇责任编辑：颜李朝
◇责任校对：蒋旭东
◇出版发行：湖南师范大学出版社
　　　　地址/长沙市岳麓区　邮编/410081
　　　　电话/0731－88873070　88873071　传真/0731－88872636
　　　　网址/https：//press. hunnu. edu. cn
◇经销：湖南省新华书店
◇印刷：长沙印通印刷有限公司
◇开本：850 mm×1168 mm　1/16
◇印张：14. 5
◇字数：335 千字
◇版次：2009 年 3 月第 1 版　2024 年 7 月第 4 次印刷
◇书号：ISBN 978－7－5648－0019－2
◇定价：28. 00 元